世界史

古代史编

下卷

● 主编 吴于廑 齐世荣

● 本卷主编 朱 寰 马克垚

● 高等教育出版社·北京

U0652253

图书在版编目（CIP）数据

世界史.古代史编.下卷/吴于廑,齐世荣主编.—北京:高等教育出版社,2011.1(2024.12重印)
ISBN 978-7-04-031548-6

Ⅰ.①世…　Ⅱ.①吴…②齐…　Ⅲ.①世界史:古代史-高等学校-教材　Ⅳ.①K10

中国版本图书馆 CIP 数据核字(2010)第 251336 号

策划编辑	王方宪　张 林	责任编辑	王方宪	封面设计	刘晓翔
版式设计	余 杨	责任校对	杨雪莲	责任印制	沈心怡

出版发行	高等教育出版社	咨询电话	400-810-0598
社　　址	北京市西城区德外大街 4 号	网　　址	http://www.hep.edu.cn
邮政编码	100120		http://www.hep.com.cn
印　　刷	涿州市星河印刷有限公司	网上订购	http://www.landraco.com
开　　本	787mm×960mm　1/16		http://www.landraco.com.cn
印　　张	18	版　　次	2011 年 1 月第 1 版
字　　数	330 千字	印　　次	2024 年 12 月第 24 次印刷
购书热线	010-58581118	定　　价	36.00 元

物 料 号　31548-00

目　　录

第一章　公元前后亚欧大陆民族大迁徙

第一节　亚欧大陆农耕世界和游牧世界的形成

农耕世界和游牧世界的出现　人类文明的发生和发展,经历了一个漫长的历史过程。在远古时代,人类主要以采集果实和猎取动物满足生活的需求。约距今1万年前,当旧石器时代过渡到新石器时代之际,人类开始由食物的采集者和猎取者演进为食物的生产者。这时的食物生产,无非两条途径:由采集进而种植谷物,开始农耕;由狩猎进而驯养动物,开始游牧。生活在亚欧大陆及其附近诸岛的各族为牧为农,主要取决于客观的物质环境。从亚洲东端日本、朝鲜,经中国的黄河、长江流域,东南亚、南亚,到西亚和小亚细亚,再联结东南欧、东欧、中欧、西欧和隔海相望的不列颠岛,气候温润,宜于种植,形成一条长弧形的农耕世界。在农耕世界的北方,横亘一条水草丰满的草原地带,东起西伯利亚、蒙古草原,经中亚细亚、里海、咸海和高加索,直至欧洲黑海北岸和喀尔巴阡山麓,适合于饲养牲畜,形成一个大体与农耕世界南北平行的游牧世界。

在公元前后数百年间,亚欧大陆农耕诸国与其北方游牧诸族两相对应,自东往西,分布如下:亚洲东部的农耕地区主要是汉代中国,其北方游牧民族主要有匈奴(胡人),东北有乌桓、鲜卑(东胡),西北有羌、月氏、乌孙等。在中亚、南亚农耕国家主要有贵霜和印度,其北游牧各族有康居、大宛、大月氏等,间亦从事农耕。在西亚,南有帕提亚帝国,中国史书称安息,其北有马萨革泰和阿兰等游牧民族。在欧洲,南部农耕地带为东西罗马帝国,其北东欧草原地带则为斯基泰和萨尔马特等游牧民族。游牧世界与农耕世界邻近各国各族之间,不断发生接触和交往,和平时期是经济与文化的交流,暴力冲突时期则是土地与财富的掠夺。

两个世界的互相交往和渗透　一般地说,南部的农耕世界在社会政治、经济和文化的发展上比北方游牧世界先进。在公元最初几个世纪里,东方的汉帝国、西方的罗马帝国,在这两大帝国中间的贵霜帝国和帕提亚(安息)帝国,在社会经济发展上显然都比北方游牧民族先进得多。农耕世界久已广泛使用铁制工具,耕种面积不断扩展,手工业如纺织、金属冶炼和金属加工、制陶和造船等,也分别在上述诸国有了比较突出的成就。总的说来,这些文明古国都是经济和文化比较先进、国家和社会组织比较完备的地区。

北方游牧世界诸民族的情况则不同,或仍处于原始的闭塞状态,或刚刚进入阶级社会。他们的主要生产部门是畜牧,即偶有兼事农耕,在其全部经济中也不占重要地位。手工业更是微乎其微。所需要的农产品和手工业品,大都靠从农耕世界取得。

两个世界的社会经济发展到了如此的阶段,各个国家和民族的活动范围和影响都愈来愈扩大。由于生产发展和日常生活的需要,各地区内部和各地区之间的交换和交往也逐渐发展起来,由近及远,由偶然的、间发的到经常的、必需的,经历过一个漫长的过程。从历史发展的全过程看,农耕世界和游牧世界的形成,带有某种自发的分工互补的性质,彼此产品的交换和交流,成为社会生产和生活所必需。和平相处和友好往来是两个世界关系的主流。南方的农产品和手工业品输入北方,随之农耕世界的思想文化、生活方式以及社会组织和社会制度等也传到游牧世界,东西各大帝国有时还沿边缘地带建立据点或治所。游牧世界的牲畜、皮革、毛类、乳肉制品以及战马、乐舞等则经常输入南部农耕世界。这对于双方社会经济的发展、物质和精神生活的丰富,都有积极作用。

但是两个世界的关系并非总是和平友好的;互相敌对,暴力劫掠,彼此侵略和征服,也时有发生。农耕世界的国家和民族,往往以上国或优秀民族自居,蔑视周边的游牧和半游牧民族,称之为"蛮"、"夷"、"戎"、"狄",或"蛮族"、"野蛮人"。文明大国一旦富强,每以绥靖边疆为由,以武力掠取、征服游牧民族的土地,或置"藩属",或抚其民为"同盟者",征收贡赋,实行长期统治。游牧民族对农耕世界也常伺机入侵,掳获财物,俘虏人口,以至焚毁城池,屠戮生灵。这在东西方历史上都不乏其例。而这类或大或小的武装冲突往往在两个世界各民族之间引发广泛的、经久不断的战争。

两个世界之间,在和平时期进行经济文化交流是一种接触和交往的方式,在战争时期通过暴力冲突和战争则是另一种接触和交往的方式。人员往来愈益频繁,物品交换和文化技术传播也愈益增多。游牧民族入侵农耕世界,往往以暴力掳走能工巧匠,为他们制造必要的产品,从而在游牧世界传播先进的生产技术。

和平与暴力不断交错出现的结果,是两个世界之间闭塞的突破,人类文明地区的扩大。秦汉帝国对中国北部和西北部地区的经略,亚历山大帝国和罗马帝国对亚、欧、非广大地区的征服,都导致这样的结果。游牧民族对农耕世界的入侵以及入侵后新的统治王朝的建立,也导致相似的结果。约公元前3世纪中叶,马萨革泰游牧部落联盟之一支帕勒达依人(达赫人)由北方侵入帕提亚,与伊朗高原操伊朗语的一支居民相结合,在公元前247年推翻了亚历山大部将塞琉古王朝的统治,建立起庞大的帕提亚(安息)帝国。帕提亚帝国建立后的发展,无疑有游牧民族的贡献。公元1世纪中叶,大月氏人贵霜部在中亚建国,攻灭大夏,联合吐火罗人,形成庞大的贵霜帝国。首都由索格底亚那迁至布路沙布罗(今巴基斯坦的白沙瓦)。这个帝国的版图北起花刺子模,南抵印度半岛的文迪亚山。这是游牧民族在入侵农耕世界并定居以后建立的具有高度经济文化的文明古国。4 世纪在中国北方建立的"五胡十六国",也是游牧民族在农耕世界建立的国家。亚欧大陆上两个世界之间既互相交往,又彼此渗透,在愈来愈大的程度上打破了闭塞,促进不同民族和文明的汇合。

第二节　亚洲民族大迁徙及其后果

亚洲东部游牧民族的分布　公元前 3 世纪末迄公元 3 世纪初,亚洲东部大部地区都属中国的秦和两汉王朝的版图。中国的中、南部为汉族和其他农业民族所聚居,北部草原、沙漠地带则是各游牧民族生息活动之地。这是匈奴(又称"胡")称雄北方游牧世界的时期,大漠南北蒙古草原都受其控制。在匈奴东方是东胡,中国春秋时期称山戎,战国后统称东胡,语言为蒙古语族之一支,即后来的鲜卑语。东胡原驻牧于西辽河上游西拉木伦河和老哈河流域,汉初为匈奴冒顿单于(公元前209—前174 年)击破,其中一支退居大兴安岭的乌桓山①,故称乌桓;另一支退居大兴安岭北段的鲜卑山,故称鲜卑。北走的鲜卑,初因乌桓阻隔,未及通汉,后来势强,匈奴西徙,其尽占匈奴之地。

匈奴的西方是月氏和乌孙。月氏人和乌孙人居于"敦煌、祁连间"②,大体上分布于肃州(酒泉)以西至敦煌之间的为乌孙人;肃州以东至张掖之间的为月氏人。在月氏人的南方为另一游牧民族羌人,在乌孙的西北为塞人。

在匈奴北方为丁令和坚昆。丁令又作丁零或丁灵,春秋战国时分布在贝加尔湖地区西至阿尔泰山以北。公元前后,东部丁令曾游牧于贝加尔湖以南,西部丁令则游牧于额尔齐斯河至巴尔喀什湖之间地区,均属匈奴统治。后来联合乌桓、鲜卑等族夹击匈奴,迫使北匈奴西徙。坚昆,又作隔昆、结骨或居勿,属突厥部落之一。西汉初受匈奴统治。公元前 1 世纪 70 年代,乘匈奴势衰,脱离其控制,移居叶尼塞河上游,创立叶尼塞文字。匈奴西迁后,势力渐强,至 3—4 世纪又处于突厥汗国的统治之下。唐时称黠戛斯。

秦汉时期亚洲东部的民族迁徙　在公元前后数世纪内,亚洲东部的民族移徙,许多都与匈奴的活动有关。匈奴是一个大族,根据一些文献资料推算,汉初匈奴盛时人口约有 200 万,以后由于内争和分裂,有所减少,但也不少于 150 万。匈奴各王驻牧地,东起大兴安岭的乌桓、鲜卑西部边界,西至阿尔泰山脉,绵亘数

---

① 乌桓山之所在,众说纷纭。丁谦《后汉书乌桓传地理考证》谓,乌桓为乌兰之转音,蒙古语义为赤,故传中又称乌桓山为赤山,即大兴安岭南端、昭乌达盟阿鲁科尔沁旗北乌兰峰(在今内蒙古自治区赤峰市阿鲁科尔沁旗西北)。有些学者认为,这是在汉武帝时霍去病袭破匈奴左地,徙乌桓于五郡塞外,始迁于此。汉初东胡被匈奴击破,其残部退保的乌桓山,为《汉书·霍去病传》中之姑衍山,即肯特山。由姑衍山发源之水为乌桓水,又称完水、乌丸水,即今之鄂嫩河。

② 《史记·大宛列传》、《汉书·西域传》。

千公里,遍布大漠南北。其社会组织以部落为基本单位,一个部落多达 3 000—4 000 人。早在公元前 3 世纪,约当战国末年,部落联盟开始形成,下属 24"国"即部落,其首领称"王"。部落的基层单位为"帐",相当于农业居民的户。夫妻子女同住一个帐篷,约 5 至 6 口人,是为一帐。在此时期,匈奴社会开始发生急剧变化。自战国以来,不少中原人进入匈奴地区,秦时更多。中原的生产技术和文化,更早已传入匈奴。考古材料证明,战国时期匈奴手工业已有相当发展,能制造各种铜器和铜武器,如铜镞、铜戈、铜剑、铜斧、铜盔等,此外还能制造陶器,加工毛皮和乳制品等。公元前 3 世纪前后,匈奴开始进入铁器时代,出现铁制工具和铁制武器,铁刀的生产已相当普遍。铁器的推广使用,使社会生产力大为提高,个人在生产中的作用也大为加强,帐的私有财产已经出现。俘虏已不再杀死,当作奴隶在生产和服务中使用。至此,匈奴社会开始脱离原始氏族制度,分裂为贵族、平民和奴隶三个社会集团,财富的多寡,地位的尊卑,差别极为悬殊。部落联盟和各部落的统治权掌握在王公贵族之手。平民从事生产劳动和服兵役,有的平民也蓄养奴隶。在由原始社会向阶级社会过渡的过程中,匈奴人的扩张性和掠夺性更为强化,他们以暴力夺取财富和掳掠人口为荣。

匈奴人与中原的关系由来已久。早在先秦时期古籍中就有匈奴人与燕、赵、秦三国交往的记载。在秦汉之际,匈奴冒顿单于①利用楚汉相争之机,竭力向外扩张,成为亚欧大陆游牧世界东部的强大政治势力。公元前 209 年,匈奴太子冒顿在一次围猎中用鸣镝射杀老单于头曼,自立为单于。随后对不肯听命的王亲贵族、同胞兄弟和幕僚大臣尽行诛戮,以确立新单于的统治地位。东胡王利用匈奴宫廷内争,乘机占领匈奴东部土地。公元前 206 年,冒顿单于地位巩固之后,立即举兵反击。东胡无备,全军溃走,人口财货多被掳掠。东胡部落联盟也随之分裂,被迫退走大兴安岭,据险自保。匈奴的突然进攻,造成东胡族向北方的大移徙。

战国和秦汉之际,长期游牧于河西走廊地区的月氏和乌孙的西迁,也是由于匈奴的攻击而促成的。公元前 3 世纪,月氏是游牧民族中比较强大的一支,有控弦之士一二十万。当时匈奴势弱,依附于月氏,头曼单于(?—前 209 年)将其长子冒顿送到月氏做人质。冒顿在匈奴进攻月氏时盗得骏马逃回,登位后不断进攻月氏。公元前 177—前 176 年间,匈奴终于战败月氏,迫使月氏西迁。月氏在公元前 177 年前不久,战败其西邻乌孙。乌孙首领难兜靡被杀,牧地被占,部民四散,多避居匈奴。月氏西迁的道路既开,被匈奴战败后,遂率部移徙,到达天山北伊犁河上游地区驻牧。其地塞种居民大部被迫南徙,移向兴都库什山以南地区。乌孙王难兜靡之子猎骄靡,在匈奴成长,收罗乌孙部将和散民,伺机报复

---

① "单",匈奴语义为大;"于",匈奴语义为王。单于即大王之意。

月氏。公元前 139—前 129 年,猎骄靡在匈奴支援下西击月氏,杀月氏王,以其头骨为饮器,并夺占伊犁河流域。月氏被迫再次西迁,过大宛(今锡尔河中游费尔干纳盆地),据阿姆河北岸之地。少数月氏人未曾西迁,留在河西走廊,与祁连山地区的羌族融合。西迁的月氏习称"大月氏",留在祁连山的残部称"小月氏"。公元前 1 世纪初,大月氏南下征服阿姆河以南的大夏(巴克特里亚),统治此地 200 余年的希腊人被逐至兴都库什山以南,希腊化的巴克特里亚王国遂亡。公元 1 世纪初,大月氏人的贵霜部联合大夏的吐火罗人,建立强大的贵霜帝国。

匈奴与中国中原地区交往密切。战国时期,匈奴屡为北方边患,燕、赵、秦三国不得不在北方分别修筑长城,以御匈奴骑兵。秦始皇统一六国后把三国长城连接起来,重新修缮,并向东西扩展,筑成"万里长城"。这条西起临洮(今甘肃岷县),沿黄河北走至河套,傍阴山东去,直至辽东的防御体系,是抵挡游牧世界骑兵的重要屏障。秦末陈胜、吴广起义,摧毁了秦王朝,戍卒逃散,边防空虚。于是匈奴乘机渡过黄河,进入河套以南地区,对新建西汉政权又构成重大威胁。

汉初与匈奴交兵,屡战失利。公元前 200 年,汉高祖亲自将兵抵御匈奴,被冒顿 40 万精兵围困于平城白登山(今山西大同东南),历七日,后用重贿单于后宫之计,方得解围。此后六七十年间,汉对匈奴一直执行和亲政策,但匈奴并未因此停止对中原北部地区的骚扰。

汉武帝时(前 140—前 87 年),对匈奴开始进行反击。公元前 133 年至前 119 年间,汉将卫青、霍去病屡败匈奴,深入匈奴境 2 000 余里,收复被占领土,巩固了北部边防。同时武帝派张骞出使西域,联络大月氏、大宛、乌孙等,夹击匈奴,以断其右臂。匈奴在强大汉军的打击下屡屡败北,受其奴役的少数民族遂乘机摆脱控制。其统治集团内部矛盾又不断加剧,五单于争位,内讧不已,匈奴终于分裂为南北两部。

公元前 51 年,南匈奴呼韩邪单于①降汉。稍后,汉元帝以宫人王嫱(昭君)出嫁单于,又恢复了汉与匈奴之间的和平交往。北匈奴郅支单于被迫西徙,后被西域汉将所杀。公元 48 年,匈奴又爆发内讧。日逐王比遣使汉西河太守,请求内附,得东汉光武帝允准,居于五原,比立为呼韩邪单于②。匈奴分裂后,南匈奴居塞内,分布于晋陕北部和内蒙西部地区,与汉人杂处,逐渐转向农耕,实行定居,并逐渐与汉族和其他民族融合。北匈奴留漠北,原归附的鲜卑、丁零等族乘机反抗,又遭南匈奴多次攻击,其势大为削弱。公元 73 年,东汉遣窦固等分四路反击北匈奴,深入其腹地,斩获甚众。公元 87 年,鲜卑进击匈奴,斩北单于,大掠

---

① (?—前 31 年),名稽侯珊。王昭君即嫁给他。

② (?—55 年),名比。

而返。此时北匈奴四面受敌，"南部攻其前，丁零寇其后，鲜卑击其左，西域侵其右。不复自立，乃远引而去"①。《后汉书》上只说北匈奴在公元91年"远引而去"，究竟"远引"何处，发生了什么历史影响，这是后世学术界反复研究讨论的一大问题。

匈奴西迁的经过　历史上所说的"匈奴西迁"，是指北匈奴的一部分在北单于和贵族的率领下，于公元91年离开漠北，向西方进行持久而漫长的迁徙过程。西迁的北匈奴，人数不多，约占1/4，估计20余万人；其余的大部分约60余万人仍留居漠北。西迁的北匈奴人首先奔向西北，进入乌孙之地，在乌孙西北的悦般地区②停了下来。公元105和106年即东汉殇帝元兴元年和安帝延平元年，北单于曾遣使汉朝，请求和亲。汉帝未予答复，从此北匈奴便不与汉通。

北匈奴西迁之后，鲜卑乘虚崛起，据有匈奴故地，并其余众，势力渐盛。公元2世纪前半期，鲜卑对汉时降时叛，屡攻匈奴和乌桓，成为漠北新兴的强大势力。北匈奴受鲜卑的威胁，不得不于2世纪中叶放弃驻牧约70年的悦般地区，西走康居。康居位于中亚细亚锡尔河流域，与据阿姆河流域的大夏（大月氏人）为邻。这次迁徙因征途险阻，只选精壮善战者驰突前进，老弱仍留悦般旧地。其后残留部分为柔然所并，渐与融合。迁往康居的北匈奴驻牧其地约一个世纪左右，至3世纪中叶，可能因受贵霜和康居的联合攻击，又被迫离康居迁往粟特。

北匈奴在粟特停留也将近一个世纪，约于4世纪中叶（350年左右）更西迁至东欧顿河流域，这时占有东欧黑海北岸和西亚一带的主要是阿兰人③。进入欧洲的匈奴，首先进攻阿兰人，两军激战于顿河上。阿兰人战败，国王被杀，国土被征服。部分阿兰人逃散，大部分并入匈奴，成为"同盟者"。4世纪中叶以后，欧洲历史家才有关于匈人的记载。他们所说的匈人，就是北匈奴的后代。匈奴的西迁不仅席卷中亚细亚，而且深入欧洲腹地。受到匈奴西迁压力的其他游牧、半游牧部族，波涛相逐，先后涌入亚欧大陆农耕世界。

3至5世纪中国北方游牧民族的南徙　汉魏之际，在中国北部和西北部的游牧民族主要有匈奴、羯、鲜卑、氐、羌等五支，史称"五胡"。他们从东汉开始不断内附，接受汉族先进文化的影响，社会生产力不断提高，向农耕生活过渡。为了寻求较好的耕地，他们还逐渐向南方农耕世界移徙。魏晋统治者为了利用"胡人"当兵和种地，又往往强制他们迁居内地。至3世纪末，内迁的"胡人"大

---

① 《后汉书·南匈奴传》。
② 位于天山西北至伊犁河下游地区。
③ 阿兰人是斯基泰人（西徐亚人）的一支，因境内有阿兰山而得名。中国史书上将斯基泰人、阿兰人均称为"奄蔡"（见鱼豢著《魏略·西戎传》，范晔《后汉书·西域传》）。

体分布如下:河套地区的南匈奴人迁至山西南部汾河流域;羯胡是入塞匈奴羌渠的后裔,此时已由西域迁居山西东部武乡一带(西晋上党郡);鲜卑族也分裂为几支,东部鲜卑已迁至辽宁西部地区,西部鲜卑则分布于甘肃、青海;原居青海和甘肃一带的氐族和羌族,部分迁入甘肃东部和陕西境内,部分南下四川。到西晋初年,"胡人"南徙的人数已相当多。内迁的匈奴、鲜卑、乌桓等族人达40余万。迁入关中的氐、羌族人达50余万,占关中人口的半数。距西晋首都洛阳最近的南匈奴人,达3万余落。游牧民族的南徙直接威胁着西晋的统治。

内迁各族的上层利用西晋内部阶级矛盾和民族矛盾的激化,以其部族武装作基础,相继起兵反晋,建立割据政权。从4世纪初至5世纪中叶,北方游牧民族在中原地区先后建立了多个政权,历史上称为"五胡十六国"。事实上当时南迁的游牧民族并非只是五个,所建的政权也不止十六个。游牧世界居民在四五世纪大规模向农耕世界迁徙,是在亚欧大陆普遍发生的现象,是两个世界长期交往促进社会经济发展的必然结果。为内部矛盾所困扰的中国西晋王朝,在外族入侵的打击下,于316年灭亡。东晋迁都建康,国土局促江南,与北方各族政权形成南北对峙局面。北方游牧半游牧民族进入南方的农耕世界,一方面造成了严重的破坏性后果,另一方面又学会了先进的经济和文化,有利于各民族之间的交融。在农耕地区定居下来的各部族,逐渐走向农耕化。他们为农耕世界带来新的活力,促进封建制社会经济的不断发展。

嚈哒人的迁徙 嚈哒人是古代中亚细亚的游牧部族之一。中国史书说他们起源于长城以北的蒙古草原,称为"滑国",后迁至阿尔泰山以南至天山东部地区。拜占廷史家称之为 Hephthalitai 等;波斯、阿拉伯史家则称之为 Hetal, Haytal 等。嚈哒人自称为"匈奴",因其肤色较白,故亦称"白匈奴"。其真正族属,众说纷纭,莫衷一是。公元4世纪70年代,嚈哒人开始向南方迁徙,占领粟特地区,即中亚锡尔河、阿姆河之间的泽拉夫善河流域。5世纪20年代,嚈哒人开始越过阿姆河入侵西方和南方,首先征服吐火罗斯坦,迫使贵霜帝国残部寄多罗贵霜西移,贵霜帝国至此彻底灭亡。嚈哒人随后于453年大败萨珊王伊嗣俟二世(438—457年在位),484年又杀波斯王卑路斯(457—484年在位),占领呼罗珊大部地区,建嚈哒国,定都巴底延城(今阿富汗伐济纳巴德)。萨珊朝波斯被迫称臣纳贡。嚈哒人在5世纪中叶战败波斯以后,随即南侵北印度,但被笈多王朝塞建陀笈多击退。嚈哒人酋长头罗曼于499年进占中印度马尔瓦地区。502年,头罗曼之子摩醯逻矩罗(密希拉古拉)大举进攻印度,并在北印度立国,以旁遮普奢羯罗城为都。嚈哒至此臻于鼎盛,在东方控制了准噶尔盆地和塔里木盆地西部,与中国的北魏、西魏、北周,乃至梁朝都有交往,在西方和南方征服了萨珊波斯和印度大部地区,形成一个庞大的嚈哒人国家。但嚈哒的强盛为时不长。528年,北印度王公联合起来击败了嚈哒,嚈哒王逃往喀什米尔。约558—567

年间,萨珊朝波斯联合突厥人夹击嚈哒,其国遂亡,领土被瓜分,部众分散各地,逐渐与各族融合。

嚈哒人侵入波斯、印度以后,先后接受波斯和印度文化,信奉拜火教,后来也有改奉印度教的。因其处于东西方、南北方商路交通的中心,境内商业繁荣,对南农北牧两个世界的交往,东西方经济文化的交流,都起了桥梁作用。

阿瓦尔人的西迁 阿瓦尔人是古代的又一游牧民族,自称"马阿鲁拉人",其族源和族属迄无定论。一般认为属于欧洲人种巴尔干高加索类型,中国有的学者认为即中国历史上的"柔然"("蠕蠕")。公元 552 年,柔然为突厥所败,部分柔然人遂西迁欧洲,6 世纪后半期以多瑙河中游潘诺尼亚平原为中心建立阿瓦尔汗国。7 世纪时阿瓦尔人势力强盛,经常袭击德意志、意大利和巴尔干半岛。7 世纪前半期,拜占廷也受到极大威胁,626 年首都君士坦丁堡几乎落入其手。在阿瓦尔人和斯拉夫人等的不断冲击下,拜占廷帝国岌岌可危,偏安南部一隅。7 世纪后半期阿瓦尔汗国发生内讧,势力逐渐衰落,795—796 年为法兰克查理大帝战败,805 年国亡。其后,阿瓦尔人渐融入当地居民。

从公元 1 世纪东汉帝国击败北匈奴开始的、游牧和半游牧民族的西迁浪潮,引起了欧洲民族的大移徙。日耳曼人、斯拉夫人等由此大量涌进西罗马和东罗马帝国,促使欧洲社会发生重大变化。

第三节　欧洲民族大迁徙及其后果

罗马周边的蛮族 古代希腊人和罗马人,把他们周边不甚开化的民族,统称为"野蛮人"或"蛮族"。罗马帝国边境地区的蛮族主要是克勒特人、日耳曼人和斯拉夫人。他们还处于原始状态,较少受希腊罗马古典文化的影响。但是蛮族的原始社会制度以及长期形成的原始习惯法,对于维持其社会稳定和团结,都非常重要,而且后来对欧洲中古封建社会的发展也有深远的影响。

从古代罗马人社会向日耳曼人入侵后西方中世纪社会的过渡,没有明确的年代界限。4 世纪时,罗马帝国的边境地带根本分不出纯粹的罗马人或纯粹的蛮族住区。早在公元前 2 世纪,罗马人就与蛮族直接交往。公元前 2 世纪末,条顿人和森布里人侵袭意大利,震动罗马城。这批入侵者终于公元前 102 年被罗马执政官马略战败。公元前 1 世纪起,罗马社会开始有了吸收蛮族的迹象。罗马庄园有很多日耳曼人充当奴隶或隶农,军中也有许多日耳曼人服役。日耳曼人进入罗马社会,往往以部落结群而入,经罗马准许定居边境地区,成为罗马的"同盟者"。他们于必要时由首领率领,为罗马作战,罗马文明通过他们传播到边境内外。蛮族罗马化的程度各有不同,主要取决于离边境的远近和对待罗马文明的态度。

在民族大迁徙之前,北欧日耳曼人因语言、文化和风俗习惯的不同划分为许多小的民族集团。每个集团所处的环境不同,生活方式也有很大差异。4世纪时,日耳曼人之间的差别与其说在个别集团之间,毋宁说在东西日耳曼人两大集团之间。西日耳曼人主要包括撒克逊人、苏维汇人、法兰克人和阿勒曼尼人。他们从自己故乡的南部移入自然条件与之相近的地方,长久居留,靠农业为生。东日耳曼人主要指哥特人、汪达尔人和伦巴德人。他们迁徙到与西北欧迥然不同的遥远的潘诺尼亚平原和黑海北岸草原地带。这里基本上是牧区,迁徙到此的东日耳曼人自然就以游牧为生。南俄草原自古就是亚洲游牧民族西进的走廊。哥特人征服南俄草原之后,成功地抵御了其他民族的进攻,成为这个地区居统治地位的民族集团。他们像从前的征服者一样,人数不多,但武力强大,统治着其他民族。

哥特人本身也分为东西两个集团。东哥特人分布在顿河和德涅斯特河之间,西哥特人则集中在多瑙河下游。哥特人比其他日耳曼人先进,政治组织相当完整,由"王"统一领导。所谓"王",实际上是部落联盟领袖。在整个4世纪,哥特人与罗马帝国接触频繁,经济文化的交往较多,既有和平友好,也有敌对和冲突。哥特贵族到过君士坦丁堡。约在4世纪中叶,哥特人中已有人皈依基督教,圣·乌尔斐拉曾在哥特人中传教,并译《圣经》为哥特语。不久,哥特人全都信奉基督教,其时适在阿里乌斯派皇帝君士坦丁诸子统治时期(337—361年),因之他们接受的教义也属阿里乌斯教派。这一教派对哥特人以后的发展有重要影响。

古日耳曼人社会 关于古日耳曼人的社会生活状况,在古代作家凯撒和塔西佗的著作中有所反映。公元前1世纪中叶,凯撒在征服高卢的过程中接触过一些西日耳曼人。凯撒约在公元前49年完成的《高卢战记》里说,苏维汇人多从事农业和畜牧业,但对农业"并不特别热心"。食物主要靠狩猎和畜产品,农业不占重要地位。土地为公社所有,公社成员占用土地只限一年,而后必须转到新的地段。苏维汇人尚未完全定居,过着半流动的生活。财产平等,尚未出现奴隶,交换极其少见。战时选出军事领袖,领导作战。与凯撒作战的苏维汇人军事领袖为阿里奥维斯特。军事领袖有亲兵队,跟随左右,共同战斗。苏维汇人已开始分化出贵族阶层。

在凯撒一个半世纪以后,塔西佗所记述的日耳曼人的情况发生了很大变化。塔西佗在公元98年完成的《日耳曼尼亚志》,详细记述了西日耳曼人的社会制度、政治组织和物质文化生活。这位罗马历史家说,日耳曼人身材魁梧,碧眼红发,爱好作战和饮宴。住的是简陋的小木屋,穿的是兽皮或亚麻织物作成的衣服。已有阶级分化,出现了贵族、自由人、释放奴隶和奴隶。日耳曼人没有神庙,认为把神塑成人形是"亵渎神明的行为"。他们在视为神圣的小树林里祭神,

"将森林丛林献给神祇"①。日耳曼人信奉的主神为沃敦（Woden），又称奥丁神（Odin），是创造人类的天神。奥丁神的配偶弗列亚是婚姻家庭的保护神。蒂乌（Tiu）或蒂尔神（Tyr）是战神，即保佑战争胜利之神。日耳曼人原始部落神的名称一直在西方的日期名称中保留下来，如称星期三为 Wednesday——奥丁神之日，星期二为 Tuesday——蒂乌神之日，星期五为 Friday——弗列亚神之日等。

蛮族领导者经常被提到的是"王"，但此时的"王"尚不具有国王的权力。西日耳曼人的所谓"王"实质上是军事首领。在4世纪时，像法兰克人和撒克逊人这样一些日耳曼人集团，都未形成有组织的国家，只是部落联盟而已。战时的军事首领指挥战役，但具体战斗则由各氏族部落的酋长领导。酋长还领导全部落举行宗教仪式，其权力不限于战时领导。但像后来法兰克人的王权，则是他们在5世纪入侵高卢之后才建立起来的。

日耳曼人首领在采取军事行动时号召成年男子参加。应召者须向首领宣誓效忠，武器、衣食由首领供给，战争结束后分得战利品。这种亲兵队在日耳曼各族中都有，罗马人称之为侍从兵。侍从兵是进行掠夺性袭击时的主要战斗力，在大规模军事远征中为首领的随身护兵。塔西佗对日耳曼人军事首领与侍从兵之间的关系作了这样的说明："在战场上，酋帅的勇敢不如他人，是他的耻辱；侍从兵们的勇敢不如酋帅，也是他们的耻辱。假如自己的酋帅战死，而自己却从战场上生还，这就是毕生的羞辱了。保卫酋帅，甚至将自己的军功献归酋帅的名下，这才是精忠的表现。酋帅们为胜利而战斗；侍从兵们则为酋帅而战斗。"②日耳曼人首领和侍从兵之间的关系，后来一直影响中世纪西欧封建社会封君与封臣的关系。

日耳曼人的诉讼审判由民众大会的公共法庭执行，主持人是部落首领。法庭起初是专供选择个人复仇的。假如一个人伤害了另一个人，后者向法庭提出控告。被告人被传唤出庭，如果拒不肯来，则将被宣布为逃犯。如果被告出庭，那就或者于举行宣誓仪式后取保无罪释放；或者由神明裁判，即采用各种折磨形式，如溺水视其是否下沉，火灼视其是否受伤，以定有罪无罪。这种神明裁判法在其他原始民族中也可以见到。

古日耳曼人实行原始的民主制度。军事首领由民众大会选举产生，一般出于同一贵族家庭。最初军事首领权力有限，一切重大事项都由民众大会决定。后来出现由氏族贵族和军事贵族组成的贵族议事会，部落中的一切重大事务，如战争、媾和、土地分配和对外交涉等，都先由贵族议事会讨论决定，然后把提案提交民众大会通过。所有成年男子携带全副武装参加民众大会。会上对贵族议事

---

① 塔西佗：《日耳曼尼亚志》，马雍、傅正元译，商务印书馆1985年版，第9节。
② 塔西佗：《日耳曼尼亚志》，马雍、傅正元译，商务印书馆1985年版，第14节。

会的提案不加讨论,只表示赞成或反对:敲击武器同声喝彩表示赞成;以怀疑不悦之声表示反对。这时民众大会的作用,实际上只是宗教仪式上的,由贵族议事会和军事首领掌握实权。

蛮族入侵罗马帝国 处于亚欧大陆西部的罗马帝国,早自4世纪就已受到匈奴人、日耳曼人、斯拉夫人和阿瓦尔人入侵的沉重压力。对罗马帝国威胁最大的是日耳曼人。三四世纪间,日耳曼人愈益逼近罗马边境,经常攻扰罗马边防军,袭击边境省份。当时罗马还有能力保卫自己的边疆,把入侵者赶出境外。在欧洲的西北方,盎格鲁人和撒克逊人越过海峡袭击不列颠海岸。罗马特派军事长官前去主管防务,沿岛的东岸修筑堡垒,并从威尔士调去一个军团加强沿海防守。在莱茵河下游,法兰克人进占边境两侧,以"同盟者"的身份定居下来,他们的兵力可以从受其控制的莱茵河上游地区的阿勒曼尼人获得补充。在多瑙河上游,罗马也以同样的政策对待沿边的日耳曼人,利用他们充实边防兵力。到4世纪末,罗马军队实际上已是由蛮族士兵组成、由罗马人指挥的军队。后来许多蛮族出身的军官晋升到很高的地位,至西罗马末期,有的甚至任全军统帅,掌握最高军事权力。

4世纪后期,日耳曼人对罗马帝国的缓慢渗透,已演为疾风暴雨式的大迁徙。各族日耳曼人沿帝国边境全线入侵,整族整族地长期盘踞。促成欧洲民族大迁徙的是匈奴的西侵。习于骑射的匈奴诸部族,骁勇善战,进攻时机动性极强,势若排山倒海,在欧洲和北非掀起了一个新的民族大迁徙的浪潮。

匈奴人于372年击败阿兰人,374年渡过顿河,侵入东哥特境内。东哥特军事首领赫尔曼里克率部抵抗,兵败自杀。375年匈奴与西哥特人交战于德涅斯特河,西哥特领袖阿山那里克溃败退走。他求得罗马东部皇帝瓦伦斯(364—378年在位)准许,于376年率部渡过多瑙河,定居在罗马境内,作为"同盟者"防守帝国边境。这是日耳曼人中最早迁入罗马帝国的一支。西哥特人不胜罗马官吏的欺凌压榨,378年在其领袖弗里提格伦的领导下举兵反罗马。阿得里亚堡(今土耳其的爱德尔纳)之战,统兵亲征的瓦伦斯战败阵亡,由此罗马国境线被打开了第一个缺口。强劲善战的罗马军团,一战即败于蛮族骑兵。这一历史性的败绩说明,罗马帝国已经抵挡不了来自游牧世界的冲击。

西哥特人在色雷斯的起兵,得到罗马奴隶和隶农的同情与支持,他们把西哥特人看成是自己的解放者。379年,狄奥多西继为东部皇帝(379—395年在位),率军平定东部。狄奥多西改变过去单纯镇压的政策,对西哥特人征抚兼施,着重从其内部分化瓦解。狄奥多西的政策迅速收效,一些蛮族领袖受抚就范。罗马人以狄奥多西平定东部有"功",尊称他为"大帝"。395年狄奥多西死,遗命以其长子阿卡迪厄斯(18岁)为东部皇帝,次子霍诺利厄斯(11岁)为西部皇帝。帝国虽然在名义上仍属统一,但从此东西分立成为定局。

395 年,西哥特选阿拉里克为王,在狄奥多西死后重新崛起。阿拉里克进攻君士坦丁堡,不克。遂南下希腊,经帖萨利直入伯罗奔尼撒。罗马以出身于蛮族汪达尔而擢升要职并与皇室联姻的斯提利科出战,困西哥特人于阿卡底亚山区。397 年,阿拉里克接受羁縻,受命为伊利里亚军事长官。约 401 年,阿拉里克开始西犯意大利,占威尼西亚,直指西部皇帝驻地米兰。斯提利科率军尾随,402 年会战于波伦提亚,阿拉里克受创,妻子被俘。次年再败,西哥特人遂退出意大利。西部皇帝因形势危殆,避居拉文那,从此拉文那成为意大利政治中心。

406 年,西罗马撤回莱茵河上驻军,戍守意大利和罗马。帝国在莱茵河上的边界完全敞开,汪达尔人、苏维汇人、阿勒曼尼人、勃艮第人、阿兰人等像潮水一般涌入西罗马境内。408 年,相传斯提利科以阴谋为其子篡位一事为皇帝诱杀。同年,阿拉里克率西哥特人围攻罗马,有数万蛮族士兵和奴隶加入战斗。罗马于交付大量赎金后得以解围。410 年,阿拉里克再攻罗马,城内奴隶打开城门,罗马城陷。阿拉里克纵兵大掠三日,拟南取罗马的谷仓北非未遂,回师途中病殁。西哥特人在短短十年左右的时间内,多次出入意大利本土,所向披靡,不曾遇到任何有力的抵抗。410 年古都罗马的陷落,更说明帝国的灭亡和蛮族新国家的建立,已经指日可待。

西哥特王国的建立及其发展 西哥特人在新选的领袖阿陶尔夫(阿拉里克的妹丈)领导下,越过阿尔卑斯山,进入高卢南部,首先夺取土鲁斯和波尔多等地。415 年南下,从汪达尔人—阿兰人手中夺占巴塞罗纳。西罗马皇帝打算利用西哥特人对付其他蛮族,要求他们把其他蛮族赶走,然后把土鲁斯和波尔多封赐给他们作为酬劳。419 年,西哥特人在土鲁斯建立第一个得到罗马承认的蛮族王国,即西哥特王国。

西哥特王国建立后,旋即向比利牛斯山以南扩张,将汪达尔人—阿兰人赶过海峡,进入北非;苏维汇人被迫局促于西北一隅,但维持王国独立达百年之久。西哥特王国据有西班牙和南高卢广大地区,没收罗马地主 2/3 的土地,分给西哥特人。西哥特国王狄奥多里克一世(阿拉里克之孙,419—451 年在位)曾积极参加反对匈奴人进攻西欧的战争,在卡塔劳温(今香槟境内)战役中阵亡。

尤里克国王统治时期(466—484 年),西哥特王国臻于鼎盛,幅员辽阔:以伊比利亚半岛为主,北至高卢南部的卢瓦尔河,东至罗纳河,并于 481 年夺取普罗旺斯。尤里克在位时首先编成西哥特法典。其子阿拉里克二世(484—?)时期,又据 438 年东罗马皇帝狄奥多西二世(408—450 年)颁布的法典,编成《阿拉里克法典》(506 年)。这两部法典在西哥特人和其他蛮族中产生了很大影响。王国行政机构仍沿用罗马旧制,按照惯例召开各省会议,每年举行一次高级官员与当地显贵的会议,共同讨论重大问题。官方语言为西班牙的拉丁方言。西哥特人大多已信奉阿里乌斯派基督教,罗马正教视之为异端,高卢罗马居民也对之抵制。507 年,西哥特的高卢领土全被法兰克人征服。由此版图限于西班牙境内,王都也迁到托勒多。此后两个多世纪,王国衰落,711 年为阿拉伯人征服。

汪达尔人的迁徙和建国　406 年罗马帝国撤除莱茵河边界守军,汪达尔人、苏维汇人和萨尔马特部落的阿兰人等,先后越莱茵河涌入高卢地区。又沿摩泽尔河向西推进,劫掠兰斯、亚眠、亚腊斯、都尔内等地,然后转向南方进入阿奎丹,于 409 年越过比利牛斯山,占领西班牙半岛西部和南部的大部地区。罗马无力阻止,唯有承认他们为"同盟者",驻守西班牙。约 411 年,西班牙建立了两个蛮族王国:南方为汪达尔—阿兰王国;北方为苏维汇王国。西班牙行省几乎完全脱离罗马。从 415 年起,这两个新兴的蛮族王国受到来自北方西哥特人的压力,退守半岛南端和西北一隅。

427 年,罗马的非洲总督保尼法斯图谋独立,拒不接受罗马政府的召回令,唆使汪达尔国王该萨里克率部渡海到非洲,同抗罗马。429 年,该萨里克率 8 万汪达尔人和阿兰人进入非洲,占领毛里塔尼亚。次年,大举围攻希波城。其时保尼法斯已与罗马和解,坚守希波。东西罗马皇帝都派兵增援,但皆为汪达尔人所败。431 年城陷,罗马正教四大主教之一圣奥古斯丁已于前一年死于希波围城之中。汪达尔人由此在北非建国,并开始建立海军。435 年,西罗马与汪达尔人缔约,承认汪达尔—阿兰人所占领土为合法,汪达尔王国则承认罗马为宗主国,并缴纳年贡。但条约对汪达尔人并无约束力。439 年,该萨里克又夺取罗马北非首府迦太基,并迁都于此。迦太基的陷落对西罗马的打击最为严重,切断了它在非洲的财政来源。442 年,两国又修订了 435 年条约,罗马终于承认汪达尔王国对北非大部地区的统治。

5 世纪中叶,西罗马帝国已衰弱不堪,内有纷争,外受蛮族入侵的打击。452 年匈奴入侵意大利,赂以重金始退。455 年,该萨里克乘罗马混乱之机,率舰队渡海,攻陷罗马,纵兵焚掠两星期(6 月 2 日—16 日)。罗马古文物遭到严重破坏,毁灭文化的"汪达尔主义"由此而得名。461 年后,汪达尔人不断侵袭西西里和意大利,罗马防不胜防。

汪达尔人信奉阿里乌斯派基督教,受到北非罗马正教徒抵制。柏柏尔人经常叛乱,反对汪达尔的统治。477 年,该萨里克死,其子汉尔利克继位。新国王是狂热的阿里乌斯派信徒,否认耶稣的神性和三位一体说,疯狂迫害罗马正教徒。523 年,崇信罗马正教的希尔得里克即位为王,北非正教会得以复兴。

拜占廷皇帝查士丁尼力图在西方恢复罗马帝国的统治,于 533 年派贝利撒留远征北非。汪达尔人被击败,迦太基陷落。国王该利莫出走,遣使乞和。其部众则被遣送至君士坦丁堡,编入拜占廷军队。汪达尔人残部和柏柏尔人的反抗又坚持了三年,534 年汪达尔王国终于灭亡。拜占廷军队依靠曾被汪达尔人剥夺土地和财富的奴隶主和教士的支持,在北非重建行政机构,恢复罗马的统治。

勃艮第人的迁徙和建国　勃艮第人原属斯堪的纳维亚日耳曼人的一支，分布于波罗的海的勃伦霍姆（意为勃艮第人的故乡）岛上和波罗的海南岸地区。1世纪时迁至维斯杜拉河下游，后又西迁至罗马边界莱茵河一带，中心在沃姆斯，5世纪初渡莱茵河到达西岸。435—436年，勃艮第人与罗马作战，败绩。残部被赶到南方日内瓦湖畔萨伏依地区，于5世纪中叶进占罗纳河和索恩河流域，建立勃艮第王国，都留格杜努姆（今里昂）。

贡多巴德统治时期（474—516年），王国臻于鼎盛，勃艮第习惯法汇编成《贡多巴德法典》。其子西吉斯蒙德信奉基督教，修建了许多修院。此时勃艮第北部和东部都遭受法兰克的进攻。524年，西吉斯蒙德战死，十年后勃艮第被法兰克人征服，成为法兰克王国的一部分。

西罗马帝国的灭亡和东哥特人征服意大利　从5世纪初年起，西哥特人曾多次袭击意大利本土，直接威胁西罗马帝国的首都，帝国的灭亡只是一个时间问题。帝国末年，罗马军队几乎全部掌握在蛮族军官之手。帝国军队最高统帅日耳曼人奥多亚克于476年举兵反叛，推翻末帝罗穆洛·奥古斯都。西罗马帝国灭亡，意大利境内皆归奥多亚克统治，实际上是建立了另一个蛮族统治的国家。

西罗马的灭亡震撼了整个地中海世界，东罗马随即唆使东哥特人首领狄奥多里克进攻奥多亚克。东哥特人在匈奴联盟瓦解之后，一直停留在潘诺尼亚（今匈牙利一带）。489年，他们侵入意大利，利用罗马人对奥多亚克的敌视，仅三年就攻取其全部辖境。拉文那被围三年也于493年攻陷。奥多亚克还打算与东哥特人共治其已被征服的土地，"光荣"投降。但狄奥多里克在欢庆和好的筵席上背信杀死奥多亚克，尽屠其部众。

狄奥多里克成为东哥特王国国王（489—526年在位）。他曾在东罗马宫廷中做过人质，从小受到罗马文化的熏陶，颇受皇帝的器重。他率部进攻奥多亚克，为了向皇帝效忠，表示要遵守罗马法律，维护正义。新建的东哥特王国几乎保留了全部罗马国家机构和政治制度，也保留了许多罗马元老、贵族和行政官吏，首都设在拉文那。尽管狄奥多里克对东罗马皇帝奉命唯谨，但当地罗马人对取代奥多亚克统治的东哥特王国同样很反感，目为异端。狄奥多里克对罗马大贵族的反叛给予坚决镇压。

东哥特王国的建立和巩固，激起东罗马的嫉视。534年拜占廷军灭汪达尔后，立即回师意大利，开始对东哥特王国的征服。拜占廷指挥哥特战争的统帅，先是贝利撒留，后是纳尔西斯。这场战争异常艰苦，历时20余年才勉强征服东哥特王国。反抗拜占廷的不仅是东哥特人，还包括一些被释放的奴隶和领种土地的奴隶。554年拜占廷攻克东哥特最后一个据点，战争才告结束。东哥特人被赶出阿尔卑斯山南，意大利成为拜占廷属地。皇帝摩里斯（582—602年在位）在意大利设置拉文那总督区，任命总督治理。总督拥有行政、军事和宗教方面的大权,罗马主教区也处于拉文那总督区的管辖之下。拉文那从 402 年以后一直作为西部罗马的国都和首府,成为意大利第二古都。拜占廷收复拉文那之后,其城市和宫殿建筑风格东西杂糅,融罗马式和拜占廷式为一体。

第二章 东亚封建国家的发展

第一节 唐代中国的高度文明

唐代(618—907 年)是中国历史上经济发达,国势强盛,政治开放,文化辉煌灿烂的封建王朝,也是当时世界上最强大,经济和文化最发达的国家之一。唐代中国不仅在亚洲而且在全世界都有很高的声望。唐朝实行开放政策,亚、非地区诸多国家的使节、贵族、商人、学者、艺术家和僧侣等,不断来唐朝观光、留学、访问和贸易。唐朝派往外国的使臣、学者、僧侣,以及到外国经商的商人,也不绝于途。当时和唐朝通使友好的国家 70 多个,主要的有新罗、日本、大食、波斯、天竺、泥波罗、骠国、真腊、室利佛逝、林邑、师子国、护密国、乌长国等。

国家富强,社会稳定,经济发达,政治开放,中外文化交流空前纷繁,为唐代文化的高度繁荣提供了条件。唐代中国劳动人民和科学家、思想家和艺术家,继承前代优秀文化传统,进一步创造出丰富多彩、辉煌灿烂的文化,在政治、法律、教育、经史、哲学、文学、艺术以及科学技术等方面都有卓著的成就。唐代文化以其高度的发达性、多样性和世界性的特点著称于世。唐代文化是当时东亚世界文明的核心,它对东亚各国和各地区产生了巨大的不可磨灭的影响。

政治制度 唐朝建立了高度集中的封建专制政体,皇帝是国家一切权力的主宰者,国家机关是协助皇帝执政的办事机构。适应这种专制体制的需要,唐朝废除了以前历代王朝在中央政府中占有决策地位的"三师"和"三公",建立以辅佐皇帝执政为职能的三省六部为主的中央政府机关。三省为中书省、门下省和尚书省,各置长官二人。三省长官共同议政,为皇帝提供咨询和建议。凡军国政要,先由中书省根据皇帝旨意草拟诏书文稿,交门下省审核,然后交尚书省执行。尚书省下设吏、户、礼、兵、刑、工六部,每部下辖 4 司,计 24 司,负责处理有关人事、财政、军事、司法、土木工程以及外交等日常事务。三省之外,还有御史台,是中央最高监察机关,长官御史大夫,下辖 3 院:台院、殿院、察院,分别负责中央内外监察工作。

地方政权,基本上是州、县两级制。县以下有乡、里(村)基层行政组织。中央政府为了加强对地方的监督,将全国划分为十道,皇帝经常派钦差大臣视察政情。

为了巩固封建专制统治,唐朝建立伊始就不断完善律令法制体系。637 年(贞观十一年)修成《唐律》(贞观律),颁行全国。《唐律》共 502 条,分为名例、卫禁、职制、户婚、厩库、擅兴、贼盗、斗讼、诈伪、断狱、捕亡、杂律等12篇。高宗即位(650年)后,又命长孙无忌等诠释《唐律》,撰成《唐律疏议》30卷,是我国古代流传下来的最完整的成文法典。

　　唐代教育发达,中央设有国子、太学、四门、律学、书学、算学等六学,统由国子监领导,主要招收贵族官僚子弟。地方各州县也办学校,此外各地还有许多私塾学堂。学生毕业后,须经科举,合格者方可任官。科举由吏部(后改为礼部)主持,科目分为秀才、明经、进士、明法、明书、明算、道举、童子等,其中以明经和进士两科最为重要。第一名称为状头或状元。进士录取虽难,但及第后容易飞黄腾达。唐朝一般官员乃至宰相,多由科举出身。科举制打破了任官的门第限制,扩大了选拔官吏的范围,为选贤任能开辟了重要途径,影响一代士风。

　　社会经济　唐朝实行均田制,即在国家占有土地的基础上对百姓和官僚授予一定数额的土地。百姓凡年满18岁以上的男丁授田1顷,其中含口分田80亩,永业田20亩;工商业者授田为男丁之半;老年、孀妇、残废、僧道、尼姑等也授予部分田地,但一般妇女、部曲和奴婢不授田。贵族按爵位授予永业田,从最高100顷递降至5顷;官僚从一品到九品,授永业田60顷递降至2顷。贵族官僚的永业田可以自由转让或买卖,并享有免除赋税的特权。

　　在均田制基础上,制定了租庸调税法。租庸调是国家对农民的征课,每丁年纳粟(租)2石,服徭役(庸)20天,交纳(调)绢2丈。如不服徭役,可以绢或布代替,称为"输庸代役"。

　　施行均田制和租庸调税法,保证农民有一定的耕地,并且规定了租税的限额,从而提高了农民生产的积极性。

　　唐初,伊、洛以东及沿海一带,苍茫千里,由于政府和广大民众积极开发,到开元、天宝年间,这里业已变成肥沃的良田。甚至河套、桂州(广西桂林)、天山南路等边远地区,农业生产也有相当的发展。据估计,天宝年间这些地区的耕地面积约有800万~850万顷。政府积极发展水利工程,仅在唐朝初期就修建渠塘160多处,分布全国各地,形成广阔的灌溉网络。于是农业丰产,"四方丰稔,百姓殷富"。①

　　唐朝手工业发达,工艺高超。主要手工业种类有:矿冶、织染、刺绣、瓷器、制盐、药材、茶叶、糖酒、木器、漆器、服装、文具纸张以及造船和兵工等,其中尤以纺织、冶铸、瓷器最为发达,堪称世界一流。唐代手工业多由政府经营,生产规模较大,技术精湛,产品上乘。但其产品主要是供给宫廷、官府、贵族和官僚的需用,只有较少的多余部分才作为商品流通于市场。市场的商品主要是农民的家庭副业和私人手工业作坊的产品。但农民的家庭副业技艺比较粗糙,私人手工业则

---

　　①　郑綮:《开元传信记》。

生产规模较小,在官营手工业占支配地位的条件下,很难扩大发展。

农业和手工业发达,促进商品交换的活跃。唐朝商品丰富、市场繁荣。城市居民的主要生活用品,如粮食、纺织品、金属器皿、木器、盐、茶、酒、糖、纸、装饰品以及药材等等,多仰赖市场供应。首都长安是全国商贸中心,各地商贾云集。州县各城市和村落都有不同形式的市集,上市的商品主要是农副产品。全国有四通八达的交通网络,从长安到全国各地都有大道相通,并在主要交通干线上设置驿站,备有旅店及车、马、船等交通工具。水路交通除贯通南北的大运河外,还广泛利用自然河流,以通内河航行。

思想文化 唐代思想文化,内容丰富,门类繁多,在哲学、史学、文学、艺术、科学技术等方面,都达到了很高的成就。

1. 哲学。唐代哲学,以经学①最为发达。经学起源于战国后期,汉武帝罢黜百家独尊儒术以后,列为官方哲学,从此成为古代中国思想文化的正统。魏晋南北朝时代,道教和佛教兴盛,经学地位有所降低,唐代开始复兴并有了新的发展。唐朝开国后,太宗命孔颖达撰写《五经正义》,对《易》、《诗》、《书》、《左传》和《礼记》作了统一的解释。后来又命人写成诠释《周礼》、《仪礼》、《穀梁》、《公羊》的注疏,合称《九经正义》,颁布全国,作为官定的统一课本,科举考试一律准此,从而为经学的复兴和发展奠定了基础。

韩愈(768—824 年)是唐代经学大师,他借鉴佛教的法统思想,建立儒家的道统学说。他宣称尧、舜、禹、汤、文、武、周公、孔子和孟子等是天命圣人,他们代代传承儒家道统,但自孟子以后道统中断了。因此,韩愈以孔、孟的继承者自居,积极致力于儒家道统的复兴和发展。为此,他批判日益流行的佛教,揭露封建迷信的危害性;反对六朝以来盛行的骈体文,倡导古文运动;他还提倡改革教育,鼓励实事求是的学习精神,主张学以致用,反对空谈。但是,韩愈的儒学道统思想基础是唯心主义的宿命论。他认为,人类社会的穷富与祸福是由"天命"决定的,所谓"贵与贱,祸与福,存乎天"。因此,人们只能顺应天命而不可改变天命,否则就要受到天的惩罚。韩愈的这种天命论的道统思想,经后人的继承和发挥形成理学,成为宋代以后占统治地位的官方哲学。

另一方面,唐代也有像柳宗元和刘禹锡这样的唯物主义思想家。柳宗元认为,宇宙是由运动着的元气构成的,宇宙运动、变化所反映出来的各种现象,如节气变化、昼夜交替、万物生息、风雨雷电等等,都是元气运动的结果。因此,认为天能决定人的祸福是错误的。在历史观方面,柳宗元主张,社会历史的发展,是由客观存在的、不以人的意志为转移的"势"所决定的。他在其著名的《封建论》中,肯定了秦始皇以郡县制取代封建制的历史功绩,认为秦之速亡,"咎在人怨,

---

① 研究和阐释儒家经典的学问,称为经学。

非郡县之先也。"这是对秦汉以来关于封建制和郡县制利弊争论的历史唯物主义的解答。刘禹锡(772—842年)提出了"天与人交相胜,还相用"的著名学说。他认为,天(自然界)和人类社会具有不同的职能,前者的职能是生殖万物,其法则是强凌弱的生存竞争;后者的职能是治理万物,其法则是用礼法制度来维持社会秩序。所以,"天之能,人固不能也;人之能,亦天有所不能也"。但是,两者又互相依存,互相作用,即"用天之利,立人之纪"。他的思想已有辩证法的因素。

但是,柳宗元和刘禹锡的唯物主义思想是不彻底的,他们对佛教缺乏批判,而且在被贬谪以后,又都不约而同地转向佛教,以寻求精神寄托。

2. 史学。唐代史学发达,史家和史学著作颇多。在二十四史中,唐代编修的就有8部,即《晋书》、《梁书》、《陈书》、《北齐书》、《周书》、《隋书》、《南史》和《北史》。此外还有许多专史,如史学理论、典章制度、方志、传记等等。唐代史学的另一重要成就,是新体史书的确立。我国传世的典制史书,凡有三体,皆始于唐。一是《唐六典》,全书30卷,为记叙唐朝理、教、礼、政、刑、事六门典制的官修史书;二是《通典》,杜佑撰,全书凡200卷,分食货、选举、官职、礼、乐、兵、刑、州郡、边防九门,记录了从上古到唐天宝年间各种典章制度的沿革;三是《会要》。贞元初,苏冕首撰《会要》40卷,记述唐代典章制度的发展与演变,兼评政治的兴废得失,开创了断代典制史的范例。后人又陆续修成《续会要》(40卷)和《唐会要》(100卷),进一步完善了《会要》的新体式。刘知几(661—721年)的《史通》(20卷)是我国第一部史学理论的杰作。在书中,刘知几不仅对以前历代史学著作的思想观点、语言文字、人物评价、史事记述以及体式等进行了评述,并且提出了以"人事"为历史主体的治史原则。他反对宿命论观点,提倡重视人事的历史作用,指出"夫论成败者,固当以人事为主,必推命而言,则其理悖矣。"刘知几主张治史者必须具备才、学、识三长,修史要秉笔直书,善恶并写,不辟强御,无所阿容。刘知几的进步史学思想在中国史学史上占有重要地位,对后世产生了深刻的影响。

3. 文学。唐代文学绚丽多彩,繁华似锦,其中尤以诗歌最为光彩夺目。清人所编的《全唐诗》收集了有成就的诗人2 300多位,诗篇多达48 900余首。其作家和作品之多,内容之丰富,风格流派之多样,远远超越了过去任何时代。著名诗人如王维、孟浩然,以优美的山水田园诗闻名;高适、岑参以雄壮豪迈的边塞诗著称;生命只有27岁的青年诗人李贺,则以善用形象思维、构想奇特的表现手法而别树一帜;李商隐诗文并茂,诗以兴寄深微、表意婉曲见长;在高手如云的唐代诗人之中,李白、杜甫和白居易则以更高的声誉荣冠诗坛。

李白有"诗仙"之称,他的诗歌内容丰富,题材广泛,气魄豪迈,具有强烈的艺术魅力。著名诗篇如《早发白帝城》、《蜀道难》、《望庐山瀑布》等,描写祖国壮丽山河,形象雄伟,气势磅礴,不失为千古绝唱。杜甫和白居易生活在中唐以后,当时国家衰微,政治黑暗,人民疾苦。他们忧国忧民之情,都倾注于诗,写出了许多现实主义的伟大诗篇。杜甫的《兵车行》、《石壕吏》、《新婚别》,白居易的《重赋》、《卖炭翁》、《杜陵叟》等,都是揭露统治阶级腐朽残暴,同情人民疾苦的不朽佳作。"剥我身上帛,夺我口中粟;虐人害物即豺狼,何必钩爪锯牙食人肉。"这是诗人白居易向封建剥削者发出的愤怒谴责。

词、散文和小说。中唐以后,文学发展形式出现了词、散文和传奇小说等新的体裁。词与音乐密切结合,有一定的词牌,句子可长可短,故亦称长短句。散文在唐代成绩巨大。初唐时期,承袭六朝以来盛行的骈体文,讲究词句整齐对偶,重视声韵和谐与词藻的华丽,内容空洞,形式僵化。中唐以后,以韩愈、柳宗元为主要代表的一些著名文学家提倡古文(即新散文体)运动,刷新了一代文风。韩愈的《原道》、《原毁》、《师说》、《祭十二郎文》,柳宗元的《天说》、《捕蛇者说》、《永州八记》等,都是新散文体的佳作。传奇小说与六朝时代流行的志怪小说不同,传奇小说所描述的故事已不再是鬼怪神灵,而是现实社会中人的真实生活,创作方法是现实主义和浪漫主义的结合。白行简的《李娃传》、元稹的《莺莺传》和沈既济的《枕中记》等,都是传奇小说佳作。

4. 艺术。古代中国,音乐和舞蹈有不分的传统,统称乐舞。唐朝在继承前代优秀乐舞传统的基础上并吸收外来乐舞的有益成分,创造了丰富多彩的中国民族乐舞。唐在隋朝"九部乐"的基础上增加"高昌乐",组成"十部乐",即:燕乐、清商乐、西凉乐、天竺乐、龟兹乐、唐国乐、安国乐、高丽乐、疏勒乐和高昌乐。中唐以后,又将十部乐分为坐、立两部,坐部在堂上表演,丝竹合奏,高雅贵重;立部在堂下,击鼓吹笙,并作杂戏。唐代舞蹈分为健舞和软舞两种。健舞姿势雄健,动作爽朗快捷,如《七德舞》(即《秦王破阵乐》),参加者多达 120 余人,披甲执戟而舞,凡三变,每变为四阵,变化多端,情绪高昂紧张。软舞姿势柔软优美,表情安详细腻。唐朝创设了我国第一所综合性艺术学院——梨园,唐玄宗自任梨园首脑崔公。梨园培养了许多音乐、舞蹈和戏曲等各种艺术人才。

绘画和雕塑。初唐绘画以宗教神像和贵族人物画为主,著名画家有阎立德、阎立本兄弟等。中唐以后,人物画开始以世俗生活为内容,山水画日益兴起。画法和风格也为之一新,以色彩灿烂,富贵华丽,恢弘壮观为主要特征。有"画圣"之称的吴道玄(字道子)兼长人物画和山水画。他的人物画造型重视眼神的描写,栩栩如生。他在长安赵景公寺画的《地狱变相》,令人望而生畏。吴道玄创造了一种"焦墨薄彩"的画法,即用焦墨勾线,别施淡彩,微分深浅,画面富于立体感。他的绘画风格被誉为"吴装",对后世影响很大。

在山水画方面,以李思训和王维最负盛名。李思训的山水画,笔法工细,设色艳丽,金碧辉映,有独特的艺术魅力,被公认为山水画北派之祖。传世作品有《江帆楼阁图》。王维是著名诗人,同时也是一位杰出画家。他创造一种将诗意融于绘画之中的"破墨"（水墨渲染）山水画，使山水画为之一新。即运用墨色的深浅和浓淡，画出精练、淡雅的山水，构思奇巧，气韵高洁，富有诗意。宋人苏轼称王维"诗中有画，画中有诗"。王维和李思训并立，为山水画南派之祖。王维的画风被称为"文人画"，对中国绘画产生了深远影响。

壁画是唐代艺术宝库中的一枝奇葩。寺院、石窟和陵墓中的许多壁画不乏名作，其中尤以敦煌壁画最为杰出，中外驰名。其特点是，场面巨大，结构严谨、配置匀称，变化多彩，既有磅礴之势，又具浓厚的意趣。壁画题材虽是佛教故事，但都明显地反映出社会生活的现实，如耕地、拉纤、伐木、射猎以及日常生活等。

雕塑艺术以泥塑和石雕最为精彩。泥塑以敦煌千佛洞为代表。在500多个洞窟中，唐窟占213个。其中泥塑佛像形态各异，造型生动，栩栩如生。佛陀、菩萨、金刚、神王等，莫不呈现世俗化的倾向，基本上脱离了魏晋南北朝以来那种宗教神秘色彩。石雕以洛阳龙门诸石刻为代表。其中奉先寺的卢舍那佛像，佛身高85尺，二菩萨高70尺，迦叶、阿难、金刚、神王各50尺，①高大雄伟，充满了生命力和对人生现实性的向往。唐代雕塑人才济济。杨惠之有"塑圣"之称，他曾为长安一个名伶塑像，置于大街上，行人从背后望去，误为真人，可见其雕塑技艺之高超。

5. 科学技术。唐代中国版图辽阔，各地自然差异很大。劳动人民因地制宜，创造出适于各地情况的耕作方法。北方干旱，防旱保墒是保证农业丰产的重要前提。人们根据土质和作物特点，实行按不同季节深耕或浅耕的耕作方法，并注意整地和中耕除草，提高了一系列农业技术。如在陕南、汉水一带，实行两年三季粟麦轮作。在南方，水稻生产形成了以耕—耙—耖为中心的一整套精耕细作方法。水稻种植技术由直播改为插秧，水稻品种多达十几种，并且实行一年三季作或稻麦轮作。生产工具也有改进，出现了适于江南水田生产的所谓"江东犁"。它由11个部件组成，铁制部分有犁镵和犁壁，木制部分有犁底、压镵、策额、犁箭、犁辕、犁梢、犁评、犁建和犁盘。使用时，调整犁评，可以进行深耕或浅耕，操纵自如。此外还有耙、耖等一系列工具，用以碎土、除草，平整田面，保土保水。唐代还出现一种钐刀，用于收割，一人一日可收割10亩，比一般的镰刀效率提高很多。灌溉技术也有提高，唐代发明了连筒、桶车、筒车和水轮等新式灌溉工具。连筒是用粗竹相连，打通竹内关节，用以引水，它能够架越涧谷，把水引到对岸。桶车是以木桶相连汲于井中的水车。筒车的形状类似纺车，在其周围缚以竹筒或木筒，利用水力冲动，把水汲至高处。水轮即水转翻车，就是把脚踏翻车加以改进，利用水力旋转。这些不同形式的灌溉工具，因地制宜，适用于不同条件的地区，大大提高了灌溉效率。

---

① 此系唐尺，85尺约合17.14米。

手工业技术。唐代手工业发达，技术高超，尤其织染、制瓷、冶铸等部门的技术成就最为突出。唐代纺织业分毛纺、麻纺和丝纺，而以丝纺最为发达，号称"丝绸之国"。丝织品的种类和花样繁多，工艺精湛，很多被列为朝廷贡品或销往国外。安乐公主出嫁时，四川进贡的单丝碧罗笼裙，缕金为花鸟，细如发丝，鸟子大如黍米，眼鼻嘴甲俱成，可见其技术之精巧。

唐代制瓷业技术先进。邢州(今河北邢台)生产的白瓷，白洁精美，"类银"、"类雪"。越州(今浙江绍兴)青瓷，胎质薄，光泽晶莹，雅致瑰丽。著名的"唐三彩"更是一绝，它是一种以黄、绿、赭三种颜色的深浅变化和互相配合而烧制的彩釉陶瓷。唐三彩多属装饰玩赏品，或作为殉葬冥器，有马、骆驼、双鱼瓶以及人俑等。色彩鲜丽，造型生动，是中国古代艺术中的珍品。

唐代创造的金银合铸法，是中国古代金银铸造技术方面的重大成就。近年在西安南郊何家村出土的唐代窖藏文物，其中碗、盘、壶、罐等金银器皿270余件，造型优美、纹饰精致富丽。这些器皿大都使用了切削、抛光、焊接、铆、镀等工艺，技巧纯熟。从切削工艺来看，当时可能已使用了简单机械车床，这突出地反映了唐代铸造技术的进步。

天文学和数学。唐代在天文仪器制造、天文观测和计算，以及历书编修等方面都取得了很大的成就。著名天文学家张遂(即一行和尚，683—727年)，精通天文、历法和阴阳五行之学。玄宗时被召入长安，从事天文历法研究。他和梁令瓒等创制"黄道游"，用来观测日月星辰的位置和运动情况，发现了恒星移动的现象。这是天文学史上的一个伟大发现，它比英国天文学家哈雷在18世纪初提出的恒星自行的观点，早了将近千年。张遂还测算了地球子午线(经度)的长度，第一次提出了科学性的假说。他编著的《大衍历》是当时非常先进的历法。这部历法系统周密，结构合理，纠正前代历法中的许多错误，对我国古代历法研究影响深远。此外，还有李淳风创制的"浑天仪"，这是结构复杂而精密、表理三重的天体观测仪。

数学研究也有显著进步。唐初大数学家王孝通在其所著《缉古算经》中，提出了三次方程式的正根解法。李淳风系统地整理了中国古代数学遗产，他注释的《算经十书》被政府审定为通用教材，是中国宝贵的数学典籍。

医学。唐代医学成就很高，不但分科比较精细，有内科(脉经)、针灸、妇婴、痈疽、金疮、口齿、耳目五官等科目，而且名医辈出，医药学著述繁多，据统计不下百数十种。孙思邈(581—682年)是唐代医学的杰出代表，他著有《千金要方》和《千金翼方》各30卷，这两部著作简称为《千金方》，收集了3 500多个方子。此书为中国最早的临床百科全书，书中总结了唐以前历代医家的医学理论和治疗经验，还收载了800多种药物，并专门记述了200多种药物的采集和炮制方法，孙思邈因此被尊为"药王"。苏敬主修的《唐新本草》是中国及世界上第一部由国家颁定的药典,全书收集药物844种,其中不少是外来药物,如胡椒、安息香、龙脑香等,都是第一次见于记载。

雕版印刷术。印刷术是中国古代四大发明之一。最早的印刷是雕版印刷。据明代史家邵经邦《弘简录》记载,636年(贞观十年)刻印的长孙皇后遗著《女则》,是中国最早的雕版印刷书。雕版印刷是印刷技术史上的伟大创造,它较手写传抄先进百倍,因而得到迅速传播和普及。现存最早的雕版印刷品是敦煌千佛洞的《金刚经》和晚唐墓穴出土的《陀罗尼经》,可惜的是前者已被帝国主义分子盗往伦敦。

建筑。唐代建筑,形式多样,技术高超。首都长安和长安大雁塔就是唐代建筑科学技术的结晶。长安全城占地面积84平方公里,分京城、皇城、宫城三重。太极宫、大明宫、兴庆宫三个宫殿区居城中央,以中央朱雀大街为中轴线,纵横街道形成十分整齐的棋盘形网络,每格一坊,共108坊。街道宽阔直长,里坊整齐划一,宫殿、亭台楼阁、宗庙寺院、公卿官员府第林立,整个建筑规模宏大,气魄雄浑,格调高迈,华美壮观,是当时世界上罕有的伟大都城。长安是中国古代城市建筑的典范,对国内外的城市建筑产生很大影响。大雁塔是唐代塔寺中的典型代表,是唐代著名高僧玄奘亲自设计,于652年(永徽三年)建成的。塔身呈方形,高64米,分7层,为密檐楼式建筑。大雁塔历时1 300年之久,至今巍然壮观,充分表现了中国古代建筑技术的卓越成就。

第二节　新罗统一后的朝鲜

新罗封建制度的发展　新罗统一后,进一步发展和完善在朝鲜各地业已出现的封建生产关系,从而确立了封建制度在全国的统治地位。687年,实行禄邑制,国家对文武官吏授予一定数量的收租地,作为禄邑。此外,国家或大贵族还向寺院捐赠大量土地,如693年捐赠柏栗寺的土地多达万顷,这些土地后来都变成了僧俗封建主的私有地。大封建主凭借特权严重影响国家对土地的管理和征税。为了限制土地兼并,扩大税源,722年改革土地制度,实行丁田制。国家对16岁以上的良民男女授予一定数量的土地,分为口分田和永业田两种。前者限本人终身使用,不得买卖或转让,后者可由子孙继承传世。领受丁田的农民,必须固着在土地上,以谷物缴纳地租,并以布匹或其他手工业品缴纳贡品,此外还要负担各种徭役。这样,新罗国家就直接控制了全国土地和人民,确立了封建土地国家所有的基本原则。

施行和维护封建土地国家所有制,需要有完善的中央集权制的官僚政治体制。8世纪中叶,新罗参照唐朝中央集权制度,改革国家机构,建立了较完备的中央集权制的官僚政治体制。中央设置若干府和部,分别执掌内务、财政、司法、军事、土木、手工业、教育和外交等事务。地方行政,全国分为九州(即将原新罗、百济和高句丽各分为三州),下设郡、县、乡或部曲。州、郡、县的长官分别称为都督、太守和县令,一律由国家任命。另外,在要地设置五个小京。小京和州都有军队驻防。新罗国家的文武官员一律享受国家的禄邑,即从禄邑取得俸禄。他们是国家的官吏,而不是领主,他们必须忠诚职守,效忠于封建国家,即效忠于专制君主。

为了培养这样的封建官僚,新罗提倡儒学,682年设国学,688年实行科举,以录用儒生出身的官吏,代替过去主要按门第和武功录用官吏的办法,来加强中央集权制。为了掌握儒学,许多贵族子弟被派到唐朝留学。国家还将一县之地充作国内全体学生的"奖学金",这反映了新罗统治者提倡儒学的积极性。

国家的统一和统治机构的完善化,为发展社会生产提供了有利条件。7—8世纪,新罗经济发展较快。在河川流域以及西部和南部地区,筑堤开池,扩大水利灌溉工程,大大促进了水田农业的发展。如790年扩建碧骨堤,动员了全州7个郡县的农民,可见工程浩大。旱田作物的种类和产量也有增加,主要作物有小麦、大麦、豆类以及桑、麻等经济作物。

手工业也有显著发展。虽然民间手工业尚未脱离农业,但官营手工业却有很大进步。官营手工业是专为宫廷、贵族和寺院服务的,产品种类很多,技术亦相当高超,如纺织品、衣物、装饰品、家具、马具、皮革、陶瓷、武器以及金银细工等。采矿和冶炼业也很发达,铁主要用来制造农具和武器,金、银、铜等则主要用来制造宫廷和贵族用的奢侈品以及宗教用品,如佛像、佛具等。

商业贸易也很活跃。首都庆州有东、西、南、北四个市场,是全国最大的手工业和商业中心。五个小京和各州的首府则是地方手工业和商业中心。对外贸易也相当活跃。当时新罗和唐朝、日本均有贸易往来,尤其和唐朝的贸易十分频繁。输往中国的主要商品是绸缎、麻布、毛皮、金银细工以及人参、牛黄等药材;输入的除书籍和文具外,大都是供贵族享用的奢侈品。新罗商船往来于南海和黄海水域。在中国沿海及内地的一些城市中形成了新罗的商业据点,称为"新罗坊"。其中楚州(今江苏淮安)、泗州(今江苏泗洪东南)和登州(今山东蓬莱)等地的新罗坊尤其繁盛。随着商业的活跃,都市也发达起来。当时庆州有17万户,有许多华丽的建筑,仅大富豪的住宅——"金入宅"就有35所。但是,都市的主要居民除官僚贵族外,大多是为官府和贵族服务的各种役人和仆从,独立的手工业者极少。而且手工业和对外贸易都是在国家控制下进行的,私人工商业很难发展起来。

新罗王朝的衰亡 9世纪,新罗王朝陷于严重危机之中。主要原因是,大封建主的土地兼并和高利贷的风行,导致丁田制的破坏和广大农民的破产,阶级斗争尖锐化;另一方面,则是大贵族争权斗争的激化和中央集权制愈益衰弱。9世纪以来,饥馑频繁发生,农民饥寒交迫,且往往因传染病蔓延而造成全村人口死亡。流浪的农民激增,走投无路,爆发全国人民大起义。在沙伐州(尚州)有元宗和哀奴起义,竹州(竹山)有箕萱起义,北原(原州)有梁吉起义,全州(完山州)有甄萱起义,西南地区有"赤裤军"起义。其中以梁吉和甄萱的势力最为强大。891年,梁吉在北原起义后,迅速占领周围十余郡县,得到各地农民的拥护,势力日增。897年,梁吉的部下弓裔,据松岳郡而独立。后来又击败梁吉,夺取了起义军的领导权。904年,建立摩震国,自立为王。同年迁都铁原,911年又改国号为泰封。因其在高句丽旧地,故又称后高句丽。

甄萱原来是新罗镇守西南沿海地区的戍将,892年,乘农民起义和新罗统治权力衰弱之机,在武珍州(全罗道的光州)举起了叛旗。甄萱聚集武珍州附近农民起义军的势力,并与当地中小地主相结合,于900年占领了完山州(全州)。甄萱以复兴百济作标榜,并实行一些有利于农民的温和政策,受到农民的支持,于是建立后百济,自己登上了王位。

这样,新罗国家就被压缩到东南地区,它和新成立的泰封国、后百济形成新的三足鼎立的局面,史称后三国。918年,弓裔的部将王建乘机发动政变,推翻弓裔政权,自立为王,改国号为高丽,翌年迁都松岳(今开城)。此后高丽王朝日益强盛,不断进攻新罗和后百济。935年,新罗敬顺王向高丽投降,新罗王朝灭亡。第二年,后百济也被高丽消灭,朝鲜半岛重新统一在高丽王朝的治下。

高丽王朝的集权统治 高丽王朝统一后,为了巩固统治,一方面对人民实行怀柔政策,把原来每顷6石租税减为2石,并规定3年免税;另一方面,采取各种措施竭力加强中央集权专制统治。高丽王朝建立之初,基本上沿用新罗和摩震(泰封)国的旧制,因而有不完备之处。成宗时期(982—997年)实行政治改革,确立了一套新的封建集权统治体制。中央机关设门下省(总管国家各项事务)、尚书省(总管全国官吏)和三司(总管全国财政),尚书省下设吏部、兵部、户部、刑部、礼部和工部等六部。三省六部是国家的中枢机关。其长官由文职充任,称为文班。地方行政,全国分置十道和十二州,各道由中央派遣的节度使总管军民行政大权。道以下设府、郡、县、村等行政单位,县以上的地方长官由中央任命,村吏则从地方豪绅中选任。此外,还有乡、所、部曲等特别行政单位,这是"贱民"居住区,由国家严格控制。

军事组织是高丽王朝政权机构的重要组成部分。高丽王朝实行良人农民义务兵制,即府兵制。全国有常备军15万左右,分为地方军和中央军两部分。地方军队由各道节度使统制,中央军队约5万人,分别属于二军六卫。二军六卫的高级将领称为武班,与文班合称"两班"。但武班的地位低于文班,实行文尊武卑的政策,目的在于防止军事贵族势力过于强大危害中央集权制。

为了加强中央集权,成宗时还扩充了作为检察机关的御史台,创设了旨在培养官僚和普及封建思想教育的大学——国子监。同时强化业已实行的科举制,开始实行复试制。此外,成宗时还收集民间的武器,改作农具,以解除农民的武装,并表示鼓励农业的姿态。

高丽王朝建立之初,土地占有和租税征收情况复杂,政府很难全面掌握。976年,国家实行土地清查,登记全国耕地和山林,收归国有,然后将一部分土地和山林按等级分给文武百官和士兵,称为"田柴科"。① 文武官员按"人品"(身份)分为79品,最高者得田柴各110结,②最低者得田21结,柴10结。士兵给田15结。田柴科是国家把土地的收租权授予受田者,只限本身,不准世袭。但授予功臣和归顺贵族的"功荫田柴"不在此限。其余绝大部分土地作为公田,由国家直接租佃给农民耕种并征收租税。田柴科的实行,确立了国家对土地的最高支配权,它一方面限制了官僚贵族的土地兼并,另一方面确保了国家的税源,成为专制集权国家的强有力的物质基础。

生产的发展 高丽王朝初期,积极鼓励农民垦荒,扩大耕地面积。973年(光宗24年)规定,开垦陈田若为私田,第一年的收获全部为耕者所有,从第二年起与地主各分一半;开垦公田,头三年免征租税,后来政策又有所放宽。为了扶持贫苦农民从事耕作,国家还建立了义仓制度,贷给他们种子和耕牛。同时对地方官吏滥征徭役和高利贷者的猖獗活动给予一定限制。政府还鼓励农民从事副业生产,让每家种植15至20株桑树,以发展养蚕业。这些措施有力地调动了农民生产的积极性,许多荒地辟为良田,不仅平原,连山坡地也开垦出来。

农业发展,促进了手工业和商业的繁荣。首都开城是全国最大的市场,大量的谷物集中于此,城内店铺林立,买卖兴旺。地方行政中心也兴起了乡市,成为地方的交换中心。高丽王朝初期,用以交换的媒介主要是大米和布匹,11世纪后期,货币流通日益普遍。1097年,设立铸币官,铸造金属货币,有三韩通宝、东国通宝、海东通宝等。

高丽的对外贸易也很发达。宋朝是主要贸易对象。输入品主要是绸缎、瓷器、药材、香料以及书籍、纸张、文具、乐器等。输出品有人参、松子、毛皮、金、银、铜、硫黄、花纹席子、折扇等。其中硫黄和铜是从日本输入的转卖品。此外,高丽与日本、契丹、女真甚至遥远的伊朗等也有贸易往来。高丽与各国的贸易大都由国家控制,贸易多以朝贡、交邻等形式进行,但民间贸易也很活跃。

社会矛盾的激化和农民起义 田柴科本身存在的矛盾是它只限终身,不准传世,但它是按"人品"授予的,而"人品"却是世袭的。这样,田柴科事实上变为世袭。特别是功荫田柴科,可以传承这一点是与土地国有原则相违背的。这种

---

① 田为耕地,柴为烧柴林,科表示身份等级,按身份等级授予田柴,称为田柴科。
② 结为土地面积单位,6尺为1步,方33步为1结。

矛盾发展因两班贵族和寺院不断把公田变为私田而加剧起来。公田减少,使田柴科的授予数额逐渐缩减,到 12 世纪初,田柴科已无法继续施行。许多失掉土地的贫苦农民沦为封建贵族的佃户或奴婢,政府也常把反抗封建压迫的人民整乡整县地贬为部曲(贱民),于是贱民和奴婢阶层迅速扩大,甚至超过新罗时代,阶级矛盾日益激化。另一方面,统治阶级内部争权斗争频仍,先是外戚李资谦擅权,继则是武人专政,政变频生,动乱不已,社会不宁,终于引起全国人民大起义。

1176 年 1 月爆发的以亡伊、亡所伊为首的南方人民大起义,是无数人民起义中规模最大的一次。参加起义者绝大多数是贱民。他们首先在公州鸣鹤所(贱民居住区)起事,然后占领公州,并打败了国王派来镇压起义的 3 000 大军。以后亡伊等又占领礼山,得到散在庆尚和全罗两道的起义农民的支持,势力越发强大。统治阶级不敢再用武力镇压,便施展政治阴谋,把鸣鹤所提升为县,并减轻租税赋役,以麻痹起义的人民。同时一面与亡伊等谈判,一面以武力消灭其他各地的起义者,企图孤立并消灭亡伊起义军。但统治阶级的阴谋被起义者识破,亡伊等继续战斗,连续攻占了镇州(今忠清北道镇川)、骊州(今京畿道骊州郡)和牙州(今忠清南道牙山)等要地,兵锋直逼首都开京。① 亡伊誓言:"宁死于刀锋下,终不为降虏,必至王京而已。"②后来,统治阶级以"议和"为名,于 1177 年 7 月,将亡伊诱捕入狱,失掉了领袖的农民起义军被敌人击溃了。

与南方各道农民起义的同时,西北地区也爆发了城市贫民和农民的起义。起义者以平安道妙香山为根据地,活动在清川江、大宁江流域一带,到处打击两班贵族、地主和寺院。起义者占领西京(平壤),处决留守判官及其他可恶的官吏。朝廷派兵镇压,三易统帅都以失败告终。后来由于严重缺乏粮食和武器装备,起义者内部产生矛盾,统治阶级乘机进行分化瓦解,起义队伍发生分裂,最后遭致失败。

在全国人民大起义的波涛中,还有一股洪流向高丽王朝的封建堤围猛烈冲击。1198 年,首都开京数千名公私奴隶在万积等人的领导下,以"不使三韩再有贱民"为目标,策划起义,准备杀死两班贵族及压迫者,焚毁奴婢文书,消灭良贱有别的身份制度,恢复奴婢和贱民的自由。但由于叛徒告密,他们的起义计划失败了。可是,在南方晋州却爆发了大规模的奴隶起义。1200 年,晋州公私奴隶揭竿而起,很快发展成为一股强大的力量,他们袭击乡吏,烧毁他们的宅院,一年之内消灭敌人 6 400 余人,战果辉煌。后来由于阶级异己分子窃取了领导权,导致起义失败。

在全国人民大起义的打击下,高丽王朝日趋衰落。

---

① 919 年起松岳始称开州,后称开京(即今开城)。
② 《高丽史》卷十九,明宗,七年三月。

外族入侵与高丽王朝的灭亡 高丽王朝时期,朝鲜曾先后遭受契丹、女真和蒙古等外族的侵略。契丹和女真都是先后兴起于中国东北部的游牧或半游牧的民族,东邻朝鲜。916年,契丹首领耶律阿保机统一各部,建立契丹国①。926年,契丹灭渤海国,以后又征服女真,势力逼近朝鲜半岛。993年,契丹数十万大军进攻高丽。高丽军民在爱国将领徐熙的领导下奋起抵抗,给入侵者以有力的打击。但是怯懦的统治者坚持议和,接受屈辱的议和条件,承认契丹(辽)为上国,高丽为其属国,每年纳贡六次,并与一向友好的宋朝断绝盟交关系。1011年和1018年,契丹又先后两次入侵高丽,给高丽造成严重损失。

12世纪初,以完颜部为中心的女真族逐渐摆脱契丹的控制,日益强盛起来。1115年,首领阿骨打称帝,以会宁(今黑龙江省阿城县)为都,建立大金国。1125年灭辽,1127年灭亡北宋王朝,接着又威胁高丽。高丽国王被迫以称臣纳贡为条件,得以保持傀偏政权。

13世纪初,蒙古崛起,高丽王朝被迫向蒙古纳贡。1231年,蒙古借口使臣被杀,大举入侵高丽。以崔瑀为首的武人政权,腐败不堪,无力抵抗,敌军长驱直入,很快逼近开京。高丽统治者惊惶失措,赶忙与蒙古侵略者议和,接受屈辱的和约。蒙古除索取大量贡纳外,还在高丽各地设置达鲁花赤(镇守官),以监督高丽军政。1232年,高丽政府下令杀死各地的达鲁花赤,然后避难于江华岛,以防蒙古来袭。蒙古对此实行报复,从1232至1259年,先后5次大举侵略朝鲜,兵锋所至,烧杀劫掠,破坏甚烈。高丽王朝统治者避匿于海岛,不但不积极地组织军民进行抵抗,反而一味寻求"议和"。1258年,双方达成"和议",条件是高丽接受蒙古监督国政,每年向蒙古朝贺进贡,并以王子入质。之后,高丽朝廷由江华岛迁回开京,拆除岛上防御工事,撤走岛上驻军,以示臣服之诚意。

但是,人民反对屈辱投降,坚持进行抵抗。"三别抄军"(左别抄军、右别抄军和神义军的合称)南下珍岛(今全罗南道),联合西南各地农民义军,据险抗战。他们控制了南海一带,给蒙古侵略者以沉重打击,并且破坏了蒙古企图利用南海作为侵略日本前沿根据地的计划。腐朽的高丽王朝不顾民族利益,一再帮助敌人进攻自己的人民。1274年,它与元朝②联军攻占三别抄军的根据地——济州岛,消灭了人民的抵抗力量。

1368年,中国人民推翻了元朝政权,建立明朝,为高丽摆脱蒙古的压迫创造了有利条件。但是高丽王朝继续依附于蒙古残余势力,并且与明朝对立。1388年,高丽为阻止明朝收复铁岭(今辽宁省)东北的土地,派兵进攻辽东。当高丽军队到达鸭绿江时,右军都统李成桂举行兵变,班师回国,肃清以崔莹为首的亲

---

① 947年改国号为辽,983—1066年间重称契丹。

② 1271年,蒙古汗国由忽必烈定国号为元。

蒙古派势力,掌握了实权。1392 年,李成桂废恭让王自立;1396 年改国号为朝鲜。高丽王朝由是灭亡。

第三节 日 本

大化改新 7 世纪以来,建立在部民基础之上的大和国面临着需要进行一场深刻变革的非常时期。由于广大人民的辛勤劳动以及大陆文化的广泛传播,大大促进了社会文明的发展。7 世纪,儒学、汉字和佛教等精神文明在社会上特别在上层社会广为流行;与此相应,生产技术等物质文明亦有很大提高。铁器日益普及,各地出现了适合于水稻生产的各种新式农具:铁锄、铁锹、铁犁、大型曲镰等;农业技术有了革新,铁犁用畜力牵引,水稻插秧和从根部收割的方法普遍推广;对粟、麦等旱田作物的种植业已开始;灌溉技术也有了改进,开始引水上山,把许多坡地、台地改造为水田,扩大了耕地面积。此外,人口也有了明显的增加。

生产力的发展提高了生产过程的个体性,个别家族脱离部民组织独立生产的趋势日益强烈。这种现象使政府和贵族失去了对部民的控制,不仅减少了财政收入,而且动摇了部民制度,动摇了大和国家赖以存在的基础。

六七世纪之交,中国重新实现统一,隋、唐两朝相继崛起。唐朝完善了自北朝以来实行的均田制和租庸调制,并在此基础上建立了法制完备的强大的中央集权制国家。高度发达的中国封建文化对周边国家和东亚世界产生了强烈的影响。在朝鲜半岛,高句丽、百济和新罗三国改革政治体制,加强集权化。日益强盛的新罗不仅驱逐了日本在朝鲜的侵略势力,并且威胁着日本的盟国百济。

东亚政治形势的变化给日本带来巨大压力,特别是在朝鲜的失败,大和国不止丧失了一向赖以输入大陆先进文化的通道,在经济方面造成重大损失,而且政治威信也大大降低了,因而进一步加剧了大和国日益深化的社会危机。统治阶级在国内的争夺加剧起来,他们"各置己民,恣情驱使。又割国县山海林野田池,以为己财,争战不已。或者兼并万顷田,或者全无容针之地。"①统治阶级疯狂兼并土地,增置部民,战争不已,严重地破坏了社会生产和人民生活的安定,把广大人民拖向饥寒交迫的深渊。官逼民反,"强盗窃盗并大起之,不可止。"②人民的反抗斗争,不仅从政治上打击了统治阶级,并且由于人民大量逃亡,造成"脱籍逃课者众"③,给统治者带来经济损失。

---

① 《日本书纪》孝德天皇大化元年。
② 同上书,推古天皇三十四年。
③ 同上书,钦明天皇三十年。

在日趋严峻的国内外形势的压力下,自推古朝(593—628 年)以来,以摄政圣德太子(593—621 年)为首的日本统治者试图改革政治体制,建立中央集权的天皇制国家。起初,圣德太子企图利用隋文帝进攻高句丽的机会,出兵朝鲜恢复对任那(朝鲜半岛南端)的统治,以此为转机来改变日本面临的困境。但由于政治腐败,国力软弱,虽然几经努力,都未能实现预期目的。侵略朝鲜的计划受挫后,圣德太子转而着手解决国内问题。圣德太子受过良好的汉文化教育,对儒学和佛教颇有造诣。他试图以儒、佛思想补充和完善传统的神道机能,更好地为皇室中心主义服务,即"以神道为政治之根本,用儒道提高国民道德生活,更用佛教醇化其宗教生活。"[①]因此,他积极摄取大陆文化,进行政治改革,以期建立天皇制的中央集权国家。603 年(推古 11 年),模拟中国官阶制,制定"冠位十二阶",规定官阶晋升不再以氏族门第而以个人的才干和政绩为依据。以此遏制贵族特权,提高皇权权威。翌年(604)又制定"宪法十七条",作为贵族和官员必须遵守的政治规范。"宪法"糅合了儒、佛、法等诸家思想,强调君主至上,"国无二君,民无两主";号召贵族百官"以和为贵,以礼为本",奉诏承命,忠君尽职。

为了更好地摄取中国文化,以促进国内政治改革,圣德太子在外交战略上采取了重要举措。607 年派小野妹子为遣隋使,谋求与隋朝建立对等的外交关系,从而一改从前那种单方面朝贡,请求中国皇帝册封的"藩属"地位。同时改变从前主要通过朝鲜半岛输入中国文化的办法,直接向中国派遣使节和留学生,积极摄取为本国建设需要的文物、制度和技术。著名留学生高向玄理、南渊请安和僧旻等,都是在这时入隋留学的。圣德太子还积极鼓励佛教,在"宪法"中提倡"笃敬三宝",亲自信仰佛教,并修建四天王寺、法隆寺等多所寺院。因此,佛教空前发展,推古朝晚期,全国有寺院 46 所,僧尼多达 1 385 人左右。佛教兴隆,极大的繁荣了日本古代文化。

圣德太子改革主要是文化精神方面的,没有触及部民制的基础,加之受到贵族豪强势力的阻碍,其新政治的设想是无法实现的。但圣德太子改革,提高了日本的国际地位,奠定了中日平等友好邦交的基础。尤其是派遣留学生,积极输入中国文化,为未来的大化改新准备了必要条件。

618 年,唐朝取代隋朝。当时,日本留学生已在中国留学二三十年。他们对于唐朝实行均田制,制定律令,建立中央集权制国家,国泰民安,文化繁荣的大好形势,深为赞赏。回国后,他们创办学馆,宣传唐朝典章制度,抨击部民制陋习和政治腐败现象,积极倡导以"法制完备"的唐朝为典范,实行政治改革。大化改新的首脑中大兄皇子和中臣镰足都曾就教于他们,并在他们的协助下制定了改新方案的蓝图。

---

①　大川周明:《日本文明概说》第 33 页,东亚会 1939 年版,第 33 页。

苏我氏大臣作为氏族豪强势力的代表,世代外戚,独揽朝政,擅权跋扈,是改新派建立天皇制中央集权国家的主要障碍。645 年,唐太宗应新罗之请,发兵征高句丽。这使一向与新罗为敌的日本深感不安。对此,掌握朝政的大臣苏我入鹿毫无对策,并且一味地谋求专权。与苏我入鹿对立并感受其威胁的中大兄皇子决定相机发难。6 月 12 日,中大兄利用苏我入鹿出席朝廷接见朝鲜使节的机会,在中央豪族中臣镰足和归国留学生的协助下,发动政变,一举消灭以苏我入鹿为首的苏我氏家族势力,夺取了中央政权。14 日孝德天皇(645—654 年)即位,建年号"大化",立中大兄为皇太子兼摄政,任命阿倍内麻吕和苏我石川麻吕为左右大臣、中臣镰足为内臣、僧旻和高向玄理为国博士(政治顾问)。新政府誓以"帝道唯一"为宗旨,建设新国家。翌年(大化 2 年)元旦,天皇颁布诏书,开始国制改革,史称"大化改新"。

改新诏书是新政权施行改革的基本纲领,主要内容有 4 个方面:

(1)废除皇室和贵族的私有土地和部民(部曲),收归国家,是为公地公民。对大夫以上高官贵族赐予食封;

(2)改革统治机构,建立京师和地方行政机构(国、郡、里),设置关塞、防人(戍边军)及驿站,各置职官;

(3)造户籍、计账(赋税簿账),施行班田收授法。凡田长 30 步、广 20 步为段,10 段为町;①

(4)改革租税制度,施行租庸调新税法。

这些纲领的实施经过了一个长期的尖锐复杂的斗争过程。一些保守的氏族贵族不甘心丧失传统特权,他们竭力阻止和破坏改新,伺机反攻。新政府成立之初,苏我氏余党古人皇子勾结一些保守派中央豪族谋反,事露被杀。嗣后,右大臣苏我石川麻吕和有间皇子亦因涉嫌谋反而先后被镇压。664 年,保守派中央豪族利用日本进攻新罗(白村江之战)失败,引起国内不安之机,向中大兄(天智天皇)施加压力,迫使天皇下诏恢复贵族部分土地和部民,改新事业受到了挫折。668 年,中大兄在近江新都即位,是为天智天皇。即位后,天智天皇沉湎于安逸的享乐生活,"朝廷无事,游览是好"。②围绕着改新和迁都问题,改新派和保守派的斗争进一步尖锐化。以大海人皇子(天智天皇之弟)为首的激进派对天智天皇的妥协退让和不再积极进取的消极态度十分不满,于是兄弟失和。671 年,天智天皇剥夺了大海人皇子继承皇位的资格,另立大友皇子为太子兼大政大臣,并任命中央豪族苏我赤兄臣和中臣金连等为左右大臣,于是保守派掌握了权力。大海人皇子被迫出家吉野,是年末,天智天皇死,大友皇太子即位。大友朝

---

① 段、町为日本古代田积单位,1 段约为 9.918 公亩。

② 《藤原家传》(大织冠传)上。

廷对大海人出家吉野十分不安,认为是"虎著翼放之",①后患极大,因而预谋除之,大海人皇子得知消息后,决定先发制人。672 年(壬申)6 月,大海人从东国举兵造反,于是爆发全国内战,史称"壬申之乱"。结果大海人获胜,消灭了大友朝廷,大海人即位,是为天武天皇(672—686 年在位)。

"壬申之乱"是改新派和保守派最后一次决战,大海人在短短的 32 天中一举消灭大友政权,反映了改新是时代的要求。大海人即位后,全面推进改新事业,万事独裁,真正确立了以天皇为中心的中央集权制。675 年(天武天皇 4 年),下诏废除 664 年(甲子)中大兄一度恢复的氏族贵族特权,把诸王诸臣所占有的土地、山泽岛浦和部曲一律收归国有,彻底废除了私地私民制度。翌年改革贵族官僚食封,"除以西国,相易给以东国",以防止贵族豪强形成地方势力。4 年后规定食封限 30 年,期满收公。684 年,重定贵族身份秩序,作"八色之姓"。接着又"更改爵位之号",把官阶扩大为 48 阶,打破大贵族对官位的垄断,为中小贵族进身仕途创造了条件,从而扩大了新政权的社会基础。天武天皇还注意减轻农民负担,发展农民生产。681 年开始制定"飞鸟净御原令"。后经持统、文武等朝的修订和补充,到 701 年(大宝元年)修成"大宝律令",标志着大化改新的完成。718 年(养老二年)修订,编成"养老律令",留传至今。

大化改新是以中大兄为首的改新派在遣唐留学生的影响和支持下,以"法制完备"的唐代集权制国家为典范,为建立天皇中心主义的律令制国家而进行的政治体制的改革。改新派执政后,自上而下,变法革新,废除部民制代之以班田收授制,为新国家奠定了基础,从而改变了政权性质,使之成为为新的封建经济基础服务的上层建筑。大化改新,把广大部民(农民)从氏族贵族的占有下解放出来,作为公民授予口分田,负担一定的租庸调,地位有所改善,"百姓大悦",②提高了生产的积极性。改新确立了律令制的中央集权国家,把从前占有土地和部民、独立性很强的氏族豪强改造成为律令制国家服务的官僚,大大削弱了他们的传统特权,限制了为争夺土地和人民而进行的无休止的斗争,为经济和文化的发展创造了比较稳定的社会环境。

律令制国家的结构 所谓律令制,就是以律令作为国家基本法制体系。律令制属中国封建法制体系。701 年(文武天皇大宝元年),日本参照中国律令制编成第一部律令法典《大宝律令》,确立了律令制国家法的基础。718 年(元正天皇养老 2 年),在《大宝律令》基础上修订成为《养老律令》。律令是国家的基本大法,它规定国家制度、政治体制和国民的权利义务,是改新派新兴封建主阶级意志的集中表现和统治工具。

---

① 《日本书纪》卷二八,天智天皇十年纪。
② 《日本书纪》考德天皇纪。

基于律令制,建立了天皇专制主义的中央集权制的官僚政治体制;施行土地国有原则和班田收授法;确立了身份制度,将全国人民划分为良民和贱民两大等级,并以此作为律令国家的基本秩序。良民包括皇族、贵族和平民(主要是农民),属于公民,即自由民。但良民等级中又以有无位阶和官职而区分为统治阶级和被统治阶级。前者包括皇族、贵族和官僚,他们垄断国家政权,免除赋税和课役,享有种种特权。一般农民则属于不享有特权的平民阶级,亦即被统治阶级。

在良民之下的是贱民。贱民分为陵户(为皇室守墓者)、官户(为朝廷服役者)、家人(为贵族服役者)、公奴婢(朝廷所有的奴隶)和私奴婢(个人所有的奴隶)五类,统称"五色贱民"。贱民没有公民权,人身处于不同程度的依附地位。家人以上的贱民准许有家庭,生活自立,其人身不得买卖,私人亦不得将其降为奴婢。奴婢的地位最低,其人身与牛马等同,买卖或转让,任凭主人处断,但不得随意处死奴婢。良贱之间界限森严,两者不准通婚。奈良时代,贱民约占全国人口(约600万)的10%左右。由于政府根据一定需要往往"放贱从良",到奈良时代末期,贱民人数日少,良贱身份制渐趋瓦解。

律令国家授予良民土地。一般良民(农民)授予口分田,6岁以上男子每人2段(反),女子为其2/3,6年一班,死后归公。另外,按户分给均等的宅地和园地。这种土地分配制度,称为班田收授法。口分田限终身使用,不准世袭、买卖或转让,但可以出赁,限期1年。宅地和园地为私有地,由田主自由支配。山林池沼等地属于公共所有,良民可以自由利用。领取口分田的农民,即班田农民须对国家负担租、庸、调及杂徭等赋役。租是对口分田征课的田税,每段地缴纳稻谷2束2把(后改为1束5把),相当于收获的3%左右。庸和调是对成年男子的征课,庸为岁役,正丁每年10天,次丁减半。① 调为贡税,征收各地的特产物,主要是绢、丝、棉、布以及铁、盐、鱼、纸等物。杂徭是地方政府对成年男子征课的劳役,正丁每年60天,次丁30天,少丁(中男)15天。

另一方面,律令国家对良民的上层,即贵族官僚阶级,按其官职、位阶、功勋分别授予不同数额的土地,称为职田、位田、功田或赐田。职田是国家给予各级官吏的禄田,土地所有权属于国家,受田的官吏只享有收益权,即享有该土地上农民应缴给国家的庸调的全部和租的1/2,以为俸禄,称为食封,被其剥削的农民称为封户。职田只限于官吏任职期间,死亡或罢官后收公。位田(位封)是授予五位以上贵族的封地,正一位80町至从五位8町,限终身占有,除位或死亡后收公。但贵族的爵位是世袭的,所以位田实际上也等于世袭。功田,是授予功臣

---

① 律令法规定,男子21～60岁为正丁,17～20岁为少丁(中男),61～65岁为老丁(次丁)。丁男是律令国家各种赋役的主要承担者,统称课丁或课口。有课丁的户,称课户,无课丁的户,称不课户。

的土地。功田分四等,没有固定的额数,大功永世所有,上功传曾孙,中功传孙,下功传子。功田允许传世,但不准买卖,除犯重罪外,一般不收公。赐田是天皇赐予个别贵族官僚的不附任何条件的私有地。贵族官吏的土地与农民的口分田不同,是免除一切赋税和课役的特惠地。这种特惠土地约占农民口分田的15%左右,①它反映了律令土地制度阶级性的本质。

律令制国家的基本生产者是班田农民,因而班田农民所体现的生产关系则是律令制国家的基本生产关系,即经济基础,它规定和制约着律令制国家的阶级性及其特征。在班田制度下,律令制国家作为田主,把土地以口分田的形式分配给农民独立经营,班田农民则作为国家(田主)的佃户而被固着在分地上,一方面对分地拥有使用权,另一方面必须承担租庸调和杂徭等赋役。恩格斯指出:"封建剥削的根源不是由于人民被剥夺而离开了土地,相反地,是由于他们占有土地而离不开它。农民虽然保有自己的土地,但他们是作为农奴或依附农被束缚在土地上,而且必须以劳动或产品的形式给地主进贡。"②简而言之,"封建经济的基本关系"就是通过土地分封"以取得一定的人身服役和贡赋。"③班田制就是国家以班给口分田为条件而确立起来的封建剥削关系。

律令制国家的发达　律令制国家把原来占有土地和部民、独立性很强的各级氏姓贵族(臣连、国造、伴造等)改组为律令制国家的官僚,把他们占有的土地和部民收归国家,削弱了贵族豪强的特权,提高了天皇中央政府的权威;另一方面,把广大部民定为良人(公民)并授予口分田,改善了农民地位,"百姓大悦"。④　这些措施,为律令制国家的发展与繁荣奠定了基础。

国势的加强。为适应中央集权化律令政治发展的需要,新国家决定在交通便利、物产丰富的大和平原北部营建新都平城京(今奈良市西部),710年由藤原京迁入新都。平城京是仿中国唐朝都城长安建造的,规模宏伟。此后70余年间,以平城京为中心,政治、经济和文化飞跃发展,开创了盛极一时的奈良时代。与营建首都并行,新国家努力扩大版图。东北方面,征服了势力很强的虾夷,设置出羽国,并在太平洋沿岸的陆奥地方增设多贺城,作为进一步经略东北地方的根据地。西南方面,征服了隼人居住的九州南部,继萨摩国增置大隅国。至8世纪初,除东北地方的一部分外,包括九州及西南各岛屿在内,日本列岛几乎都置于中央政府统治之下。为了加强中央与地方的联系,政府积极整备交通,以首都平城为中心,开辟了通往全国各地区的东海、东山、北陆、山阳、山阴、南海、西海

①　参见竹内理三:《体系日本史》6《土地制度史》1,岩波书店1980年版,第4页。
②　《马克思恩格斯选集》第4卷,人民出版社1972年版,第259页。
③　《马克思恩格斯全集》第21卷,人民出版社1965年版,第453页。
④　《日本书纪》,孝德天皇元年纪。

等七条交通干道、各干道之间有大道相连，并在各道设置驿站，形成了覆盖全国的交通网络。这对于加强中央集权和促进经济文化发展，都具有重要意义。

另一方面，新国家积极发展对外关系，尤其注意发展对唐关系，曾多次派遣遣唐使，使团规模之大有时多达500余人。遣唐使除负政治使命外，还兼有摄取中国文物、制度等方面的文化使节的任务。此外，日本与新罗以及当时的渤海国亦都有外交和商业的往来。

农业的发展。政府为发展农业生产，积极鼓励人民垦荒。722年（养老6年），中央政府令各国（省）垦田100万町步。723年颁布垦田"三世一身法"，规定凡新掘沟渠而开垦的田地准予三代占有，利用旧沟渠开垦的田地准予终身占有。垦田如能收获杂谷3 000石以上，政府还授予六等勋位。于是，贵族、寺社和农民都积极从事垦田，耕地面积迅速增加。同时铁制农具普及，农业技术进步，利用粪水、绿肥和草木灰等肥田。又奖励耕种旱田，种植粟、麦、豆以及桑、漆等作物，农业生产力大为提高。8世纪前半叶，1段步水田的稻米标准产量：上田8斗4升6合，中田6斗7升7合，下田5斗8合，下下田2斗5升4合。

手工业的进步。由于纺织品和盐铁等物资被规定为庸调的基本品目，所以这些手工业得到了优先发展。收藏于正仓院和东大寺的精美的麻、丝织品，反映了当时纺织技术的成就。铁的生产也有显著进步，在各地发现的许多脚踏风箱残迹证明了这一点，炼铁需要大量的燃料和高温技术，因而促进了烧炭业的发展，而且掌握了能产生1 000度以上的高温技术。当时盐厂多在沿海各地，通过烧海藻制盐。但专门化的手工业统由国家控制，国家设有各种专门机构经营和管理各部类的手工业生产。官营作坊的手工业工人分为品部和杂户两大类，品部属良民，但作为官属的手工业工人，他们同属于贱类的杂户一道为皇室和贵族服役，生产各种手工业品。官营作坊的生产特点是，作坊、工具和原料等生产手段皆由官府提供，官府派官员（伴造）监督生产，产品全部为官府所有，手工业生产者只得到微薄的工资。这种生产方式具有较浓厚的奴隶制生产方式特征。官营手工业不只限于中央，地方各国郡也有。

商业的活跃。随着农业生产力的增长和手工业的发达，商业也日益活跃起来。平城京设东西两市，有绸缎、丝、布、棉、米、麦、油、盐、干鱼、生鱼、染料、金属、木材等生活用品，以及武器和牛马等物。交换手段主要以米、布为媒介。708年（和铜元年）开始铸造货币，称为"和同开环"。以后陆续铸造各种货币，至平安中期共有12种之多，统称"皇朝十二钱"。但货币流通主要限于京畿附近，民间仍以米、布为主要交换手段。地方上有定期集市，商人多为行商，而且大多兼营农业或手工业。所以，律令制时代的商品货币经济发展是有限的，而且由于手工业和商业受国家的控制，私人工商业者很难发展起来，律令制国家的经济基本上是自给自足的自然经济。

律令制国家的动摇　律令制的土地国有制是在特定的历史条件下形成的，主要是由于当时的生产力水平低下，人们的独立经营和私有条件还不充分具备的结果。但是，随着律令制社会生产力的提高，独立经营日益成为可能，各阶层开始要求土地私有的倾向也日益强烈。于是，土地国有制原则受到了挑战，律令制国家开始动摇并逐渐向着领主制的分权制演变。

班田制的施行，促进了社会经济的发展。但是，在班田制度下广大劳动人民的负担仍是很沉重的。口分田只能勉强维持一家的口粮，而租庸调三种赋税就占去口分田的1/5，此外农民还要负担各种繁重的杂徭和兵役。而且农民须将作为交纳租税的稻谷运送到郡衙的仓库或京城，途中所需盘费都由自己负担。这是一项极为繁重的徭役，不少农民死于途中。按规定，农民一生要服3年兵役，每3～4年征发一次，自备武器和食粮。应征后，有的编入首都的卫府（服役1年），有的编入地方的军团（服役60天），有的则被派往边疆充当"防人"（服役3年）。地方官府通常把征来的士兵当作奴隶使役，驱使他们从事艰苦劳作，而且往往延长士兵的服役时间。民间流传说："一人当兵，全家灭亡"，可见兵役负担之重了。

此外，贫苦农民还要遭受高利贷的剥削，官府和贵族利用农民的困难，在青黄不接的春季把稻谷贷给农民，秋后本利齐收，称为"出举"。"公出举"（官方借贷）的利息为50%，"私出举"（私人借贷）的利息则高达100%。后来官府对于不愿借贷者强迫借贷，照例收息，"公出举"成为一种变相的捐税。8世纪后半期，有90%左右的农民属于缺吃少穿的赤贫户。

723年（养老7年）颁布的"三世一身法"，旨在不违反土地国有制的原则，鼓励民间积极垦荒。但是贵族豪强，却把可以开垦的荒地和山林原野圈占起来据为己有，驱使所属民和奴婢进行开垦。他们还凭借特权，多垦少报或者把利用旧沟渠开垦的田地说成是新掘沟渠开垦的田地，甚至把公田说成是自己的私垦田。富裕的农民也积极开垦荒地。于是"三世一身法"导致土地私有制发展。743年，政府颁布"垦田永世私财法"，公开承认了土地私有的合法性。以此为契机，土地私有制在全国范围内日益发展起来，而土地国有制原则则日趋削弱，班田制难以维持。"天下诸人竞为垦田，势力之家驱使百姓，贫穷百姓无假自存"。① 政府企图限制大土地私有制的发展，以缓和日益严重的土地兼并，规定皇室和贵族占田数额，最多不得超过500町步。但实际上却无人遵守政府禁令，淳和天皇本人的敕旨田就多达3 000町步以上，东大寺占田更多达5 000町步以上。

皇族、贵族、寺社及地方豪强等势力之家把垦田和侵占的各类公田一并据为

---

① 《类聚三代格》卷15，宝龟3年条。

己有,成为大土地所有者。8 世纪末,他们开始建立私领庄园。许多贫苦农民投附他们,成为他们的依附者。于是庄园制逐渐发展起来。

初期庄园大都是开发领主建立起来的庄园,称为自垦地系庄园。其中皇族、中央贵族和大寺社的庄园享有"不输、不入"特权,即免除捐税(不输)和拒绝地方官吏对其庄园行使行政权(不入)。后来一般开发领主为获得这种不输、不入特权,便把自己的庄园寄进(投献)给有势力的中央贵族或寺社,接受寄进的贵族称为领家。有些领家感到自己的势力不足,进而再把自己的庄园寄进给更有势力的摄关家等权门贵族,称为本所,以求保护。通过这样的寄进,一般的开发领主也获得了不输、不入权,作为代价,他们须向领家、本所缴纳一定的年贡,自己则作为其庄园的庄官而保有实际的领主权。这种寄进关系的庄园,称为寄进地系庄园。10 世纪以后,寄进地系庄园普遍发展起来。与此相对应,天皇权力衰弱,律令制国家基本解体。

摄关和院政 大化改新的功臣中臣镰足死时(669 年),天智天皇赐姓藤原氏,授予大织冠的冠位。此后 200 余年,藤原氏一族世代为外戚,专擅国政,权倾朝野。中臣镰足的儿子藤原不比等官至右大臣。他曾主持编修《大宝律令》和《养老律令》,他的女儿宫子是文武天皇(697—707 年在位)的夫人,另一个女儿光明子是圣武天皇(724—748 年在位)的皇后、孝谦天皇(749—757 年在位)的生母,从而构筑了藤原氏家族的权力基础。藤原不比等死后,他的四个儿子争权,藤原氏家族分裂为南家、北家、式家、京家四派势力,最后北家得势。784 年,日本政府由平城京迁至长冈京,794 年又迁至平安京(今京都)。自迁都至 1185年镰仓幕府成立,史称平安时代。这是日本政治体制的转型时期,即由律令政治向武家政治的转换时期。858 年,清和天皇 9 岁即位,藤原良房出任摄政,实际上掌握了中央权力。877 年,藤原良房的儿子藤原基经又当上了阳成天皇(10岁即位)的摄政,到宇多天皇(887—897 年)时,改任"关白"①。以后每当天皇幼少、病弱或女帝,藤原氏就以摄政掌权,天皇长大亲政后则改任关白,继续掌握朝廷大权。于是,摄政和关白便形成一种例行的政治体制,历史上称为"摄关政治",独占摄关职的藤原氏家族则被称为"摄关家"。由于藤原氏是朝廷最有势力的权门势家,并且掌握着地方国司的任免权,所以地方领主纷纷争向摄关家寄进庄园,以求荫庇。于是藤原氏一族成为全国最大的庄园领主(本所),而寄进地系庄园则是摄关政治的经济基础。

天皇为了摆脱摄关家的控制,进行了一系列的斗争。1068 年,后三条天皇即位,开始亲政,并任用非藤原氏系贵族担任要职。他死后,其子白河天皇

---

① "关白"原来是为天皇禀报奏章,辅佐天皇执政的一种官职。自藤原基经以后变成藤原氏家族独占的首要官职,实质上是变相的摄政。

（1073—1086 年在位）在位 13 年,然后就把皇位让给年仅 8 岁的皇太子(堀河天皇),自己出家为僧,称为法皇(上皇),另立院厅,继续执政 40 余年,奠定了院政基础。此后,鸟羽和后白河天皇也如法炮制,以上皇身份行使院政权。这种政治形式称为院政(1087—1191 年)。院政出现后,摄关政治开始衰落。但是院政却不能恢复律令时代的中央集权制和天皇的至高权威。为了抑制庄园的发展,朝廷曾多次发布庄园整理令,但收效甚微。11 世纪下半叶到 12 世纪,官僚贵族以分割公领(地)而建立庄园的现象非常普遍,形成了所谓庄园公领制。针对这种情况,朝廷也采取了相应的措施,实行知行国(封国)制度。即把某国的支配权授予个别皇族、公卿或寺社,准其享有该国租税课役等的收益。但受封的知行国主大都为遥任(住在京都,不到地赴任),另派子弟或近臣作为代表赴封国代行国务。知行国制最初源于上皇、女院等院宫分国制,12 世纪扩展到公卿贵族和寺社,知行国制普遍发展起来,知行国主也逐渐变成世袭。实行知行国制最初旨在抑制公领私有化,然而,结果却成为公地私领化和庄园化的重要途径。13 世纪初,庄园和公领的比例大约在 5∶5 与 7∶3 之间。① 庄园发展,地方豪强的独立性日益强大,中央对地方丧失控制能力,社会秩序混乱,盗贼横行。地方豪强为了保护自己的庄园,扩大势力,把自己家族和仆从青壮男子武装起来,组成一种血缘关系和主从制相结合的军事集团,其成员称为"武士"。新兴的武士不仅是豪族的武装力量,也是中央朝廷和摄关家争取和依靠的重要力量。因此,武士的势力迅速成长,甚至凌驾于中央权力之上。

　　镰仓幕府的统治　武士力量发展,11 世纪形成两个最强大的武士集团,即桓武天皇的后裔平氏(桓武平氏)和清和天皇的后裔源氏(清和源氏)。他们接受天皇的赐姓,移居地方,勾结当地土豪,形成强大的地方豪强势力。他们还通过介入院政和摄关家的斗争而把势力扩展到中央。1167 年,平清盛得到后白河天皇的信任升任太政大臣,后来他幽禁后白河天皇,在京都的六波罗一度树立平氏政权。平清盛死(1181 年)后,平氏势衰。1185 年,关东源氏击败平氏,控制中央政权。1192 年,源赖朝当上了"征夷大将军",在镰仓设立将军幕府,②开始了武家政权镰仓幕府(1192—1333 年)的统治时代。

　　镰仓幕府成立后与天皇朝廷同时并存,名义上将军由天皇任命,实际上天皇朝廷只是象征性的传统中央政府,而以将军为首的幕府则是真正的中央权力机关。幕府设政所、侍所和问注所,各置长官,辅佐将军执掌全国政治、军事和司法大权。各国(省)和各地庄园派武士担任守护和地头。守护是各国的军政长官,地头负责庄园的土地管理、年贡征收以及警卫和治安。后来守护和地头取代了

---

① 永原庆二:《日本经济史》,岩波书店 1980 年版,第 87 页。
② 幕府原是将军出征的营幕,自源赖朝在镰仓建立幕府,就转意为将军的官邸和武士政权的中心。

国司和庄官的职权,并将原来国有土地和贵族庄园的大部分攫为己有,成为武士领主,即守护大名和地方土豪。所以,以将军为首的武士阶级就是武士封建主阶级。将军和武士结成主从关系,武士作为将军的家臣,尊称为"御家人"。将军对家臣(御家人)赐予官职和土地并保护其既得权益,称为"御恩"。家臣对将军宣誓效忠,承担纳贡和服军役义务,称为"奉公"。这种主从制又称为"御家人制"。没有和将军结成主从关系的武士,称为"非御家人",他们和将军之间不存在"御恩"和"奉公"的义务关系,但作为臣民必须接受将军的管辖与指挥。

但是,这种主从制度并没有消除御家人与将军之间的矛盾和斗争。1199年,源赖朝一死,政所执权、源赖朝的岳父北条时政乘机夺取了幕府的实权。后来他的儿子北条义时又以政所执权兼任侍所别当,从而完全控制了幕府的政治和军事大权。北条氏任意废立将军,幕府内讧不已。1221年(承久3年),京都朝廷乘幕府内讧机会,发动讨伐北条氏的战争,企图废除幕府,恢复天皇权力,结果失败,史称"承久之乱"。

此后,幕府加强了对京都朝廷的控制,在京都设立六波罗探题,监视朝廷和公卿,同时加强了幕府机构,1225年设置"评定众",由北条氏、三善氏和大江氏等11名有势力的御家人参加,协议决定幕府重要政务。这样,镰仓幕府就成为以执权为首,以北条氏为中心的封建军事贵族专制政权。1232年,又制定"贞永式目"五十一条,作为幕府施政和统制御家人的基本法规。"贞永式目"不仅是武家法规,同时也适用于整个社会。由于实行了这些措施,13世纪中叶以后,政治相对稳定,经济也有所发展。

但是,镰仓幕府的稳定局面没有维持多久。13世纪下半叶,日本接连遭受蒙古(元朝)的两次侵略,损失严重,特别是西部武士不仅负担了大量的战费,并且立了战功。然而,战后幕府由于财政困难,借故既不补偿武士的战争损失,也不给予他们犒赏,引起了西部武士的强烈不满,加深了幕府与武士的矛盾。另一方面,随着商品经济发展,武士阶级发生分化,不少中小武士趋于贫困和破产,而守护大名(武士大封建主)的势力则日益强大,他们蔑视幕府,时刻想要打倒北条氏,夺取幕府的领导权力。幕府为了增加财政收入,进一步加强对人民的榨取,加之各地不断发生灾荒,人民生活痛苦,阶级矛盾尖锐化。13世纪末,各地不断爆发起义,镰仓幕府统治开始动摇,日趋衰落。

大化改新后的日本文化 大化改新开辟了日本文化发展的新时代。律令制国家十分注意汲取中国(唐朝)文化,在630—894年间,先后派遣了19次遣唐使,实际渡海15次。遣唐使除大使、副使以外,随行人员多达100余人乃至200余人,有时多至500人以上。在随行人员中还有许多留学生和求法僧,吉备真备、阿倍仲麻吕、玄昉、最澄和空海等是其中杰出的代表,对日本文化作出了突出的贡献。吉备真备在唐留学17年,精通儒学、天文和兵法,回国后在太学教授三史、五经和律令等科目,他用汉字偏旁创造日本民族文字——片假名。后来空海又利用汉字行书体创造日本行书假名——平假名。阿倍仲麻吕19岁入唐留学,改名晁衡,毕生致力于学习中国文化,73岁卒于长安。他精通诗文,与唐代大诗人李白、王维、储光羲等交往过厚,并深得玄宗皇帝厚爱,官至御史中丞,封北海郡开国公,食3 000户,卒后赠赐潞州大都督。

与日本留学生和求法僧来中国的同时,也有不少中国学者、高僧东渡日本,弘扬中国文化,为中日文化交流作出了重要贡献。8世纪中叶,年逾花甲、双目失明的中国高僧鉴真和他的弟子应邀东渡日本,他们不仅带去了佛教经典,创立日本律宗佛教;还传播了医药、建筑、雕刻、美术、书法等方面的知识,极大地丰富了日本文化。日本人民称鉴真等的贡献是"禅光耀百倍,戒月皎千乡。"

由于日本积极汲取中国文化,中国文化在日本广泛传播,并且逐渐与日本传统文化相融合,成为日本民族文化的重要组成部分。奈良时代,日本仿效唐代教育体制创立一套教育制度:中央设太学,地方设国学,各置博士、助教,教授经学、律令、文学、音韵、书法和算术等科目。同时由于吉备真备和空海创造了日本假名文字,大大便利了文化的发展。

奈良时代,日本皇族和贵族都通晓汉文和汉诗,如粟田真人、吉备真备、淡海三船等都是当时著名的汉文诗作者。8世纪中叶编成的汉诗集《怀风藻》,收录了64位诗人的120篇作品,内容大多是描写宫廷酒宴或行幸等生活场面。《万叶集》,约8世纪中叶,由著名和歌诗人大伴家持主修,全书20卷,收录各种形式的诗歌近4 500首。其中有著名诗人山部赤人、山上忆良、大伴旅人、大伴家持等的作品,也有天皇、贵族和平民的作品。《万叶集》是日本古代和歌(日本诗歌)名著,用汉字音训表音,技巧洗练,风格自然,尤其是东歌和防人歌,纯朴雄健,反映了律令制度下劳动人民的生产和生活的真实情景。

律令国家为提高以天皇为中心的国家意识,效仿中国"官修正史"的做法,编修国史和地志。712年(元明天皇和铜5年),太安麻吕奉敕编成《古事记》三卷,内容上自神代下至推古朝,以天皇为中心,汉字音训混用,富有文学色彩,是日本第一部古代史著作。720年(元正天皇养老4年),舍人亲王又奉敕修成《日本书纪》30卷,上自神代下至持统天皇,采用中国正史编年纪事体,用汉文写成。《日本书纪》以天皇历史(本纪)为中心,强调天皇统治的神圣性和律令国家的权威,政治色彩强烈。书中除皇室系谱(现已失传)和神话、传说外,还采用了官府记录、个人日记、氏族族系以及中国、朝鲜等典籍材料。《古事记》和《日本书纪》简称《记纪》,是研究日本古代史的重要参考书。到平安时代,继《日本书纪》又先后编成《续日本书纪》、《日本后纪》、《续日本后纪》、《文德实录》和《三代实录》等史书,合称《六国史》。

奈良时代,中国佛教各宗大都传入日本,佛教获得很大发展。743年,在首都奈良建东大寺,地方各国建国分寺。随着佛教的发展,与佛教有关的建筑、雕刻、绘画、金银细工等工艺都有了飞跃的发展。东大寺、唐招提寺、法隆寺等集中代表了佛教艺术的精华。

奈良文化于天平年间达到全盛时期,史称天平文化,其基本特色是:天皇和国家本位主义的政治倾向,贵族中心的都市文化,佛教中心的艺术以及唐朝文化风格的强烈影响。

平安时代,日本逐渐摆脱了对唐朝文化的简单模仿,唐风文化与日本传统文化相融合,形成具有日本特色的所谓国风文化。这个时代的文学作品大都是用假名写作的,作品体裁多样,有和歌、小说、日记、随笔等,和歌出现了著名的六歌仙①和《古今和歌集》。《古今和歌集》(全书 20 卷,共收和歌 1 100 首)与《万叶集》素朴有力的风格不同,而是以技巧优美、文笔细腻著称,称为"古今调"。著名的小说有《竹取物语》、《伊势物语》、《源氏物语》等。日记和随笔以《土佐日记》和《枕草子》为主要代表,前者是土佐(今高知县)国司任期终结回京途中写的日记;后者是包括 300 篇不同题材的文集,作者观察敏锐,文章简洁明快,与《源氏物语》等均为平安时代的文学杰作。

平安时代的艺术也以表现日本风格为主,在绘画方面,与从前主要描写山水和人物的唐绘(中国画)不同,出现了线条柔和、彩色艳丽的大和绘(日本画)。书法方面也出现了体现日本风格的著名书法家,如小野道风、藤原行成、藤原佐理,他们和早期的唐风书法家嵯峨天皇、空海、橘逸势(合称"三笔")对称"三迹"。

镰仓以后,日本文化以反映武士的生活风尚为主要特色。武士道德,要求忠君守义,重名轻死。适应这种要求,具有神秘主义思想的宋代理学和禅宗佛教发展起来。以朱熹为代表的理学(朱子学)宣扬封建伦理纲常是永恒不变的"天理",人们必须无条件地服从;要人们以"天理"克制人欲,"去人欲,存天理"。这种主张很适合强调封建主从制和忠君守义的武家思想要求。

在文学创作上反映武家兴亡和战争情况的战记小说繁荣起来,如《保元物语》、《平治物语》、《平家物语》等。战记小说是一种新的散文文学作品,如《平家物语》是采用琵琶师向群众弹唱的故事编辑而成的,作品表达了对没落阶级的同情,还有较强烈的敬神思想,特别是佛教的无常和往生思想,但又能超脱这种局限,把握那个时代的新阶级和新人物的命运,显示出蓬勃风发的气氛。诗歌方面,出现了新型的连歌。连歌与一般的和歌不同,它是两人以上的集体创作,即由一人作上句,另一人作下句,合成一首连歌,近似汉诗的联句。连歌不受和歌那种讲究写作技巧、笔法细腻的风格限制,自由活泼,平易通俗,富有娱乐性,

---

① 六歌仙:在原业平、小野小町、僧正遍昭、喜撰法师、大友黑主、文屋康秀。

为武士和广大民众所喜欢,室町时代,极为流行,并且发展为由数人咏唱50句乃至100句的长连歌。

艺术风格也发生变化,寺院建筑出现了天竺式和唐式,前者以雄伟豪壮见著,传至今日的代表作首推东大寺的南大门;后者以禅宗的伽蓝为代表,中间有总门、三门、佛殿和法堂,左右配置钟楼、经藏、神堂、浴室,整肃端庄。住宅建筑出现了"武家造",是一种有防御设备、样式别致的武家住宅。绘画艺术以佛教绘画为主,特别是密教绘画和净土教绘画最为盛行,如阿弥陀来迎图、十界图等。阿弥陀来迎图描写阿弥陀佛来迎接渴望往生净土(极乐世界)的人们;十界图则描写地狱、饿鬼、畜生、阿修罗(恶神)以及人们在世时的罪恶,以与极乐净土对比,引导人们信仰净土。

第四节 越　　南

越南封建国家的发展　10世纪以前,越南作为中国的藩属,曾长期处于中国封建政权统治之下。这期间,中国封建文化在越南各地广为传播,推动了越南封建经济文化的发展。唐朝末期,越南人民反抗封建剥削,争取国家独立的斗争高涨。939年,越南将军吴权击败了中国的南汉军队,自立为王。至此,越南摆脱了中国的统治而成为独立的国家。944年,吴权死后,大封建主争权,国家陷于长期分裂状态。1009年,殿前指挥使李公蕴夺取政权,建立李朝大越国①,定都升龙(今河内),实现了越南国家的统一。

李朝实行中央集权制。中央机构设立文武两班,文班以辅国太尉(宰相)为首,武班以枢密使为首,辅佐国王治理国家。地方行政,全国分为24路(府),路以下设州,州以下设县、乡、甲等行政单位。李朝还建立强大的军队,以维护和强化封建专制统治。中央设禁军,保护京畿。各路(府)驻有地方军。全国18至60岁的男子一律为壮丁,由地方政府登记造册,轮流服兵役。1042年,编成刑书,是越南第一部成文法。

土地属于国王所有,国王将一部分土地分封给贵族、功臣和官吏,作为食邑,称为"拓刀田"。此外,寺院也占有大量土地,称为寺田。封建主主要使用近似农奴地位的依附佃农以及部分家奴为其耕作;王室的土地则主要由战俘、奴隶或罪犯耕作,收成也完全归王室所有。除封建主的土地外,还有农村公社的土地和农民的私有地,但必须向国家缴纳赋税,并负担各种徭役。最初,封建主的食邑(拓刀田)不准世袭或转让,但后来土地买卖和典当的现象日益增多,政府索性允许土地买卖。于是土地兼并和大土地所有制迅速发展起来。政府还规定,凡

---

① 李朝(1009—1225年),1054年改国名"大越"。

出卖或典当20年的土地都不能赎回。土地兼并,造成大量失掉土地的贫苦农民,他们处境艰难,生活困苦。此外,当时社会上还存在大量奴婢,而奴婢买卖的现象也很普遍。

李朝初期,采取各种措施发展生产。李公蕴即位后,下令免税3年,并废除贫困户积欠的捐税,禁止屠杀耕牛。又开凿沟渠,修堤筑坝,以利灌溉。李太宗(1028—1054年在位)还把从占婆掳来的5 000战俘用于农业垦殖,以扩大耕地。神宗(1128—1138年在位)时期,每年让士兵回家耕作6个月。这些措施促进了农业生产的恢复和发展。11、12世纪,越南封建社会空前繁荣,不仅农业发达,手工业和商业也相当活跃。首都升龙有各类官营手工业作坊,生产者主要是政府从民间征调的工匠,他们被强制性地从事劳动,工资微薄,仅能糊口。官营手工业作坊主要为宫廷和官府服务,产品供其消费,一般不作为商品销售。私人手工业作坊规模很小,设备简陋,被政府课以重税,且受种种限制,一般很难发展。对外贸易,除中国外,还与暹罗及南洋诸国通商。重要的商业贸易由国家垄断,私人很少染指。

1225年,李朝女皇让位于其丈夫陈日煚(jiǒng),开始了陈朝(1225—1400年)的统治时期。陈朝统治者鼓励农民垦田,扩大耕地面积。又开通沟渠河道,发展水利灌溉。陈朝放宽了对工商业的控制,私人工商业者有所增加。首都升龙分为61坊,商人和手工业者都有固定的街坊。1226年,陈太宗统一货币,促进了商品货币关系的发展,农村也部分地开始施行货币地租。但重要的工商业仍由国家控制,大商人多是御用商人,他们兼营高利贷,兼并土地,与官僚贵族一起盘剥人民。

越南的扩张和蒙古的入侵　10世纪以前,越南版图仅限于今越南北部和中部地区,其南是占婆国(我国古籍称之为"林邑"),再南是水真腊(柬埔寨)。占婆富庶,商业发达,地理上具有重要战略意义。982年,越南前黎朝举兵侵略占婆,陷其都城,杀其国王,夷其城池,掳掠无数金银财宝以及大批战俘。占婆被迫将都城南迁至佛誓城(今平定省)。李朝时期,进一步加强对占婆的侵略。1044年,李太宗大举进攻占婆,杀其国王,生擒5 000余人,斩杀无数,"血涂兵刃,尸塞原野"。[①] 1069年,李圣宗侵略占婆,俘其国王,吞并其北部领土布政、地哩和麻令等三州地区。13世纪后期,占婆遭受蒙古侵略,力量大为削弱。越南乘机迫使占婆割让乌、厘二州,并成为越南的藩属。以后,越南逐步蚕食占婆南部各州,直到17世纪完全合并占婆为止。

越南还多次侵略其西邻老挝,占领莒隆等地区。1334年,陈朝上皇明宗征老挝,为了炫耀战功,还在山上磨岩刻碑(在今义安襄阳县沈香村),如今它已成

---

① 《大越史记全书》本纪《李纪一·太宗》。

为越南侵略老挝的历史见证。

宋朝时期,中国防卫力量软弱,边患多发。宋初忙于应付北方一些少数民族的入侵,无暇南顾,越南乘机从南部大肆侵略中国。据《宋史·交趾传》记载,从宋太宗至宋神宗熙宁年间(976—1068年),越南入侵中国达数十起之多。如,995年,以战舰100余艘,"寇如洪镇,略其民,劫廪食而去"。1015年,"寇钦州如洪寨,钞人畜甚众"。1028年,李太祖(李公蕴)"令其子弟及其婿申承贵率众内寇"。又1036年,"寇邕州之思陵州、西平州、石面州又诸峒。略居人、牛马,焚室庐而去。"宋神宗时期,王安石变法,统治集团内部对立,造成政治动乱。越南乘机大举侵略中国。1075年,李朝派大将李常杰等率海、陆大军,分三路入侵广东、广西一带地区,攻占钦、廉、邕州(今广西钦州、合浦、南宁)等地。越军所到之处,烧杀掳掠,大肆施暴,仅邕州一地,军民被杀"凡五万八千余人",连同钦、廉二州,"兵民死者十余万口,掳妇女小弱者七万八千口"。① 李常杰等侵略者还以反对王安石变法,"拯救"中国生民的姿态,为其侵略行径障目。他们到处张贴告示,扬言青苗法"荼毒生民,我今兴师欲相拯救"。②

越南变本加厉的侵略行径,迫使宋朝不得不进行必要的反击。1076年,宋神宗任命广南宣抚使郭逵为招讨使,并约占婆、真腊共攻越南。郭逵于富良江以巧妙的战术,大败越军,取得了决定性胜利。越军"蹙入江水者不可胜数,……杀其大将洪真太子,擒左郎将阮根。乾德(李仁宗)惧,奉表诣军门乞降,……于是逵……乃班师"。③

当越南封建统治者耀武扬威的时候,它却受到比它更强大的蒙古扩张主义者的侵略。1257年,忽必烈派使臣要求越南降服,遭拒绝。次年初,忽必烈派兵从云南大理沿红河大举入侵越南,很快攻陷首都升龙,国王出走海岛。后来越南以纳贡为条件,蒙古暂时罢兵。1284年,蒙古分水陆两路大军再次进攻越南。陆路从越南北部入侵,占领首都升龙;海路从南部登陆,攻取占婆,包抄义安。越南腹背受敌,王廷退守清化。越南军民在爱国将领陈国峻的领导下,奋勇抵抗。1285年,在咸子关渡口力挫蒙古侵略军,收复升龙。不习惯水战的蒙古军队大败而归。两年后(1287年),蒙古为了报复,又水陆并发,第三次入侵越南。陈国峻领导军民继续抵抗。1288年,白藤江一役,出奇制胜,大败敌军,活捉蒙军大将乌马儿等4人,缴获战船400余艘,取得了抗蒙战争的决定性胜利。但是,越南统治者害怕蒙古人再来报复,主动遣使进贡以示"赎罪",蒙古最后罢兵。

后黎朝时期的越南 14世纪末,陈朝宰相(同平章事)黎季犛(lí)擅权。

---

① 《大越史记全书·本纪全书》卷三、《越南史略》卷二。

② 《越史通鉴纲目》正编卷三。

③ (宋)李焘:《续资治通鉴长编》卷二七九。

1400 年,废陈氏少帝自立,国号大虞,改姓胡。1406 年,胡氏杀害从中国(明朝)流亡归来的陈朝王子陈天平。明朝借故对越出兵,1407 年,消灭胡氏政权。明朝扶持陈氏宗室恢复权力,统治清化以南地区;明朝占领越南北部,置交趾布政司,施行统治。但是,越南人民不断进行反明斗争,1418 年,爆发黎利起义,得到各地的响应,势力迅速扩大。明朝派兵镇压失利。1427 年,明朝与黎利议和,明朝撤销交趾布政司,结束对越南北方的统治。黎利建大越国,定都河内(升龙),史称后黎朝(1428—1789 年)。越南恢复了独立和统一。

后黎朝巩固和强化封建集权统治。中央设 6 部,全国分为 12 道,道以下设府、州、县、社等行政单位。各道长官由国王任命,职掌军事、政治和司法大权;另设监察御史,监督各道行政。任官实行科举制,每 3 年开科 1 次。为强化封建专制统治,编纂《洪德法典》,规定官制、军制、刑法、民法等法律制度。法典规定,国王权力高于一切,全国臣民必须效忠于国王,任何不忠于国王的行为都将受法律的制裁。

1430 年,施行"均田法",规定官吏和军民占田等级和数额。所谓均田法,广大人民分得的土地仅是极小部分,而少数官僚贵族则获得大量土地,如亲王所得世业田、赐田、祭田等,往往多达 2 000 亩以上。均田法实施后,农民成为王室或官僚贵族的依附佃农,固着于土地上。为充实农业生产劳动力,政府使 15 万兵士归田;留下的防卫军 10 万人,也分为 5 班,轮流还乡耕田。又疏浚河道,修筑堤坝,加强农田水利建设,从而促进了农业生产的恢复和发展。

在工商业方面,朝廷从民间征调工匠,设立"百作诸局",制造兵器、生产各种奢侈品,以供王室和贵族享用。首都河内是工商业中心,生产绫罗、绸缎、棉布和纸张,行销各地。民间手工业也有一定发展,并且出现专业化倾向,以致组织手工业行会。国家统一度量衡,铸造货币,促进商贸发展。越南和中国及东南亚各国均有贸易往来。

后黎朝初期,越南经济发达,国势强盛。1470 年,黎圣宗发兵 20 万大举侵略占婆,攻陷其首都,俘其国王,把占婆北部并入越南版图,改置广南道。同时又征服老挝,成为中南半岛上最强大的国家。但是,由于内外矛盾的发展,16 世纪初,越南开始走向衰落。

第五节 儒学和佛教在东亚的传播

儒学在东亚的传播 儒学是春秋时代孔子创建的伦理道德学说,战国时代经孟子的继承和发展而形成系统的儒家思想体系。儒学"祖述尧舜,宪章(效法)文武",崇尚"礼乐"、"仁义",提倡"忠恕"和不偏不倚的"中庸"之道。政治上主张"德治"和"仁政",重视传统伦理道德教育。由于儒学重视传统伦常关系,有利于封建统治阶级维护封建秩序,所以备受历代统治阶级的尊崇。自汉武帝罢黜百家以后,儒学成为中国占统治地位的思想体系。但是适应不同历史时期的需要,一些儒学家往往从孔子学说中演绎出各种儒家学说来,从而形成各种儒学流派。如在汉代,有以董仲舒和刘歆为代表的今、古文经学以及谶纬之学;在魏晋,有王弼、何晏以老、庄思想解释儒经的玄学;在唐代,有韩愈为排佛而捍卫儒家正统的"道统"说;到了宋明时代,出现了兼取佛、道思想的程朱派和陆王派的理学,并且成为占主导地位的儒家学说;清代又出现了汉学和宋学之争,以及今文经学和古文经学之争,直到"五四"运动前后,儒家思想才逐渐丧失了传统的支配地位。

儒家学说在中国文化史上占有重要地位。儒家经典不仅是思想统治工具,同时也是中国封建文化的主体,保存了丰富的民族文化遗产。儒家学说不仅在中国,在东亚世界也占有重要地位。儒学和汉字、律令以及佛教一样,很早就传播到周边国家,并对那里的思想和文化产生了重要影响。

在朝鲜,早在公元1世纪初,就有一些人能背诵《诗经》和《春秋》等儒家典籍,这说明儒学早已传入朝鲜。三国时期,统治阶级非常重视儒学,把它视为维护秩序、加强王权的思想武器,采取各种措施加以引进和推广。高句丽于372年设立太学,传授儒家学说。百济于4世纪建立儒学教育制度。儒学在新罗传播,大约在6世纪。新罗统一后,进一步发展儒学教育,在中央设立国学,置博士、助教,招收贵族子弟传授儒家经典。为了推动学习儒学的热潮,国王甚至亲"幸国学听讲"。与此同时,还向中国派遣留学生,其中一些人考中状元,出现了一些著名儒学者,如强首、薛聪、金大向、金云卿、金可纪、崔致远等。

高丽王朝建立后,在首都开城设立国家最高学府国子监,在地方十二州设立乡校,广泛推行儒学教育。958年,高丽开始举行科举,把儒家经典列为主要考试科目,从而推动了儒学迅速发展,并且出现了私学(私塾)。12世纪初出使高丽的徐兢称赞朝鲜儒学之盛说:临川阁藏书至数万卷,国子监里"选择儒官甚备"。大街小巷上经馆和书社三三两两相望。少年们聚集在一起,跟随老师学习经书。年岁稍长者,便自己找志趣相投的朋友,借寺观之类的地方讲习切磋。社会各阶层的子弟,都"从乡先生学"。①

李朝时期,为了加强封建专制统治,十分重视儒学教育,尤其推崇程朱理学,把它视为维护封建统治的舆论工具,极力加以推广。李朝的儒学教育有官学和私学两种形式。官学系统,中央设成均馆,是为国家最高学府。另外在首都汉城还设有中学、东学、西学和南学等四学。成均馆和四学是中央直接管辖的教育机关。地方各道和邑设有乡校。这些学校都由国家提供一定的土地和劳动者,用

---

① 参看徐兢:《宣和奉使高丽图经》卷四,儒学条。

以作为办学的经费。私学是各地的儒家学者创办的私塾或书堂。私学日益发展,成为李朝教育的重要组成部分,并在政治生活中发挥着重要影响。李朝通过科举,选拔人才,任用官吏。科举分文、武两科。文科考试须经三榜,考试科目主要有儒家经典以及有关现行政策和各种形式的汉诗。武科也进行三次考试,考试科目除兵学外,也考部分儒家典籍。总之,程朱理学作为统治思想,在李朝的500年间,起到了维护和巩固封建制度的作用。

儒学传入日本,大约是在5世纪以前。据《古事记》所载,百济的阿直岐、王仁是最早来到日本的儒学者,并且带来了《论语》和《千字文》等儒家典籍,他们还都曾作为皇太子菟道稚郎子的老师,讲授儒家学说。继体天皇时期(507—531)曾要求百济国王定期向日本派遣五经博士,①传授儒家思想,于是儒家迅速发展。圣德太子制定的"冠位十二阶"和"十七条宪法",主要体现了儒家思想,甚至所用的词汇和资料亦大多是取自儒家典籍。"冠位十二阶"是以德、仁、礼、信、义、智为基本位阶,再各分大小两等,如大德、小德,共成十二阶。"十七条宪法"的宗旨是强调"君主至上"。如"国无二君,民无二主,率土兆民,以王为主","群臣百僚,以礼为本","承诏必谨"等,均反映了儒家的政治思想。圣德太子还多次向中国派遣使节和留学生,积极摄取中国文化,于是儒学迅速发展,并逐渐成为贵族官僚必修的教养。

在日本历史上具有划时代意义的大化改新,也是在儒家思想的深刻影响下而发生的。大化改新的首领中大兄皇子和中臣镰足都曾受教于中国留学生南渊请安和僧旻等人,并在他们的协助下制定了改新蓝图。701年制定的基本法典《大宝律令》对教育设专章("学令"),规定中央设太学,地方设国学,各置博士、助教,招贵族子弟,授以儒家经典,其中《论语》和《孝经》为必修科目。757年,孝谦天皇下诏,令全国每家必备一本《孝经》,奖励"孝子"、"贞妇"。701年,日本开始祀孔。768年,称德天皇敕称孔子为"文宣王"。藤原基经当摄政时(877—890年),"敦崇儒术,释奠之日,率公卿拜先圣,使明经博士讲周易"。由于统治阶级的积极扶持和奖励,这时儒学在日本已经超出贵族官僚上层社会范围而普及到各个阶层。

南北朝时代,程朱理学传入日本,受到统治阶级的重视。但由于佛教的影响,儒学未能取得优势地位。只是到了德川时代,适应封建专制统治的需要,儒学(朱子学)才摆脱了佛教的压制,达到空前繁荣的极盛时代。德川幕府为了加强封建专制统治,把全国人民分为士、农、工、商四个等级,实行严格的等级身份制度。因此,需要一种维护身份等级制度的御用思想,而儒学的"名分论"正好适应了这种需要。于是,儒学(朱子说)被规定为官方哲学,成为德川幕府的正

---

① 五经为:诗、书、礼、易、春秋。

统思想体系。

藤原惺窝于 1590 年著《假名性理》，是最早用日文宣传宋儒"理性"的著作。后来受德川家康的召见，并为其讲授《大学》等儒经。1599 年著《四书五经倭训》，使他成为日本第一个根据朱注而用日文字母训读《四书五经》的儒学家，被认为是日本"朱子学之祖"。藤原惺窝有门徒 150 余人，其中林罗山、松永尺五等都是日本著名朱子学家。林罗山历任儒官，作过将军的侍讲、顾问，参与幕政。他提出了一整套的思想理论，以维护封建秩序。他在《经典题说》中写道："天自在上，地自在下，上下之位既定，则上者贵下者贱。自然之理所以有序，视此上下可知矣，人心亦然。上下不违，贵贱不乱，则人伦正，人伦正则国家治，国家治则王道成，此礼之盛也。"林罗山以"天人相关"、"天人合一"的说教，把自然界和人类社会合而为一，从自然界法则引申出人类社会的现存秩序，从而把社会的"上下贵贱之别"说成是合理的、永恒的。林罗山以儒学理论维护德川幕府的封建统治，发挥了巨大作用。

儒学在越南文化中也产生了很大影响。东汉末年，越南人士燮游学洛阳，研究《左传》、《尚书》等典籍，后来任交趾太守 40 余年。据《越南四字经》说："三国吴时，士王为牧，教以诗书，熏陶美俗。"说明早在三国时期越南人就受到了儒学教育。10 世纪，越南独立以后，各王朝的典章制度大都取法于中国，政府选拔人才也采取科举制度，以诗、赋、经义等为考试内容。13～14 世纪之交，越南人以汉字为素材，运用形声、会意、假借等造字方式，创制了越南民族文字，称为"字喃"。此后，中国儒家典籍大量传入越南。宋元时期，越南刊刻过不少儒家经典和汉译佛经。出现了不少明经的儒家学者。15 世纪初，明成祖曾下诏，以礼敦致越南各方面人才到中国来，其中包括明经博学的儒学者。可见儒学在越南的影响之深。

佛教在中国的传播　佛教发源于印度次大陆，后经南北两个方向向外传播。南传佛教以小乘为主，主要流传于斯里兰卡、泰国、缅甸、老挝、柬埔寨等东南亚各国，其佛教经典属巴利文系统。北传佛教以大乘为主，主要流传于中国、朝鲜、日本等东亚国家以及越南，其经典属汉文系统；其中西藏的佛教，又称为藏传佛教，主要是大乘的密宗，后来发展为喇嘛教，其经典属藏文系统。

北传佛教以中国为中心。大约西汉哀帝年间（公元前 6—前 1 年），佛教从印度通过西域传入中国。东汉桓帝（147—167 年在位）时，洛阳业已成为佛教传播中心。魏晋南北朝时期，中国社会动乱，人民苦难，期望从宗教中寻求安慰，佛教得到广泛发展。各种佛教经典翻译、佛学研究、寺院建设以及寺院经济等空前发展，名僧辈出。其中道安有各种佛教著述 48 种，又创僧尼规范三例和佛教徒以释为姓的法规；鸠摩罗什所译《金刚经》、《法华经》、《维摩经》等，成为后来中国佛教各宗派立宗的经典依据；慧远不但精于佛学，而且精通儒学，他谈空说有，为佛教的中国化作出了贡献。各种经师、律师、论师蜂起,并形成许多学派。南北朝时期的统治者把佛教当作"坐致太平"的思想工具,积极扶持寺院和佛学发展。南梁时,佛教寺院多达 2 846 所;北魏时,中国著名的佛教艺术宝库——敦煌千佛洞、大同云冈、洛阳龙门等三大石窟都已初具规模。

隋唐时期,统治者采取儒、佛、道三教并用方针,佛教臻于鼎盛。唐朝尊崇佛教,唐太宗对孤征 17 年,身行 5 万里,从印度归来的玄奘给予优遇,并为他组织了大规模的翻译机构。玄奘译出大乘经论 75 部,1 335 卷,译经水平和规模皆高出前代。唐玄宗时,诏令全国设立开元寺,作为地方的首席寺,重要的佛教典礼都在这里举行。高僧不空①圆寂时,唐代宗为之休朝三日,可见对佛教尊崇之深。

中国佛教原来只有学派而没有宗派,隋唐以来,佛门讲究衣钵的传承,逐渐形成宗派。主要有八大宗派,即:

三论宗。创立者为吉藏(549—623 年),因以研习《中论》、《十二门论》和《百论》而得名,又以着重宣扬"诸法性空",亦称法性宗。该宗认为,世界森罗万象皆由因缘而生,空幻不实,宣传一切无所得的观念。

天台宗。创建者智颛(538—597 年),因居浙江天台山而得名。该宗以《法华经》为经典,故又名法华宗。天台宗主张世界本体是空无的,一切"皆由心生",故又称空宗。

法相宗。玄奘(602—664 年)创立,立宗经典为《成唯识论》、《解深密经》和《瑜伽师地论》,因以论证"万法唯积","心外无法"为宗旨,故又名唯识宗。由于该宗的教义极为繁琐,所以传三代以后就衰微下去。

华严宗。宗祖法藏(643—712 年),因以《华严经》为立宗之基,故名。该宗体系庞杂,把"一真法界"(即真如佛性)视为世界一切现象的本源,用法界缘起理论说明现象间的关系,宣扬客观世界依赖于主观世界而存在的唯心论。

密宗。亦称"密教"或"真言宗"。7 世纪后由大乘佛教的一部分派别与婆罗门教相结合而成,流行于德干高原一带地方,开元年间传入中国。该宗以高度组织化的咒术、礼仪、民俗信仰为特征,主要经典有《大日经》、《金刚顶经》和《苏悉地经》。因该宗仪轨复杂,仅传两代后即衰。但该宗传入西藏后与当地苯教融合,形成喇嘛教。在藏、蒙古、土、裕固、纳西等族地区广泛流行。

律宗。"律宗"是"南山律宗"的简称,因其创立者道宣(596—667 年)住终南山,以小乘法藏部的《四分律》为该宗戒律,故名。其宗旨是通过戒律来防止诸恶,奉行诸善,以成佛道。《四分律》形式上虽属小乘,但以大乘教义释其义,故实质上仍属大乘。天宝年间,该宗由鉴真传入日本。

---

① 原籍北天竺,一说师子国(今斯里兰卡)。

禅宗。因主张禅定概括佛教的全部修习而得名。又因宣传"佛在心中",亦称"佛心宗"。相传创始人为菩提达摩,传至五祖弘忍而分成南北两宗,北宗神秀,南宗慧能。北宗主张通过长期苦修,逐渐觉悟成佛,即渐悟说。南宗主张"顿悟",认为佛在心内,觉悟不假外来,只要净心自悟,不经苦修,不读诵大批经卷,就可以成佛。强调"以无念为宗"和"即心是佛"、"见性成佛"。俗语说的"放下屠刀,立地成佛",就是南宗的主张。南宗的简明直截的得道理论是对佛教繁琐哲学的重要革新,因而受到广大群众的欢迎。后来怀海(720—814 年)又制定《禅门规式》,提倡修持和生产劳动相结合,南宗更加深入群众。中唐以后,南宗不仅成为禅宗正统,而且几乎取代了佛教的所有各宗派,成为中国佛教的主流。南宗的主要经典是慧能的《坛经》,在中国佛教典籍史上占有重要地位。

净土宗。初祖慧远,唐代善导创立。主要经典有《无量寿经》、《观无量寿经》和《阿弥陀经》。宣称众生信仰阿弥陀佛并一心专念此佛名号,死后即可往生阿弥陀西方净土(极乐世界),故名。由于该宗修行方法简单易行,普通百姓都能接受,所以在民间广为流行。后来与禅宗合流。

除上述教派外,还有主要流传在西藏地区的藏传佛教,俗称喇嘛教,主要是大乘密宗与当地苯教①长期互相影响而形成的。7 世纪,吐蕃赞普松赞干布信仰佛教,建寺译经,佛教在西藏传播起来。13 世纪后期,在元朝扶植下,上层喇嘛开始掌握西藏地方政权,逐步确立政教合一的统治体制。佛教在西藏长期传播中,吸收了苯教某些思想和仪式,形成了大乘、小乘兼容而以大乘密宗为主的"藏密"。藏传佛教是中国佛教不可分割的重要支派。今日主要流传于藏、蒙古、土、裕固、纳西等我国少数民族地区以及不丹、锡金、尼泊尔、蒙古共和国和西伯利亚等地。

佛教宣扬一切皆空,人生没有价值,引导人们脱离现实;又主张众生平等,认为君臣、父子、男女、夫妇、主仆都是平等的关系。这和儒家重现实、重人事的纲常思想是相悖的,因而和中国传统思想文化产生矛盾和斗争。但佛教不介入政治,不觊觎政权,而且它宣扬的因果报应论以及忍耐、顺从、寡欲、善行等思想为严酷的社会现实提供了理论根据,因而也就为封建政权注入了安定剂。另方面,佛教还不断地吸收中国传统思想文化,使其自身更适应中国社会现实。如中国佛教宣扬戒、孝合一说,即把儒家倡导的孝作为佛教的戒律,宣称行孝是修福。佛教还把人性论和佛性加以调和,形成心性之学,研究人类自身之心性,主张止恶从善,排除欲望,发明本心。如禅宗认为,一切事物都在自性之中,即在自性之中可见一切事物,称为清净法身,也就是人人都可以自悟成佛。这和儒家根据性善论,主张人人皆可为尧舜的思想是一致的。除儒家思想外,佛教还吸收了一些

---

①、苯教俗称黑教,是西藏古代流行的一种原始宗教,崇奉天地、山川及各种自然物。

老庄自然主义和仙家方术等。儒、佛、道三教融合,形成互补,这使佛教不但无害于中国传统思想文化,相反地,更有利于巩固和强化封建专制统治。因此,中国历代统治者,除少数例外,莫不扶持佛教以加强统治,佛教因而得到广泛发展。宋明以后,理学发展,佛教虽然衰落,但其思想影响却一直存在。

佛教在中国长期传播,既影响了中国文化,又使其自身中国化。所以,中国佛教不仅是中国文化宝库中的重要组成部分,而且在很大程度上体现了中国文化的基本特征,包括政治思想、伦理道德、哲学、历史、文学和艺术等各个方面。中国佛教传入朝鲜和日本,也产生了重要影响。

佛教在朝鲜的传播　4世纪以后,中国佛教传入朝鲜:高句丽为372年,百济为384年,新罗为518年。佛教传入朝鲜后,在三国统治者的扶持下得到很快的发展。高句丽在各地兴建寺院,仅平壤一地就有9所;新罗建造了皇龙寺、芬皇寺等规模很大的寺院;百济也建了很多寺院,传播佛教。新罗统一后,定佛教为国教,佛教在朝鲜各地广泛发展起来。寺院的营建,佛经的翻译和研究,僧侣人数等日益增加。7世纪以后,不少僧侣赴中国求法,受中国佛教各宗派的影响,回国后创建新罗五个教派——五教,8世纪又形成禅宗系统的九派——九山。

高丽王朝时期,佛教发展极盛。由于佛教宣扬护国护王思想,得到高丽统治者的特别青睐。王建在其施政的《十训要》中首先强调,要利用佛教巩固政权。"我国家大业,必资诸佛护卫之力"。① 因此,他积极扶植佛教,广建寺院。王建定都松岳后,在建立宗庙和社稷之前,就首先建造了法王寺等10所寺院。太祖时高丽王城(开京)有佛寺70区,几乎成为一座佛教城市。高丽王朝还设立了僧科,由国家授予僧侣不同级别的宗教职称,同时给予田柴科,获得最高称号的王师或国师,还可以作为国家顾问直接参与政事。国王经常到寺院做佛事,并由国家支付巨款,赐食招待成千上万的僧侣,有时甚至多达10万之众。为了控制佛教这个有力的统治工具,高丽王室往往派王子或王室至戚出家为僧,然后担任僧科要职。当时著名的大觉国师义天,就是文宗的儿子。

高丽王朝后期,社会危机日深,一些文人从中国(元朝)引进程朱理学,以图振兴国家。程朱理学又称"道学",它是儒家思想和佛、道思想相融合而形成的新的儒家学说,更适合封建专制主义中央集权统治需要。李朝以后,随着朝鲜封建专制主义中央集权统治的加强,理学成为占统治地位的思想。与理学发展相对,佛教日趋衰落,但佛教思想影响十分深远,渗透到朝鲜古代思想文化的各个方面。

佛教在日本的传播　据《日本书纪》记载,钦明天皇13年(552年),百济圣明王遣使向日本献金铜释迦像及佛经等,是佛教传入日本的最初记录。事实上,

---

① 《高丽史》卷二,太祖二十六年四月。

早在继体天皇 16 年（522 年），南梁司马达赴日本时，即把佛教传入日本民间。百济圣明王向日本献佛时，在附表上赞颂佛教功德胜过孔子，凡信仰者国家兴隆，治其学者可明哲理。天皇就此咨询朝臣，引起了以苏我马子和物部守屋为代表的崇佛派和反佛派的对立和斗争。用明天皇 2 年（587 年），物部守屋在内战中败亡，佛教得到合法的公开传播。圣德太子摄政时期（593—621 年），积极扶持和发展佛教。他就任摄政的第二年，就颁布弘扬佛教诏书，后又在“十七条宪法”第二条中强调“笃敬三宝”，并在京畿和全国各地广建寺院。由于圣德太子和苏我马子等积极扶植佛教，推古朝时期佛教得到较快的发展。到推古朝晚期，日本全国有寺院 46 所，僧尼 1 380 多人。

7 世纪中叶，大化改新以后，律令制国家全力吸收中国文化，不断派遣使者、留学生和求法僧赴唐，学习中国典章制度和佛教文化，中国佛教各宗纷纷传入日本，形成日本南都六宗，即三论宗、成实宗、法相宗、俱舍宗、华严宗、律宗。其中律宗是中国大和尚鉴真东渡日本后创建的。佛教初传日本时，主要在豪族等上层社会流传，属私人信仰。大化改新后，佛教被纳入国家公务中，寺院成为国家机构之一。《大宝·养老律令》中设置了“僧尼令”专章，国家任命僧纲，监督和管理全国寺院和僧侣。寺院一律读诵镇护国家的经典，为国家服务成为僧侣的首要任务。于是，佛教变成了官方宗教。圣武天皇（724—748 年在位）崇奉佛教，自称“三宝之奴”，并诏令全国读诵《最胜王经》。天平 13 年（741 年）下令各国（地方政府）营建金光明最胜王护国寺，即国分寺。随后又在平城京（奈良）营造卢舍那大佛，旋即以此为本尊建立东大寺。以后又陆续建立了法华寺、西大寺、唐招提寺等著名寺院，佛教在日本广泛发展起来。但是，当时的日本人很难理解佛教的深奥教理，大多是出于对佛教灵验功德的信仰，求佛降福除灾，所以当时药师佛的信仰非常盛行。

摄关政治时期（876—1086 年），律令制国家解体，大贵族藤原氏擅权，社会动乱，民众渴望在佛教中寻求精神寄托，于是密宗（真言宗）和天台宗等教派盛行起来。密宗为日僧空海留唐回国后所创，主张“三密加持”，即身成佛。三密加持，即口诵真言（咒语）、手结印契（特定的手式）、一心向佛。认为只要这样认真地做，人人皆可成佛。密宗理论通俗，方法简单，民众容易接受，很快传播起来。天台宗是日僧最澄所创，以比叡山延寿寺为中心。最澄强调，众生皆有佛性，人人皆可修心成佛。最澄死（822 年）后，天台宗在其弟子圆仁（觉慈）、圆珍（智证）主持下，盛极一时。后来天台宗受密宗影响而密教化，称为台密；原来以东寺为中心的本来密宗，称为东密。

镰仓时期（1192—1333 年），武士争斗，战乱频仍，人民苦难，以宗教为安身立命的要求更为强烈。但是，以往的佛教诸宗派大多偏重哲学的研究，深奥难解；或者重视宗教仪式，耗费大量资财用于造佛、建寺、供养、祈祷等一系列活动，日益不能满足人们的要求。尤其是寺院占有大量土地资财,僧侣贵族化,腐败之风严重,威信日益下降。于是,佛教革新,出现了一些新教派。

禅宗的兴起。中国禅宗佛教由于融合了儒、道两家的某些思想因素,更富有政治宗教的特色,唐宋时期极为盛行。12世纪末和13世纪初,日僧荣西和道元先后把南禅宗五家之一的临济宗和曹洞宗传入日本。禅宗宣传"即心是佛,心外无佛,佛外无心"。主张不立文字,以心传心,只要一心向佛,便可"顿悟"成佛。荣西还著《兴禅护国论》,公开宣扬佛教为政治服务。禅宗这种简明直截的教理很适合社会各阶层的要求,尤其它的护国论思想更适合幕府的要求,因此幕府先后在镰仓、京都营建寿福寺和建仁寺,为禅宗的传法基地。后来禅宗融合台、密二宗,成为占统治地位的官方佛教。

净土宗的发展。净土信仰早在推古朝时期(593—628年)就由中国传入日本。但以前的净土信仰除念佛外,还重视礼拜、诵经、持戒等一系列的修行活动。12世纪末,源空(法然)革新净土信仰,强调口称念佛的重要性,并以此为"正定业";而把礼拜、诵经等修行活动看做是次要的"助业",主张专心念佛(阿弥陀佛),即能往生西方净土,从而开创了日本净土宗。净土宗"口称念佛,往生净土"的说教,简单易行,深受广大群众的喜欢,甚至公卿、武士也纷纷皈依。源空死后,净土宗分裂为若干流派,其中最重要的是净土真宗(也称一向宗)。该宗认为,佛的真实之教是《无量寿经》,其"本体"则是"南无阿弥陀佛"名号。在这名号中包含佛一切功德,相信并念诵这一名号,任何人都可以往生西方极乐世界,并能成佛,然后借佛力再回到世间,普度众生。同时提出"恶人正机"说,认为恶人正是阿弥陀佛拯救的对象,同样可以往生净土成佛。净土真宗比较更强调内心的坚定信仰,对戒律要求比较宽松,允许僧侣娶妻、食肉。该宗以石山本愿寺为中心,传播于北陆、近畿和东海等广大地区。

日莲宗的传布。13世纪,原天台宗僧人日莲革新天台宗,创立日莲宗(法华宗)。日莲认为,天台宗违反了开祖最澄的真意,趋于腐败,决意纯化天台宗,恢复最澄的本来精神。他强调只有传布释迦"本怀"的《法华经》及《妙法莲华经》五字的功德,才能拯救众生,实现国泰民安。日莲及其门徒攻击其他宗派,说禅宗是天魔,念佛宗进地狱,真言宗亡国。日莲还向幕府将军呈其所著《立正安国论》,要求幕府下令独奉日莲宗,禁止其他教派活动,遭幕府拒绝。日莲宗在武士、城市商人和手工业者中有很多信徒,以甲斐(今山梨县)身延山久远寺为总本山,分为许多支派,如日莲正宗、法华宗本门流、法华宗阵门流、本门法华宗、本门立佛宗等。

镰仓时代,佛教空前发展,名僧辈出,刷新教理,创立了一系列新的教派组织。从而改变了大陆佛教的面貌,佛教开始日本化,成为日本人的生活信仰。佛教在日本长期传播,极大地丰富了日本人的文化生活。

第三章　南亚封建社会的形成

第一节　笈多王朝时期的印度

公元 3 世纪以后,贵霜帝国逐渐衰落,南亚次大陆的西北部和北部地区分裂为许多小国。这些贵霜人小王国,一部分为摩揭陀的笈多王朝所统一,另一部分被来自北方的嚈哒人所消灭。

笈多王朝在 4 世纪初,以恒河流域中下游为基地,迅速统一北印度,形成一个政治稳定、经济繁荣和文化昌盛的大帝国。笈多王朝处于印度由奴隶制社会向封建社会过渡的阶段,在历史上占有重要地位。

笈多王朝的建立　4 世纪初北印度处于分裂之际,恒河上游地区(今比哈尔地方)一个小国君主室利笈多家族逐渐强盛起来,它制服其他小邦而成为当地的强国笈多家族的首领号令一方,自称为"摩诃罗阇"(众王之王)。室利笈多之孙。旃陀罗笈多一世时,势力更加强大。约在 308 年,旃陀罗笈多娶当地著名的梨车部族公主鸠摩罗提毗为妻。梨车族是统治华氏城及其附近地区的贵霜人诸侯。旃陀罗笈多因婚姻关系而继承了华氏城的统治权,同时合并了两个君主国。笈多家族的实力和政治地位大为增强。320 年,旃陀罗笈多一世以吠舍离(今比哈尔邦木扎法普尔县的巴塞尔)为首都,建立笈多王朝(320—540 年)。

旃陀罗笈多一世在位期间(320—335 年),为新兴笈多王朝的强盛奠定牢固的基础。他使附近的一些小君主国逐渐服从他的权力,笈多王朝的势力不断扩张,以致今比哈尔邦的大部分和北方邦、孟加拉邦的一部分都处于新兴的笈多王朝的统治之下。

旃陀罗笈多一世之子沙摩陀罗笈多统治时期(335—380 年),开始大规模向外扩张。他首先开始西征,征服恒河上游地区和印度河流域东部地区;然后回师东进,征服恒河下游直至三角洲的大部分;最后挥师南下,进抵奥里萨和德干高原东部。德干的一些小国,甚至南印度大国帕拉瓦王国也臣服于笈多,向沙摩陀罗笈多纳贡。根据著名的阿拉哈巴德石柱铭文记载,他用武力吞并了西印度的 9 个小君主国,震撼了整个印度。笈多王朝初期的势力在海外达到马来半岛和印度人侨居的爪哇和苏门答腊等地。沙摩陀罗笈多的对外扩张为印度的强盛打下了坚实的基础。

超日王时期的强盛　沙摩陀罗笈多之子旃陀罗笈多二世时期(380—413 年),笈多王朝的政治、经济、军事、文化的实力达到鼎盛时期。旃陀罗笈多二世一般认为就是传说中的毗克罗摩阿迭多，即超日王。超日王继承父业，首先致力于国家的统一。恒河上游纳伽人（贵霜人的后继者）的势力已被征服，并入笈多王朝的版图。超日王在西方面对三大政治势力：西北部印度河流域以东地区是马拉瓦人和卡提阿瓦人的国家，他们是贵霜人和塞种人的继承者，慑于笈多王朝的威力对它表示臣服；西部沿海地区古吉拉特一带处于塞种州长的统治之下，与笈多王朝处于敌对状态；西南部德干地区为瓦卡塔卡斯王国，超日王把自己的公主（普拉巴瓦蒂笈多）下嫁瓦卡塔卡斯国王鲁陀罗逊纳二世，两国联姻结成同盟。超日王在西方的政策是与南北修好，集中力量打击塞种州长国。388至409年间，超日王先后征服了马尔瓦（今中央邦）、古吉拉特和卡提阿瓦（苏拉什特拉）。笈多王朝的领土扩及阿拉伯海沿岸，控制了北印度东西海岸的繁荣城市和港口，对于笈多王朝手工业和商业的发展有着积极的意义。超日王把首都迁到华氏城（今巴特那）。为了巩固对西印度的统治，加强与国外的经济贸易联系，他还在马尔瓦建立了行宫。

在政治制度方面，笈多王朝实行中央集权制，最高统治者是大王，皇亲贵族和婆罗门高僧构成王室顾问和各部门重臣。全国划分为若干省，省下设县；各省总督多由大王任命王子或其他亲属充任。县级地方官由总督任命和管辖。协助国王进行统治的顾问大臣和各级官吏，都从国王府库中直接领取薪俸。

笈多王朝统治下的北印度，政治稳定，经济繁荣，文化昌明，宗教宽容。沙摩陀罗笈多是一位文武全才的国王。一生戎马倥偬，尤长于诗作，获得了"卡维罗阇"（诗人国王）的称号。笈多国王还奖掖学术，重用学者。其宫廷大臣有的就是著名学者。宫廷里有著名天文学家毗日和梵文诗人兼戏剧作家迦梨陀婆。笈多王朝国王虽信奉印度教，但对其他宗教信仰也能采取宽容态度。笈多王朝的大臣和高级将领就有信奉佛教和湿婆教的。

法显旅印　在超日王时期，中国求法僧人法显来到印度。法显（约342—约423年）为东晋名僧，俗姓龚，山西平阳郡武阳（今襄垣县）人。因中国经律舛阙，律藏不备，矢志到印度（天竺）求经。399年从长安出发，经新疆，越葱岭，过中亚，历尽千辛万苦，约于402年进入北天竺（印度河流域），然后转入中天竺（恒河流域）。法显在印度遍访佛教中心地，探寻佛教经典。在摩竭提国（即摩揭陀国）首都巴连弗邑（即华氏城，今巴特那）留住3年，以学习梵文，阅读梵书，抄写经律。后又从恒河出海口乘船，南渡师子国（今斯里兰卡），又留住二年。411年横渡印度洋，经耶婆提（苏门答腊），随风暴漂抵山东崂山登陆（412年），次年回到东晋首都建康（今南京）。后来法显把历经15年30余国的印度求经见闻写成《佛国记》（又名《法显传》）。这是中印文化交流史上一件大事，法显做出了杰出的贡献。

法显记述了超日王统治时期北印度的一些情况。法显说笈多王朝统治下

"中天竺"一带"寒暑调和,无霜雪。人民殷乐……";"民人富盛,竞行仁义"。表明北印度地区气候温和,适于农作,经济繁荣,人民富庶。法显说当时的印度人"举国人民悉不杀生,不饮酒,不食葱蒜,唯除旃荼罗。""国中不养猪鸡,不卖生口,市无屠酤及沽酒者,货易则用贝齿,唯旃荼罗、猎师卖肉耳。"由此可以看出印度的经济生活和人们的生活习惯。

关于超日王时期的政治情况,法显也有所记述。他说:"人民殷乐,无户籍官法,唯耕王地者乃输地利,欲去便去,欲住便住。王治不用刑罔,有罪者但罚其钱,随事轻重,虽复谋为恶逆,不过截右手而已。"政治形势比较稳定,罪犯不多,刑罚也不太重。国家官吏,都从政府拿俸禄,即所谓"王之侍卫、左右,皆有供禄"。①

此外,法显还提到超日王时期华氏城里施医舍药的情况。"其国长者、居士各于城中立福德医药舍,凡国中贫穷、孤独、残跛、一切病人,皆诣此舍,种种供给。医师看病随宜,饮食及汤药皆令得安,差者自去。"②在华氏城里设立医院,为鳏寡孤独、贫穷残者治病,免费供给医药和食宿,表明此时印度的慈善事业和医疗事业已经具有相当的规模。

社会经济的发展 旃陀罗笈多二世超日王统治时期,笈多王朝经过将近一百年的发展,达到全盛时期。超日王重视水利灌溉,加强水利工程的建设,促进了北印度农业的迅速发展,铁制农具已普遍推广使用,有铁铧犁、铁锄、铁铲、铁镰等;施肥、轮作等农业技术也开始在生产中应用。据文献记载,此时印度种植的谷物有小麦、大麦、水稻、黍类、豆类、芝麻等;种植的经济作物有棉花、大麻、甘蔗、亚麻、生姜等;此外还有园艺作物(蔬菜)和果树与香料培植。特别是印度的棉花远近驰名;并且把棉花的培植技术传入邻近的许多国家。此外,印度人还饲养各种家畜,其中包括黄牛、水牛、骆驼、驴、绵羊和山羊。在西北地区的一些地方,也有养马的习惯。

笈多王朝的手工业也很发达。棉织业、丝织业、毛织业、武器制造、金属加工、珠宝首饰、采矿冶金等行业都很发达。印度的造船业成就非凡,他们建造的大型多桨帆船适于海上远航。印度的纺织业技艺精湛。织成的薄棉布,轻软透明,适作面纱;织成的绫罗绸缎,行销于国内外。

印度的各大城市之间及其周围地区有一定的交换关系;交换的商品多系贵族所需要的奢侈品。对外贸易比较活跃,它与亚、非、欧诸国自古以来就有贸易往来。在印度发现了大量的罗马、大夏(巴克特里亚)和萨珊朝波斯的货币,说明印度和欧亚这些国家早就存在贸易关系。到笈多王朝时,这种贸易关系又有

---

① 章巽校注:《法显传校注》,上海古籍出版社1985年版,第54、103页。
② 同上书,第103页。

新的发展。超日王时期集中主要力量征服西部和西北部地区,与争夺西方出海口和控制西北商路有直接关系。

印度处于亚欧大陆的中间地位。向东方通过恒河口的耽摩栗底港(今西孟加拉的米德纳普尔县境内的塔姆卢克港)与东南亚和东亚诸国建立海上贸易联系;印度商人从这里出发在印度支那和马来群岛建立了商业殖民地。向西方通过古吉拉特阿拉伯海岸的港口(今布罗奇和坎贝港)与东部非洲、阿拉伯半岛和波斯湾沿岸诸国建立贸易联系。笈多王朝时期布罗奇和坎贝都是繁华的国际贸易中心。西北部印度河流域是陆路贸易必经之地,北上中亚地区与丝绸之路相接,西可通欧洲、东可抵中国,是连接东西方经济文化交流的大动脉。在对外贸易中印度输出的商品有棉花、谷物、细布、挂毯、首饰、香料、靛蓝、象牙制品等;印度输入的商品都是各国珍奇物品,如丝绸、茶叶、白铜、瓷土、肉桂、黄连等,若没有商品可供交换者则用大批金银来购买。同东方和西方的贸易相当繁盛。

封建因素的产生　笈多王朝时期印度的社会组织,仍然是农业与手工业相结合的农村公社;这种村社制度具有顽强的生命力,虽然经过几千年奴隶制发展的冲击,它依然在社会上占据统治地位。广大的印度人民在农村公社的小天地里过着自给自足的与世隔绝的生活。笈多王朝时期在村社基础上建立起来的奴隶制度,已经走到它的尽头,开始出现封建因素的萌芽。

印度在公元最初几世纪完成的政论著作《政事论》①中已经提出不要把自由民变为奴隶的要求,并规定了奴隶要求释放的条件。作者主张,国王应该命令奴隶主把能够交赎金的奴隶一律释放。这部论著中提到,奴隶主把土地分成小块,交给奴隶耕种;奴隶必须向主人缴纳一定数量的收获物,并要服劳役。有些奴隶主、地主则把土地租出去,坐收分成制地租。作者在提到缺乏奴隶劳动力的王家庄园时,主张把它租给他人耕种,以征收一部分收成。

中国赴印求法高僧法显在《佛国记》中也透露出印度封建关系因素的出现。法显提到拥有大量土地的教俗大地主。法显指出:"诸国王、长者、居士为众僧起精舍供养,供给田宅、园圃、民户、牛犊,铁券书录,后王王相传,无敢废者,至今不绝。"②这里指明国王、长者和居士都是拥有大量土地和财产的地主,他们又把土地、房屋、园圃、民户和牛犊等不动产和动产捐赠给寺院僧侣,而且王王相传,代代如此,自然造成一批拥有大量土地、房屋和其他动产的宗教地主。这种捐赠行为已经"铁券书录",经过合法手续,是有据可查的。

---

① 书名梵文意为"国王利益手册",故亦译作《利论》或《政论》。这是一部有关政治艺术的著作,其作者据说是孔雀王朝的建立者月护王的宰相,名叫憍提利耶(亦名毗湿奴笈多或遮那其)。但从全书内容看,它未必成书那么早。固然有些部分可上溯至孔雀王朝,其他部分则是公元最初几世纪。包括笈多王朝在内的作品。

② 章巽校注:《法显传校注》,上海古籍出版社1985年版,第54～55页。

值得注意的是,法显提到的捐赠对象,除土地和牛犊之外,还有"民户"。所谓"民户"就是被束缚在土地上耕种这些土地的依附农民,他们随土地而转移。法显虽然没有说明这种"民户"的性质,但从它被束缚在土地上、随土地转移,并有家室这些方面看,显然有别于一般奴隶,从一定意义上说具有封建因素的性质。除这种"民户"之外,法显还提到了耕种王地,缴纳租税的自由农民,他们的自由程度比较大,"欲去便去,欲住便住",与随土地转移的"民户"适成鲜明对照。

文化方面的成就 笈多王朝在文化方面取得重大成就。当时印度教已经兴起,大乘佛教依然盛行。各种宗教和印度教的各教派都在自由发展。大乘佛教中心那烂陀寺(今比哈尔邦巴特那县境内拉吉其尔以北)已成为笈多王朝及其以后的文化和学术中心。根据传说,这个寺院创建很早,但考古学家发掘证明,寺院的房基属于5世纪笈多王朝时期的。超日王旃陀罗笈多二世之子鸠摩罗笈多一世在位时(约415—455年)开始修建那烂陀寺,以后诸王又相继扩建,使那烂陀寺成为规模宏伟的最高学府。

笈多王朝在文学、艺术、建筑、哲学和政治等方面都出现了著名学者和有价值的作品。活动在笈多王朝全盛时期的梵文诗人和剧作家迦梨陀娑,据说被誉为超日王宫中的"九宝"之一。他留传下来的作品有七部:诗歌四部和剧作三部。诗作《云使》以恋人情书的形式描写印度北部的山川秀丽、风景宜人;《鸠摩罗出世》是关于湿婆神及其妻子和儿子的传说故事。剧作有《沙恭达罗》,是讲述美丽善良的少女沙恭达罗与国王豆扇陀彼此相爱的故事,后来国王听信谗言离弃了沙恭达罗。迦梨陀娑是梵文语言大师,其作品在世界文坛上享有盛誉。

笈多王朝的建筑艺术和绘画艺术达到很高的水平。笈多王朝艺术的代表作是阿旃陀石窟和爱罗拉石窟。阿旃陀石窟位于今马哈拉施特拉邦奥兰加巴德县境内阿旃陀村附近。开凿于瓦古尔纳河谷的花岗岩陡壁上,共29个洞窟。它们是在公元前1世纪至公元650年之间先后凿成的,构成印度艺术的综合宝库。在29个石窟中有4座佛殿和25座僧房。在建筑方面充分表现了印度风格,窟门依地势而造,上有飞檐雕楣,下有石柱林立,壁龛上有各种雕像,形态各异,栩栩如生。石窟内有各种壁画,取材多样,形象生动。阿旃陀的绘画和雕刻虽然多来自佛教传说,但以当时的现实生活为基础,因而洋溢着浓郁的生活气息。爱罗拉石窟距阿旃陀不算太远,距奥朗加巴德只有16公里。它始建于公元3世纪,完成于1300年。它包括佛教、印度教和耆那教三种宗教的庙宇,终年香火不断。庙宇僧院,规模宏伟,建筑精美,雕像硕大,绘画更加形象生动,是印度艺术的另一宝库,在世界上享有盛誉。

笈多王朝在天文、数学、医学、冶金等方面也取得了巨大成就。生活在笈多王朝后期的大数学家和天文学家亚利雅巴达,精确地算出圆周率的数值为

3.141 6。他断定地球是绕着自己的轴旋转的球体。1881 年发现的笈多王朝《巴赫沙利》手稿，其中处理了包括不定方程和不尽根逼近在内的算术和代数问题。笈多王朝时期印度的医学、兽医学和药物学也取得了巨大成就。印度文化对中亚地区、印度支那南部和印度尼西亚发生了重大影响。

笈多王朝的衰落 超日王之子鸠摩罗笈多一世（约 415—455 年）时期，国内矛盾日益激化。住在那马达河流域的部族普士亚密多罗人掀起叛乱，反对笈多王朝的统治。国王派太子塞建陀笈多率军前往镇压。战争艰苦激烈，几为敌人所败。在这个战争激烈进行时，鸠摩罗笈多一世逝世，塞建陀笈多继承王位（455—467 年在位）。他最终打败了普士亚密多罗部族，镇压了国内的反叛。

内乱刚刚平息，笈多王朝又面临着哝哒人（白匈奴人）从外部入侵的威胁。哝哒人是中亚的游牧部落。5 世纪 20 年代越过阿姆河侵入萨珊波斯，为波斯人所败。5 世纪中叶，哝哒人南下，从西北方侵入印度笈多王朝的领土，大批涌进西印度和中印度。塞建陀笈多出兵打败了入侵的哝哒人，中止了他们的进攻，暂时挽救了笈多王朝的危亡。

塞建陀笈多死后，笈多王朝一蹶不振，内部分立和外族入侵的威胁益趋严重。5 世纪 70 年代末，哝哒人最终消灭了印度河上游犍陀罗地区的贵霜残余势力，实力不断加强。5 世纪末，头罗曼成为哝哒人国王（？—517 年）。他乘笈多王朝衰落之机，以犍陀罗地区为基地，于 6 世纪初大举入侵印度。笈多王朝的地方统治者不仅不能联合对敌，反而与哝哒人结成联盟。结果在 500 年前后哝哒人就进占了朱木拿河和恒河流域。约 517 年，头罗曼自恒河下游摩揭陀地区返回印度西北部的途中逝世，其子摩醯逻矩罗（亦译密希拉古拉，约 517—542 年）继位。新王即位后再次率军入侵印度，约于 531 年进抵今中央邦的瓜廖尔城，在那里建太阳神庙，并立石歌功颂德。但不久哝哒人被马尔瓦的耶输陀曼击败，退至印度河以西地区。

520 年中国求经者宋云和僧人惠生等一行途经哝哒国赴印度求经。他们在犍陀罗谒见哝哒王即摩醯逻矩罗。宋云在《行纪》中说，哝哒在"四夷之中，最为强大"，有 40 余国向它朝贡。① 这是哝哒国的鼎盛时期。

摩醯逻矩罗死（约 540 年）后，哝哒人对北印度的统治即行瓦解。哝哒人的入侵使印度遭受严重破坏，许多城市变成废墟。经济残破，政治分裂，统一的笈多王朝又分裂为许多小国。笈多王朝的地方长官和藩属的统治者都变成割据一方的独立君主。约 558—567 年间，在萨珊波斯与突厥人部落联盟的夹击下，哝哒国遂亡。

---

① 杨衒之:《洛阳伽蓝记》卷五。

第二节 戒日王朝的兴衰

北印度再次分裂　嚈哒国灭亡后,在 6 世纪末和 7 世纪初,北印度又呈分裂状态。各地诸侯纷纷独立,割据称雄。经过一个时期的纷争和动荡,主要形成了四个较强的王国,结成两个互相敌对的政治军事集团。其一是坦尼沙王国(即萨他泥湿伐罗国)的普西亚布蒂王朝,于 6 世纪初为原笈多王朝的纳罗伐弹那所建,其领土在朱木拿河和恒河流域,以首都坦尼沙城(位于今德里北)为中心的地区。普西亚布蒂王朝在国王波罗羯罗伐弹那(586—606 年在位,即光增王)统治时期国势强盛。另一王国是以曲女城(今北方邦卡瑙季)为中心的穆克里王国(即羯若鞠阇国),约在 6 世纪中叶为穆克里族伊桑那伐尔曼所建,领土主要在恒河中游地区,土质肥美,物产丰饶。第三个王国是孟加拉地区的高达王国(即羯罗拿苏伐剌那国),约在 7 世纪初为笈多王朝的封臣高达族设赏迦(亦译萨桑卡)所建,主要领土为恒河三角洲地区,首都在羯罗拿苏伐剌那城(今金耳城)。第四个王国为摩腊婆王国,为笈多王朝的旁支马尔瓦的提婆笈多所建,其领土主要集中在中部地区昌巴尔河流域。这四个王国,前二者和后二者分别结成两个互相敌对的政治军事集团。坦尼沙国王波罗羯罗伐弹那将女儿罗伽室利嫁给曲女城穆克里国王格腊哈伐尔曼为王后。通过联姻使两国联盟更加巩固。

戒日王朝的建立　604 年,坦尼沙国王波罗羯罗伐弹那派其长子曷罗阇伐弹那和次子曷利沙伐弹那率军远征旁遮普一带的嚈哒人残余势力。当他们得悉父王病危后乃班师回京。在两兄弟返抵坦尼沙时,父王已经先逝,母后也以身殉葬。此时高达王国国王设赏迦联合摩腊婆国王提婆笈多进攻曲女城,穆克里国王格腊哈伐尔曼战败被杀,城陷,王后罗伽室利被提婆笈多囚禁于城内。坦尼沙城也面临敌军进攻的威胁。坦尼沙国王的长子曷罗阇伐弹那于 605 年毅然即位为王,亲率万余骑兵驰援曲女城,迎击提婆笈多。本国首都坦尼沙城交予其弟曷利沙伐弹那守卫,并兼理国政。国王曷罗阇伐弹那战败提婆笈多率领的军队,收复曲女城,但不幸为高达国王设赏迦所谋杀。坦尼沙军队残部不得不退回本国。

606 年,坦尼沙王位虚悬。该国重臣婆尼(即般底)率群臣拥立亲王曷利沙伐弹那为王,是为"喜增",号称"戒日"。戒日王即位后,立即兴兵为兄、姊复仇。他亲率"象军五千、马军二万、步军五万,自西徂东,征伐不臣。"[①]戒日王军队首先进攻曲女城,迎击摩腊婆王提婆笈多和高达王设赏迦的联军。戒日王在进军的途中,与高达国北方的夙敌迦摩缕波(今阿萨姆)王拘摩罗(即巴斯卡拉跋摩)结为同盟,形成对设赏迦夹击之势,直接威胁高达国的后方。戒日王命大将婆尼

---

① 玄奘:《大唐西域记》卷五。

率军进攻曲女城,得知提婆笈多怕戒日王报复,提前释放了穆克里王后罗伽室利;她率领一部分随从奔往文迪亚山林中。戒日王得到姐姐消息后,命大将婆尼继续征讨设赏迦,自己则亲自率军进抵文迪亚山以营救其姐。戒日王找遍文迪亚山各地,终于在佛僧的帮助下及时救出其姐罗伽室利。在戒日王军队强大攻势面前,再加上迦摩缕波从背后的威胁,最终迫使提婆笈多和设赏迦撤出了曲女城。

曲女城收复后,穆克里国王位虚悬。戒日王与其姐罗伽室利联合统治,实际上形成两国的联邦。随后戒日王开始了对北印度的征服,兵不释甲,象不卸鞍,历经六年的征战,终于征服了北印度诸国。戒日王的实力大为增强。612年,在穆克里国的贵族和廷臣的请求下,戒日王正式继承曲女城的王位,坦尼沙和穆克里合并,被称为"曷利沙帝国"或戒日帝国,定都曲女城。北印度的政治重心西移,恒河和朱木拿河流域的曲女城取代了恒河下游华氏城的地位。

戒日帝国的征略　612年戒日帝国形成后,戒日王继续南攻北伐,东征西讨,使北印度基本上处于戒日王政权的统治之下。在7世纪20年代,戒日王曾企图征服南印度,完成次大陆的统一事业,但其扩张遭到挫败。当时德干高原正处于遮娄其王朝的统治之下。遮娄其王补罗稽舍二世(约610—642年在位)的势力南达文吉地区(今安得拉邦东部),北抵古吉拉特和马尔瓦的一部分。据补罗稽舍二世的埃霍尔铭文记载,在620—634年间,戒日王曾进军德干,在纳尔马达河与补罗稽舍二世的守军遭遇,经过激战后,戒日王军队败绩,被迫撤回北印度。此铭文记载可与玄奘在《大唐西域记》中的记载相印证。玄奘在谈到补罗稽舍统治的摩诃剌侘国时指出:"今戒日大王东征西伐,远宾迩肃,惟此国人独不臣服。屡率五印度甲兵及募征诸国烈将,躬往讨伐,犹未克胜。"[①]遮娄其的强大,封锁了戒日帝国向德干扩张的路线,纳尔马达河成为戒日帝国的南部边界线。

戒日王对东方和西方的征服则取得了很大的成功。戒日王对东方恒河下游的征服经历了长期的战争过程。高达国王设赏迦以孟加拉为根据地一直对抗戒日帝国的东进。约637年设赏迦去世后,孟加拉地区才进入戒日帝国的版图;戒日王完全控制了恒河下游摩揭陀地区。东北印度的迦摩缕波王国,早与戒日王结盟,并且承认了戒日王对北印度的宗主权。643年,戒日王征服了康戈达地区(奥里萨的甘杰姆县),领土向东南扩展。在西方,戒日王征服了摩腊婆国(即南罗罗国)西北的伐腊毗国(即北罗罗国),使其承认戒日王的宗主权;伐腊毗王杜鲁婆跋吒二世迎娶戒日王之女,两国联姻结盟。[②] 戒日帝国在西方的版图达到

① 玄奘:《大唐西域记》卷十一,"摩诃剌侘国"条。
② 玄奘:《大唐西域记》卷十一,"伐腊毗国"条。

古吉拉特和信德地区。这样一来。北印度除克什米尔、西旁遮普和拉其普特纳之外,尽入戒日帝国的版图之内,在东方和西方都有海港出口,有利于帝国的经济发展。

玄奘旅印与中印文化交流 唐代著名高僧玄奘(602—664 年),通称三藏法师。本姓陈,名袆,洛州缑氏(今河南偃师缑氏镇)人。13 岁出家,21 岁受"具足戒"。① 曾在国内游历各地,参访名师多人,感到对佛经解释纷纭难定,遂决心往天竺求法取经,以释所惑。唐太宗贞观三年(629 年,一说为贞观元年)启程,随商人西行。即从长安(今陕西西安)经河西走廊,出敦煌,再经今新疆、中亚等地,历尽艰险,于 631 年辗转到达中印度摩揭陀国王舍城,入当时印度佛教中心那烂陀寺,从师于主持寺务的戒贤法师。5 年后游历天竺数十国,所至讲经论难,人多尊服。回到那烂陀寺后,应戒贤法师之请,为寺内僧徒主讲《摄大乘论》、《唯识抉择论》;著《会宗论》三千颂,缓解了大乘佛教内部的派别之争;有力地批驳了小乘佛教和婆罗门教的挑战,受到僧俗各界的敬重。642 年,戒日王在首都曲女城为玄奘举行无遮大会②,由玄奘宣讲大乘教教义,获得很高的声誉。与会有 20 个藩国王公及大小乘佛教高僧 3 000 余人,婆罗门各派学者 2 000 余人。玄奘作为论主,说法 18 天,众莫能诘,赢得"大乘天"的尊号。会后戒日王邀请玄奘骑象巡行,昭告盛会于天下。643 年初,戒日王又邀请玄奘参观了在钵罗耶伽(今阿拉哈巴德)举行的第六次佛教无遮大会,会期 75 天。会后玄奘便启程回国,贞观 19 年(645 年)返回长安。据记载,玄奘西行求经,往返 17 年,在印度旅访 14 年,在戒日帝国滞留 8 年。玄奘旅印,行程 5 万里,所闻所履 138国,带回大小乘佛教经律论共 520 夹,657 部。玄奘还把唐代著名的乐舞《秦王破阵乐》和老子的《道德经》的梵文译本传入印度。大乘教佛经《大乘起信论》在印度已经失传,玄奘将这部经书的汉译本转译为梵文,再传入印度。玄奘求经归来撰写的《大唐西域记》,成为这个时期有关印度和中亚的珍贵的第一手资料。

权力的分散和帝国的衰亡 戒日帝国的统治主要依靠中央和地方的行政机构以及庞大军事力量。作为国家君主的戒日王的权力是非常大的。此外中央有大臣会议,协助国王进行统治,讨论和制定对内对外政策。地方行政机构的独立性日益加强,迫使戒日王不断巡行各地,监督他们。至于承认戒日帝国宗主权的边远地区的藩国,依然由当地王公进行统治,只向戒日王纳贡。戒日帝国有一支强大的军队。据玄奘记载,帝国有"象军六万、马军十万、步军五万"。③ 这就是戒日帝国的中央禁军,是戒日王统一北印度的强大支柱。

---

① 僧徒的"大戒",受此戒后方取得正式僧尼资格。
② 梵文"般遮于瑟"(Pañcaparisad)的意译。谓圣贤道俗上下贵贱无遮,平等行财施和法施的大会。
③ 玄奘:《大唐西域记》卷五,"羯若鞠阇国"条。

戒日帝国时期正是印度封建制度形成和确立的时期。戒日王的统一只是相对的,所谓"帝国"实际上是许多小王国的松散的政治联盟,戒日王是这个联盟的盟主。帝国境内共有30多个封建藩国,处于半独立的状态。戒日王经常巡视全国各地,营帐所至,众官相随。由于封建关系得到发展,各地的封臣和藩王的势力不断加强,戒日王的中央政府不得不考虑地方臣属的利益,做出必要的妥协。帝国末期,地方割据的倾向愈益强化,各省总督和藩王,俨然成为独立王国,中央的权力更加削弱,地方分权极为明显。647年,戒日王死后,帝国随即瓦解,各地封建主纷纷割据,北印度重新陷于分裂的局面。

第三节　封建制的发展和印度教的兴起

封建制的建立　印度的封建制度萌芽于笈多王朝时期,在戒日帝国时期得到长足发展,并且最终得到确立。印度的土地在原则上归国王所有,故统称为"王田"。王田可由国王加以处分。根据玄奘《大唐西域记》的记载,王田通常被划分为四个部分:"王田之内,大分为四:一充国用,祭祀粢盛;二以封建辅佐、宰臣;三赏聪睿、硕学、高才;四树福田,给诸异道"。[①]　王田中的"国用"部分,即由国家直接征收田赋的土地。玄奘说这部分土地的收入是充作祭祀之用,这大概是指的主要用途,实际上中央政府的开支和王室的花费也都出自国有土地。第二部分土地,是作为禄田和食邑,国王用来封赐宰相和大臣的。玄奘说的"宰、牧、辅臣、庶官、僚佐,各有分地,自食封邑",[②]就是指这部分禄田而言。这就是说,印度在戒日帝国时期,上自封疆宰牧、辅佐大臣,下至一般官员和幕僚,都可以得到数量不等的食邑封赐。第三部分土地,是国王用来赏赐给具有聪明才智、学识高深的学者。这表明印度的封建帝王是重视封建知识分子的。第四部分土地,是国王用来分赠给不同的宗教团体,以求福德,故称为"福田",实际上就是"教田"或"寺田"。由于帝王大量布施土地,使印度的婆罗门教祭司、佛教寺院和印度教神庙都拥有大量土地,成为封建的大土地所有者。

戒日王曾对教俗大贵族大量封赐土地,他颁发的铜牌赐地证书迄今已发现很多。根据已发现的631年戒日王赐地铜牌中说,国王查明一个婆罗门僧侣,利用"伪造的敕令"占有苏马昆达卡村(在士拉瓦斯塔省昆达丹那县)。国王毁掉了这个伪造的铜牌,"没收了他的村庄"。可是戒日王又把这个村庄按原来的边界施舍给另外两个婆罗门僧侣:一个是出身于瓦尔那族、属于娑摩吠陀派的僧侣瓦塔斯瓦明;另一个是出身于吠舍奴弗利达族、属于梨俱吠陀派的僧侣西瓦提帕斯瓦明。戒日王的敕令中说,这次土地施舍"并附有获得村民的土地税,以及诸

---

① ②　玄奘:《大唐西域记》卷二,"印度总述·赋税"条。

侯家族能要求的一切收入的权利,作为脱离县管辖的部分而免除一切义务,并附有传给子孙的权利,直至天长地久。"①从戒日王这份赐地文书中可以看出:土地封赐具有永久性,成为领受者自由支配的世袭财产;这样封地和赐地脱离政府的行政管辖,成为教俗封建主享有特权的独立王国。由于戒日王以及其他帝王的封赐,到7世纪时,许多寺院和庙宇都成为占有大量土地的封建主。例如,王舍城的著名佛教中心那烂陀寺,受到"国王钦重,舍百余邑充其供养,邑二百户,日进粳米、酥乳数百石。"②国王封赐和布施的土地都是以"邑"为单位。印度的社会是以村社为基层组织,一邑基本上就是一个村社;村社大小不等,邑的户数多寡不同,每邑一般为200户。那烂陀寺拥有土地之广和佃户之多,由此可见一斑。

封建依附农民和租税　戒日王的土地封赐和布施与村社农民转化为依附农民同时发生。分封和赏赐的土地都是由村社农民耕种的。农民被束缚在土地上,随着土地占有权的转移,同时转换主人。他们必须向新的封建主缴纳地租和赋税,甚至还要服各种劳役。戒日王以及其他帝王封赐给教俗贵族的"邑"、"封邑"、"食邑",就包括村社的农户和农民。封建经济的关键不在于土地多寡,而在于耕种这些土地的农民的数量;这些租佃农民被束缚在土地上,作为土地的附属物,为封建主生产地租和赋税,并提供各种劳役。根据已有的资料看,戒日王一次分封和布施就是百邑或80邑,几万户农民随着国王的封赐变成封建依附农民。仅那烂陀寺一处就拥有200多邑,剥削农民在4万户以上。

戒日帝国时期封建剥削的主要形式是实物地租。农民负担的租税占多大比重,官府并无明文规定。据《大唐西域记》载:戒日王时期"赋敛轻薄,徭税俭省。各安世业,俱佃口分。假种王田,六税其一。"③照玄奘的说法,农民有口分田,可养家糊口,承担的赋税徭役均不太重,租种王田的要缴纳土地总产量的六分之一作为实物地租。7世纪后期唐释义净访印求法,历时20余年,游历30余国。他在《南海寄归内法传》中也提到印度的地租率。他说租种佛教寺院土地的农民,由寺院供应耕牛的,地租率是"六分抽一"。④ 所述情况与玄奘相同。

农民负担除地租之外还有其他的实物贡纳、"货币税和可能实行的其他税",而"诸侯家族能要求的一切"费用⑤,都要由农民承担。除实物和货币负担外,印度农民也还有一定的劳役负担,为教俗封建主从事各种杂务劳动,例如,修

① 周一良、吴于廑主编:《世界通史资料选辑》(中古分册),商务印书馆1981年版,第104～105页。
② [唐]慧立、彦悰:《大慈恩寺三藏法师传》卷第三,孙毓棠、谢方点校本,中华书局1983年版,第69～70页。
③ 玄奘:《大唐西域记》卷二,"印度总述·赋税"条。
④ [唐]义净:《南海寄归内法传》卷二第十《衣食所需》。
⑤ 周一良、吴于廑主编:《世界通史资料选辑》(中古分册),商务印书馆1981年版,第105页。

缮房屋、洒扫庭除等。印度政府也常利用农民劳动力修建宫室屋宇、建筑道路桥梁、兴修水利工程等,不过玄奘说:"国家营建,不虚劳役,据其成功,酬之价值。"①国家营建,不白白使役劳力,根据工作完成情况给以报酬,这就不能算作官府征派的徭役了。玄奘说戒日王时期的印度"赋敛轻薄,徭税俭省"②,看来是有一定根据的。

种姓制度的发展和演变　印度社会从笈多王朝开始向封建制过渡,到7世纪前半期戒日帝国时期封建制度基本确立,经历了三个多世纪的社会变革。随着奴隶制的解体和封建关系的形成,种姓制度也有了一定的发展和变化。四种姓中的婆罗门和刹帝利两个高级种姓,仍然保持着他们的统治阶级地位。他们从历代君主那里得到大量的土地封赐,占有定居在这些土地上数以万计的农户,对他们实行租税剥削、司法审判和超经济强制。

吠舍种姓原为从事农、牧、商业的平民集团。随着封建制的形成,从事农牧业的居民逐渐沦为依附农民,与原来的首陀罗农民地位接近。戒日帝国时期的吠舍种姓,专指从事商业的居民,根本不包括农民在内。首陀罗种姓原为雅利安人征服的土著居民,主要从事各种手工业劳动,还有的从事农牧业和渔猎生产,社会地位低下,其中有的就是奴隶。7世纪时,首陀罗中的分成制农民和租佃农民逐渐转化为封建依附农民,而吠舍种姓下层村社自由农民地位下降,也沦为租佃王田和僧俗贵族土地的依附农民,这两种来源的依附农民逐渐融合,形成新的首陀罗种姓。所以戒日帝国时期的首陀罗种姓是专指被束缚在土地上的封建依附农民而言。

玄奘在《大唐西域记》中也谈到了戒日帝国时期印度种姓制度。他说:"若夫种姓,有四流焉:一曰婆罗门,净行也。……二曰刹帝利,王种也。……三曰吠舍,贸迁有无,逐利远近。四曰戍陀罗,农人也,肆力畴陇,勤身稼穑。"③玄奘在这里明确指出,吠舍就是商人和高利贷者;戍陀罗(即首陀罗)就是奋力耕种土地、种植庄稼的农民。原先首陀罗中的手工业者大都下降到其余"杂姓"之中。

在中古时期,印度的种姓制度更加复杂。在四种姓之外,按照行业组成各种"阇提"(梵语 jati)。阇提内部职业世袭,设管理机构监督成员遵守规章制度和风俗习惯,违章者要受到惩罚,直至被剥夺受保护的权利。阇提之间互相隔绝,不准通婚。随着手工业分工的加细,各种手工业阇提的数目不断增加。城乡居民全被组织于阇提之中,处于封建主的统治之下。印度种姓的发展,与生产提高和分工加强有关。但种姓间的分割与隔绝又是生产发展不够充分的表现,成为社会进步和国家强盛的基本障碍。

---

① ②　玄奘:《大唐西域记》卷二,"印度总述"条。
③　玄奘:《大唐西域记》卷二,"印度总述·种姓"条。

早期封建经济的发展状况　封建关系的形成,使部分村社农民随着土地的封赐变成依附农民。但印度的封建农业照例在村社的基础上进行,仍然是一家一户小生产,是自给自足的自然经济,没有像西欧那样形成农奴制的封建庄园。

从《大唐西域记》的记载看,戒日帝国时期印度的大部分地方都呈现富庶繁荣景象。耕地面积不断增加,水利灌溉设施也有扩建。农作物种类繁多,农产品的产量也相当可观。玄奘提到恒河中下游地区,盛产水稻,农田水利灌溉工程比较完备,水车被广泛利用。印度西北部盛产小麦和甘蔗。水稻和小麦是印度的主要农作物;稻米和麦粉是印度人的主食。此外还有豆类作物和油料作物。蔬菜和水果种类繁多。玄奘列举的蔬菜有姜、芥、瓜、葫芦、荤陀菜等,葱、蒜稀少,也不多吃。果品种类更多,难以列举,为世人所珍重的主要有所谓庵没罗果、庵弭罗果、末杜迦果等十余种;石榴、柑橘,诸国普遍种植;梨、桃、杏、葡萄等果品,也在许多国家广为种植。印度的经济作物主要是甘蔗、靛蓝、棉花、香料等。印度人的日常食品有乳、酪、膏、酥、砂糖、石蜜、芥子油、各种饼等。① 玄奘说印度到处都呈现"稼穑殷盛"、"花果繁茂"的景象。

中古时期,印度的棉纺织业最为著名,产品行销国内外。中印度秣兔罗国(今北方邦马图拉城)是印度棉纺织业的中心之一,玄奘曾提到这里盛产细花布。② 毛纺织业也有发展,玄奘说北印度的乌仗那国人多穿白色细毛布衣服,迦湿弥罗国(今克什米尔)人也穿的是毛布和白细毛布。③ 除此之外,玄奘还提到有人穿着"㤭奢耶衣"(即野蚕丝衣)和"蒭摩衣"(即麻布类的衣服)。由此可见,7世纪时印度纺织业的部门是很多的。

金属冶炼和武器制造的手工业也很发达。玄奘在《大唐西域记》中还谈到印度的很多矿产,涉及必须经过冶炼的金属矿产有金、银、黄铜、紫铜、赤铜、铁等。提到出产金属矿产的国家不下12个。其中以北印度的磔迦国、屈露多国,中印度的秣兔罗国、尼波罗国最为著名。玄奘特别提到在北部大雪山中有个苏伐剌拿瞿呾罗国出产上品黄金,故叫"金氏国"。④ 玄奘曾提到用黄金、白银和水晶铸成劫比他国大寺院三个宝阶的事。在锻冶金属基础上的武器制造也是很出色的。印度人制造的锋锐武器有刀、剑、斧、戈、矛、戟、弓箭等,防御武器有甲胄和盾牌。用金、银、铜、铁制造的器皿,在印度也很多。他们也用金、银制造各种装饰品,或铸造各种神像。

印度社会的基础是村社制度。村社的自给自足性很强。商品交换不占重要

① 玄奘:《大唐西域记》卷二,"印度总述·物产"条。
② 玄奘:《大唐西域记》卷四,"秣兔罗记"条。
③ 玄奘:《大唐西域记》卷三,"乌仗那国"、"迦湿弥罗国"条。
④ 玄奘:《大唐西域记》卷四,"婆罗吸摩补罗国"条。

地位。但是印度的国内外贸易也还具有一定规模。玄奘说,金、银、黄铜、白玉、火珠,是本地所产,积存数量很多。奇珍异宝,种类名称都不同,从海口输入,来交换商品。但是在做买卖时,用金钱、银钱、贝珠、小珠作为交换手段。① 贵金属交换和奇珍异宝交易在印度的国内外贸易中占有重要地位。戒日帝国首都曲女城,是当时的政治经济中心,扼水陆交通之便,商业贸易也很繁盛。玄奘说:"异方奇货多集于此,居人丰乐,家室富饶"。② 恒河中游在曲女城和华氏城之间的一座古城叫波罗痆斯(今瓦腊纳西,又名贝拿勒斯)也是一个商业中心,利用恒河的交通方便,成为奇珍异货的集散地。"居人殷盛,家积巨万,室盈奇货"。③华氏城以东的恒河下游地区,在戒日帝国时期经济上出现衰落状况。例如毗舍离、华氏城、王舍城等一些历史名城,人口减少,经济萧条,或许与富庶的农业地区封建经济迅速发展有关。曲女城以西地区主要的手工业和商业中心是坦尼沙城,是普西亚布蒂王朝的发祥地。玄奘说萨他泥湿伐罗国的都城坦尼沙城"家室富饶,竞为奢侈,深娴幻术,高尚异能,多逐利,少务农,诸方奇货,多聚其国。"④坦尼沙城处于恒河和朱木拿河的上游地区,是印度东西南北交通的要冲,北印度出产的金银,四方的奇珍异宝都汇集于此,然后转销国内外。所以坦尼沙城的商人多于农民,家室富足,争相奢侈。坦尼沙是印度内地商业城的典型。

印度东部和西部沿海地区一些港口是国际交通和贸易的中心。恒河出海口的耽摩栗底(今塔姆卢克港附近)城,自古以来就是印度与东方各国交通的要冲。中国僧人法显于411年由此乘船赴师子国。唐释义净经苏门答腊也在此港登上次大陆。玄奘说,此城"滨近海陲,水陆交会,奇珍异宝,多聚此国,故其国人,大抵殷富。"⑤西部地区濒临阿拉伯海,在坎贝湾的入口处有一个海港城市伐腊毗,据传为笈多王朝的将领森那帕蒂·巴答尔伽于470年左右所建。它是印度与其迤西各国进行交通和贸易的口岸。中国僧人玄奘和义净均到过此地。据玄奘说,该城"居人殷盛,家室富饶,积财百亿者乃有百余室矣。远方奇货,多聚其国。"⑥伐腊毗是国际贸易都市,从事国际贸易的大商人都是家财"百亿"的大富贾。在东西方的国际贸易中,印度输出的商品多为棉布、金银首饰、珠宝、香料、象牙、靛蓝等;输入商品主要是中国丝绸、瓷器、阿拉伯马以及西方的金属制品等。印度商人到过亚欧大陆和北非一些地方,中国的长安和广州等地都有印度商人长驻。外国商人也经常往来于印度。国际贸易将印度与世界连在一起。

---

① 玄奘:《大唐西域记》卷二,"印度总述·物产"条。
② 玄奘:《大唐西域记》卷五,"羯若鞠阇国"条、卷七"波罗痆斯国"条。
③ 玄奘:《大唐西域记》卷五,"羯若鞠阇国"条、卷七,"波罗痆斯国"条。
④ 玄奘:《大唐西域记》卷四,"萨他泥湿伐罗国"条。
⑤ 玄奘:《大唐西域记》卷十,"耽摩栗底国"条。
⑥ 玄奘:《大唐西域记》卷十一,"伐腊毗国"条。

印度教的兴起　印度教亦称新婆罗门教，是在婆罗门教的基础上，融合了佛教和耆那教的某些思想，又吸收了印度其他的民间信仰，最终演化而成的。印度教形成的过程很长，从 4 世纪笈多王朝开始，中经 8—9 世纪商羯罗的改革，最后定型。印度教在某些方面已与古代婆罗门教不同，它是适应封建制的产生和发展而形成的封建社会的意识形态，但其基本特征和文化传统，仍然沿袭了古代婆罗门教。

在笈多王朝时期，婆罗门教在新的形式下得到复兴。自阿育王以来，佛教是印度的主要宗教。婆罗门教在此期间虽然未曾受到轻视和迫害，但是婆罗门祭司却很少得到当权者的布施。在笈多王朝时期，婆罗门教开始摆脱只属于某一特定地区之中的特权阶级宗教的狭隘属性，发展成为拥有众多信徒、真正代表印度的宗教。印度教要包罗次大陆所有的宗教派别、哲学思想、信仰观念，因而没有形成像佛教和伊斯兰教那样的完整体系，而是许多宗教和信仰的大会合。印度地区的每个宗教派别都可成为它的一员，只要遵守简单规则，例如尊敬婆罗门或在理论上接受吠陀经典即可。

印度教没有公认的教祖，也没有统一的经典。因而印度教的信仰学说、哲学伦理观点相当繁杂，信仰印度教的各社会等级、阶层、集团之间，所信仰的内容和宗教实践都是不完全相同的。概括起来，印度教的信仰有以下几个要素：(1) 信奉吠陀。吠陀是印度最古老的宗教和经典，流行于公元前 2000 年代印度西北部雅利安人游牧部落中。在吠陀教发展成婆罗门教之后，吠陀仍是婆罗门教的经典。印度教因袭婆罗门教，也要求在原则上信奉吠陀，并不要求完全恢复古代的吠陀。(2) 信奉多神教的泛神论。多数印度教徒都是多神论者，他们尊重多种神祇，但是他们只向一个天神进行礼拜，从这个意义上说，他们又是一神论者。而这种一神论往往带有多神论的色彩。印度教徒崇拜自己特定的天神或主神（本尊），有湿婆、毗湿奴等。他们认为在这些神的背后还有一个无所不在的最高实体，这就是"梵"。梵，既无属性，又无形式，是超越时空的万物本原，也是宇宙的最高主宰。它是印度教徒修行解脱的最后境界，即不生不灭、无差别的境界。各派印度教徒崇拜的天神湿婆、毗湿奴和梵天诸神，是作为梵的具体形态而显现的。印度教的重要经典之一《往世书》，把这种思想加以发挥称之为"三神一体"说。不过印度教的"三神一体"与基督教的"三位一体"根本不同。梵天、毗湿奴、湿婆三个最高的神，体现"梵"最高存在的三个不同方面，是最高主宰创造宇宙过程中三种不同力量，或三种不同作用。印度教徒承认自己崇拜的天神（如湿婆或毗湿奴）是造物主，但也不否认对方天神的存在，只承认他们是低一等或几等不同等级的神祇而已。这是现实社会封建等级制度在宗教方面的表现。(3) 相信业报轮回与灵魂解脱之说。业报轮回思想是婆罗门教和佛教的根本信仰之一。印度教继承和融合了这种思想，并且加以发挥。印度教宣称，包括

68

人在内的每一种有情的生命都有灵魂,在灵魂的支配下会采取某种行为。梵语的"业"就是指这种行为。印度教的哲学认为,一个人过去的行为对他的来生和再生都有影响。"业"的学说反映出印度教对生命的特殊观念。他们认为生命并不是以生死为始终,而是一系列生命无穷尽的链条,一次生死只是这链条中的一个环节。每段生命都是由它前世的行为(造的业)所决定的。神、人、动物都是生命长链中的不同等次的环节。"业"是要受到报应的,这叫作"业报"。善行有善报,来世可以升天;恶行有恶报,来世堕为畜类。灵魂的再生或转世,就是生死轮回。这种轮回是无始无终、周而复始的。每轮回一次都要经过生死和许多苦难历程。即使轮回为天使,生命也有终了之期,还要继续转世,苦难永无止境。人间和天上都不能求得快乐,所以虔诚的印度教徒认为求得解脱,即脱离生死轮回,在永远不变的状态中求得安息,这才是最高愿望。这种状态叫做与梵合一,或称涅槃。

印度教大致有四个主要教派:即尸摩多派或称传统主义派、毗湿奴派、湿婆派和性力派。尸摩多派崇拜佛教以前的古婆罗门教的传统,在现实环境许可的范围内尽量遵行古代仪式,奉行多神信仰,承认泛神论是最高真理。这一派教徒的人数在印度教徒中占多数。印度教三大主神之一梵天,亦称大梵天,被认为是世界的创造者,宇宙的始祖。有四个头面向四方,四只手分别拿着吠陀经典等物。他不仅创造了神,同时也创造了魔鬼和灾难,在三大神中地位不高,崇拜者寥寥,没有形成独立的教派。

毗湿奴派信徒崇拜毗湿奴为最高神。毗湿奴,意译为遍入天。皮肤深蓝,有四只手,躺在巨蛇身上。被认为是兼有创造和破坏两种能力,是宇宙的维持者,无所不在,高于一切。他有很多化身,曾化作鱼、龟、野猪、佛陀等,据说10次下凡救世,有1 000多个称号。其妻为吉祥天女。这派教徒认为通过默念神名和坐禅可以获得解脱。强调禁欲、苦行、素食,宗教活动一般在寺庙里举行,教徒额上划有"U"字标记,主要流行于印度北部和西海岸地区。

湿婆派信徒崇奉湿婆为最高神。湿婆被认为是毁灭、苦行和舞蹈之神。其形象被描绘成有5个头、3只眼、4只手,能完成多种职能。印度教认为毁灭具有再生、重建之意,所以湿婆被奉为破坏与重建之神。他能降妖伏魔,额上第三只眼发出的圣火能烧毁一切。湿婆信徒认为,男性生殖器("林伽")是湿婆的象征,是再生能力的象征,因而受到崇拜。湿婆有8种(地、水、火、风、空、日、月、祭祀)化身,亦称大自在天。湿婆教派流行于克什米尔和南印度等地,还有许多分支。南印度有一派视牛为神圣。湿婆派信徒认为,只有膜拜湿婆,灵魂才能消除污秽,实现净化,最终才能得到解脱。

性力派是从湿婆派分化出来的,其信徒都是一些性力崇拜者,以某些仪式崇拜某尊女神,而且这些仪式具有色情色彩。这种性力崇拜并不是来自古婆罗门教,而是接受了民间女神崇拜的传统。崇拜的对象主要是湿婆的妻子难近母、毗湿奴的妻子吉祥天女、梵天的妻子辩才天女等。崇拜仪式秘密进行,以酒、肉、鱼和人体作祭品。性力派不相信业报轮回,反对种姓制度和歧视妇女。这一教派流行于孟加拉、奥利萨、阿萨姆、尼泊尔和南印度的喀拉拉邦等地。

上述印度教四个主要派别,虽然最终形成的时间有早有晚,但在笈多和戒日帝国时期都有了发端,构成不同的教派。印度教中其他的信仰还有很多,或者未被认为是宗派,或者只是微不足道的小宗派。印度一些土著居民对原始神祇的崇拜,也采取了著名天神的形式,被认为是他的化身或奴仆,而且婆罗门和这种崇拜也有联系。能够吸收和消化土著居民的多神信仰,是印度教所以能在全国广泛传播的重要原因。

文化和学术　戒日帝国时期印度的文化和学术达到相当繁荣和昌盛阶段。哲学、文学、艺术、科学、教育等都有很大发展。在笈多王朝时期最后形成的吠檀多派①唯心主义哲学是印度教基本教义的理论基础。印度哲学发展的一个突出特点,是每一派别都以"经"的形式对其理论加以系统化,将哲学教义概括成易懂的格言、公式或规则。要真正领悟这些"经",必须借助于注释,因此哲学著作多采取经注的形式。吠檀多派哲学也不例外,它以吠陀为经典,从新的角度解释这些经典。认为认识的唯一源泉是神的启示。自然万物和人类社会都是梵天创造的,真理就是对梵天认识的统一,求得梵我一致,是宗教解脱的主要途径。在吠檀多哲学的基础上婆罗门教发展成全印度的宗教。

戒日帝国时期是印度文学由古典梵文文学向中世纪民间各种地方语言文学发展的过渡时期。梵文文学的经典《罗摩衍那》(意译《罗摩生平》)、《摩诃婆罗多》(意译《伟大婆罗多王后裔》)、《薄伽梵往世书》(意译《世尊往世书》)以及其他《往世书》、寓言集等仍然是中世纪文学创作的材料来源。戒日王奖掖学术,鼓励文学创作。他本人就是一位造诣颇深的诗人和剧作家。他创作了《妙容传》(即《爱见》)、《珠璎》和《龙喜记》三个剧本,都是宫廷戏剧,描写后宫艳史、宫廷风波、王太子恋爱故事,同时也宣传舍己为人、普度众生的大乘佛教教义。戒日王宫中文学家波那跋陀,是印度著名的三大古典小说家之一,其作品有历史小说《戒日王本行》,叙述戒日王朝早期的事迹,还有梵文叙事诗《伽旦波利》,内容是友谊和爱情的故事。

在戒日帝国版图内,东部的摩揭陀和西部的伐腊毗是文化学术比较发达的地区。摩揭陀王舍城东的那烂陀寺是当时印度的佛教文化教育和学术中心。考古资料证明,创建于 5 世纪笈多王朝的那烂陀寺,经历代国王的布施和扩建,到戒日王时已发展成拥有百余食邑和 6 大院的宏伟佛教寺院与佛教最高学府。7

---

①　梵文 Vedānta 的音译,意译"吠陀的终结"。

世纪后期义净到来时,那烂陀寺的食邑增加一倍,寺院又增建两个,达到八大院。义净在《三藏法师传》中说:"印度伽蓝数乃千万,壮丽崇高,此为其极。僧徒主客常有万人,并学大乘兼十八部,爰至俗典《吠陀》等书,因明、声明、医方、术数亦俱研习。"①国内外的僧众万余人经常在那烂陀寺进行各种文化学术研究。一些著名学者在此设坛讲学。中国玄奘、义净等人也曾在此就学多年。印度西海岸的伐腊毗是对外贸易中心,经济繁荣,豪富之室颇多,文化学术也随着发展起来。距伐腊毗城不远的大寺是印度另一文化学术中心。伐腊毗王公笃信佛教,每年都举行一次佛教大会,为期 7 天。贵重道德,崇尚贤能,尊敬法教,重视学问,对远方来访学的高僧,倍加礼敬。在文化学术地位上,西部大寺与东部那烂陀寺齐名。

第四节　佛教在东南亚的传播

印度文化和各种宗教思想,在上古和中古时代,随着对外经济文化交流的发展和国外移民的增加不断传到其他国家和地区。印度佛教的外传主要有南北两个方向。这里只谈南传佛教的问题。

佛教南传的途径　印度佛教向南方和东南方传播,主要通过两条途径:一是国际交往,一是国外殖民。印度人通过国际贸易、文化往来和宗教团体的活动,把佛教传入斯里兰卡(锡兰)、缅甸和泰国(暹罗)。传入这三个国家的佛教主要是"南传上座部"佛教。②　虽无共同的僧团组织,但属于统一的佛教部派,他们使用相同的宗教文字,即巴利文③,具备相同的经典,而且互相间宗教事务往来也比他国为多。印度通过国外殖民把印度文化和印度宗教传入柬埔寨、占婆和爪哇。印度侨民带来了婆罗门教,同时也传入了佛教。在这些国家里,人们认为这两种宗教在体系上是基本相同的,在实践上是互相渗透的。佛教里含有婆罗门教(即印度教)的成分,婆罗门教里也包含佛教的成分。同样是传到东南亚各国的佛教,由于包含婆罗门教的成分不同,彼此也有很大差别。这种差别在佛教建

---

①　[唐]慧立、彦悰:《大慈恩寺三藏法师传》卷第三,第 69 页。"十八部"即《异部宗轮论》,系佛经一卷,概括介绍小乘佛教二十部派产生经过及各自主张。"因明"、"声明",佛教经典,即研究推理和佛陀首教的学问。

②　上座部,梵文 Sthaviravāda 的意译,音译为"悉他陛罗婆多部"。释迦逝世 100 年后,佛教发生分裂,形成大众和上座部两个部派。后来大乘佛教把原始佛教和部派佛教统称"小乘",南传佛教不接受"小乘"的称号,自称"上座部佛教"。

③　佛教上座部的宗教文字。起源于北印度的"中古印度·雅利安语",与古吠陀语和梵语有密切关系,但非直接由其派生而来。释迦牟尼不愿使用梵语布道,而使用本地语言巴利语布道。其后佛教教义口耳相传,由印度传至锡兰,于公元前 1 世纪被记载下来,成为巴利文佛经。巴利文成为标准的佛教国际语言文字。

筑艺术、佛像雕塑和佛事仪式上都表现出来。吴哥古寺、婆罗浮屠、占婆塔寺就有着共同的和不同的特色。公元最初几世纪佛教开始传入东南亚各国,到6—7世纪已相当隆盛,大约在10世纪前后,受到各国封建君主的推崇,成为占据统治地位的宗教。

锡兰的佛教 锡兰,今斯里兰卡,中国史籍中称为"师子国"。公元前3世纪阿育王统治时期上座部佛教开始传入锡兰,经过几个世纪的发展和巩固,后来成为巴利语系佛教的中心。最初的传教者阿育王之子摩哂陀,以首都附近的佛教寺院"大寺"为布道基地,进而把上座部佛教传到缅甸和暹罗。锡兰的僧伽罗人都是信奉佛教的;从南印度来的泰米尔人虽然也把婆罗门教传入锡兰,但势力微弱,没有对佛教产生重大影响。410年,中国僧人法显从印度乘船到锡兰,参拜和访问了大寺、无畏山寺、佛牙寺等,在锡兰住了两年,学习佛法,求取佛经。法显从锡兰带回佛经多卷。5、6世纪锡兰的佛教一直很兴盛。到7世纪初,玄奘在南印度听说,锡兰的佛教一度衰落。《大唐西域记》中说,十几年来,锡兰国内政治紊乱,没有确定王位,佛事也就废弃了。佛像、寺塔遭破坏,300多名高僧逃往印度。8世纪以后密教传入锡兰,并受到王室的支持,在民间也广为流行。上座部佛教日趋衰落,连佛事仪式也难以举行。11世纪后期,锡兰国王遣使缅甸,请来高僧重建上座部佛教。于是佛教复兴,其他教派销声匿迹。

缅甸的佛教 根据史籍记载,大约在公历纪元前后,印度东南部海港与缅甸之间已经通航。锡兰与缅甸的交通也通过印度东南部海港而发展起来。随着商旅往还,锡兰的上座部佛教也传入缅甸,时间约在公元1世纪初。到6世纪时,上座部佛教已在缅甸流行。在6世纪后期,佛教密宗的阿阇利耶教也传入缅甸的蒲甘地区。1044年,国王阿奴律陀(1044—1077年在位)建立蒲甘王朝(1044—1287年),并统一上下缅甸。1056年,佛教僧人信阿罗汉来到蒲甘,促使国王排斥早已传到蒲甘的密宗佛教,定上座部佛教为国教,尊信阿罗汉长老为国师。1058年在上座部佛教巴利文的基础上创制缅文字母,并把上座部佛教三藏典籍音译成缅文,为佛教南宗在缅甸的发展奠定基础。此后缅甸王朝虽然几经更迭,但信奉上座部佛教一直未变。13世纪以后,缅甸在北方的阿瓦大建寺院佛塔,在南方的仰光修建大金塔,存藏8根佛发。此塔经历代修葺,不断扩建增高,敷金补琉,以致金碧辉煌,宏伟壮观,为世界上著名佛教圣地。

暹罗的佛教 暹罗即今泰国。根据佛统城发掘的佛教文物和寺塔遗址判断,早在公元以前,上座部佛教已经传入暹罗。后来又有婆罗门教和大乘佛教传入暹罗南部。11世纪中叶兴起的缅甸蒲甘王朝,逐渐把势力扩展到暹罗北部和中部,同时将其国教上座部佛教(小乘佛教)带到暹罗,并得到广泛传播。暹罗北部地区成为上座部佛教中心之一。11世纪中叶以前,上座部佛教曾在锡兰衰落;在11世纪后期,锡兰王派出僧团,邀请缅甸和暹罗高僧的协助和指导,整顿僧团、严肃戒律,促进上座部佛教在锡兰的复兴。

　　1238 年,泰族人打败高棉统治者,夺取吴哥高棉帝国首都速古台城,在暹罗北部建立独立的速古台王朝。第三代国王蓝摩堪亨统治时期(1275—1317 年),不断征服邻近小国,版图日益扩大,竟将缅甸南部的上座部佛教中心勃固城包括在领土之内。锡兰又把南传佛教传入暹罗南部。1300 年前后,南传佛教在暹罗人中已颇为盛行。1361 年,速古台国王从锡兰请来高僧整顿僧团事务,弘扬佛法,使上座部佛教在暹罗广为流行。大乘佛教退居次要地位。

　　暹罗的上座部佛教在封建君主的护持下,逐渐形成独特的"僧王制度",佛教僧团首领由国王任命,管理全国的僧务。速古台王朝第四代君主黎汰王是一位虔诚的佛教徒,曾一度削发为僧,从此开创了暹罗国王必须一度出家的先例。小乘佛教几乎成为暹罗的全民信仰,对社会生活和风俗习惯产生重大影响。

　　柬埔寨和占婆的佛教　柬埔寨在古代称扶南,其领土包括湄公河三角洲在内。公元 1 世纪扶南处于金石并用时代。据传由女王柳叶治理。后来有一个名叫混填的婆罗门教徒来到扶南,与柳叶结婚,混填遂成为扶南王,在东南亚建立起第一个重要的印度教王朝。与之俱来的婆罗门在扶南建立了强大的僧侣体系,并确定梵文为宗教文字。这些外来移民最初显然来自印度,可能先在爪哇或马来半岛居住了一个时期,然后转来扶南。5 世纪时,扶南出现第二次"印度化"。来自印度的婆罗门侨陈如统治扶南,实行印度的法律制度,崇奉湿婆教。侨陈如统治时(卒于 514 年)实行多种改革,扶南臻于鼎盛。同一时期,大乘佛教传入,与印度教并存。6 世纪时扶南的大乘佛教得到较大的发展,影响甚巨。6 世纪前期中国使臣访问扶南时曾请求佛经,并请派硕学高僧到中国弘法译经,僧伽婆罗和曼陀罗仙就是其中的代表者。

　　扶南于 627 年为北方崛起的吉蔑人国家真腊所灭。8 世纪初,统一的真腊分裂为南北两部:北称陆真腊,南称水真腊。9 世纪初,真腊建立吴哥王朝,重新统一柬埔寨。吴哥王朝以大乘佛教为国教,成为东南亚的佛教中心。印度教也并行不衰。9 世纪末开始修建吴哥城,12 世纪建成。苏利耶跋摩二世时(1113—1150 年)在吴哥城南郊修建一所大伽蓝吴哥寺,亦称吴哥窟或小吴哥,是佛教与印度教艺术混合的结晶。13 世纪以后,由于外族入侵的影响,高棉吴哥王朝和大乘佛教、印度教都趋于衰落。1369 和 1389 年,吴哥先后被暹罗攻陷。暹罗的上座部佛教取代了大乘佛教的地位,定为国教。柬埔寨也和暹罗一样,推行两派僧王制度,国王成为佛教的当然护持,巴利文又成为柬埔寨的宗教文字,上座部佛教的势力有所扩展。

　　占婆,梵文"占婆补罗"(Champa-Pura)的省译,意译为"占城",位于今越南中部和南部的部分沿海地区。占人源出印度尼西亚,深受印度文化的影响。他们在192年建占婆国,不久处于分裂割据状态。6世纪以后占婆逐渐强盛起来,由占人的王朝进行统治。占婆的国教是印度教的湿婆教派,特别以所谓"面生支"(即男性生殖器偶像)的形式崇拜湿婆主神,他们倾向于认为湿婆和佛陀是同为一体的,因此大乘佛教在占婆也存在,但是较少享受王室的护持和赞助。8世纪末叶以后,占婆遭受来自各方面的外族侵袭、征服和占领,大乘佛教势力微弱,不占重要地位。

爪哇的佛教 印度尼西亚的爪哇岛也是南传佛教的中心之一。地扼海上交通要冲,经济文化比较昌盛。岛上居民主要是爪哇人和印度人,深受印度文化的熏陶,主要信仰婆罗门教。公元1世纪时爪哇古国耶婆提与东非和印度有贸易往来,有相当多的印度教徒移居岛上。411年,中国僧人法显从师子国东归时曾在耶婆提国(在爪哇或苏门答腊)有过短暂的停留。法显的《佛国记》中说:耶婆提"其国外道、婆罗门兴盛,佛法不足言。"法显的说法可能就一时一地而言,不会是全面考察的结论。因为几乎与他同时或稍后,印度高僧求那跋摩(原罽宾王子)应邀到阇婆国(爪哇)为王母和国王授戒。此后于424年(南朝宋文帝元嘉元年)到广州,后至建康。据他说爪哇的佛教颇为兴盛。中国史籍也有关于苏门答腊、爪哇、巴厘等地在5—6世纪时佛法流行的记载。7世纪末在苏门答腊东南部以巴邻旁(巨港)为中心形成室利佛逝王国。首都巨港是当时的佛教中心。671年(唐高宗咸亨2年),中国高僧义净赴印时,途经巨港,得到室利佛逝国王的帮助;返程也曾在此停留。据义净记载,该国佛教盛行,大乘与小乘并举。此外也还有密宗系佛教的传播。8—9世纪在爪哇和苏门答腊兴起一个夏连特拉王朝,取代室利佛逝的地位,其势力一度扩展至马来半岛和真腊。统治者笃信佛教,在中爪哇葛都平原建立了婆罗浮屠塔寺和甫蓝班南陵庙。这些宏伟建筑体现了印度教、大乘和密宗教义的结合。婆罗浮屠原高42米(今高31.5米),共10层,代表10法界;4条廊道石壁上有3 000幅佛本生故事浮雕和佛像雕刻,庄严辉宏,在世界建筑艺术史上蔚为奇观。

爪哇和苏门答腊各国的佛教和印度教对东南亚地区影响较大。中国密宗创始人金刚智和不空金刚两位高僧,就是在爪哇结为师徒的。印度僧人金刚智受南天竺派遣到中国弘法。8世纪初乘波斯商船来到室利佛逝。中国唐朝僧人不空金刚适在爪哇,遂拜金刚智为师,二人同来中国。719年到广州,后到洛阳、长安。师徒二人与善无畏并称"开元三大士",是中国的译经名师。8世纪以后爪哇的佛教传播到马来半岛、真腊和占婆,得到当地王室的崇信和护持,密宗尤为兴盛,兴建了大批密教寺院,民间也颇为流行。10世纪以后的爪哇和苏门答腊的各朝各代君主都是崇奉大乘佛教密宗和印度教湿婆派的混合物。他们把佛陀和湿婆看作二位一体。像柬埔寨一样,佛教与湿婆教同时并兴而互不仇视,这两种宗教在地位上的差别也比较小些。

在东南亚这些国家中,宗教与政治的关系似乎都比较密切。主要神殿都是国家建的大寺院,国王具有某种半神的属性,先王往往具有他们崇拜的某种天神的权威,甚至立有偶像受到信徒的崇拜。

第四章　阿拉伯帝国

第一节　伊斯兰教的产生

阿拉伯半岛和阿拉伯人　阿拉伯半岛位于亚洲西南端,东濒波斯湾和阿曼湾,西滨红海,南临阿拉伯海,北接叙利亚沙漠和美索不达米亚平原,总面积约320万平方公里。

阿拉伯半岛的自然环境十分复杂,各地气候温差悬殊,物产和社会经济结构等亦各不同。整个阿拉伯半岛是一大块高原,绝大部分为沙漠和草原地带。半岛内陆属于热带沙漠气候,酷热干旱,难于耕作;西部和南部,即红海沿岸的平原和山地则属于亚热带地中海式气候,闷热潮湿,向南雨量逐渐增多,气候也逐渐变得温和宜人。其中希贾兹(汉志)地区,绿洲错落散布,水草丰盛,宜于放牧,游牧的贝杜因人大多聚集于此。希贾兹迤南为也门地区,这里雨量充足,气候温和,土地肥沃,物产丰富,素有"福地"之称。这里的阿拉伯人很早就实行了定居,并创造了高度发达的文明国家。

阿拉伯半岛是闪米特人的故乡,阿拉伯人是滞留在阿拉伯半岛故乡的闪米特人的一支。在伊斯兰教兴起以前,"阿拉伯人"主要指居住在半岛北部从事游牧的贝杜因人,而不包括定居的南方阿拉伯人(塞白人)。伊斯兰教和阿拉伯帝国兴起以后,凡说阿拉伯语并出身于阿拉伯血统的人,皆为阿拉伯人。近代的"阿拉伯人"则泛指以阿拉伯语为本民族语言的民族,绝大多数信仰伊斯兰教,总人口约1.2亿。主要分布在阿拉伯半岛、伊拉克、叙利亚、黎巴嫩、巴勒斯坦、约旦、埃及、利比亚、突尼斯、阿尔及利亚、摩洛哥以及苏丹等国家和地区。此外,在土耳其、伊朗和赤道非洲也存在少量的阿拉伯人。

伊斯兰教产生前的阿拉伯社会　伊斯兰教产生以前,阿拉伯半岛社会发展不平衡,居住在半岛中部和北部从事游牧的阿拉伯人,叫做贝杜因人。他们的社会组织还处在原始公社末期,水源、牧场和耕地是氏族的公共财产,但家畜、家庭用具和农副产品等动产则为各个家庭所有。游牧的贝杜因人放牧骆驼、山羊和绵羊,马是稀罕的动物。他们逐水草而居,每逢雨季,便用骆驼驮着家具和帐幕,赶着家畜,全家外出放牧。雨季过后,再回到原来的住地,终年过着迁徙不定的游牧生活。部分定居或半定居的阿拉伯人,在绿洲上种植椰枣和少量的谷物。贝杜因人用他们的家畜和皮革等与定居的阿拉伯人交换椰枣、衣物、武器及其他生活用品。骆驼和椰枣在阿拉伯人的生活中具有重要意义。骆驼是重要的交通工具,骆驼不仅是阿拉伯人的"沙漠之舟",而且是他们的巨大财富。骆驼肉和乳可供食饮,驼皮可制衣服,驼毛可做帐幕,驼粪可当燃料,驼尿可以护肤和驱蚊。椰枣是阿拉伯人的主要食物,也是骆驼的饲料。枣椰树皮可制绳索,树干可做建筑材料。所以,骆驼和椰枣是阿拉伯人生活中的两大支柱。

在辽阔的沙漠和氏族社会的环境中,阿拉伯人过着一种动荡的生活。但是,贫乏的物质生活,使阿拉伯人时有衣食不周之虞。尤其每逢大旱之年,饥渴迫使广大人畜濒于死亡的边缘。于是,劫掠他人就被视为摆脱困境的唯一出路。各氏族、部落为争夺牧场、水源和牲畜等财物,经常发生战争。一首古诗生动地反映了阿拉伯人的劫掠生涯:

> 我们以劫掠为职业,
>
> 劫掠我们的敌人和邻居,
>
> 倘若无人供我们劫掠,
>
> 我们就劫掠自己的兄弟。

贝杜因人的血缘组织比较持久而强固,但到伊斯兰教产生前夕,其内部业已发生了分化,一些显贵家族、氏族长老和部落首领占有较多的牲畜和财物,并役使少量的奴隶或依附者。强大的氏族迫使弱小的氏族处于依附地位,强制征收贡纳。贫穷的贝杜因人则靠劫掠富人或过路商人以维生。社会分化、劫掠战争和无休止的血亲复仇战争,加剧了社会不安的气氛,整个贝杜因人社会处于无秩序的动乱状态。

与北方不同,南方的社会经济基础是农业。居住在南部也门地区的早期阿拉伯人(塞白人),早在公元前数世纪就建立了文明昌盛的塞白国家。塞白人利用有利的自然资源发展农业生产,公元前7世纪他们修建的马里布水坝是塞白人精于农业的重要标志。水坝兼有蓄洪和灌溉的效用,它不仅控制了洪水泛滥,而且使大荒漠变为良田。塞白人不仅精于农事,而且也擅长商业。也门地处地中海与印度洋之间的交通要冲,是古代东西方商品的集散地,商业相当繁荣。沿商路兴起了许多城市,著名的如萨那、马里布、塔伊夫、麦加、麦地那,等等。塞白国家强盛时,曾独占红海贸易,并向对面的非洲进行殖民。公元前2世纪末,希米亚人取代塞白人统治了南阿拉伯。希米亚人像塞白人一样,主要从事农业和商业,为阿拉伯文明作出了重要贡献。

但是,4—6世纪,北方的两个大帝国拜占廷和波斯(萨珊王朝)以及东非的埃塞俄比亚王国,为争夺也门国际商路的控制权,进行了旷日持久的抗争。夹在大国斗争之间的南阿拉伯文明衰落了。525年,埃塞俄比亚占领也门,希米亚国灭亡。575年,波斯人驱逐埃塞俄比亚人,成为也门的统治者。在外族征服者的统治期间,作为南阿拉伯农业重要支柱的水利灌溉系统遭到严重破坏,土地荒芜,农业生产濒于崩溃。城市萧条,甚至变为废墟。商业急剧衰落。定居的人口大量北移,重新开始过游牧或半游牧的生活。一度繁荣的南阿拉伯文明彻底毁灭了,又回到了半野蛮的时代。

南阿拉伯的早期文明,对阿拉伯社会的发展产生了积极的影响。早期南阿拉伯人在半岛西南部开辟的南北交通大道及其从事的国际贸易活动,沟通了阿拉伯半岛与外部世界的联系,打破了阿拉伯半岛与世隔绝的孤立状态,给阿拉伯社会带来了东西方的先进文化,使阿拉伯人的思想受到启迪。南阿拉伯国家昌盛时,一些信奉犹太教和基督教的外国人迁移阿拉伯各地,并建立了一些移民区。阿拉伯人从他们那里学到了一神教理论以及军事组织、工农业生产等先进的文化知识。南阿拉伯的城市对于沟通阿拉伯半岛内部经济文化的交流,促进阿拉伯统一民族的形成方面,也起着积极的作用。6 世纪后期,麦加成为阿拉伯半岛经济文化的中心,而伊斯兰教正是在这里产生的。

早期阿拉伯人信仰多神教,每个氏族部落都有其崇拜的自然物和偶像。犹太教和基督教传入半岛以后,有一部分阿拉伯人皈依了犹太教或基督教。随着时间的推移,一神教观念日益发展。到伊斯兰教产生前夕,具有一神教意义的"哈尼夫"运动扩展到阿拉伯各地。"哈尼夫"运动反对多神崇拜,提倡隐修,以求"与神合一",穆罕默德受其影响,创造了伊斯兰教。

伊斯兰教的产生 6、7 世纪之交,阿拉伯半岛正处于社会剧烈动荡和重大变革的时期。当时,阿拉伯社会的各种矛盾,特别是阶级矛盾、各氏族部落的矛盾和民族矛盾,错综交织,十分尖锐。而麦加则是这些矛盾的中心。

麦加坐落在阿拉伯半岛西部希贾兹的南部,周围群山环抱,炎热少雨,难于种植。但它地处亚、非、欧三洲交通之枢纽,南通也门可达印度洋,北通地中海可抵欧洲,东去波斯湾可到两河流域和中亚,往西通过红海吉达港可去非洲。麦加城内有一眼水源丰富的渗渗泉,泉水清澈,便于过往商旅饮用。麦加还是希贾兹南部的宗教祭祀中心,城中央有克而白①古寺,寺内供奉安拉和一些部落神。神殿东南墙壁上镶嵌一块黑色陨石,阿拉伯人视为天降圣物而加以崇拜。每年都有大批阿拉伯人来朝觐克而白和黑石,同时进行贸易。因此,自6世纪后期,麦加就取代也门成为巨大的商业中心。

麦加的主要居民是古莱西部落,他们原是北方的游牧部落,5世纪末征服麦加并定居下来。古莱西部落分为若干个氏族,其中玛克苏姆等一些势力强大的氏族住在麦加城的中央部,称为内古莱西人;其余弱小氏族住在城外的山腹地,称为外古莱西人。穆罕默德出身的哈希姆族属于内古莱西人。这个族到穆罕默德出生前已经衰落。有势力的古莱西贵族控制城市议会组织——马拉而掌握麦加的统治权和宗教祭祀权,操纵商业贸易。他们除在克而白庙会期间举行大规

---

① 克而白(kàba),意为立方体形的房屋,中国称为"天房"。

78

模的集市贸易外，每年冬夏两季组织大规模的商队，前往也门和叙利亚一带。在这些商业活动中，他们获取了大宗利润，形成了新的商人贵族阶级。这些新的商人贵族不顾传统的氏族组织的血统原则，在共同的物质利益原则下联合起来，成为促进社会进步的巨大力量。但是，他们是剥削者和统治者，他们不仅拥有大量财富，占有奴隶，而且剥削和役使本氏族部落的贫苦成员，同时还强迫弱小的氏族处于依附地位，向他们强行征收贡金。这样，就加剧了阿拉伯社会的阶级矛盾。另方面，6世纪时埃塞俄比亚和波斯的入侵，给阿拉伯人带来巨大灾难。它不仅使也门的经济濒于崩溃，也给麦加的经济带来致命的打击。波斯占领时期，把商路从阿拉伯半岛西部转移到波斯湾和两河流域，从而使麦加的商业衰退。这不仅使麦加的商人贵族蒙受重大损失，更为严重的是，广大劳动人民失掉了谋生的手段，从而陷入破产的境地。与此同时，商人贵族把货币资本转为高利贷，盘剥贫苦人民，利率高达100%。许多贫民被迫沦为债务奴隶或依附者。民族矛盾进一步激化了阿拉伯社会危机，同时也激发了阿拉伯人的民族意识和民族觉醒。

在这种情况下，阿拉伯商人贵族阶级为巩固其统治，扩张土地，发展商业贸易，亟待建立一个统一的强有力的统治机构。一般民众也渴望实现社会安定和美好的幸福生活。穆罕默德适时而卓越地顺应了阿拉伯人的这些要求。

穆罕默德（约570—632年）出生于麦加古莱西部落哈希姆族的一个没落的商人贵族家庭。生前丧父，6岁丧母，由祖父和伯父抚养长大。穆罕默德的童年，孤苦贫困，早年为人放牧，稍长随叔伯经商，据传曾到过叙利亚和巴勒斯坦等地，参加过部落战争。大约25岁时，受雇于麦加一个富孀赫蒂彻，为其经商，同年与其结婚。复杂的经历使穆罕默德增长了见识，而与赫蒂彻结婚则是他生活中的一个转折点，从此不仅生活有了安全保障，社会地位也提高了。这就为他实现聪明才智、创建未来的伟大事业提供了条件。

婚后，穆罕默德一面从事商业贸易，一面进行新的宗教信仰的研究。他受当时流行于阿拉伯半岛各地的犹太教、基督教和哈尼夫的影响，厌恶偶像崇拜，倾向于一神的信仰。为了摆脱多神信仰的困惑，心向安拉，他有时到麦加附近的希拉山洞去独身祈祷。经过长期的沉思冥想，610年的某一天，穆罕默德向人们宣布，他在山洞过夜时梦中接受神的启示，让他作为安拉的使者向众人传播真理：尊奉独一的真主安拉，摈弃偶像崇拜。从此以后，穆罕默德开始宣传新教。他说，是安拉创造了大地上的一切，天地万物皆属安拉。信仰安拉的人，死后复活，升入天堂，否则，堕入地狱。他号召人们赶快放弃世代尊奉的多神信仰和偶像膜拜，独尊唯一无二的真主安拉。接受穆罕默德宣传的人日益增多，新的伊斯兰教由是产生。

"伊斯兰"一词，原意为顺从，指顺从安拉的意志。信仰伊斯兰教者，称为

"穆斯林"，意为独尊安拉、服从先知的人。穆斯林以《古兰经》为经典，他们认为它是安拉的启示，是神圣无误的永恒真理。《古兰经》规定了伊斯兰教的基本信仰、教法、宗教义务和作为穆斯林必须恪守的道德规范。因此，《古兰经》不仅是伊斯兰教经典，也是阿拉伯国家关于宗教、政治、经济、军事和法律制度的经典。

伊斯兰教以一神崇拜代替氏族部落的多神崇拜，以共同的宗教信仰把阿拉伯各氏族部落团结在伊斯兰的旗帜下，从而为打破氏族部落之间的壁垒，建立阿拉伯统一国家，奠定了思想基础。伊斯兰教反对血亲复仇、近亲婚配和弃婴，禁止高利贷和赌博行为，提倡赈济贫民、宽待和释放奴隶，强调保护财产的私有权，并相应地规定了一系列的政策。这些措施赢得了广大群众的支持。

阿拉伯半岛统一国家的形成　伊斯兰教是适应 7 世纪初阿拉伯半岛社会经济发展的形势和实现政治统一的需要而产生的。随着伊斯兰教的产生和发展，阿拉伯统一国家逐渐形成。

伊斯兰教独尊唯一无二的安拉，反对多神信仰和偶像膜拜。伊斯兰教的发展，直接威胁着麦加商人贵族的利益，因为它将使克而白失掉其为宗教中心的地位。以苏非扬为首的麦加贵族，坚决反对伊斯兰教。他们采取各种手段迫害穆罕默德及其信徒，多次对穆斯林施加暴行，并把他们逐出麦加。他们还胁迫哈希姆家族放弃对穆罕默德的保护权，蓄谋加害于他。穆罕默德被迫出走，迁往麦地那。

麦地那（原名叶斯里卜）位于麦加以北 338 公里处，周围散布绿洲，盛产椰枣，谷物和蔬菜也很丰富。麦地那的居民分为 5 个部落，其中 3 个犹太部落住在绿洲南部土地肥沃的地带，主要从事农业。其余两个阿拉伯部落（奥斯、哈兹来支）是统治者，两者为争夺权益，长年抗争，搞得疲惫不堪。民众渴望实现和平和社会稳定，因此他们欢迎伊斯兰教。早在穆罕默德迁来之前，麦地那的一些阿拉伯人就皈依了伊斯兰教。当穆罕默德及其信徒在麦加遭受迫害时，麦地那的穆斯林派出代表，邀请穆罕默德前往麦地那。穆罕默德派遣信徒先行，他本人和少数亲信于 622 年 9 月的某夜逃出麦加，迁往麦地那。伊斯兰教称这一迁徙事件为"希吉拉"（旧译"徙志"）。17 年后确定，希吉拉为伊斯兰教纪元，并以迁徙的那一年作为阿拉伯太阴历的岁首（公元 622 年 7 月 16 日），即伊斯兰教历元年元旦。

"希吉拉"是阿拉伯历史发展的一个重要转折点，它对伊斯兰教的胜利和阿拉伯统一国家的形成，具有决定性意义。穆罕默德迁到麦地那后，便以此为根据地，把从麦加迁来的穆斯林（称为迁士）和麦地那的穆斯林（称为辅士）组织起来，建立了一个以共同信仰为基础的宗教社团"乌马"（Umma），即穆斯林公社。同时把叶斯里卜改称"麦地那·乃比"，意为"先知之城"，简称麦地那。"乌马"的组织条例共 47 条，称为《麦地那宪章》。其主要内容是，在公社内不分氏族部落,穆斯林皆以兄弟相待并互相援助;公社内部禁止互相仇杀,如有争议须请神或先知予以调解;维护社会秩序,保障私人财产权,对非法侵害他人财产者,予以严惩;为信仰真主受害或牺牲的人,全体公社成员必须为之复仇;犹太部落在遵守宪章的条件下,准其维持原来的信仰,并和穆斯林一样受法律保护,等等。穆斯林公社既是宗教社团,又是军事和行政组织,实际上是政教合一的阿拉伯国家的雏形。在公社内,穆罕默德不仅是宗教领袖,同时也是政府首脑和军事统帅。后来的哈里发国家,就是在这个基础上发展起来的。

穆斯林公社建立以后,穆罕默德依靠穆斯林的支持,积极图谋发展和扩大伊斯兰教势力。624 年 3 月,穆罕默德率穆斯林武装袭击麦加古莱西贵族的商队,双方于麦地那西南的白德尔附近展开了激战。穆斯林军队在宗教狂热的鼓舞下,以少胜多,取得了胜利。此战大大提高了穆罕默德的声望,振奋了穆斯林的士气,为以后的胜利奠定了基础。不甘心失败的麦加贵族,伺机进行报复。627年,麦加贵族联合贝杜因等 11 个部落,组成了一支 1 万人的武装队伍,大举进攻麦地那。穆罕默德利用麦地那三面环山的天险,在城北挖一条壕沟,据城坚守,史称"壕沟之战"。敌军围城一月不下,给养发生困难,被迫撤军。穆罕默德乘势追击,俘虏 400 余人,大获全胜。

壕沟之战的胜利,被认为是得到"神助"的结果。从此,穆罕默德和伊斯兰教的影响大增,附近的贝杜因部落纷纷皈依伊斯兰教。甚至麦加古莱西贵族也自认为不能消灭穆罕默德及其新教势力。628 年,双方议和,订立了休战条约,麦加方面允许穆罕默德及其信徒每年有 3 天时间到麦加朝觐克而白。630 年 1 月,穆罕默德率万名穆斯林武装进驻麦加。麦加古莱西贵族迫于形势,宣布承认穆罕默德的权威,接受伊斯兰教。穆罕默德则确认麦加为圣城,克而白改为清真寺,清除其中所有部落神和偶像,只留黑石作为伊斯兰教的圣物,供穆斯林朝觐和礼拜。麦加的归顺,标志着伊斯兰教在阿拉伯半岛的胜利。

此后,穆罕默德又征服了其他许多地区和部落,至 632 年,阿拉伯半岛大体上归于统一。同年 6 月 8 日,穆罕默德于麦地那病逝,并葬于该地。

第二节 阿拉伯人的扩张和阿拉伯帝国的形成

初期四任哈里发及其扩张 穆罕默德死后,各派穆斯林为争做继承人展开了激烈的斗争。来自麦加的迁士派认为,穆罕默德是麦加古莱西部落哈希姆家族的后裔,他的继承人应由该部落选出。麦地那的辅士派则强调,是他们在穆罕默德危难时期支援了他,否则伊斯兰教不会有如此迅速的发展,因而反对麦加人独占先知的继承权。穆罕默德的堂弟和女婿阿里则以近亲要求嗣位。此外,有些部落趁机叛乱,反对麦地那的统治。阿拉伯半岛再度陷于混乱。经过一番激烈的争论和斗争,最后推举老资格的阿布·伯克尔为首领,改称"哈里发"(意为先知的继承者)。阿布·伯克尔是穆罕默德的挚友和岳父,也是他的最忠实的信徒之一。阿布·伯克尔任哈里发(632—634 年在位)以后,首先平息了各部落的叛乱,并用巧妙的手段调节了穆斯林各派的关系,从而巩固了统治。为了满足阿拉伯人夺取商路和肥沃土地的要求,缓和内部矛盾,阿布·伯克尔迅即向叙利亚方面发动了扩张战争,并成功地占领了加沙地区。

7 世纪,阿拉伯半岛北邻的两个大帝国拜占廷和波斯,因长期的抗争而疲惫不堪。同时这两个帝国被国内的阶级斗争、民族斗争、宗教矛盾搞得焦头烂额。这就为阿拉伯人的扩张提供了客观条件。另方面,阿拉伯军队主要是由贝杜因人组成的骑兵队,他们骁勇强悍,不畏艰苦,并在伊斯兰教"圣战"的鼓舞和战利品的引诱下,具有很强的战斗性。

阿布·伯克尔死后,欧麦尔继位为第二任哈里发(634—644 年在位)。在他的任期内发动了阿拉伯历史上空前未有的大征服运动。635 年,分兵两路,对拜占廷和波斯帝国展开了全面进攻。东路大军在号称"真主之剑"的哈利德将军率领下,迅速通过人迹罕至的叙利亚沙漠,在雅穆克河畔一举歼灭了拜占廷 5 万大军,占领了叙利亚首府大马士革。雅穆克战役的胜利,极大地鼓舞了阿拉伯人的扩张欲望。叙利亚具有重要战略地位,从此东进可以进攻波斯,北上可以进军中亚。占领叙利亚以后,阿拉伯人乘胜挥师东进,一路无阻。637 年,卡迪西亚一战,力挫波斯军队,占领伊拉克。嗣后,阿拉伯人深入波斯腹地。642 年,尼哈温战役彻底击溃了波斯军队,消灭了具有 1200 多年文明的波斯帝国。与此同时,由阿穆尔率领的西路大军,也是捷报频传。640 年攻入埃及。以后在科普特人的支持下不断取得胜利。642 年占领开罗,整个埃及纳入哈里发国家的版图。

第三任哈里发奥斯曼(644—656 年在位)继续进行扩张战争,先后征服呼罗珊、亚美尼亚、阿塞拜疆以及北非的利比亚等地区。奥斯曼原来是麦加古莱西部落中最有势力的倭马亚家族的成员,该家族在伊斯兰教兴起以前,执掌麦加政治、经济大权,曾和穆罕默德长期对立。改宗伊斯兰教后,丧失了领导权力,心怀不满,一直是穆罕默德的潜在威胁。奥斯曼当选为哈里发,意味着倭马亚家族势力的复兴。奥斯曼利用职权,在长期扩张战争中大发其财。他在埃及、叙利亚占有大量地产,并在那里扶植个人势力。他的统治具有明显的贵族专政性质,因而引起人们的反对,一些省区发生了暴乱。以阿里为代表的反对派,否认奥斯曼的权威,主张由阿里继任哈里发。因此逐渐形成新的教派——什叶派(什叶,阿拉伯语意为"派别",指追随阿里的人),与奥斯曼奉行的逊尼派相对立。什叶派主要活动于伊拉克、伊朗等地(16 世纪,伊朗确定什叶派为国教)。656 年 6 月,奥斯曼被刺杀,阿里继立为第四任哈里发(656—661 年在位)。但是,以叙利亚总督穆阿维叶为首的倭马亚家族,拒不承认阿里政权。不久,拥护阿里的人发生分裂,一部分不满阿里政策的下层穆斯林脱离什叶派,另建军事民主派(哈瓦立及派)。661年,军事民主派刺杀阿里。叙利亚总督穆阿维叶乘机夺取了哈里发的权位,开创阿拉伯帝国。

倭马亚王朝的建立及其扩张　穆阿维叶依靠埃及和叙利亚穆斯林大贵族的支持,在大马士革建立了倭马亚家族的哈里发政权,史称倭马亚王朝(661—750年)。此后,哈里发不再选举产生,而由倭马亚家族世袭。倭马亚王朝旗帜尚白,中国史籍称为"白衣大食"。

倭马亚王朝建立之初,一些阿拉伯贵族拒不承认它的统治。什叶派另立阿里之子侯赛因为哈里发。侯赛因死后,阿卜杜拉(第一任哈里发阿布·伯克尔之孙)据麦加独立,自称哈里发,并得到阿拉伯半岛和伊拉克等地反倭马亚政权的各派势力支持。经过长期的内战,到692年,倭马亚王朝终于消灭阿卜杜拉的反叛势力,平息了内乱,巩固了政权。

倭马亚王朝继续执行对外扩张政策。穆阿维叶继任哈里发以后不久,就调兵遣将,东西两面出击。东线大军于664年占领阿富汗首城喀布尔,然后挥师北上,侵入中亚。先后征服布哈拉、撒马尔罕和花剌子模等广大地区,直至帕米尔始为唐军(中国)所阻。与此同时,东方战场的另一支阿拉伯军队,攻入印度河流域,占领信德。在北方,阿拉伯军队曾三次进攻君士坦丁堡,由于拜占廷皇帝立奥三世利用君士坦丁堡天险和希腊火①顽强抵抗,而未能得手。在西方,阿拉伯人消灭了拜占廷的北非驻军,占领从突尼斯直到摩洛哥的马格里布。阿拉伯人使当地的柏柏人(摩尔人)很快改宗伊斯兰教,并以他们为主力部队,跨越直布罗陀海峡进攻西班牙,征服了日耳曼人的西哥特王国。732年,穿越比利牛斯山,进攻法兰克王国,在普瓦提埃附近为法兰克王国宫相查理·马特所败。

至此,阿拉伯人基本上结束了大规模的征服运动。初期四任哈里发和倭马亚王朝的两次大规模征服运动,为阿拉伯帝国奠定了疆域基础。到8世纪前半叶,阿拉伯帝国基本形成。它的版图,东起印度河和帕米尔高原,西至大西洋的比斯开湾,南自尼罗河下游,北达里海和咸海南缘,横跨亚、欧、非三大洲的土地,是当时世界上领域最大的帝国。

第三节　阿拉伯帝国的政治经济制度

倭马亚朝阿拉伯帝国的统治制度　随着阿拉伯帝国的建立,早期哈里发时代的政治体制已不合乎客观需要。倭马亚王朝建立初期,反对派在各地暴乱,贝杜因人厌恶纪律和放荡不羁的行为又复活起来,国家陷于动荡不安和四分五裂

---

①　用松脂、硫黄等制成的一种具有高度可燃性的混合物,撒在设防的海面上,用以烧毁敌舰。

的状态。因此,穆阿维叶登上哈里发宝座以后,首要任务就是恢复秩序,谋求建立中央集权制的国家体制。他和他的后继者,在早期哈里发体制的基础上,并参照拜占廷旧制,发展和健全了阿拉伯帝国的国家机制。

穆阿维叶作为哈里发,是政治、军事和宗教的最高首领,集政权、军权和神权于一身。为了使倭马亚家族独占至高无上的哈里发权力,穆阿维叶废止了哈里发的选举制度,实行世袭的君主制。

国家政权机构,在哈里发以下,设各部大臣,辅佐哈里发分掌行政、财政和宗教等方面的事务。其中以掌管财政、税务的部门最为重要。地方行政,全国分为9省(后来改为5省),行省总督称艾米尔,由哈里发任命,掌全省军政大权,具有相当大的独立性。另有税务官掌全省的税收,直接对哈里发负责。行省的宗教首领由总督或地方法官兼任。大法官通常由宗教学者中选拔,除办理案件外,还负责管理宗教基金及孤寡的财产等工作。省以下设县,县长由总督任命,报中央备案。

倭马亚朝阿拉伯帝国,是以沙漠出身的征服者阿拉伯人的统治为基础的。阿拉伯征服者在征服的每一个省区,都在沙漠和农业的交界处建立一系列的城堡(阿姆撒尔),或利用原有的城市作为统治的据点,他们按照部落,分片住在各个城区里。他们是特权的统治阶级,既占有土地,又领取丰厚的年金。后来这些城堡发展为城镇,成为附近地区的商业中心。其中有的发展为重要的工商业城市,如伊拉克的库法和巴士拉,叙利亚的霍姆斯,埃及的福斯塔特,突尼斯的克鲁昂等。首都大马士革地处东西方交通要冲,是国际商业贸易的总汇,交通便利,作为帝国的政治中心,适合于控制边远行省。

为了加强哈里发专制集权统治,倭马亚王朝的统治者十分注意交通和通讯的建设。从大马士革到各行省和各城区都有大道相通,沿路设置驿站,遇有紧急情况,信息迅速传到大马士革。驻在各城区的阿拉伯军队,一旦接到哈里发的指令,便可快速作出反应。

阿拉伯帝国幅员辽阔,民族复杂,人口众多。阿拉伯人作为统治者是少数,而且其文化水准远远落后于其他被统治的各族人民。为了克服阿拉伯人统治上的这种弱点,倭马亚王朝积极鼓励非阿拉伯各族人民改宗伊斯兰教,并许诺与阿拉伯穆斯林享受同等待遇。为了提高阿拉伯语在政治上和文化上的重要性,哈里发规定阿拉伯语为法定的官方语言;凡官方文件、官场交谈、教育和伊斯兰教用语,一律使用阿拉伯语言。这些政策产生了积极的效果,帝国内部的一些民族逐渐阿拉伯化或伊斯兰化,从而扩大了阿拉伯人统治的社会基础,巩固了帝国的统治。

但是,倭马亚王朝的集权主义是相对的,哈里发的权力远未达到东方专制君主那样的绝对独裁,他的权力在很大程度上受各省总督和阿拉伯部落长老会议制约。倭马亚朝阿拉伯帝国实质上是由许多部落、民族、宗教和阶级等集团组合起来的比较松散的政治联合体,哈里发不过是这些集团的共同首领而已。

阿拉伯帝国,除阿拉伯半岛外,绝大部分是拜占廷和波斯帝国的原来属地。这些地区早已确立了封建制度,阿拉伯人征服后,保存并发展了这种既存的封建生产关系,并使之与阿拉伯传统制度相结合,从而形成了具有特色的阿拉伯封建制度。倭马亚王朝建立后,把所占领的拜占廷和波斯帝国的国有土地、王室和高级官僚贵族的土地以及无主地,作为战利品,一律没收,归以哈里发为代表的全体阿拉伯穆斯林所有。被征服的农民在缴纳赋税条件下,允许继续保有原来的土地。哈里发将一部分土地赐予本家族成员及其他阿拉伯贵族,作为地租的收入地,称为"卡塔伊"(qatā'i')。卡塔伊的面积大小不等,从最低的10加里布(1加里布约为1.6平方米)到最高的8 000加里布,一般为60~100加里布。卡塔伊地主一般不住在农村,而住在城镇或首都大马士革。他们强制依附农民和奴隶为其耕作,收取高额地租,同时享受国家给予的丰厚的年金。卡塔伊也授予阿拉伯部落的普通农民,但不是作为地租收入地,而是作为他们的生产和生活资料。卡塔伊由于准许转让或买卖,后来事实上变成了私有财产。比卡塔伊规模更大的穆斯林私有地,称为"达伊亚"('day'a)。倭马亚家族和总督等特权者都占有很大的达伊亚,其中最大的是哈里发的沙瓦非。此外,清真寺和一些慈善机构也占有相当数量的土地,称为"瓦克夫"。瓦克夫不准转让、抵押或买卖。按伊斯兰教法规定,穆斯林占有的土地除缴纳宗教什一税外,免纳一切赋税。帝国的赋税主要从农民征收。

改宗伊斯兰教的非阿拉伯血统的穆斯林,阿拉伯人称他们为"麦瓦利"(单数为"毛拉")。倭马亚朝初期,哈里发为巩固其统治,曾鼓励被征服的各族人民改奉伊斯兰教,并许诺与阿拉伯人享受平等待遇。但随着改宗伊斯兰教的麦瓦利日益增多,政府的税收日趋减少。及至哈里发政权巩固以后,便不再鼓励人们改奉伊斯兰教,对已经改宗伊斯兰教的麦瓦利也没有实现与阿拉伯人平等的诺言。麦瓦利除免纳人头税外,必须缴纳包括土地税在内的各种赋税,参加军队也只能当步兵。未改宗伊斯兰教而仍保持原来信仰的原住民,阿拉伯人称他们为"迪米人"。迪米人的社会地位更低,他们必须缴纳包括土地税和人头税在内的一切捐税,并且不能担任公职,也不得反对穆斯林。

被征服的广大农民是生产者阶级,他们租种地主的土地,缴纳收获量的1/3乃至1/2的高额地租和其他各种赋税。其中占大多数的"迪米人",处境尤为艰难。他们被迫在颈下挂着一块牌子,上面写着自己的姓名和住址,以免他们弃耕逃亡。迪米人除比麦瓦利农民多缴纳一种人头税外,在生活方面也受着种种限制,如不准骑马,不准握有武器,甚至衣着和发型都有特殊规定,其实际地位等同于农奴。

阿拉伯帝国残存着为数很多的奴隶。伊斯兰教虽然反对蓄奴制度,但在长期征服战争中,阿拉伯人仍然把成千上万的俘虏贬为奴隶。仅穆萨·伊本·努赛尔就从非洲俘虏了30万人。阿拉伯帝国的奴隶贸易也很兴旺。阿拉伯贵族一般都占有几个、几十个乃至成千的奴隶。奴隶主要供家庭使役,或在国家和大贵族的土地上从事兴修水利及采矿等繁重劳动。也有部分奴隶从事手工业生产。阿拉伯帝国的奴隶,有相当部分是解放奴隶,即"释奴"。伊斯兰教禁止把穆斯林当作奴隶,但奴隶改奉伊斯兰教以后并不能获得完全的自由,他们作为释奴,依附于主人,为其服役。释奴多为有文化或有技艺的人,阿拉伯统治者利用他们从事工艺、文化教育、翻译以及行政事务等工作。释奴的社会地位仍然十分低下,阿拉伯人常把他们与奴隶等同看待,甚至视为牲畜。阿拉伯帝国尽管残留着相当数量的奴隶,但奴隶直接从事生产劳动的是少数,而且奴隶劳动在整个封建生产过程中不占主导地位。

统一的阿拉伯帝国为社会经济的发展提供了条件。倭马亚王朝前期,农业发达,商业兴旺。哈里发政府每年从各类生产部门中获得大宗税收。但是,倭马亚王朝的统治者没有把这些巨额财富用于发展社会生产,而是用于奢侈的浪费。大马士革皇宫,富丽堂皇,宫廷生活糜烂不堪。哈里发和宫廷贵族嗜好赛马、狩猎、斗鸡等游戏,为此不惜耗费巨额资财。哈里发希沙木(724—743年在位)组织一次赛马会,参赛良马多达4 000余匹,耗资巨大;哈里发叶齐德一世(680—683年在位)用黄金脚镯装饰猎犬。哈里发沉湎于酒色,宫中经常豢养大量歌伎和美女,终日欢歌宴舞,纵情享乐。豪门贵族,竞相斗富,挥霍无度。他们在麦加、麦地那和其他大城市建造豪华的住宅和别墅,招徕各地的歌伎和艺奴,设置妓院,极尽享乐之能事。

为了满足这种穷奢极欲的生活需要,哈里发政府对人民横征暴敛。为了增加税收,哈里发阿卜杜·马立克时代(685—705年),停止了鼓励人们改信伊斯兰教的政策,并且下令把聚集在城市里的麦瓦利工商业者逐回农村,强制他们从事农耕。伊拉克和埃及等行省总督,甚至要改信伊斯兰教的麦瓦利也缴纳各种高额捐税,包括土地税和人头税。这些措施引起人们的强烈不满和仇恨。欧麦尔二世时期(717—720年)虽然被迫减免了麦瓦利的人头税,但其他赋税负担仍然很重。另方面,他对迪米人采取了更加苛刻的政策。把迪米人从各级政府部门中驱逐出去,遣送农村,强制他们固着在土地上,服从统治者的剥削和奴役,负担包括人头税在内的一切捐税。

倭马亚王朝的灭亡和阿拔斯王朝的建立 倭马亚哈里发政权,对人民的残酷剥削和无情压迫,激起广大人民群众的强烈仇恨和反抗。帝国的各种社会矛盾,特别是阶级矛盾、民族矛盾和教派斗争重新高涨起来。8世纪前半叶,中亚、叙利亚、埃及和北非等地,到处爆发人民起义。其中波斯人的斗争,具有特别的重要意义。波斯是什叶派活动的中心。什叶派从来不承认倭马亚哈里发的合法性，主张哈里发的位置应由阿里及其后裔继承。许多不满倭马亚王朝的波斯人，特别是麦瓦利，参加了什叶派的行列。波斯人原来指望改奉伊斯兰教后，可以获得与阿拉伯穆斯林同等的地位。但这种愿望不但没有实现，反而落到受奴役、受凌辱的地位，因而十分愤恨。波斯是具有千年文明的古国，波斯人的文化水准远远高于统治者阿拉伯人。强烈的民族主义情绪，激发他们渴望摆脱阿拉伯人的统治。747年，一个波斯人麦瓦利阿布·穆斯林，以减轻赋税为号召，在波斯东部的呼罗珊发动反倭马亚王朝的起义，得到当地农民、奴隶和手工业者等广大群众的积极支持，声势浩大。反对倭马亚王朝的什叶派和阿拔斯派，积极利用人民起义来加强自己的势力。阿拔斯是穆罕默德叔父阿拔斯的玄孙，伊拉克的大地主，在波斯东部地区颇有影响。阿拔斯派指责倭马亚家族是穆罕默德的仇敌阿布·苏非扬的后裔，非法窃取了哈里发职权。主张哈里发职位应由穆罕默德的同族古莱西·哈希姆家族的成员来担任。呼罗珊人民起义在什叶派和阿拔斯派的支持下，不断取得胜利。750年，起义军击溃哈里发的主力，占领大马士革，倭马亚王朝灭亡。阿拔斯利用这一胜利，建立阿拔斯王朝（750—1258年）。初期定都库法，762年迁都巴格达。阿拔斯王朝旗帜尚黑，我国史书称之为"黑衣大食"。

阿拔斯利用人民起义的力量夺取了政权以后，立即站到人民运动的反面，以极残酷的手段消灭一切异己势力。第二任哈里发曼苏尔（754—775年在位）不仅镇压了原来的同盟者什叶派，还杀害了人民起义领袖、阿拔斯王朝的开国元勋阿布·穆斯林。幸存的倭马亚王朝后裔阿布杜勒·拉赫曼逃到西班牙，以科尔多瓦为中心建立独立的国家，史称后倭马亚王朝或科尔多瓦哈里发国家（756—1492年）。曼苏尔为摆脱呼罗珊人民的愤恨，决定离开呼罗珊，迁都巴格达。巴格达位于底格里斯河下游，扼东西方交通之要冲，具有十分重要的战略意义。从此以后，阿拔斯王朝趋于稳定。8世纪中叶至9世纪中叶，阿拔斯朝阿拉伯帝国达到极盛。

阿拔斯朝阿拉伯帝国的统治制度　阿拔斯王朝的建立，标志着阿拉伯帝国进入一个新时代。在这个时代，帝国的最高统治者已不再是征服者阿拉伯贵族阶级，新帝国的高级官吏不仅有阿拉伯人，也有伊拉克人、叙利亚人、埃及人，特别是波斯人。新的官僚阶级代替了阿拉伯贵族的统治。在这个时代，帝国境内各民族基本上实现了阿拉伯化或伊斯兰化，阿拉伯血统已不再是决定人们社会地位的重要因素。迁都巴格达，也产生了巨大的影响。一方面，国家的重心由地中海沿岸的叙利亚转移到美索不达米亚，这里不仅是两河流域的肥沃地带，而且正处于四通八达商道交接的要冲。巴格达的商业很快发展起来。另方面，首都由大马士革东迁巴格达以后，波斯专制主义的政治因素以及波斯的社会风尚，对帝国发生了巨大的影响。

阿拔斯王朝在倭马亚王朝行政制度的基础上,参照萨珊王朝波斯帝国的行政体系,建立了一套专制主义的官僚体制。哈里发是独揽政治、军事和宗教大权的专制君主,他的权力是神圣不可侵犯的。哈里发宣称,他不再是先知的代理人,而是安拉的代理人,是"安拉在大地上的影子",其权力是直接受自安拉的。因此,穆斯林每星期五举行聚礼时,也要为这个神权统治者哈里发祈祷、祝福。为了贯彻专制主义,哈里发建立了一个由享有薪俸的官吏们所组成的庞大的官僚政体。新的官僚政体不再是单纯以阿拉伯贵族阶级为基础,而是由一个成分相当广泛,既包括阿拉伯贵族,也包括波斯人麦瓦利以及各民族和各宗教成分的官吏、商人、金融家、地主、伊斯兰宗教学者(教法学家、神学家、教师、宗教首领)等所组成的封建官僚统治阶级。官僚机构的最高行政长官,称"维齐尔",即首相。维齐尔由哈里发从亲信中选任,辅佐哈里发总理万机,权力极大。首相以下有各部大臣,分掌各部门的行政事务。重要的部有财政、驿站、司法、工商、农业和军事部等,此外还有主管文书的枢密院以及督察院等机构。地方建制,全国分为 24 个行省,省以下设县。各省总督由哈里发任命,掌全省军政大权(财政除外),地位显赫。但总督必须接受哈里发派驻各省的钦差大臣的监督,一般任期较短,时常调任,以防其日久坐大,威胁中央权力。

完善而有效的官僚机构是哈里发神权专制政体的有力支柱之一。哈里发视财政收入为帝国的命脉,财政大臣和派驻各省的财政总监都由哈里发任命。财政总监的任务是测量土地和调查、统计人口,据以征收各种赋税。财政总监不受行省总督的辖制,直接对中央负责。驿站部除管理全国交通、运输和通讯工作外,还兼司侦察和监督地方官吏的职务。为了加强中央集权,保证贡税的运输,以首都巴格达为中心,开辟通往各省的大道;各地重要城市也有道路相通,沿途设置驿站,多达 900 余处,形成遍布全国的交通网络。驿站大臣和行省的驿站长官都由哈里发任命,并直接对他报告工作。司法是哈里发统治的重要手段。在阿拉伯帝国,宗教信仰和礼仪同民法、刑法和国家法密切结合。伊斯兰教教法"沙里亚"就是立法的基础,它的内容包括宗教、政治、社会、家庭、个人生活准则,以及民事和刑事等各个方面,是穆斯林必须遵行的法规。教法官(即法官)必须是虔诚的穆斯林,精通教义和教律的宗教学者。教法官由政府任命,除根据"沙里亚"审理穆斯林的诉讼外,还负责管理宗教基金、孤儿财产,主持婚丧仪式等。

军队是哈里发政权的另一有力支柱。阿拔斯朝的军队与倭马亚朝的军队不同,它不是以阿拉伯部落组成的军队为基础,而是在各地、各民族中征募,经过严格训练,领受军饷的正规军和常备军。它的核心是由波斯的呼罗珊人组成的近卫军,包括骑兵队、步兵队和弓弩队。近卫军的待遇相当优厚,除口粮和津贴外,步兵的兵饷平均每人每年为 960 第尔汗(银币),而骑兵的饷银比步兵还多一倍。后来,近卫军主要由突厥奴隶(马木路克)充任。此外,哈里发还有严密而庞大的警察组织,各大城市都有警察维持社会秩序,薪俸优厚。马木路克近卫军兴起以后,逐渐取代警察的职能,警察组织因之解体。

阿拔斯王朝建立之初,没收了前朝哈里发及其家族以及各省总督的领地,哈里发成为帝国最大的土地所有者。以后由于没收失势大臣的土地、开发新土地和接受捐献等,哈里发的领地不断增加,遍布全国各地。王公显宦、高级军官和大商人等有势力者,当然也是大土地所有者。他们的土地主要来源于哈里发的封赐、买卖和捐献。一般中小地主,特别是那些保有少量份地的弱小农民,为了避免征税官的诛求,把自己的份地捐献给有势力的大官僚地主,从而失掉土地所有权,作为租佃者而保有耕作权。上述大土地所有者大都居住在城市里,除征收地租外,还领取丰厚的俸禄。

全国土地分为什一税地和贡税地两种。在倭马亚朝时期,前者是赐予阿拉伯穆斯林和早期皈依伊斯兰教的少数麦瓦利的特惠土地(除征 1/10 的天课外,免除一切捐税),后者是按土地面积征收全额租税的一般人的土地。阿拔斯王朝把这种"按人定税"的租税制度改为"按地定税"的租税制度,即把全国土地分为什一税地和贡税地。不管什么人占有土地,一律按该地所应缴纳的税额上缴赋税,而且贡税地也改为按产额征税的办法。什一税地主要分布在伊拉克和东方各行省。耕作什一税地和贡税地的农民,须向地主交纳收获的 1/2 的高额地租,其中谷物和货币各半。由于农民必须把部分产品出售,换取货币,以完纳地租,就给谷物投机商人提供了可乘之机。

阿拔斯朝初期的统治者,以其国家幅员之辽阔,拥有世界上最富庶的地区和世界贸易中枢的有利条件,积极发展农业和手工业生产,鼓励商业贸易,从而促进了阿拉伯帝国社会经济的繁荣昌盛。

农业是国家财政收入的主要来源。因此,哈里发政府十分注意发展农业生产。兴修水利,开垦荒地,使许多荒芜和不毛之地变成了良田,沃野千里,物产丰盛。埃及、美索不达米亚、呼罗珊、大马士革和俄波拉等地,都是农业最发达的地区。主要农作物有小麦、大麦、水稻、棉花、亚麻等。园艺也很发达,椰枣、橄榄、桃、李、杏、橘、苹果、西瓜、葡萄和蔬菜等,都是普遍培植的园艺作物。

手工业相当发达,尤其纺织业占有重要地位。布匹、绸缎、呢绒、服装、地毯、帷幕、斗篷、帽子、椅垫等制品,畅销各地。埃及是亚麻手工业的中心;丝绸手工业集中在波斯东部的朱尔詹和锡斯坦两省;地毯手工业几乎到处都有。其他手工业,如玻璃、武器、皮革、造纸、珠宝以及家具制造业等,也很兴旺。中国的造纸技术,8 世纪中叶由中亚传入阿拉伯帝国。撒马尔罕首先兴起了造纸业,以后传入巴格达、大马士革、埃及、摩洛哥直到西班牙,并通过西班牙传入整个欧洲。阿拉伯帝国生产的纸张,不仅供本国需要,而且远销欧洲。此外,还有金属制造、陶器、肥皂和香水等手工业。

工农业生产的发展以及帝国所特有的东西方之间的过境贸易,为商业的广泛发展提供了条件。穆斯林商人活跃于亚欧非三大洲,他们贩卖丝绸、香料、宝石、铜镜、金银及玻璃器皿、药材、纸张、椰子、蔗糖、各种毛皮,以及奴隶和阉人等等。从东南亚的苏门答腊、马来亚、印度,直到北欧波罗的海沿岸和斯堪的纳维亚半岛,都有阿拉伯商人的足迹。我国的广州、泉州和扬州等地,也聚居着不少的阿拉伯商人。大规模的商业贸易,促进了银行事业的发展。阿拔斯王朝采用金银两种货币,东部各省通用银币第尔汗,西部各省通用拜占廷的金币第纳尔①。从事金银币的兑换者逐渐变成了银行家。9世纪,帝国银行业发达,巴格达总银行在各城市设有分行。大商人都在银行里有自己的账号,凭支票支付,而不用现金。由于伊斯兰教不准许信徒赚取利息,所以经营银行的多是犹太教徒和基督教徒。

随着生产和国内外贸易的发展,城市结构发生了质的变化。原来阿拉伯人在被征服地区建立的军事城堡,这时变成了市场和交易的中心。城镇的主要居民不再是各部落的阿拉伯人,而是经营商业或手工业,并已阿拉伯、伊斯兰化了的麦瓦利人。首都巴格达不仅是帝国的政治中心,而且是世界巨大的商业城市。巴格达水陆交通发达,城里有各行各业的专门市场,码头上经常停泊着几百艘船只。各地通过水陆运输,把各式各样的产品源源不断地运到巴格达,然后再转销世界各地。巴士拉、西拉夫、安条克、的黎波里、开罗、亚历山大里亚、吉达等港口城市,也都成为水陆贸易的中心。市场上除各省的货物外,还有中国的丝绸和瓷器,印度和马来群岛的香料、矿物和染料,中亚的红宝石,东非的象牙、金砂和黑奴,北欧和俄罗斯的蜂蜜、黄蜡、毛皮和木材,等等。

阿拔斯王朝的经济繁荣是建立在对各族人民残酷剥削和专制统治的基础之上的,随着阶级斗争和政治动乱的深化,9世纪中叶以后,帝国经济急剧衰落,而强大一时的阿拔斯王朝,日趋衰亡。

第四节　阿拉伯帝国的衰亡

阿拔斯王朝的苛政和人民起义　阿拔斯王朝权力的两大支柱是,强大的军队和组织庞大而严密的官僚机构。而官僚机构的主要任务之一,是千方百计最大限度地剥削人民,向人民征收名目繁多的捐税,以维系帝国的专制统治,保证皇室和贵族的享用。9世纪初,国库存款9亿多第尔汗,其中主要是来自农民的

---

① 1个第纳尔等于12个第尔汗,1个第尔汗约等于20美分。

租税。哈里发马门时期（813—833年），每年仅土地税的现金收入，即高达42 500多万第尔汗①。从人民手里榨取来的这些巨款，除军队费用（每年2亿第尔汗）和政府开支（每年1亿第尔汗）②外，其余大部分被皇室和贵族挥霍浪费。曼苏尔（754—775年在位）在底格里斯河西岸巴格达村落建设新都，动员10多万人，费时4年，耗资480多万第尔汗。新都命名为"麦地那·赛兰"，意为"和平之城"，但在习惯上人们仍称之为"巴格达"。新巴格达为圆形城市，直径2 352米，分外城、内城和皇城三层，有三道城墙。皇城位于全城中心，皇宫建筑，富丽堂皇，宫内陈设，尽是稀世珍品。哈里发的衣着，价值数万第纳尔。拉西德（786—809年在位）的皇后左白黛朝觐时，花费了300万第纳尔③。马门与布兰结婚时，用龙涎香把黑夜照成白昼，以金盘盛着千颗珍珠，撒向马门和皇后。参加婚礼的皇亲国戚和达官贵人，每人得到一份优厚的礼品，其中有现金、土地、香料和奴隶。哈里发大多是酒色之徒，穆台瓦基勒时期（847—861年），内宫妃妾多达4 000人④。宫廷生活，极端奢侈，糜烂不堪。

皇族显贵除占有大量土地外，还从政府领取高额薪俸，一个省级法官的月俸，即高达4 000第尔汗。达官显贵的富有与豪华，不亚于皇室。巴尔麦克家族，仅是动产就有3 000多万第纳尔⑤。

统治阶级的穷奢极欲和劳动人民的困苦生活，形成鲜明对照。农民被束缚在土地上，负担各种沉重的徭役和赋税。城市手工业劳动者的工资很低，一个瓦匠每月工资不过30第尔汗，难以维持最低生活。奴隶的处境更为恶劣。有的为宫廷和贵族家庭服役，任凭主人随意奴役和处置，女奴往往成为歌伎或婢妾，惨遭蹂躏；宫廷的男奴还被阉割，成为阉人，受尽种种非人待遇。有的在田野或矿山从事繁重的生产劳动，食不果腹，衣不蔽体。尤其在底格里斯河盐碱地劳动的大批黑奴，为主人排水采盐，开辟耕地，劳动最艰苦，待遇最低，每天只能得到几把麦粉或椰枣充饥，住处不蔽风雨，处境不如牛马。

尖锐的阶级对立，必然激起人民的反抗。早在帝国兴盛时期，广大人民的反抗斗争就不断发生。随着阶级矛盾的深化，9世纪中叶以后，人民起义遍及全国。其中最大的几次起义是：

（1）巴贝克起义（816—837年）巴贝克出身于下层社会，家境清贫，青年时代曾为地主放牧，当过驼夫，到过许多地方。巴贝克是一个虔诚的胡拉米派教徒，见识过人，精明强干，后来成为胡拉米派的首领。胡拉米教是8世纪后期产

---

① 参见郭应德：《阿拉伯中古史简编》，北京大学出版社1987年版，第93页。
② （日）嶋田襄平：《伊斯兰国家与社会》，第185页。
③ 希提：《阿拉伯通史》（上），马坚译，商务印书馆1979年版，第302页。
④ 马苏迪：《黄金草原》，转引自郭应德《阿拉伯中古史简编》，北京大学出版社1987年版，第94页。
⑤ 同上。

生于中亚胡拉木（因而得名）地方的一个教派，该派受琐罗亚斯德教（祆教）的影响，认为世界存在着善恶二神。一切暴力、压迫和社会不平等，都是恶神造成的。主张同这种不公正的社会制度进行斗争，要求土地公有，取消捐税和徭役，建立平等公正的社会。

816年，巴贝克在阿塞拜疆拉恩和比勒干地区率众起义。提出没收地主土地，取消捐税，打倒阿拔斯政权的战斗口号，得到农民、手工业者、奴隶以及其他人民群众的热烈拥护和支持。起义者以红色为标记（象征光明），被称为"红衣军"。在巴贝克的领导下，"红衣军"屡败官兵，除恶霸，杀贪官，很快席卷了阿塞拜疆、亚美尼亚和波斯西部的广大地区，控制了帝国北部商业要道。起义群众发展到30多万人，声势浩大。巴贝克还巧妙地施展外交手段，利用拜占廷皇帝和哈里发的矛盾，与拜占廷结盟，并得到物质援助。在国内外反哈里发势力的支持下，巴贝克起义对哈里发政权构成严重威胁。

哈里发政府军屡次败北。穆耳台绥木时期（833—842年）派大将艾弗辛镇压起义，他以100万第尔汗悬赏，缉拿巴贝克。837年，巴贝克被叛徒出卖。9月4日，被敌人肢解，英勇就义。起义群众遭到残酷镇压，坚持20多年的巴贝克起义，最终失败了。

（2）黑奴起义（869—883年）阿拔斯朝时期，从东非奴隶市场上输入大量黑人奴隶，投放在美索不达米亚南部低洼的盐碱地区，为地主巨商从事排水采盐和开辟耕地的繁重劳动，过着非人的生活。869年3月，在巴士拉附近爆发了震撼全国的黑奴大起义。

领导黑奴起义的领袖阿里·伊本·穆罕默德，是伊斯兰教哈瓦立及派（军事民主派）的穆斯林。他自称是先知穆罕默德的堂弟阿里和女儿法蒂玛的后裔，是安拉派遣的使者；他的使命是使奴隶获得自由和财富。伊本·穆罕默德号召奴隶们起来废除无道的哈里发，建立包括奴隶在内的人人平等的公正社会。他的号召，得到广大奴隶和贫苦群众的积极响应，成群结队的奴隶参加了起义队伍，众多的农民和牧民，甚至黑人士兵也加入了起义者的行列，起义人数多达20余万。871年，起义者占据了两河流域通往波斯湾的要冲巴士拉城，处决官僚和显贵，将城市劫掠一空，并付之一炬。伊本·穆罕默德进而控制了伊拉克南部和波斯西南部的广阔地区，切断了巴格达通往东南部的交通线，直到逼近距巴格达仅有20公里的地方，帝国首都岌岌可危。

面对起义者的进攻，统治者惊慌失措。哈里发穆耳台米德（870—892年在位）不得不派其兄、摄政王穆瓦法格出征。穆瓦法格一面备战，一面对起义者进行诱降。他假意许诺恢复黑奴自由，赦免参加起义者等条件，号召起义者放下武器。但穆瓦法格的阴谋被起义者识破，未能得逞。穆瓦法格利用假谈判，赢得了缓冲的时间。881年2月，他向起义者发起了全面进攻。起义黑奴退守大本营穆赫塔赖,坚决抵抗。

但是,这时起义者阵营暴露了严重的弱点。起义的奴隶获得了自由,但没有废除奴隶制;起义的将领们占据了土地,成为地主,继续向农民征收租税。伊本·穆罕默德没有实践起义时许下的诺言,广大奴隶和农民感到失望。因而支持起义的人越来越少,起义者陷于孤立。在关键时期,内部出现了叛将,与敌人里应外合,使起义陷于困境。883年8月,穆赫塔赖陷落,伊本·穆罕默德被杀,坚持斗争14年之久的黑奴大起义,终于失败了。这次黑奴大起义,规模之大,持续时间之长,给统治者打击之重,其影响之深远,都不逊于古代罗马的斯巴达克起义。

（3）卡尔马特派起义。卡尔马特派是在黑奴起义过程中,由什叶派的伊斯玛仪派的信徒建立的秘密的教派组织。相传因创始人阿布·阿布杜拉的绰号"卡尔马特"而得名。该派承认伊斯玛仪派的领导,反对逊尼派哈里发政权,主张财产共有,社会平等。在宗教仪式方面,不接受正统的逊尼派的一般规定,不进行一日五次的祈祷,不执行整月斋戒,不举行朝觐。890年左右,该派在哈马丹·卡尔马特领导下于伊拉克南部库法附近举行起义,得到当地广大贫苦农民的积极响应,起义势力迅速扩张到波斯和中亚一带。899年,在波斯湾西岸巴林建立国家,都艾赫萨（今胡富夫）。

卡尔马特国家由六个人组成的政务委员会领导。政府对农民实行优遇政策。农民不负担繁重的赋税,贫困的家庭还可以得到无息贷款及其他生活照顾。但奴隶担负最繁重的劳动,仅从事农业生产劳动的黑奴就达3万之多。卡尔马特国家拥有2万军队,经常袭击周围地区,劫掠商旅和朝觐者,并把俘虏变为奴隶。930年,劫掠圣城麦加,把克尔白神庙洗劫一空,并劫走了黑石。951年,应法蒂玛王朝的要求,把黑石送回麦加。卡尔马特国家存在200余年,大约在12世纪衰亡。

波澜壮阔的人民起义,沉重地打击了阿拔斯王朝的统治。此后,阿拉伯帝国四分五裂,日趋衰落。

阿拉伯帝国的衰亡　阿拉伯帝国是一个主要通过征服而拼凑起来的多民族、多宗教和具有不同社会发展水平的庞大而松散的联合体,即使在哈里发政权最强大时期,中央的权力也是有限的,尤其对于边远行省,更是鞭长莫及。及至9世纪中叶,主要由于人民起义的打击以及统治者内部权力斗争,国势衰微,哈里发权力削弱,各行省总督和近卫军首领乘机扩大权势,或割地自立,或直接控制朝廷,阿拉伯帝国分崩离析,最后由于外族入侵而灭亡。

早在750年,阿拔斯王朝创建时,被消灭的倭马亚王朝的王子阿卜杜勒·拉赫曼逃到西班牙,在当地阿拉伯贵族和柏柏尔人支持下,于756年宣布独立,建立后倭马亚王朝（756—1492年）,都科尔多瓦,故亦称"科尔多瓦哈里发"。这是阿拉伯帝国分裂的开端。此后,帝国先后失去了对非洲各省区的控制。摩洛哥于 788 年、突尼斯于 800 年相继独立;868 年,埃及也脱离了巴格达政府,成立了图伦王朝(868—905 年)。阿哈默德·本·图伦原来是奴隶出身的埃及总督,他据埃及而独立,并把势力扩展到叙利亚。

东部各省区的情况也在恶化。820 年,一个名叫塔希尔的波斯将领,在波斯东部建立了独立的塔希尔王朝,控制了呼罗珊及其周围地区。其后,锡吉斯坦省驻军司令撒法利,利用哈里发政权困于黑奴起义的机会,割据自立,建立撒法利王朝(867—903 年),并于 872 年攻灭塔希尔王朝,把势力扩展到呼罗珊及法尔斯全省。903 年,撒法利王朝为新兴的萨玛尼王朝(874—999 年)所灭。萨玛尼王朝的版图,北达咸海,南至波斯东南部,东抵阿姆河和锡尔河上游,西迄里海,成为中亚最强大的国家。继萨玛尼王朝而崛起于中亚的大国是哥疾宁王朝(962—1186 年)。它是萨玛尼王朝的一个奴隶出身的警卫队长阿勒卜特勒创建的,以阿富汗的哥疾宁(今加兹尼)为都城,故名。哥疾宁王朝全盛时期,其领域东起北印度,西至波斯的西北部,北抵花剌子模,南迄锡吉斯坦。此时哈里发只保存了对巴格达和伊拉克的直接控制,对帝国其他省区,只满足于名义上承认他的宗主权和不定期地交纳贡税。

哈里发宫廷的无限挥霍浪费和军政的庞大开支,造成了财政危机,而人民起义和各地方势力的独立,更加剧了这种危机的尖锐程度。为了解决财政危机,哈里发政府实行包税制度。能获得包税特权的除少数大商人外,主要是各省总督和驻军首领。包税人须预先向哈里发政府交纳承包的税额,然后在其包税地区内随意征税,实际征收的税额远远超过他们向政府所交纳的承包税额。包税制使总督和驻军首领的政治、经济势力急剧膨胀,独立性日益加强。自穆耳台希木时代(833—842 年)以来,哈里发逐渐丧失了对他们的控制,甚至成了他们手中的傀儡,任其废立。

945 年,波斯西北部的地方长官艾哈迈德率军攻占巴格达。当时受突厥近卫军控制的穆斯台克非把艾哈迈德视为救星,封他为大元帅。艾哈迈德取代突厥近卫军,成为巴格达的真正统治者。两年后,艾哈迈德废黜穆斯台克非,另立新的傀儡哈里发。从此以后,哈里发完全听从大元帅的摆布。

艾哈迈德出身于波斯人德莱木部落的白益家族,其所创立的王朝,称"白益王朝"(945—1055 年)。白益王朝属于什叶派,因而将其首都设在什叶派的中心法尔斯省的设拉子。但是为了缓和逊尼派的敌对情绪,形式上仍然维持哈里发的传统地位,而只图掌握实际的统治权。白益王朝实行军事封建统治体制,军人不仅掌握了最高行政权力并且亲自掌握了税收权,成为社会上压倒其他一切势力的统治势力。白益王朝剥夺了从前军人总督、高级官僚和大商人的包税特权,把它转给本朝军人,并开始对现役军人授予"伊克塔"(采邑),作为其服役的俸禄。伊克塔封建主一般只享有对该土地的征税权而没有土地所有权和行政支配权,并且不能世袭,伊克塔的大小和占有时间的长短,皆由白益王朝最高统治者的意志决定。受领伊克塔的军人封建主,不是以伊克塔的收入来供养自己的部下,也不是把自己的伊克塔分割授予其部下,其部下是从政府领受伊克塔或年俸,这是白益王朝军事伊克塔的特点。军事伊克塔制奠定了军人统治体制的基础,改变了阿拉伯帝国官僚统治体制的传统。

白益王朝统治时期,帝国东方出现了新兴的塞尔柱人。塞尔柱人属于突厥的乌古思部落,初居吉尔吉斯草原,11世纪后半叶,在部落首领塞尔柱率领下西迁。当时哥疾宁王朝内乱,势力衰微,塞尔柱人乘机夺取了哥疾宁王朝的木鹿和内沙布尔等地,1037年建立塞尔柱王朝。此后,塞尔柱继续侵占哥疾宁王朝的领地,势力日益强大。1055年,塞尔柱人推翻白益王朝,控制了巴格达政权。哈里发嘎伊木任命塞尔柱军事首领突格里勒为摄政王,并赐予"苏丹"(意为"权威")称号。从此,塞尔柱王朝取代白益王朝控制了巴格达哈里发政权。但这时期的哈里发只保有宗教首领的地位,政治首领已被塞尔柱苏丹所取代。塞尔柱王朝继续实行白益王朝的军事统治体制,并把军事伊克塔制推广到全社会,不仅军人,政府官僚也授予伊克塔,而且伊克塔可以世袭占有。[①] 这样就导致了封建割据势力的增长。12世纪,塞尔柱王朝封建内讧,势力衰微。

1194年,花剌子模突厥王朝的统治者塔卡什为驱逐塞尔柱人,占据了巴格达,和塞尔柱人一样,他仍以苏丹的名义独揽巴格达的世俗大权。但是,它的统治寿命不长。1258年,蒙古军征服巴格达,彻底消灭了哈里发政权。持续几个世纪,盛极一时的阿拉伯帝国最后灭亡了。

第五节 阿拉伯—伊斯兰文化

阿拉伯帝国幅员辽阔,古代文化遗产丰富。帝国境内各族人民(包括阿拉伯人、波斯人、埃及人、叙利亚人以及其他许多民族)在吸收古代东西方文化遗产的基础上,经过长期的辛勤劳动,创造了光辉的阿拉伯—伊斯兰文化,为世界文化宝库作出了伟大的贡献。阿拉伯—伊斯兰文化以巴格达为中心,往西经开罗和科尔多瓦传播到北非和整个欧洲;往东传到中亚、印度和东南亚,对世界文化产生了极为深远的影响。

阿拉伯—伊斯兰文化的形成 阿拉伯帝国领域内的美索不达米亚、波斯、印度、叙利亚和埃及等地,都是古代东西方文化荟萃的地区。帝国政治的相对稳定,交通发达,经济繁荣,为阿拉伯—伊斯兰文化的形成与发展提供了有利环境。

---

① 嶋田襄平:《伊斯兰国家与社会》,第253～266页。

而通行全国的阿拉伯语和占统治地位的伊斯兰教意识形态,则为它提供了必要前提。适应阿拉伯帝国政治、经济、军事和外交等方面发展的需要,帝国的统治者日益认识到科学文化的重要性。因此,阿拉伯帝国历代统治者都比较关心发展科学文化事业。到阿拔斯王朝时期,由于大规模的征服运动基本结束,政治趋于稳定,适应社会发展的需要,哈里发更加热心提倡教育,发展科学文化。他们不分宗教畛域,不拘泥意识形态的差异,不惜重金延聘人才,尊重和奖掖各界学者。8 世纪中叶,中国的造纸术和罗盘针传入阿拉伯帝国,对阿拉伯—伊斯兰文化的发展与繁荣,起了积极的促进作用。

哈里发马门(813—833 年在位)十分热心扶植科学文化事业。他派遣使者分赴各地,搜集典籍,访贤求学;他兴办学校,创建科学研究机构,亲自向学者请教,并时常亲自主持学术讨论会,从而把阿拉伯—伊斯兰文化提高到一个新的发展阶段。马门曾派著名学者萨拉姆访问君士坦丁堡,向拜占廷皇帝索取希腊古典著作,其中包括欧几里德的《几何学原理》。他还让学者把这些著作译成阿拉伯文,并以与译稿同等重量的黄金酬劳翻译的学者。马门在巴格达创立一所规模宏伟的学术研究中心——智慧馆,把从各地搜集来的文化典籍集中收藏在这里。智慧馆由图书馆、科学院和翻译馆等三部分构成,它既是一所科学研究机构,也是一所培养科学人才的高等学府。在这里从事工作的不仅有穆斯林,还有基督教徒、犹太教徒、祆教徒以及信仰其他宗教的学者。为马门主持翻译工作的侯奈因就是一位基督教徒。除巴格达的智慧馆外,各地方的独立王朝也相继创建了一些类似智慧馆的学术研究机构和大学,著名的如后倭马亚王朝建立的科尔多瓦大学及皇家图书馆,法蒂玛王朝在开罗建立的爱资哈尔大学和科学馆等。此外,散布在帝国各地方的清真寺,也都兼有学校的作用,是穆斯林的重要的文化教育机构。

在帝国统治者的热心鼓励和各族人民积极参与下,全国的学习空气蔚然成风。"上自哈里发,下至平民,所有的人仿佛忽然间变成学生或文学的奖励者。一般人为求学而游历欧亚非三洲,然后犹如蜜蜂一般,载蜜而归,把他们储蓄的宝藏,分给发奋的学生们,并且孜孜不倦地编辑许多典籍。其卷帙之伟大与内容之丰富,不亚于现代的百科全书,而其对于现代科学的贡献,远非一般人的想象所及。"①阿拉伯—伊斯兰文化,硕果累累,繁花似锦,并以巴格达、开罗和科尔多瓦为中心,向全世界发出绚丽的光彩。

阿拉伯—伊斯兰文化的主要成就 1. 天文学和数学。穆斯林向来比较重视天文学和数学,因为穆斯林必须依据星宿来确定礼拜的方向。帝国时期,随着农业和航海发展的需要,更加重视天文学的研究。学者们在印度、波斯和希腊天

---

① 尼科尔森:《阿拉伯文学史》,剑桥 1907 年版,第 281 页。

文学的基础上，把天文学研究提高到一个新的阶段。阿拉伯帝国在巴格达、大马士革、设拉子、开罗和科尔多瓦等地，都设有专门的天文学研究机构，其中巴格达天文台是当时世界上规模最大、设备最先进的天文台。阿拉伯学者制造了不少比较精密的天文仪器，如天球仪、地球仪、星盘仪、观象仪、象限仪（测量天体高度的仪器）、平纬仪、方位仪等，这些天文仪器直到 16 世纪还为欧洲所利用。阿拉伯的天文学者辈出，花剌子密（780—850 年）是其中的杰出代表之一。他制定的《天文表》，后来被英国人译成拉丁文，成为东西方各种天文表的蓝本。白塔尼（？—929 年）在花剌子密研究的基础上，改进了月球和一些行星轨道的计算方法，比较准确地确定了黄道、黄道斜度及回归年和四季之长。他编写的《萨比天文表》，先后被译成拉丁文和西班牙文，为欧洲学者所重视。科尔多瓦的马吉里提（？—1007 年）是一位著名的天文学家和数学家，他曾校正过花剌子密的行星表（历表），订正了花剌子密关于天体研究中某些错误。阿拉伯天文学的卓越成就，对世界天文学的发展，做出了伟大的贡献。今天人们所称的各大行星的名字以及许多天文学术语，大都来源于阿拉伯语。如牛郎星称 aqrab，天蝎宫称 al-ta′ir 等。

数学与天文学有密切联系。阿拉伯的数学，也发展到很高的水平。花剌子密也是杰出的数学家，他是最早编写算术和代数的学者。他的《积分和方程计算》，直到 16 世纪一直是欧洲各大学的教科书。代数学和用阿拉伯数字的计数法，都是通过这部书传入欧洲的。比花剌子密晚出的数学家欧麦尔·海雅木，进一步发展了代数学。他提出了二次方程的几何解法和代数解法，以及各种方程分类法。艾卜·瓦法发明了正割和余割，他还用几何法解四次方程式，以圆锥曲线的交割解三次方程式。

阿拉伯人在数学方面的重大贡献之一，是把阿拉伯数字介绍到欧洲。9 世纪前半叶，印度的数字和零号传入阿拉伯，花剌子密第一个使用印度数字和零号代替阿拉伯原来的字母记数法。12 世纪，印度数字和零号通过花剌子密的著作传入欧洲，欧洲人把它叫做"阿拉伯数字"，后来为全世界所采用。阿拉伯数字传入欧洲以前，欧洲人使用罗马数字和算盘，计算笨拙费时。有了阿拉伯数字，特别是以零号填补个位、十位、百位……的空白，进位法简明准确，大大促进了计算科学的发展。

2. 医学。医学是阿拉伯人最感兴趣的一门科学。阿拉伯医学家在吸收东西方古代医学成果的基础上，对世界医学做出了卓越的贡献，阿拔斯朝时期，全国有 30 多所医院，各医院设有药房和为妇女特设的病房。政府对医生和药剂师要求很严，他们都须经过考试，只有成绩合格者才能从业。拉齐斯和阿维森纳是阿拉伯医学两位杰出的代表。拉齐斯（865—925 年）是巴格达国家医院院长，著名的临床外科专家。他是外科串线法的发明者。据传，拉齐斯的著作多达 150

余种,其中以《天花与麻疹》和《医学集成》最为著名。前者是一篇医学论文,也是天花和麻疹的最早著作。后者是一部医学百科全书,内容极为丰富。拉齐斯在《医学集成》中,总结了希腊、波斯和印度的医学知识,增添了许多新的医学成就,具有很高的科学水平。上述著作曾被译成拉丁文、希腊文、英文、法文等多种语文,在欧洲流传几百年,对西方医学产生很大影响。

阿维森纳(即伊本·西那,980—1037 年)是杰出的医学权威,被誉为“医中之王”。他的名著《医典》是阿拉伯医学的结晶,是当时世界上最高水平的医学著作。《医典》是一部医学百科全书,不仅有医学原理及治疗方法,而且还有药学专章。它对脑膜炎、中风和胃溃疡等病理进行了精辟的论述,鉴别了膈障炎和胸膜炎,确认了水流和土壤传播疾病的作用,提出了肺结核、鼠疫、天花、麻疹等病是肉眼看不见的病原体造成的“细菌学说”。在药学部分,分析了 760 多种药物的性能。《医典》有拉丁文、希伯来文和英文等译本,直到 17 世纪,欧洲各大学都以它为教科书。

3. 文学和艺术。文学是阿拉伯—伊斯兰文化光辉成就的一个重要方面。阿拉伯帝国形成以前,文学作品有谚语、故事和诗歌等。阿拉伯人爱好诗歌,因为诗歌的语言简洁、明快、犀利而朴实,很适合阿拉伯人的性格。帝国形成以后,从前的那种文学风格,逐渐被文意优雅、辞藻华丽和精于比喻的波斯散文所取代。查希兹(?—869 年)和哈利利(1054—1122 年)是散文作家的杰出代表。查希兹是一个黑奴的后裔,他富于创作精神。他的《动物书》,以动物拟人,生动活泼,妙趣横生。哈利利是文学名著《麦嘎麻特》的作者,该书是一部戏剧性的故事,由韵文和曲调组成,生动地反映了当时的城市生活,笔触锋利,辞藻优美,妙语如珠,被誉为仅次于《古兰经》的名著。

故事小说是阿拉伯文学宝库中一枝瑰丽的花朵。脍炙人口的《天方夜谭》(又名《一千零一夜》),就是典型代表。它以波斯的《一千个故事》为基础,吸收了印度、希伯来、埃及和阿拉伯等民间故事,于 10 世纪前半叶形成初稿,经过几百年的发展,不断补充和完善,直到 16 世纪,才最后定型,成为分夜讲述的连环故事记,从而才有了《一千零一夜》的名称。《天方夜谭》有童话、寓言、传奇、轶事以及历险、恋爱和历史故事等,生动地反映了阿拉伯帝国境内各族人民,以及印度和中国等东方各国人民的生活习俗、风土人情和社会制度。它以朴素的现实主义和浪漫主义相结合的创作方法,歌颂了劳动人民纯朴善良的高尚品质和爱憎分明的感情,揭露和鞭笞了封建社会的黑暗与不平。《天方夜谭》是世界文学宝库中的瑰宝,它的内容和写作风格对欧洲文学产生了广泛的影响。但丁的《神曲》、薄伽丘的《十日谈》、塞万提斯的《堂吉诃德》等名著,都接受了《天方夜谭》创作方法的影响。

阿拉伯的艺术,以建筑艺术最具特色,并且集中地表现在清真寺的结构和装饰方面。清真寺以圆顶寺为主体,大圆屋顶下有本堂和回廊,还有半圆形的凹壁和马蹄形的拱门,侧面矗立着指示礼拜方向的尖塔。圆顶寺坐落在四方形或长方形套院的中央,墙壁用镶嵌细工和各种图案装饰。伊斯兰教反对偶像崇拜,所以在清真寺中,几乎都是植物和几何图案,而没有人和动物的画像和雕像。但是,阿拉伯的艺术家,匠心独具,他们利用阿拉伯字母和几何图案,把清真寺装饰得华美壮丽,使清真寺建筑艺术别具一格。大马士革清真寺和萨马拉清真寺,是阿拉伯帝国早期和晚期清真寺建筑的典型代表。阿拉伯建筑艺术对欧洲,尤其对西班牙产生了明显的影响。

4. 历史和地理。阿拉伯帝国时期,历史学和地理学的研究也达到了很高的水平。泰伯里(838—923 年)、马苏迪(9 世纪末—957 年)和伊本·艾西尔(1160—1234 年)是阿拉伯历史学家的杰出代表。泰伯里的名著为《历代先知与帝王史》和《古兰经注》。前者是一部世界编年通史,全书共 13 册,约 7 500 页。从真主创世至 915 年止,以阿拉伯—伊斯兰历史为主,旁及其他各民族的历史;内容丰富,文字优美,为阿拉伯史学上划时代的巨著。遗憾的是,现存版本仅为初版的十分之一。《古兰经注》共 30 册,被公认为《古兰经》注释的权威,其中保存了许多有价值的史料。

马苏迪是杰出的历史学家和地理学家,被誉为"阿拉伯的希罗多德"。马苏迪一生,勤奋尚学,为了求得真实知识,他实地考察了埃及、叙利亚、巴勒斯坦、波斯、中亚、印度、东南亚以及非洲桑给巴尔等地。世界名著《黄金草原》,就是马苏迪多年研究的结晶。《黄金草原》是《黄金草原和珍玉宝藏》一书的简称,是马苏迪 30 卷巨著的摘要。全书共分四卷,第一卷为东西方各国历史概要;后三卷为阿拉伯—伊斯兰帝国史,上起伊斯兰教创立,下至 947 年白益王朝占据巴格达。《黄金草原》内容丰富,涉及历史、地理、政治、宗教、风俗、文物和典章制度等各个方面,实际上是一部史地百科全书。《黄金草原》保存的历史资料极其珍贵,是当代研究阿拉伯帝国历史及当时世界社会的不可缺少的重要文献,现有英语、法语等多种文字译本。

地理学方面,阿拉伯学者也做出了重要的贡献。天文学家花剌子密,也是杰出的地理学家。他编写的《地形学》,是阿拉伯的第一部地理学专著,该书附有他和其他学者共同绘制的一幅"地球形象"(关于天空和地球的地图),科学价值很高。花剌子密关于地理学的理论,对后世的伊斯兰地理学产生较大的影响。伊本·胡尔达兹贝(?—912 年)、麦格迪西(?—990 年)和雅古特(1179—1229年)等,都是著名的地理学家。胡尔达兹贝著有《道程及郡国志》(又译《省道记》),是研究当时东西交通及商业贸易的重要参考文献。麦格迪西几乎游历了整个伊斯兰世界,著有《各地知识的最佳分类》,很有学术价值。雅古特编著的《地名辞典》,内容广泛,除地理学外,还涉及许多自然科学,材料十分宝贵。

5. 哲学。阿拉伯帝国是通过一系列征服而建立起来的庞大而松散的政治联合体,社会结构缺乏内在的有机联系,主要依靠伊斯兰教和哈里发政权的强制作用来维系帝国的相对统一。另一方面,伊斯兰教接受希腊文化遗产,但又反对一切违反它的基本思想的学说和观点。这样的社会现实,决定了阿拉伯哲学的特色。

阿拉伯哲学,是以伊斯兰教教义学为基础,吸收东西方主要是吸收希腊的某些哲学思想而形成的哲学体系。阿拉伯哲学家,把柏拉图和亚里士多德的哲学思想同伊斯兰神学,把新柏拉图的"流出说"同伊斯兰教的真主"神质"观念加以糅合,从而形成了独具特色的阿拉伯哲学。早期著名哲学家有出生于库法的金迪(801—873 年)、生于中亚突厥斯坦的突厥人法拉比(870—950 年)、出生于中亚布哈拉城附近的塔古人阿维森纳(980—1037 年)等。

金迪出身于阿拉伯半岛的金德族,具有纯粹的阿拉伯血统,因而被称为"阿拉伯哲学家"。在哲学上,金迪受亚里士多德、新柏拉图和新毕达哥拉斯主义的影响,力图把亚里士多德和柏拉图的哲学观点同伊斯兰教调和起来。他认为,宇宙是真主创造的,精神是决定世界的根本,物质只是精神流出的形式。知识或得自感官,或得自理性。得自感官的知识是关于物质的形式,是形而下的世界;得自理性的知识是关于精神的形式,是形而上的世界。因此,只有掌握得自理性的知识,才能成为哲学家,他还强调,要当哲学家必须研习新毕达哥拉斯的数学,因为它是一切科学的基础。

法拉比进一步把柏拉图、亚里士多德、新柏拉图和苏非派思想加以糅合,把阿拉伯哲学推向高峰。他承认物质世界的存在,运动是物质的特性。但他强调宇宙万物都导源于安拉,"万物唯自安拉出"。他解释说,安拉流出第一精神,第一精神流出天体精神,天体精神再流出最高天体。各级精神就这样依次流出,自最高的安拉精神,递降至最低的人类精神。每一高级精神影响其一下级精神,人的精神受上一级月球精神(即"原动精神")的影响,人借助月球的光明,才能认识一切。这就是说,人的认识是安拉赋予的。人们凭借安拉赋予的认识能力,就能不断地提高知识水平,并使自己的灵魂善良,从而获得永生,而入于精神世界。法拉比认为,那些不信仰安拉的邪恶人民,是没有理性的,他们愚昧,灵魂丑恶,将在后世受到惩罚。政治上,法拉比拥护君主专制政治。他把君主比作人的心脏,认为君主的道德和才智都是完美无缺的,所有的人都应服从他,为他服务。法拉比的哲学观点,对阿拉伯和欧洲中世纪思想文化都有很大影响。

阿维森纳(伊本·西那)不仅是杰出的医学家,也是著名的哲学家。他师承法拉比,最后完成了希腊哲学和伊斯兰教的调和。阿维森纳认为,物质是永恒的,宇宙万物不是安拉直接创造的,而是安拉流出的第一精神,宇宙万物由此精神开端。第一精神流出天体的统治者,即第二精神,如此依次流出,最后流出原动精神。原动精神流出地球上万物、物质形式以及人类的灵魂。

阿维森纳认为,物质运动是万物变化纷繁多样的原因。人通过感官获得对外界事物的感觉,再通过头脑的思维,使复杂的现象普遍化和规律化。但是,他又断定,人类之所以能有思辨能力,是由于原动精神赋予了人类的理性。归根结底,还是安拉流出的精神作用的结果。这样,阿维森纳所具有唯物主义因素的认识论,最后又被神秘论的唯心主义掩盖了。尽管如此,阿维森纳的唯物论观点,还是遭到了许多伊斯兰神学家的攻击,他的著作被宣布为禁书并遭焚毁。但是,阿维森纳的哲学思想却对正在走向繁荣的中世纪西欧的学术文化产生了强烈的影响,他的著作被译成拉丁文,成为人类文化宝库中的珍品。

阿拉伯哲学发展形成许多派别。各派的主要分歧是,关于"天启"(神的启示,即《古兰经》)在伊斯兰教义中的地位以及它与理性的关系问题。正统派主张,真主是全知全能的,是宇宙万物的创造者,真主不仅创造了世界,而且支配世界,是世界秩序的最高主宰者;《古兰经》是真主的启示,是永恒的最高真理,是信仰的根源;人没有自由意志,人的思想、行为及其命运,在出生之前就由真主预定,人们只能服从天意,而不得有任何违抗。

正统派的宿命论观点,受到反对派的非难和挑战。穆尔太齐赖派接受古希腊罗马哲学和科学的影响,反对宿命论的前定说。认为人有"意志自由",可以根据真主赋予的能力,用理性检验宗教教条及人的行为的善恶,以决定自己的行为。《古兰经》是"被造之作",不是真主永恒的语言,可以用理性进行检验。盖德里叶派(反宿命论派)认为,人具有自由意志,是自己行为的创造者,应对自己的行为负完全责任,而不是依靠真主的前定。西班牙的伊本·鲁世德(1126—1198年)则以"双重真理"说独树一帜。他十分崇拜亚里士多德,一生专门致力于亚里士多德哲学研究。他发展了亚里士多德哲学中唯物论因素,认为物质和物质运动是永恒的,无始无终。一切物质都在运动,一切个体都要毁灭,人的灵魂也不例外。但是,他又主张理性和宗教可以并存,而不矛盾,犹如理论和实践。哲学是真理研究的最高形式,目的在于认识真主的实在;宗教是一般人民在哲学家的理论指导下的实践,其宗旨在于使人顺从真主,努力为善。但理性和宗教都以真主为最高目的,因为真主是"元始",是第一形式。因此,除真主的"天启"外,一切事物都应接受理性的检验和判决。伊本·鲁世德的"双重真理"遭到阿拉伯哲学家,特别是正统派哲学家的强烈反对,以致在穆斯林世界中无人继承他的学说。但他的哲学思想却在基督教的中世纪西欧产生了巨大影响,直到16世纪以前,一直是占有相当优势的哲学派别。

但是,阿拉伯哲学自由论战没有贯彻始终。11世纪,以艾什尔里为代表的保守派得到塞尔柱王朝的支持,成为压倒其他一切思想派别的新的官方正统哲学。艾什尔里(约873—935年)原属穆尔太齐赖派,由于他企图用部分唯理论的证据来证实正统派的信条,因而与该派分裂并成为该派的劲敌。艾什尔里力求把伊斯兰教信条同希腊罗马哲学思想调和起来,强调以《古兰经》和逊奈①为伊斯兰教义的唯一根源,既反对穆尔太齐赖派的唯理论,又不同意正统派的极端形式主义。从而形成一个独立的艾什尔里主义派。该派认为,真主是全知全能的,是世界万物的创造者;自然界的因果关系没有任何的内在联系,它们的规律是真主安排在自然界中的"习惯"和"经常的情状";只相信"天启"为最高真理,不承认理性能认识真理;主张宿命论;宣称《古兰经》是真主永恒的语言。11 世纪,艾什尔里派得到塞尔柱王朝的支持而极大地发展起来,在巴格达设立尼查姆学院,专门传授艾什尔里主义。

阿拉伯哲学传入欧洲,对西方哲学产生了巨大影响。从此欧洲人才知道亚里士多德和柏拉图等希腊哲学家,才开始研究哲学。恩格斯指出:在"罗曼语诸民族那里,一种从阿拉伯人那里吸收过来并重新发现的希腊哲学那里得到营养的明快的自由思想,愈来愈根深蒂固,为 18 世纪的唯物主义作了准备。"②

阿拉伯—伊斯兰文化的历史意义　阿拉伯学者把东西方文化融合为一体,创造出丰富多彩的阿拉伯—伊斯兰文化,为世界文化史的发展作出了卓越的贡献。他们在科学方面,特别在自然科学方面,建立了不可磨灭的功绩,他们的著作是世界文化宝库中的重要组成部分。

阿拉伯—伊斯兰文化,在中世纪欧洲文化史上居于承先启后,继往开来的重要地位。阿拉伯文化昌盛时期,西欧正处于文化低潮的所谓"黑暗"时代。那时的西欧,在基督教文化垄断下,辉煌的古代希腊罗马文化,几乎荡然无存,古典著作,鲜为人知。然而,阿拉伯学者却通过翻译保存了大量的希腊学术著作,并把这些著作通过拉丁文等译本,传回欧洲,弥补了欧洲文化的"断层",点燃了欧洲智慧的火种。从此,欧洲重新发现了希腊学术著作,一股研究古典文化的气氛,油然而生,为欧洲新文化——文艺复兴和近代自然科学的建立奠定了基础。

阿拉伯帝国各族人民,不仅创造了丰富多彩的阿拉伯—伊斯兰文化,促进了欧洲文化的复兴和发展,并且在东西方文化交流方面,作出了巨大的贡献。中国的造纸术、指南针、火药等重大发明和印度数学、稻米、棉花、食糖等,都是由阿拉伯人传入欧洲的,丰富了欧洲各国人民的经济文化生活,促进了欧洲社会发展的进程。阿拉伯人不愧是东西方文化交流的伟大使者。

---

① 逊奈,意为"行为"、"道路",指穆罕默德在创教过程中的各种行为,简称"圣行",是穆斯林生活和行为的准则。

② 《马克思恩格斯全集》第 20 卷,人民出版社 1971 年版,第 361 页。

第五章　东欧封建诸国

中世纪的"东欧",实际上是以拜占廷帝国为中心以及受其文化影响的欧洲地区。东欧居民除希腊人、罗马人之外,还有各支斯拉夫人、罗马尼亚人、匈牙利人、阿尔巴尼亚人等。从历史和文化角度进行考察,东欧既是古代希腊文化的发祥地,又是古罗马文化发生重大影响的地区,最后拜占廷集希腊罗马文化之大成。当然,希腊罗马文化的影响并不限于欧洲,也达到了小亚细亚、西亚、北非等地,但是西亚、北非地区在中世纪很早就脱离拜占廷,成为伊斯兰世界的组成部分,只有欧洲才是希腊罗马文化的主要继承者和受惠者。

5世纪后半期,西罗马帝国灭亡后,西欧的历史和文化,由于蛮族的征服而发生变异;东欧的拜占廷虽然受到蛮族入侵的冲击而发生动荡,但帝国政权依然保存下来。这就使它成为古希腊罗马文化的直接继承者。拜占廷高度发达的封建政治、经济、军事、文化、宗教、艺术等,对东欧其他国家和民族都产生直接间接、或大或小的影响。古希腊和拜占廷的扩张,各国商人的活动,东正教的传播,文化艺术的影响等,都在保加利亚人、塞尔维亚人、罗马尼亚人、阿尔巴尼亚人、匈牙利人和俄罗斯人等各民族中留下深刻的印记。整个中世纪拜占廷都是东方与西方、欧洲与亚洲经济文化交流的桥梁。

第一节　查士丁尼时代的拜占廷

拜占廷初期社会经济发展的特殊性　330年罗马皇帝君士坦丁一世(306—337年在位)在古希腊移民城市拜占廷旧址,建成帝国首都君士坦丁堡,扼守着东方战略要地——博斯普鲁斯海峡。这表明东部地区在罗马帝国中的地位日益重要。395年罗马皇帝狄奥多西死后,统一的大帝国分为东西两部,由其两个儿子分别进行统治,从此走上各自独立发展的道路。东罗马帝国因其首都君士坦丁堡旧名拜占廷,故亦称拜占廷帝国。它的版图包括欧洲的巴尔干半岛、爱琴海诸岛,亚洲的小亚细亚、亚美尼亚、叙利亚、巴勒斯坦、美索不达米亚上游地区,以及非洲的埃及、利比亚等地区,成为横跨欧亚非三洲交界处的庞大帝国。

拜占廷帝国是古罗马时代人烟稠密、城市众多、工商业繁盛、经济文化发达的地区。拜占廷的农业主要依靠埃及和叙利亚。西亚、北非的农业虽然也有奴隶制的大生产,但一般规模比西西里和迦太基要小,多系中小型的田庄,奴隶制的大生产并未占主导地位。奴隶的数量较少,在埃及奴隶只占总人口的2%～7%。埃及在历史上一向有土地国有的传统,所谓"国有"即国家最高统治者国王所有。罗马人征服埃及之后也继承了这种土地制度,把大部分土地攫为皇室财产,分给农民耕种,向皇室缴纳租税。这就是在埃及盛行的永佃制和代耕制,即自由小农租种土地的制度。叙利亚的农业大体上与埃及相似。小农经济在拜占廷农业中占据重要地位。即使中小型奴隶制田庄,也是以隶农制劳动作基础。因此隶农和自由小农占农村人口的多数。隶农从田庄地主处领得一小块土地,自行经营,有自己的家室和简单生产工具。他们必须为田庄地主服劳役或缴纳一定数量的租税和贡物。当然,在田庄里也还保留部分奴隶,或从事服务性劳动,或耕种土地,其地位接近隶农。因而在西方奴隶制大农业发生危机时,对东罗马冲击不大,这里不仅见不到危机,甚至经济还有所发展。

拜占廷手工业和商业的发展也具有自己的特点。这里有许多大的国际都市,如巴尔干半岛的君士坦丁堡、帖撒罗尼加,叙利亚的安条克,埃及的亚历山大里亚。在西罗马出现奴隶制经济危机时,东方城市不仅没有衰落和萧条,而且还相当繁荣。拜占廷的手工业中有官营手工业作坊和私营手工业作坊两类。官营手工业以奴隶劳动为基础,规模较大,但其中也有相当数量的服役手工业者和佣工。有的官营作坊由私人承包,向国家缴纳定额产品和提供服役。私营作坊中也有采用或租用部分奴隶进行生产,更多的是自由小手工业者的作坊,进行个体的小生产,承担国家的赋税和劳役。由于拜占廷的手工业中奴隶劳动与自由小生产者劳动并存,较少受奴隶制生产危机的影响,手工业生产能够在4至6世纪保持稳定和发展,各种手工业品行销国内外。

拜占廷的国内外贸易相当发达。它不仅有国内的农业和手工业生产发展作基础,而且拜占廷和其他国家商人奔走于欧亚各地,运销东方和西方各种商品。中国的丝绸、印度的香料、埃及的粮食和纸草、叙利亚的织物和刺绣、斯拉夫的毛皮和蜂蜡等各种商品,都经过君士坦丁堡和其他拜占廷大城市再转运至欧亚各地。所以马克思把中世纪的君士坦丁堡称为"东西方之间的一道金桥"①。

拜占廷有稳定的工农业生产作基础,又有繁荣的国内外贸易,使国家的财政来源有了保障,增强了国家的实力。在蛮族入侵的社会大动荡时期,仍然保存了有效统治的帝国政府和训练有素的强大军队。拜占廷皇帝严格控制教会,打击异端教派的传播,按照古罗马的法律继续征收苛捐杂税,对其所辖领土进行严密统治。因而在西罗马帝国灭亡后,拜占廷又继续存在了近千年。

查士丁尼的统治　6世纪查士丁尼皇帝统治时期(527—565年)被认为是拜占廷历史上第一个"黄金时代"。他在内政和外交、经济和军事方面都有所建树。当时著名历史家普罗科匹厄斯的两部传世之作(《战争》和《秘史》)对查士丁尼的成就记述甚详,可供人们进行研究和评论。

---

① 《马克思恩格斯全集》第9卷,人民出版社1961年版,第263页。

查士丁尼对内政策的核心是巩固奴隶主阶级的统治,对外政策的基本点是扩张领土。查士丁尼登位不久君士坦丁堡就爆发了"尼卡起义"。君士坦丁堡的基层组织是"德莫",是一种具有一定自治功能的城区组织。有自选的区长,组织民兵,维持治安。各德莫之间社会经济条件、人员构成等不尽相同,逐渐产生分歧,形成不同的派别。各德莫成员在赛车场上分别支持不同服色的车队,从而形成势力较大的蓝党和绿党。蓝党上层多系元老贵族和地主;绿党上层则多为富商和高利贷者。在政治和宗教方面,蓝党主张中央集权和信奉正教;绿党主张地方自治并倾向一性派。各党下层群众都是城市平民。532 年 1 月,当查士丁尼出席赛车会时,群众高喊,发泄不满,随即演变成反政府的起义,口号是"尼卡"(希腊语"胜利"),故称"尼卡起义"。起义目的是反专制、反贪污、反苛税。起义群众冲进市政厅和帝国政府;捣毁监狱,释放犯人;烧毁官署,袭击皇宫,拥立新皇帝。查士丁尼和宫廷官员躲在皇宫里不敢露面。起义延续 6 天,除皇宫外全城尽为起义者占领。大将贝利撒留出动雇佣军,利用阴谋血洗集结在赛车场的起义群众,杀死 3 万多人,两党领袖被处决。查士丁尼依靠刀剑保住了皇位。

人民起义为查士丁尼敲响警钟。他不得不实行一些改革以缓和尖锐的阶级矛盾。明令禁止卖官鬻爵,惩治贪污,限制贵族特权,实行长子继承制,撤销执政官制度,提高行政效率。为总结古罗马的统治经验,特成立罗马法编纂委员会,由法学家特里波尼安领导。委员会审订自哈德良皇帝(117—138 年在位)以来400 多年间罗马历代元老院的决议和皇帝诏令,删除其中已失效和互相矛盾部分,于 529 年编成《查士丁尼法典》,共 10 卷。后来又把历代法学家解释法律的论文汇总整理,于 533 年编成《学说汇纂》50 卷,同年又颁布《法理概要》,又称《法学家指南》,它精审扼要,是学习罗马法的教材。最后又将 534 年以后颁布的法令于 565 年汇编成《新法典》(又译作《新律》),作为《查士丁尼法典》的续编。上述所有法律文献统称《罗马民法大全》。这部法律文献肯定皇帝的专制权力,把皇权视为至高无上。它是欧洲历史上第一部系统完备的法律文献,对后世立法影响深远。

查士丁尼的对外扩张 查士丁尼的对外政策是对内政策的延续。对内竭力巩固东罗马的统治,对外则要恢复古罗马的版图。为此他在经济和财政上做了充分的准备。他委任酷吏,进行横征暴敛。主管财政的最高长官是卡帕多西亚的约翰(531—541 年在职),对人民极尽搜刮之能事。为了敛财推行专卖制度,引起群众的愤怒。仅丝绸专卖就使政府获利丰厚。查士丁尼又在全国增收附加的土地税,年可得金币相当 3 000 磅。经过多年准备之后,开始执行其恢复罗马帝国的计划,发动大规模的征服战争。

查士丁尼对外征服的方针是,对东方和平,对西方战争。他急于结束从 527

年开始的对波斯的战争,不惜以赔款为代价于532年缔结"永久和约";拜占廷以代守边境的名义向波斯缴纳1.1万磅黄金。拜占廷稳定了东方,出动大军进攻西方。533年,贝利撒留率军进攻北非汪达尔王国,揭开了长达20多年查士丁尼征服战争的序幕。是年6月贝利撒留统率1.6万军队从海路进攻北非,9月15日攻陷汪达尔首都迦太基,国王盖利麦投降。534年汪达尔王国灭亡。查士丁尼在北非恢复旧制,被汪达尔人剥夺的古罗马元老的地产全部归还其后代。但因年湮代远,无据可查,归还令难以执行。拜占廷在北非的统治一片混乱,直至548年以后才相对稳定。

征服汪达尔之后,随即发动征服东哥特王国的战争。535年,查士丁尼以干涉东哥特统治集团内部纷争为借口,出兵意大利。贝利撒留率军队8 000人于12月登陆西西里,翌年6月攻入意大利半岛。536年12月攻陷罗马。东哥特军撤走,教皇和居民投降。537—538年东哥特王维提格斯围攻罗马,因瘟疫而撤离。540年贝利撒留攻占东哥特首都拉文那,国王被俘。拜占廷军队在意大利大肆劫掠和搜刮,不仅遭到东哥特人而且也遭到罗马人的痛恨。东哥特新国王托提拉(541—552年在位)率军南下,543年收复那不勒斯;545年又围攻罗马,546年12月城陷,旋又撤走。552年拜占廷援军开到,在意大利中部塔地那战役中,哥特人败绩,托提拉阵亡。554年,拜占廷大将纳尔西斯最后消灭了东哥特的残部,王国彻底灭亡。同年拜占廷又利用西哥特王国的内讧,出兵占领西班牙的东南沿海地区。至此,拜占廷对西方的征服已达极限。

查士丁尼对西方的征服主要目的是恢复昔日的罗马帝国。在被征服地区明令恢复罗马旧制。554年颁布"国务诏书",废除托提拉打击奴隶主的法令和措施,重新恢复奴隶主的土地、财产和特权。奴隶和隶农必须归还原主。但是,由于诏令难以推行,不得不顺乎形势,承认既成事实。简化释放奴隶的手续,取消释放奴隶的限额,卖子或卖身为奴者受到禁止,奴隶经主人同意可任神职,如未经同意而任职一年以上者也不得追回。被释奴隶亦可任元老院议员或其他高级官职。这一切都证明西欧的发展和变化是不可逆转的。但是从长远的观点看,作为东欧经济、政治和文化中心的拜占廷对西欧北非的征服,对促进东西方经济文化交流和社会交往也是有积极意义的。

第二节　拜占廷封建制度的形成和发展

7世纪后的危机和封建制的形成　查士丁尼死后,拜占廷在西方的领土逐渐丧失。7世纪以后拜占廷开始全面衰落,政治、社会和民族危机交织在一起,使拜占廷国家和民族面临生死存亡的关头。6、7世纪拜占廷几乎是在战争中或战争威胁中度过的。拜占廷征服西方的战争打了20多年(533—554年),在东方与波斯争夺两河流域平原的战争断断续续打了一个世纪（527—628 年）。6 世纪末和 7 世纪初又面临反击阿瓦尔人（即中国史书上的柔然人）和斯拉夫人入侵的战争；这些游牧和半游牧的野蛮民族从陆路和海路曾多次进攻君士坦丁堡，直接威胁帝国的生存。7 世纪 30 年代，阿拉伯人从南方崛起，在短短的 20 年间，阿拉伯人征服了半个拜占廷帝国。到 50 年代，拜占廷永久失去了叙利亚、巴勒斯坦、埃及、美索不达米亚和小亚细亚的大部分。7 世纪后半期，阿拉伯人的军事势力已扩展到东部地中海，迅速占领罗得岛、克里特和西西里等有战略意义的岛屿。阿拉伯舰队已渡过爱琴海，穿越赫勒斯滂海峡，进入马尔马拉海，建立永久性军事基地。在 70 年代，阿拉伯舰队几乎每年夏季都要出征君士坦丁堡，对拜占廷国家的存在构成最严重的威胁。

在长期对外侵略扩张和遭受外族入侵威胁的拜占廷，战争已成为国家和政府的经常性的职能，军队成为保卫国家和民族安全之所必需，军事在拜占廷的各行各业中占据特殊重要地位。早在 6 世纪拜占廷就在北非和意大利实行军区制，由军事长官督军兼理政务，取消了原先的行政区划。为了拯救帝国于危亡，希拉克略施行了三项重要改革：(1) 把北非、意大利实行的军区制移植到东方各省。全部军队分驻在三个大区，各设督军一名。后来希拉克略之孙康斯坦斯二世（641—668 年）更加完善军区制，使其成为以将军为长官的地方军事行政区。9 世纪时全国划分为 10 个军区，10 世纪为 29 个，11 世纪为 38 个。军区的范围不断缩小，数目大增。以军区代替行省，地方军事长官兼有行政管辖权，一身二任。实际上全国都处于军事管制之下。(2) 希拉克略建立军役和封建义务合一的军事屯田制。战乱时期没收大贵族的土地和财产被分给服军役的自由农民，作为世袭份地。他们战时作战，平时种地，向政府缴纳赋税，免除徭役。这一改革一方面加强了军队的经济基础，另方面也把拜占廷的生产关系转到小农经济上来，使奴隶制的生产逐渐向封建制过渡。(3) 为了保证战争的需要，希拉克略采取了大批动用教产的措施，利用教会的物质力量和精神力量，号召全国军民，同仇敌忾，进行"圣战"，以打败异教徒和敢于入侵之敌。希拉克略这一改革为后来的"圣像破坏运动"埋下种子。

封建制的发展和圣像破坏运动 8 世纪是拜占廷封建制的大发展时期。8 世纪初，阿拉伯人对拜占廷又发动新的进攻。716 年，阿拉伯人开始进攻小亚细亚，并推进到小亚西部的帕加马。皇帝狄奥多西三世（715—717 年在位）束手无策，但是小亚军区督军立奥击退了敌人的进攻。于是立奥强迫皇帝退位，自己登上皇帝宝座，称立奥三世（717—741 年在位）。从此开始伊苏里亚王朝的统治（717—797 年）。717—718 年，阿拉伯人出动水陆大军再次围攻君士坦丁堡，形势万分紧急。立奥巧妙地利用"希腊火"粉碎了敌人对首都的围攻。立奥三世竭力整顿租税的征收，改善帝国财政状况；加强和完善军区制，在亚洲部分建立

7 个军区,欧洲部分建立 4 个军区。立奥为了保障新兴军事贵族的利益,安定军士生活,需要大量土地和财产,分封给各级军事长官,由军士农民领取份地耕种,国家从中征收租税和贡物。但是土地大部分掌握在教会和修道院之手,它们还享有免税和免徭役特权,从而严重影响国家的税收和军队的巩固。于是立奥从 726 年起宣布反对圣像崇拜,掀起一个全社会破坏圣像运动。730 年 1 月立奥召集御前会议,要求僧俗高级贵族在他制定的反对圣像崇拜的法令上签字,拒绝签字者立即免职。圣像破坏运动轰轰烈烈地开展起来。主张和参加破坏圣像的主要是东方各军区的军事贵族、开明僧侣、保罗派信徒以及其他反教会的下层群众;坚持圣像崇拜的主要是正教高级教士、旧贵族、修士以及欧洲地区的民众。君士坦丁堡工商界人士也站在圣像崇拜者一边。运动开始后,教会和修院的圣像、圣迹和圣物被捣毁,土地和财产被没收,修士被迫还俗,参加生产,承担国家赋税和徭役。在帝国范围内,圣像崇拜和反崇拜的斗争异常激烈。教俗旧贵族以海岛为依托发动反政府的叛乱,遭到立奥三世的镇压。731 年教皇格雷戈里三世也进行干涉,他宣布开除立奥和全体圣像破坏者的教籍。立奥则剥夺教皇在南意大利的征税权和对伊利里亚的管辖权作为回击。君士坦丁五世时期(741—775 年),圣像破坏运动达到最高峰。753 年皇帝在查尔西顿召开宗教会议,有 300 多主教和修院院长参加,会上通过了反对圣像崇拜、拥护皇帝宗教政策的决议。两派斗争更加激化。修院被封闭,土地和财产被没收;坚持圣像崇拜的僧侣被囚禁、放逐,有的甚至被处决。圣像破坏运动是促进拜占廷封建化的杠杆。教会和修院的地产多半采用奴隶和农奴耕种。皇帝下令将没收的教产分赠给新兴军事贵族和士兵,或者用以奖励在反对阿拉伯人入侵作战有功的军队官兵,从而培植了一大批新兴的军事贵族和领有份地的军士阶层。这就使拜占廷的封建关系得到进一步发展。女皇伊琳娜在 787 年召开尼西亚宗教会议,谴责圣像破坏运动,宣布恢复圣像崇拜。运动的第一阶段至此结束。813 年立奥五世(813—820 年在位)继位,圣像破坏运动重新兴起,进入它的第二阶段。但是这个阶段的深度和广度均未超过前一阶段。843 年狄奥多拉重新宣布恢复圣像崇拜。历时 117 年的圣像破坏运动至此终止。但是皇权高于教权的原则继续存在,教会被没收的土地和财产也无法收回。取得土地的军事贵族成为不同等级的大封建主,军士和村社农民迅速沦为依附农民和农奴。拜占廷封建化的过程前进了一大步。

9 至 10 世纪拜占廷的强盛 从 9 世纪 20 年代到 11 世纪中叶的 200 多年间,是拜占廷封建关系得到迅速发展、封建制度最终确立的时期。拜占廷的地理位置,处于游牧和半游牧民族的包围之中。帝国的经济成就和城市繁荣,经常吸引一些游牧和半游牧民族劫掠帝国领土,特别是进攻君士坦丁堡。在整个中世纪,君士坦丁堡曾遭受多次游牧民族和其他外部敌人的围攻,并有时沦于敌手。

9世纪时,阿拉伯人对帝国的威胁依然存在。9世纪初,哈里发亲率大军侵入小亚细亚,水陆两军分别占领一些领土和岛屿;拜占廷方面也奋力反击,派军队深入阿拔斯王朝腹地。拜占廷与阿拉伯人的战争在9世纪前半期基本上处于僵持状态。拜占廷军队夺回了从叙利亚到亚美尼亚的大片领土,在帝国东部边境上建立了要塞。阿拉伯人也在要塞的对面构筑了许多工事。其中最重要的工事是塔尔斯要塞(在奇里乞亚)。战事几乎连年不断,但主要是在要塞线一带进行的。在地中海上阿拉伯人的海军占优势,重新攻占了克里特岛(823年)和马耳他岛(858年)。西西里岛的争夺战持续了50多年,终于878年为阿军占领。阿拉伯人以西西里和地中海其他岛屿为基地,对拜占廷在南部意大利的领地不断发起进攻。自9世纪末叶起,克里特岛成为阿拉伯海盗的基地,他们经常从克里特岛出发袭击拜占廷的其他岛屿和伯罗奔尼撒各城。10世纪以后,由于国内外矛盾的发展,阿拉伯帝国趋于衰落,拜占廷在马其顿王朝(867—1056年)的统治下,加强了封建制度,社会经济和文化得到进一步发展,进入帝国历史上第二个"黄金时代"。拜占廷对阿拉伯人的战争处于有利地位。10世纪初夺占了叙利亚北部地区,10世纪后半期又收复了克里特、塞浦路斯和罗得等岛屿。阿拉伯人对拜占廷的威胁大为缓和。

拜占廷在北方受到新崛起的第一保加利亚王国的威胁。保加利亚人早在7世纪后期已开始形成独立国家。但在最初的一个多世纪并未对拜占廷构成威胁,只是在9世纪初克鲁姆大公统治时期(802—814年)开始与拜占廷发生战争(809—813年)。克鲁姆率军南下,进攻拜占廷,而拜占廷军队两度攻掠保加利亚首府普利斯卡(809、811年)。811年,拜占廷军队在阿得里亚堡北部山区战败,皇帝尼基福鲁斯(802—811年在位)阵亡。克鲁姆率军进攻君士坦丁堡,久攻不克,保军遂劫掠色雷斯,并夺取阿得里亚堡。815年,拜占廷终于战败保加利亚王国,迫使它缔结三十年和约(817年)。在9、10世纪之交,西蒙大帝统治时期(约893—927年),保拜两国的冲突再起,斗争的焦点是贸易和帝位的问题。894年,拜占廷败绩,被迫接受屈辱性和约(897年),向保纳贡。西蒙觊觎拜占廷皇位,几次进军君士坦丁堡,均未得逞。

在10世纪后期和11世纪初,拜占廷在北方除面临保加利亚人的威胁外,又有马扎尔人、佩彻涅格人和罗斯人的入侵。经过长期反复斗争,拜占廷终于972年打败罗斯大公斯维亚托斯拉夫,迫使他撤出拜占廷和多瑙河流域。1014年,拜占廷皇帝巴西尔二世(976—1025年在位)大败保加利亚人,拜占廷吞并保加利亚领土,保加利亚第一王国灭亡(1018年)。

国内阶级矛盾的加深和封建制度的确立 拜占廷帝国长期对外战争需要大量的军费。帝国政府千方百计增加税收。9—10世纪拜占廷的捐税名目繁多,有土地税、人头税、牧场税、牲畜税等,而且纳税实行连环保制度,一人逃税,他人承担连带责任。沉重的租税和徭役负担使大量中小土地所有者和自由农民破产，土地逐渐集中在大封建主的手里，促进了大封建土地所有制的形成；自由农民失去土地，不得不租种大封建主的土地，从而变为程度不同的依附农民。到10世纪时，大地产的增加和小领地的减少已成为时代的特征。封建关系得到迅速发展。

随着封建关系的产生和发展，拜占廷自9世纪以来阶级矛盾有激化的趋势。城乡人民以各种形式反抗封建剥削和封建压迫。小亚细亚流传的异端教派——保罗派，早在7世纪已经产生，在八九世纪广泛传播于城乡各地。活动中心在小亚细亚东部地区。其基本群众是农民，也有部分城市贫民和奴隶参加。保罗派受波斯摩尼教的影响，主张善恶二元论。他们认为现实世界有上帝王国（善的世界）和魔鬼王国（恶的世界）两部分。教会和教产属于魔鬼的产物，必须铲除。因此他们主张取消教阶制，简化宗教仪式，废除偶像崇拜，恢复早期基督教的平等。保罗派是具有明显的反封建反教会纲领的社会民主派。他们积极参加圣像破坏运动，是农民反对农奴化斗争的一种形式。827年，官军攻陷它的根据地泰夫里卡，保罗派被镇压。保罗派信徒逃散世界各地，有的逃到保加利亚成为波高美尔派（亦译"鲍格米勒"派）信徒；有的逃到意大利和法国，参加那里的异端运动"使徒兄弟"派和阿尔比派。保罗派思想的种子被带到欧洲许多国家。

821—823年，在小亚细亚爆发了托马领导的大规模农民起义。参加者有农民、屯田兵、城市贫民和逃亡奴隶。起义得到保罗派的支持。起义领袖托马按照人民的意愿，废除苛捐杂税，镇压豪强，打富济贫。起义军包围君士坦丁堡达一年之久。政府对起义采取分化瓦解政策，并请求保加利亚国王派兵镇压。823年起义军战败，遭到残酷的屠杀。只有少数幸存的起义者宁死不屈，坚持战斗到825年。

10世纪时，农民反抗封建剥削和封建压迫的斗争，以各种形式不断发生。928年，东部地区发生饥荒。马其顿人瓦西里领导小亚细亚人民举行起义（932年）。瓦西里英勇不屈，被砍去一只手仍然坚持战斗。后来安上铜手，装上宝剑，仍然领导农民起义。攻打城堡，占领庄园，抵抗官军，声势浩大，被称为铜手瓦西里起义。终因众寡悬殊而被镇压。瓦西里被俘并被处以火刑。

封建大土地所有制的迅速发展，是靠侵害中小土地所有者和农村公社的土地所有权而取得的。失去土地的人不断增加，对政府的税收和兵源以及社会的安定构成严重威胁。早在922年政府曾颁布法令，禁止封建主掠夺村社的土地；996年，皇帝巴西尔二世命令大封建主将侵占村社农民的土地一律归还。大封建主抵制皇帝的敕令，使这些法令形同具文，难以施行。科穆宁王朝（1081—1185年）是大封建主利益的代表者。此时军区制已经瓦解，改行"普洛尼亚"（监领地）制度，又称"恩准制"，与法兰克的采邑制相似。政府将国家的和农村公社的土地分给公职贵族监领，终身享用监领地的租税，不得世袭。监领主必须

110

为国家服役,并按照监领地的面积提供相应的兵员为国家服军役。监领主同时也取得对领地上农民(巴力克)的支配权。农民必须向监领主缴纳租税,并服劳役。后来监领主又取得领地的行政和司法权。监领地变成封闭型的封建大地产。普洛尼亚的实施暂时加强了国家和军队的实力,但潜伏着离心倾向,导致分裂割据的加剧。

第三节　拜占廷文化

拜占廷文化的形成及其特点　4 世纪末罗马帝国的东西两部分开始分道扬镳。东罗马帝国的诸种文化因素,经过长期的冲突和融合,最终形成独具特色的拜占廷文化。4 至 5 世纪在东罗马起重要作用的文化因素主要有三个:一是古典希腊罗马的文化传统(包括希腊化时代的文化传统);二是新兴的基督教文化因素;三是近东文明古国的文化影响。这三种文化因素交互作用的结果,最终形成了中世纪的拜占廷文化。

东罗马精通上述三种文化传统的学者主要集中在东方。埃及的亚历山大里亚、巴勒斯坦的凯撒里亚、叙利亚的安条克和贝鲁特、小亚细亚的卡帕多西亚等,是当时东罗马的文化学术中心。东罗马欧洲部分的文化学术中心依然在雅典和帖撒罗尼加。凯撒里亚的优西比乌斯,被认为是东罗马第一位历史学家,被誉为"教会史之父",他的《基督教会史》成为传世之作。

4、5 世纪东罗马帝国处于由古典文化向中世纪拜占廷文化发展的过渡时期。这是一个多种文化冲突和融合的过程。在狄奥多西二世以后,拉丁文地位不断下降,逐步被希腊文所取代。希腊文化传统、基督教思想和东方风格,逐渐融合成独具一格的拜占廷文化。

查士丁尼时代的文化　查士丁尼统治时期,随着政治、经济和军事的发展,文化学术也有显著进步。查士丁尼时代杰出的历史家是凯撒里亚的普罗科匹厄斯(约 500—565 年)。他受过法学教育,很早就来到君士坦丁堡。527 年被任命为波斯前线达拉要塞司令贝利撒留的顾问和秘书。从此他未曾离开过贝利撒留,随他转战各战场。亲自参加了对汪达尔人和东哥特人的战争,因而对这些战争有直接的观察和体验;跟随司令左右,对作战意图和战略部署有详细了解;还能接触国家档案,对国家情况和战争进程了如指掌。这一切都使他撰写的这部战争史具有极高的权威性。

普罗科匹厄斯留下的著作有三部:《战争》、《建筑》和《秘史》。《战争》记述查士丁尼时代拜占廷对汪达尔王国和东哥特王国的征服战争,其中也包括在东方对波斯帝国的战争。它完成于 553 或 555 年。内容包括波斯战纪 2 卷,汪达尔战纪 2 卷,哥特战纪 3 卷,大事记 1 卷,共 8 卷。此书虽有为查士丁尼歌功颂德之意,但所记战争事实均为作者耳闻目睹,具有很大的真实性和可靠性。另一部著作《建筑》(6 卷)大概成书于 560 年,可能是皇帝授意写成的。它记述查士丁尼在全国各地大兴土木的情况,兴建教堂、军事设施、民用工程等,名目繁多。书中不乏对皇帝的溢美之词。它包含丰富的有关地理、地形和财政方面的资料。第三部著作《秘史》,约完成于 550 年左右,但长期不为人知。① 它与前二书相反,不仅不歌功颂德,反而抨击查士丁尼夫妇的专制统治,揭露宫廷黑暗和帝王将相的隐私。其中也记述了大将贝利撒留及其妻安东尼娜的丑行。这部著作的主导思想认为查士丁尼是帝国一切不幸的渊薮,因而是从反面了解查士丁尼时代的珍贵资料。

普罗科匹厄斯是垂训史观的真正体现者。他极为重视历史的训育启迪作用。他把查士丁尼时代的"惊人奇迹"记下来,是为了教育后代,使查士丁尼时代的"功绩"和过失不"被人遗忘"。西方史学家的垂训史观,由修昔底德开其端,波里比阿继其后,普罗科匹厄斯总其成,一脉相传,影响深远。普罗科匹厄斯在古典文化方面造诣颇深。其作品的风格和表现形式都模仿古典史家的作品。他的作品文笔清晰明快,叙事简练生动,对读者颇具吸引力。但普罗科匹厄斯的著作与其前人一样,多失之于轻信,荒疏于考证。他相信一切事件的进程都是命运决定的。归根到底,他是一个宿命论者。

6 世纪拜占廷的地理学也达到相当高的水平。科斯马斯是这方面成就的代表者。他是亚历山大里亚的商人、旅行家和地理学家,曾沿印度洋岸航行过,故被称为"印度旅行家"。他的著作《基督世界地志》,不仅记述了基督教世界的地理,而且还绘有最早的世界地图。书中明确提到中国的一些情况。他在经商活动中到过埃塞俄比亚和亚洲的一些国家。后来削发为修士,在修院里写了几篇地理学论文,其中仅《地形学》一篇保存至今。

查士丁尼时代在艺术上享有"第一个黄金时代"的美名。这个时代建筑艺术的里程碑乃是圣索非亚大教堂。罗马帝国晚期创建的方形索非亚教堂在尼卡起义中被烧毁,查士丁尼下令重建,并令各省总督提供最好的建筑材料,于是花色品种齐全的大理石源源运到首都,金银、象牙和宝石也一并运来。皇帝选任小亚细亚人安提米乌斯和伊西多尔作为总建筑师。参加建筑的民工达 1 万多人。5 年后竣工(537 年),首都举行盛大的庆典。新建的索非亚大教堂气势磅礴,富丽堂皇。教堂本体是圆顶长方形建筑,有九个铜门,中间门为皇门,供皇帝专用。教堂中央是一个高大的长方形中殿,上方是一个巨大穹顶,高 50 米。穹顶基底处设有 40 个大窗户,阳光能充分照进教堂。中殿两侧是拱门和柱廊,墙上饰以彩色玻璃图案。穹窿的顶部是一个巨大的十字架镶嵌在星空之中,给朝拜者以

---

① 1623 年在拜占廷图书馆被教皇图书馆馆员阿勒曼尼发现。

天人相通的幻觉。

索非亚教堂科学技术难度最大的部分是高大明亮的穹顶。总建筑师虽然完成了这个艰巨任务,但事隔不算太久就发现穹顶开始下沉。在查士丁尼统治末期不得不给穹顶增加一层坚固的衬里。从此以后,虽经过多次大地震,仍岿然屹立。随着时光的流逝,圣索非亚的故事逐渐演变为文学上的神话,充满了奇迹。这些神话故事从拜占廷传入俄罗斯和其他斯拉夫人文学之中,也传入伊斯兰教的阿拉伯和土耳其文学之中,成为国际文化交流的内容之一。圣索非亚大教堂是拜占廷建筑艺术的代表作,对欧洲和西亚的艺术风格具有重要影响。教堂内墙壁上有各种镶嵌图案和人物像,室内还有各种雕刻,也构成拜占廷艺术珍品。

圣像破坏运动时期的文化 希拉克略王朝时期(610—711年)拜占廷处于动荡的时代。外族入侵直接威胁帝国的生存。阿拉伯人的崛起征服了帝国在西亚、北非的大部分领土;斯拉夫人和阿瓦尔人从北方入侵巴尔干,威胁首都君士坦丁堡。社会动荡不安,经济文化很少建树,被称为拜占廷历史上的"黑暗时代"。

伊苏里亚王朝(717—802年)和阿摩里亚王朝(820—867年)基本上是在圣像破坏运动中度过的。如此广泛深刻、尖锐复杂的社会运动,在文化领域里也有反映。圣像破坏运动时期传下来三部重要历史著作。乔治·辛克鲁斯(卒于810年)著有《编年史》,叙述从远古至戴克里先上台(284年)的历史。因时间范围不涉及当代,对于了解圣像破坏运动无补。"坚信者"狄奥方内斯(758—约818年)是辛克鲁斯的好友,应其所请,续写他的编年史。乔治·辛克鲁斯谢世后,狄奥方内斯用4年时间完成这部《编年通史》。从戴克里先即位(284年)写到米凯尔一世下台(813年)。作为修士的狄奥方内斯是圣像崇拜者,屡屡受到反对派的打击。于814—815年被皇帝立奥五世逮捕下狱,囚禁于君士坦丁堡,后被放逐于爱琴海上萨莫色雷斯岛,约于818年去世。这部编年史提供了许多关于圣像破坏运动的情况,也包括大量有关拜占廷和阿拉伯的历史资料。这部书的希腊文本在东方广为流传,西方也有拉丁文译本。

这个时期的另一位著名历史家是君士坦丁堡大教长尼基福鲁斯(约758—829年)。是小亚细亚人,坚定的圣像崇拜者。在806—815年,即两次圣像破坏运动的间歇期,出任君士坦丁堡大教长。815年在圣索非亚教堂的宗教会议上再次决定禁止圣像崇拜,尼基福鲁斯也被褫夺教职,放逐至卡尔西顿附近的修院。他从此开始撰写《简史》,叙述摩里斯逝世(602年)至君士坦丁五世统治中期(769年)的历史。这部著作虽带有浓厚的说教气味,但也包括许多重要的当代政治和教会的史实,特别提到在巴尔干半岛上出现保加尔人的事件。

修士乔治,又称哈马托洛斯,是圣像破坏运动末期的历史家。在米凯尔三世时期(842—867年)完成一部内容丰富的《编年史》,叙述从亚当直至狄奥菲勒斯逝世(842年)之间的历史。其结尾部分(813—842年)价值最高,提供了许多后期圣像破坏运动的情况。哈马托洛斯是这段历史的见证人。他提到了圣像破坏运动的传播、寺院制度、伊斯兰教的扩张和东方君主的生活等,涉及政治、宗教、文化、艺术各个方面。这部编年史对斯拉夫史学,尤其是罗斯史学影响深远。

反对圣像崇拜者的法令、文件和著述,几乎全被销毁。787年在尼西亚召开的第七次正教会议,下令把反对圣像崇拜的法令和著述全部销毁,其中引用了754年反对圣像崇拜会议的部分法令条文。君士坦丁五世反对圣像崇拜的著作,只在大教长尼基福鲁斯的三次《驳斥》中保存一些片断。立奥五世(813—820年在位)曾下令根据《圣经》和教父的著作编写一部反对圣像崇拜的著作;这部著作也没有保存下来。君士坦丁堡的斯图狄乌斯修院院长狄奥多尔(759—826年)的著作中还保存了一些反对圣像崇拜的诗歌。

狄奥多尔是圣像破坏运动第二阶段圣像崇拜者的代表人物。他一向致力于使东正教会摆脱皇权的控制,曾多次与皇帝发生冲突,多次被流放。797年被从流放地帖撒罗尼加召回之后,便进入君士坦丁堡的斯图狄乌斯修院任院长。在君士坦丁五世时,这个修院遭受圣像破坏运动的打击曾一度衰落,但在狄奥多尔的经营下又得到恢复。他为修院制定了新规则,通过修院学校提高修士的文化知识。所有的修士都要学习《圣经》和教父的著作,训练阅读和写作,练习写圣诗等。狄奥多尔在学术方面具有杰出的天才。他的神学著作坚决维护圣像崇拜的观点。他的布教讲演汇成《大小教义问答》,在群众中广泛流行。此外还留下一些诗歌,有圣诗和讽刺诗等。

大马士革的约翰虽生活在阿拉伯人统治下的叙利亚和巴勒斯坦,但属于拜占廷基督教培育起来的文化名人。他留下大量维护圣像崇拜观点的作品,对后世有重要影响。他曾作过倭马亚朝哈里发的大臣,约于750年死于巴勒斯坦。他在神学、教义学、历史学、哲学、修辞学和诗歌等领域都有大量著述。主要著作是《知识的起源》,试图将基督教的教义和基本观点系统地编辑成书,为圣像崇拜者提供对敌斗争的武器。这部著作后来成为13世纪经院哲学家托马斯·阿奎那著述《神学大全》的范例。约翰的教堂圣诗最为著名,其作品被认为是基督教世界最优秀的,达到圣诗发展的顶峰,此后拜占廷再也没有突出的圣诗作家。

9世纪前半期,阿摩里亚王朝统治时期,拜占廷出现了一位著名的大数学家立奥。他培养出许多杰出的学生,使他名扬四海。巴格达哈里发马门,邀请立奥去阿拉伯讲学;拜占廷皇帝狄奥菲勒斯以高薪聘任立奥为君士坦丁堡一个教堂的教师。马门遂致书狄奥菲勒斯,请求准许立奥赴巴格达,并许以对这友好行动的报偿是保持永久和平,并缴纳2 000磅黄金。但这些请求全被皇帝拒绝。狄奥菲勒斯把科学看成像"希腊火"一样神秘的东西。立奥当选为帖撒罗尼加大主教。后因坚持反对圣像崇拜的观点而被褫夺教职，但仍留在君士坦丁堡教书，并任巴尔达斯高等学校校长。号称"斯拉夫人使徒"的希腊人康斯坦丁（西里尔）曾在巴尔达斯学校学习过，是佛提乌斯和立奥的门生。

在阿摩里亚王朝时期，拜占廷的教育有了发展。米凯尔三世的舅父凯撒·巴尔达斯在君士坦丁堡宫廷创建一所高等学校，开设七门课程，引进异教时代的"七艺"进行教学，后为拜占廷和西方学校广泛采用。前三艺是语法、修辞和辩术；后四艺是算术、几何、天文和音乐。这所学校免费招收贵族子弟入学，教授的高薪由政府支付。这个时期的著名学者佛提乌斯就是这所学校的教师。

马其顿王朝时期的文化　在马其顿王朝时期（867—1056 年），巴尔达斯兴办的高等学校更加兴盛。它不仅是培养高级人才的学府，而且是学者荟萃的中心。9 世纪后半期的学术巨擘正是两次出任大教长并在巴尔达斯学校里任教的佛提乌斯（？—891 年）。他受过良好教育，才华过人，知识渊博，热衷教育。他既精通神学、哲学、史学、法学、语法和修辞学，又通晓医学和自然科学。除教书外，还致力于写作，留下一批丰富的文化遗产。在佛提乌斯的著作中，最令人瞩目的是《群书摘要》。佛提乌斯的家里有一个藏书丰富的图书馆，他家仿佛是一个读书沙龙，许多朋友，不管是世俗的还是宗教的，不管是基督教的还是异教的，都到他家里来，朗读诗文，讨论学术问题。《群书摘要》正是在学术界朋友共同研究讨论的基础上摘编成书的。所摘图书的内容涉及各个领域，包括广泛的范围；还有一些文学家、史学家、语言学家、讲演家、自然科学家和医生等人的生平事迹，以及圣徒传记等；另外还摘录一些会议文献资料。总共包括 280 多种图书和资料。各书摘录的段落，详略不一。编者还撰写了一些对某些书籍的评论，甚至写成专论文章。这部书的重要价值在于它保存了许多散佚作品的片断。在其两篇布教辞中提到他目睹 860 年罗斯人第一次进攻君士坦丁堡的事，是有关罗斯人的珍贵资料。

马其顿王朝时期，拜占廷不仅在文化教育方面有所前进，而且学术艺术也得到迅速发展。这个时期拜占廷学术发展的重要特点，是世俗因素与神学因素的逐渐融合，形成拜占廷文化发展的"第二个黄金时代"。佛提乌斯的学生、皇帝立奥六世（886—912 年在位，被称为"贤君"）虽然作品不算多，只写了几篇圣诗和布道辞，但是创造了一种尊师重道、勤奋好学的气氛。他奖掖学术，保护学者，皇宫时常成为学者聚会的中心。立奥六世的文化学术政策为其以后的发展奠定了坚实的基础。

10 世纪拜占廷的著名学者是君士坦丁七世（913—959 年在位），人称"皇太子"。此人儒雅好学，潜心学术，保护教育，热衷著述。他身为帝王，却把国务委托他人处理，自己亲自参加文化学术活动，并成为这一时期文化学术运动的带头人。在他的倡议下，开始编撰一部卷帙浩瀚的历史丛书，直至其后继者时期才最后完成。君士坦丁重视历史的垂训作用,为了鉴往知来,遴选当代历史著作之优秀者,加以整理,编辑成书,题名为《狄奥方内斯著作续编》(6卷),由马其顿王朝许多历史家的著作组成。从狄奥方内斯停笔的813年写起,续到10世纪中叶君士坦丁七世之子罗曼努斯二世统治结束(963年)。实质上是9、10世纪拜占廷历史著作汇编。它对于研究阿摩里亚王朝和马其顿王朝前期的历史具有重要意义。君士坦丁七世还写了一部《巴西尔传》,为其祖父的创业歌功颂德。另一部著作《帝国行政论》是一部关于外交政策的著作,价值很高。其中包括许多外国地理知识,拜占廷与邻国关系,以及有关拜占廷外交的珍贵资料。这部书的前几章是关于北方民族的,其中提到佩彻涅格人、罗斯人、月氏人、可萨人(哈扎尔人)、马扎尔人等。书中还提到第聂伯河流域的地名,有的用斯拉夫语,有的用罗斯语(斯堪的纳维亚方言)命名的。这是首批罗斯王公来源于诺曼人的有力证据。

11世纪,马其顿王朝末期最大的学者是君士坦丁·普塞路斯(1018—1078年),通常以其教名"米凯尔"广为人知。他受过良好教育,博学多识,才华过人。长期得宠于宫廷,晚年官至宰相,踌躇满志。但米凯尔的为人,趋炎附势,虚伪奸诈。一般认为他是高度才华与卑鄙气质相结合的产物。他留下大量的神学、哲学、语言学、历史学、法学和自然科学方面的著作。此外还有一些诗歌、演说词和书信等。他的历史著作是记述976—1077年的《编年史》,是"副主祭"立奥著作的续编。从约翰·齐米西斯皇帝逝世,写到作者晚年,整整一个世纪的历史。虽然在叙事上有些偏颇,但毕竟是10至11世纪历史的珍贵资料。这部著作有浓郁的古希腊文风和丰富的世俗知识。他的修辞学水平达到拜占廷的最高峰。普塞路斯在11世纪拜占廷文化史上的地位,与佛提乌斯在9世纪、"皇太子"君士坦丁在10世纪的地位等同。

马其顿王朝在拜占廷艺术史上占有重要地位。9世纪中叶至11世纪末,被誉为拜占廷艺术的"第二个黄金时代",圣像破坏运动使拜占廷艺术摆脱了呆板的、死气沉沉的教会影响,另辟了一条新的艺术途径。早期亚历山大时代的艺术传统通过阿拉伯和伊斯兰教装饰艺术影响拜占廷。具有现实意义的历史主题和当代主题逐渐取代基督教主题。马其顿艺术风格在吸收其他民族艺术风格的基础上形成独具特色的拜占廷艺术。它克服了6世纪艺术的笨拙形式,带来一种庄重与典雅、严谨与流畅的新风貌。它与宗教情感和谐一致,并具备古典希腊作品所不具备的严肃性。马其顿王朝的艺术风格在一定程度上受到亚美尼亚艺术风格的影响。巴西尔一世建立的新教堂(尼亚)就具有亚美尼亚艺术风格。10世纪圣索非亚大教堂的穹顶遭到地震破坏后,其修复工作就是委托亚美尼亚建筑师来进行的。巴西尔一世新建的宫殿(肯努尔琼宫)就是用鲜艳的镶嵌图案加以装饰。在10至11世纪拜占廷各地所建立的教堂,不仅体现了马其顿的建筑艺术风格,而且还保存了大量有趣的壁画艺术财富,反映了马其顿艺术的光辉成就。

科穆宁和安基卢斯王朝的文化 科穆宁王朝(1081—1185 年)和安基卢斯王朝(1185—1204 年)时期拜占廷的文化和学术又有发展。其显著特点是狂热地追求和模仿古典希腊的作品。赫西奥德、荷马、柏拉图、修昔底德、波里比阿、伊索克拉底、狄摩西尼、阿里斯托芬等古希腊的文化名人都成为 12 世纪和 13 世纪初拜占廷学者学习和效法的榜样。这个历史时代,无论在宗教界还是世俗界,在文化领域涌现出大量杰出的作者。科穆宁家族在这场文化运动中居于重要地位。阿历克塞一世曾写过一些神学方面的论文反对异教徒。在他逝世前完成一部《阿历克塞诗集》,属于政治诗的类型,其目的是教子,对其继承者谆谆告诫和叮嘱。在内容方面不仅涉及抽象的道德问题,而且也包括许多当代的历史事件,例如第一次十字军东征。

阿历克塞一世的女儿和女婿在历史学方面享有盛誉。其婿尼基福鲁斯·布林尼厄斯(约 1062—1137 年)曾任重要官职,与其妻安娜公主合谋欲篡夺皇位,事泄未果。约翰二世继位,安娜被贬入修院。布林尼厄斯立志撰写一部阿历克塞·科穆宁的传记,记述科穆宁王朝的兴起,打算把伊萨克一世(1057—1059 年在位)以来科穆宁家族的全部历史都记录下来。他已着手编写大事记和人物传,叙述 1070—1079 年之间发生的事件。不料于 1137 年布林尼厄斯猝然谢世。于是安娜公主继承夫志,最终完成《阿历克塞传》(全名《阿历克塞皇帝政事记》),共 15 卷。主要记述 1069—1118 年拜占廷帝国的历史。安娜受过高等教育,古典文化功力深厚。此书用古希腊文写成,为其父歌功颂德,溢美之词,不绝于书。尽管在叙述上有夸张琐事、忽略大事之弊,但其资料来源主要根据个人观察和当时人传记,也包括一些国家档案、外交函件和帝国政令。总的说来,不失为一部具有很高价值的历史著作。早期十字军的情况、拜占廷与北方和东方游牧民族的关系、与诺曼人的战争等,在这部著作中都有记述。

米凯尔·阿科米那图斯和尼基塔·阿科米那图斯是兄弟,出生于小亚细亚弗里基亚地区考奈城,故人称"考奈兄弟"。米凯尔是神学家,精通希腊古典学术,与马其顿王朝大学者普塞路斯齐名;其弟尼基塔是杰出的历史学家和政治家,曾任曼努埃尔一世的秘书,后任安基卢斯王朝宰相。"考奈兄弟",蜚声遐迩。

米凯尔曾任雅典大主教达 30 余年,长期住在卫城主教的住所里,中世纪的圣母教堂就坐落在古代帕台农神庙的旧址。米凯尔对自己被安置在古希腊的雅典卫城居住,感到十分荣幸,仿佛住在天堂里一样。他对古希腊的文化和学术极为敬仰。像柏拉图时代一样,他经常去考察雅典市民,终于发现中世纪的雅典已经不是古代的雅典。他号召当代的雅典人要保持古代雅典的高雅风貌。他认为中世纪雅典已经沉沦,应该努力恢复古典文化传统。复古主义学风是12、13世纪拜占廷文化的一个重要特征。13世纪初,第四次十字军攻陷了君士坦丁堡,随后又占领雅典城。米凯尔被迫离开雅典,在克亚小岛上度过了余生,大约在1220年或1222年逝世,葬于该岛。米凯尔留下许多歌颂雅典城光荣历史的诗歌,不啻是雅典城衰亡的挽歌。此外还有内容丰富的布道辞、演说词和书信集等,都是一些有关社会、政治、文学方面的珍贵资料。

尼基塔幼年来到君士坦丁堡,在其兄指导下受过极好的古典教育。在十字军攻陷君士坦丁堡时逃出首都,受过尼西亚皇帝的礼遇。在尼西亚完成巨著《历史》(20卷),记述约翰二世至拉丁帝国初年(1118—1206年)的历史。尼基塔的著作对于后期科穆宁王朝和安基卢斯王朝的统治、第四次十字军攻陷君士坦丁堡等的记述,都有无可估量的价值。尼基塔是这些事件的当事人和目击者,而且又身居高位,了解内情,多用第一手资料写成,提高了这部著作的价值。尼基塔的著作风格高雅,功底深厚,阐述雄辩,文笔生动。但他本人对这部著作并不完全满意。尼基塔的史观注重真实,从而为其著作增添光辉。除此之外,尼基塔还有一些法学、修辞学和神学方面的著作。

科穆宁和安基卢斯王朝的艺术基本上继承了马其顿王朝的光辉传统,但形式主义和复古主格调有些发展。科穆宁王朝在君士坦丁堡又新建了一座秀丽的皇宫,即布拉彻尔内皇宫。皇族全部迁出旧皇宫("大皇宫"),迁入黄金角顶端的新居。新皇宫辉煌壮丽,远胜于大皇宫。科拉教堂也在12世纪初重建。有些世界驰名的建筑分布在西方和东方各省。威尼斯的圣马可大教堂是按照君士坦丁堡使徒教堂的设计重建起来的,其建筑艺术和镶嵌细工都反映了拜占廷艺术的特点。西西里的切法卢和巴勒莫的许多建筑再现了12世纪拜占廷艺术的最高成就。巴勒斯坦的伯利恒圣诞教堂的全部镶嵌细工,是由东方基督徒镶嵌专家在1169年为献给曼努依尔皇帝而精心制作的。无论东方还是西方,拜占廷建筑艺术的影响贯穿于整个12世纪。

12世纪东西欧的文化学术交流有新的发展。西欧诸国(如法国和英国)逐渐恢复了研究古典学术和研究古典文化的兴趣。热衷于学习希腊文和拉丁文的人愈益增多。古代罗马的散文和诗歌、法学、哲学、历史学,重新开始在西欧流行。希腊和阿拉伯式的大学也开始在西方兴起。12世纪时意大利和拜占廷的交往是相当经常而广泛的。君士坦丁堡经常举行学术讨论会,参加者不仅有东正教的学者,也有西方天主教的学者,他们从欧亚各地来到拜占廷首都进行学术和宗教论争。皇帝也时常亲临现场。这种学术讨论为拜占廷希腊文化向西方传播打开了方便之门。意大利商业共和国与拜占廷的贸易关系密切。在君士坦丁堡城区,居住许多威尼斯、比萨和热那亚的居民。热衷希腊文化的意大利学者向西方大量传播希腊文化。在曼努依尔皇帝时期,西方各国(如法、德、比萨、教廷等)连续不断地派使团来拜占廷;拜占廷也有使团去西方。东西方不断的文化交流,为西欧的文艺复兴奠定了一定的社会基础。

第四节 保 加 利 亚

保加利亚的建国 保加利亚王国大约在 7 世纪末建立在多瑙河流域古麦西亚地方。这里的最早居民是印欧人种的色雷斯人。公元初期大部分色雷斯人处于罗马的统治之下。6 世纪时斯拉夫人的一支从东欧平原南迁至多瑙河流域,在麦西亚地方形成"七部落联盟"。保加尔人原为中亚突厥部落的一支,约 370 年与匈奴人一同来到伏尔加河西部草原。保加尔人的一支约在 460 年进抵亚速海北部和东部。这支保加尔人时常与黑海西岸的斯拉夫人联合共同进攻拜占廷的北方领土。6 世纪 60 年代,他们受到亚洲来的阿瓦尔人的袭击,不得不寻求拜占廷的援助。从此保加尔人和阿瓦尔人始见于东欧史籍。

7 世纪前半期,保加尔人在库尔特(即库布拉特,605—665 年在位)的统治下,建立一个统一的强大的保加尔汗国。拜占廷人称之为"大保加利亚",地处于库班河以北地区。库尔特死后,保加尔汗国分裂。大部分保加尔部落西迁潘诺尼亚,甚至到达意大利。阿斯巴鲁赫(约 644—约 700 年)率领的一支保加尔人部落,渡过多瑙河,定居在拜占廷的多布罗加一带。在反对拜占廷的共同斗争中,保加尔人与当地斯拉夫人建立联盟。679 年联盟军队在阿斯巴鲁赫统率下打败拜占廷,占领多瑙河和巴尔干山脉之间的领土,与北方已有的领土瓦拉几亚、摩尔达维亚、比萨拉比亚连成一片。681 年,交战双方缔结和约,拜占廷承认保加利亚为独立国家,首都在普利斯卡。这就是历史上的第一保加利亚王国。这是保加尔人和斯拉夫人联合建立的国家。两个民族在长期共同生活中逐渐融合。保加尔人由游牧转向定居,接受斯拉夫人文化和生活习惯,共同采用斯拉夫语。国家名称仍沿用"保加利亚",但实际上已成为斯拉夫化的国家。

封建制度的确立 8 世纪时,保加利亚正处于封建化的过程中,国内的阶级矛盾和民族矛盾相当尖锐。在对拜占廷的关系上时战时和,互有得失。792 年,保加利亚人在卡尔达姆大公领导下打败了拜占廷军队;利用拜占廷帝国因圣像破坏运动两派斗争混乱之机,为保加利亚的进一步发展和扩张奠定基础。克鲁姆大公统治时期(808—814 年),国势强盛,领土大为扩展。克鲁姆本人可能出身于潘诺尼亚保加尔人,英勇善战,威震四方,曾打败过阿瓦尔人。

保加利亚经过 100 多年的发展,农业经济在社会中的作用愈益加强,封建关系也随着发展起来。与社会经济发展相适应的,克鲁姆的政策也发生微妙的变化。大公竭力贬抑保加尔贵族,抬高斯拉夫贵族的社会地位。大公的权力在新兴贵族的支持下得到不断加强。809 年,克鲁姆夺取了拜占廷北方重镇萨尔迪卡（即后来的索非亚）。保拜两国之间又爆发了四年大战（809—813 年）。拜占廷军队在 809、811 年两次攻掠保加利亚首都普利斯卡。811 年克鲁姆在山区大败拜占廷军队，皇帝尼基福鲁斯战死。812 年，保军乘胜夺取黑海西岸要塞麦森布里亚，并不断向南方推进，抵达君士坦丁堡城下，顺势劫掠了色雷斯和阿得里亚堡。保加利亚在巴尔干崛起，其版图不仅囊括了今保加利亚大部，而且也包括今罗马尼亚和匈牙利的一部分。

克鲁姆之子奥莫尔塔格在位时期（814—831 年），保加利亚向南扩张的势头遭到遏制，拜占廷终于打败保加利亚人，夺回麦森布里亚和阿得里亚堡，迫使保加利亚人退出拜占廷北部地区。817 年，双方缔结三十年和约，并在色雷斯边境修筑土垒城墙，以防止保军的进攻。保加利亚开始在普利斯卡西南方修建新都大普列斯拉夫（821 年）。双方缔和以后，保加利亚的扩张转向克罗地亚、潘诺尼亚和塞尔维亚等地。9 世纪中叶，鲍里斯大公（852—888 年在位）宣布以希腊正教为国教（865 年）。部分大贵族反对大公的宗教政策，掀起叛乱，但遭到大公的镇压。885 年，继西里尔、美多德之后，正教当局派希腊传教士到保加利亚传教，并用斯拉夫语作礼拜。

9 世纪是保加利亚封建关系迅速发展的时期。王公贵族和教会都成为封建大土地所有者，许多农民失去土地，处于依附和半依附状态。在封建关系形成过程中，直接牵动封建贵族和农民之间、新旧贵族之间的利害冲突。这种冲突往往披上宗教外衣。反对鲍里斯的贵族叛乱打的是恢复异教的旗号；反对弗拉基米尔（鲍里斯之子）的贵族集团，依然如法炮制，以恢复异教信仰作号召，再次掀起叛乱。鲍里斯从隐退的修院中复出，迅即平息了贵族叛乱。9 世纪保加利亚的激烈斗争是封建化过程中阶级矛盾和新旧势力矛盾的集中表现。一次次叛乱被镇压使保加利亚的封建关系得到不断发展。到 10 世纪初大公西蒙一世时期（893—927 年），封建制度基本确立，国势臻于鼎盛。

10 世纪的强盛　西蒙也是鲍里斯之子。自幼就在君士坦丁堡受希腊文化教育，喜爱古典学术，奖掖古籍翻译。首都大普列斯拉夫和西蒙皇宫，气势宏伟，富丽堂皇，反映了希腊文化的影响。文化上与希腊兼容并蓄，政治上与希腊兵戎相见，这就是西蒙政策的特点。西蒙在位期间，为争夺贸易权和王位继承曾与拜占廷进行过多次战争。西蒙继位不久，于 894 年便与拜占廷爆发战争，希腊人战败。拜占廷皇帝立奥六世与普鲁特河流域的马扎尔人勾结，唆使他们从北方进攻比萨拉比亚，使保加利亚腹背受敌。但西蒙先后战胜马扎尔人和希腊人，于 897 年迫使拜占廷媾和，皇帝被迫纳贡。

拜占廷皇帝立奥六世于 912 年逝世，因皇位继承问题发生内讧。立奥生前指定其子君士坦丁为同朝共治皇帝（911 年），但在立奥死后其弟亚历山大继承帝位，翌年也去世。时年 7 岁的君士坦丁得嗣大统，称君士坦丁七世，由大主教尼古拉斯摄政。保加利亚大公西蒙，自称罗马人皇帝，于913年进军君士坦丁堡，企图夺取皇位。摄政王尼古拉斯为了安抚西蒙，决定少帝将娶西蒙之女为后。联姻的许诺换取西蒙退兵。宫廷中许多人认为这个许诺无异于出卖国家，因而酿成宫廷政变。母后佐娅夺取了摄政大权，使西蒙的计划遭到挫败。914年，西蒙再次进攻拜占廷，侵入马其顿、帖撒利和阿尔巴尼亚。917年，当西蒙即将在安奇亚卢斯打败拜占廷时，受希腊人策动的佩彻涅格人侵入瓦拉几亚，使这个战争持续多年不分胜负。919年，拜占廷海军司令罗曼努斯·莱卡佩努斯把女儿嫁给少帝君士坦丁；翌年他本人又称帝，与君士坦丁同朝共治。后来罗曼努斯又把摄政太后送进修院，使君士坦丁陷于孤立无援的境地。919年之后，西蒙利用拜占廷宫廷内争，加紧进攻。他在919—924年的5年间曾4次进抵赫勒斯滂和君士坦丁堡，都因缺乏海军未能夺取首都。924年西蒙再次逼近君士坦丁堡，会见了共治皇帝罗曼努斯，双方决定缔结和约。925年，西蒙自称"罗马人和保加利亚人皇帝"。拜占廷虽提出抗议，但罗马教皇予以承认。随后西蒙又在首都普列斯拉夫设立总主教，取代君士坦丁堡的宗教地位。

波高美尔派的传播　保加利亚是基督教异端波高美尔派（又译鲍格米勒派）的策源地。古斯拉夫语 Bogomili，意为"爱上帝者"。这一派于10世纪前半期开始出现于保加利亚，11世纪初传到塞尔维亚和拜占廷。信徒主要是农民。它受流行于拜占廷的保罗派的影响，主张二元论的学说，认为上帝生了两个儿子，即耶稣基督和撒旦。基督是善的代表，撒旦则是恶的化身，善与恶经常斗争，善势力终将消灭恶势力。压迫和暴力是恶的产物，认为有形的物质世界是魔鬼撒旦创造的，因而他们反对教会的特权和剥削，主张没收教会财产分给群众，废除教阶制度。因此该派在教义上否认道成肉身之说，反对关于上帝通过物质施恩于人的基督教教义。他们也反对洗礼、圣餐礼以及正教教会的全部组织体系。在社会伦理方面也是坚持二元论的观点。凡是使人接触物质的活动，尤其是婚姻和酒肉，他们都一概反对。

波高美尔派提出了消灭一切压迫的口号。因此保加利亚农民的反封建斗争多半集结在波高美尔派的旗帜下。波高美尔派运动就是在宗教外衣掩盖下的人民反封建压迫的运动。波高美尔派号召人民积极和压迫者斗争，摧毁压迫和剥削制度，恢复早期基督教公社的普遍平等。很明显，这些主张完全符合农民的要求，因而传播迅速，形成声势浩大的人民运动。10世纪的一个教士说："他们教导自己的门徒拒绝服从政权，谴责富人，痛恨皇帝，咒骂长老，责备领主，认为替皇帝卖力的人是卑鄙的；他们教各种奴隶不要替自己的领主做工"。波高美尔派运动使保加利亚的统治集团惶恐不安，诬指波高美尔派为异端邪说，施以拷打，处以火刑，并勾结拜占廷进行联合镇压。但是波高美尔派运动并未被消灭。许多人逃亡国外，把他们的教义和主张传播出去。传到西欧成为阿尔比派异端

121

的先驱。

第一保加利亚王国的灭亡 随着封建制度的确立,地方封建主的势力大为加强。在西蒙的儿子彼得统治期间(927—969年),内忧外患与之俱来。贵族之间发生内讧,造成分裂割据;以波高美尔派异端形式出现的农民反封建斗争在国内迅速传播;马扎尔人和佩彻涅格人的入侵直接威胁国家的生存。彼得是个虔诚的基督徒,并娶拜占廷共治皇帝罗曼努斯的孙女为后,在一定时期内与拜占廷保持和平关系,以对付内部的分裂和外部游牧民族的入侵。967年,罗斯大公斯维亚托斯拉夫侵入保加利亚,是应拜占廷皇帝之请从腹背打击保加利亚的。保皇彼得策动佩彻涅格人于968年进攻罗斯首都基辅,迫使斯维亚托斯拉夫立即从保加利亚撤军。在罗斯大公战败佩彻涅格人之后,于969年第二次入侵保加利亚,夺其首都普列斯拉夫,俘获保皇鲍里斯二世(969—972年在位)及其全家。罗斯人企图长期占领保加利亚。希腊人为之震惊,拜占廷皇帝尼基福鲁斯迅速与保加利亚人媾和,转而与罗斯人作战。拜占廷军队在阿卡迪奥波利斯打败罗斯人(970年)。971年,皇帝约翰·齐米西斯率军队海陆并进,攻打罗斯人。他们从斯维亚托斯拉夫手中夺取普列斯拉夫,并把它摧毁,随后又在德里斯托夫把他包围;斯维亚托斯拉夫兵败负伤,被迫接受以放弃保加利亚为条件,缔结和约。罗斯人撤退后,多瑙河流域的土地尽为拜占廷所有。保皇鲍里斯二世被迫退位,总主教也同时被废。保加利亚作为一个独立国家实际上已经死亡。

保加利亚西部未被拜占廷占领的地区仍然作为保加利亚国家而存在。西部一总督之子萨缪尔自立为王(976—1014年在位)。以奥赫里德为中心逐渐将其领土扩展至索非亚,并重建总主教管区。保加利亚的势力到10世纪末又扩张到帖撒利、都拉斯,东端和西端都到达海滨。拜占廷皇帝巴西尔二世(963—1025年在位)于996—1014年对保加利亚发动了几次大规模进攻。1014年,双方会战于巴拉西斯塔,保军大败,1.4万官兵被俘。巴西尔下令尽行挖出战俘的双目,每百人中只准一人留一目,令其引导失明官兵重返保加利亚。巴西尔因此获得“保加利亚人刽子手”的称号。1018年,保加利亚全境被拜占廷占领,第一保加利亚王国彻底灭亡。

第二保加利亚王国的兴起和衰亡 第一保加利亚王国灭亡后,其国土在拜占廷的统治下将近170年。拜占廷统治集团残酷剥削和压迫保加利亚人,强制推行同化政策。保加利亚人争取民族独立和自由的斗争连续不断。波高美尔派在这个斗争中起了重要作用。1185年,保加利亚东北部的第诺伐人民,在贵族出身的伊凡·阿森和彼得·阿森兄弟领导下,掀起了大规模反抗拜占廷统治的起义。他们打败了拜占廷驻军。1187年,拜占廷政府被迫承认保加利亚的独立,此即第二保加利亚王国(或后保加利亚王国),首都先在普列斯拉夫,后迁第诺伐。

13世纪,保加利亚的封建经济得到较快的发展。作为手工业和商业中心的城市有所增加,总数约达70个。它同拜占廷、意大利、波兰、罗斯等国的贸易也有发展。国王伊凡·阿森二世时期(1218—1241年),国势最为强盛,版图最广。它首先打败了拉丁帝国,占领马其顿、色雷斯和阿尔巴尼亚北部,东西方直达于海。阿森二世死后,国势渐衰。1242年又遭到蒙古军的侵袭。1258年阿森王朝被推翻。1277—1280年爆发了伊瓦依洛起义。起义军捣毁贵族庄园,占领地主土地,声威显赫。镇压起义的官军被击败,国王被击杀。起义军拥戴伊瓦依洛为王。1278年占领首都第诺伐。部分贵族乘机钻进起义队伍,使伊瓦依洛与前王王后结婚。起义队伍在分化,矛盾在加剧。1279年2月,拜占廷攻占第诺伐。1280年,起义军失败,伊瓦依洛逃到那海(亦作诺盖)汗处,旋被蒙古人杀害。农民起义失败,封建内讧不止。1330年,保加利亚沦为塞尔维亚的属国。14世纪中叶以后,保加利亚分裂为多布罗加、维丁和第诺伐几个小国,1396年前后全被奥斯曼帝国所吞并,第二保加利亚王国遂亡。它存在约210年(1187—1396年)。

第五节　基辅罗斯

东斯拉夫人原始公社制的解体　东斯拉夫人约在五六世纪从故乡普里佩亚特沼泽地迁至东欧平原。据罗斯最早的编年史《往年纪事》记载,东斯拉夫人有30多个部落。6世纪时基本上处于原始公社制阶段。据普罗科匹厄斯在《战争》一书中记载:"安特人(即东斯拉夫人——引者)不是由一人统治的,历来过着民主生活,因而与其幸福攸关的一切事情,不论好坏,都要提交人民讨论……"这说明当时东斯拉夫人过的是原始民主生活。

七八世纪时原始公社制开始解体。以血缘为纽带的氏族公社逐渐转变为地域联系的农村公社和大家族公社。这一转变的关键是定居。氏族部落定居后形成若干村落,占据大片土地。村落就是农村公社;村落是由若干院落组成,院落相当于大家族公社。农村公社的基层组织是大家族公社。大家族公社有一位族长和少量奴隶。它既是共同耕种、共同饲养的生产单位,又是共同分配、共同生活的经济单位。如需大规模开荒伐林,不得不吸收家族以外的劳动力参加,族人与外人同住在一个院落里。这种结合最初是临时的,后来成为经常的。人们的地域联系逐渐压倒血缘关系。这种农村公社,北方称之为"米尔",南方称之为"维尔福"。东斯拉夫人的农村公社与日耳曼人的马尔克相比,既有共同性,也有特殊性。马克思曾指出,俄国的农村公社在一切方面就连最细微的地方都绝对同德国的原始公社一样。而俄国公社的特点是"第一,公社的管理机构的性质不是民主制的,而是家长制的;第二,向国家交税采用连环保的办法……"①,农村公社是由原始社会向阶级社会过渡的桥梁。考古资料证明,八九世纪时阶级对立已经存在。富人和穷人的住宅和坟墓大不相同。

古罗斯国的建立 据《往年纪事》记载,古罗斯国建于 9 世纪中叶,它的第一个王朝是留里克,最初几代王公都是瓦里亚格人。瓦里亚格人属于诺曼人的一支,与东斯拉夫人处于同一发展水平。他们为了与拜占廷、阿拉伯进行贸易,在八九世纪大批侵入第聂伯河和伏尔加河流域。从瓦里亚格人到希腊人的大水路就是东欧平原上纵贯南北的商路。瓦里亚格人的基本组织是武装商队,由军事首领统率千百个侍从兵。占领商路沿线城市作为贸易据点,把掠来的毛皮、蜂蜜和奴隶等运到君士坦丁堡出售。商路沿线的斯拉夫人和非斯拉夫人都处于依附地位,必须向瓦里亚格人纳贡。

据《往年纪事》记载,东斯拉夫人各部落内部矛盾激化,内讧不已,社会混乱。为了维持秩序,特邀请势力强大的瓦里亚格人军事首领作王公,于是留里克兄弟应邀来到诺夫哥罗德,于 862 年做了罗斯国第一任王公,从此开始留里克王朝的统治。留里克即位后,遭到当地保守贵族的反对,掀起了"瓦丁姆暴动"。留里克迅速镇压了反对派,保住了新兴国家政权。另一支瓦里亚格人商队首领阿斯科德和迪尔占领基辅,建立基辅国家。879 年留里克逝世,其子伊戈尔正值冲龄,由其亲属奥列格摄政。奥列格决定沿"瓦希商路"南征,直逼基辅城下。在杀死阿斯科德和迪尔之后,于 882 年占领基辅,并将首都迁此。基辅遂被称为"罗斯诸城之母"。从此开始基辅罗斯的统治。

初期的征服和对外贸易 瓦里亚格人在新兴的国家中占据统治地位,初期的政策基本上反映他们的利益和要求。对邻近地区进行武力征服是基辅罗斯的最重要政策。通过武力征服一方面掠夺财物和奴隶,另方面强迫当地居民称臣纳贡。被征服者必须履行纳贡的义务。每年冬初大公率领亲兵队到各地"索贡巡行",挨家挨户征收贡物,索取毛皮、蜂蜜、蜂蜡等,后来也索取粮食和奴隶。伊戈尔大公贪得无厌,一再到德列夫良人那里索贡,激起当地人民的反抗,伊戈尔本人和亲兵都被德列夫良人杀死。

对外贸易是基辅王公的另一项重要政策。劫掠和征贡是为贸易准备财物。每年春季大公都将集中起来的财物,用船运到君士坦丁堡出售,并从那里买回必需品和奢侈品。基辅罗斯王公和瓦里亚格人商队与拜占廷的关系既有贸易也有战争。860 年,瓦里亚格人木船队进攻君士坦丁堡,但暴风吹散了船队,保全了帝国首都。据《往年纪事》载,奥列格于 907 年率水陆两军进攻君士坦丁堡。希腊人战败求和,911 年签订和约,罗斯商人取得了免税贸易的权利;拜占廷必须

---

① 《马克思恩格斯全集》第 32 卷,人民出版社 1974 年版,第 185 页。

向罗斯进贡。此后941、944年伊戈尔又两次进攻拜占廷,只蹂躏其国土,并未攻克首都。双方缔结的新约对贸易关系又有详细规定。

基辅罗斯与东方阿拉伯人的贸易,主要通过伏尔加河流域。贸易中心北方有保加尔城,南方有伊迪尔(哈扎尔汗国首都)。伏尔加河流域的考古发现了大量的9至11世纪的阿拉伯、拜占廷和盎格鲁撒克逊货币,说明基辅罗斯与东西方的贸易关系是相当广泛的。

伊戈尔之子斯维亚托斯拉夫时期(962—972年),建国虽逾百年,但仍执行瓦里亚格人的基本政策。南征北战,到处劫掠。他首先征服东北部的维亚提契人,继而攻打伏尔加河流域的保加尔汗国和哈扎尔汗国,再征北高加索,打通了通往东方的道路。967年,应拜占廷之请,出兵打败保加利亚王国。他企图永远占领保加利亚,并把首都迁到靠近拜占廷的佩雷雅斯拉维茨。拜占廷害怕罗斯占领保加利亚,便与保加利亚大公勾结,贿赂佩彻涅格人进攻基辅,斯维亚托斯拉夫被迫班师回国。但击退佩彻涅格人之后又返回保加利亚。拜占廷皇帝见势不妙,只好动用武力把他赶出多瑙河。971年双方缔结和约,斯维亚托斯拉夫在返国途中中了佩彻涅格人的埋伏而身亡。

基督教化及其后果 罗斯人皈依希腊正教并定基督教为国教经过了很长的历史过程。罗斯人原信多神教,奉伯伦为主神。瓦里亚格人亲兵队奉伯伦为战神,瓦洛斯为财神和商神。9世纪中叶,部分罗斯人开始接受基督教。伊戈尔时期信仰基督教的人增多了。944年到君士坦丁堡签订条约的罗斯代表团成员中已有人成为基督徒。他们在君士坦丁堡伊利亚教堂宣誓信守条约。回国后在基辅也建立伊利亚教堂。古斯拉夫文《圣经》也从保加利亚传入罗斯。女大公奥尔加于957年率亲兵队来到君士坦丁堡,接受了基督教的洗礼,并得到皇帝的馈赠。

弗拉基米尔上台后,最初企图改革多神教,后来决定皈依希腊正教。987年,拜占廷爆发福卡斯暴动,保加利亚威胁帝国的安全。皇帝巴西尔二世请求基辅大公帮助镇压暴动。基辅提出的条件是娶希腊公主、接受基督教,两国修好。皇帝同意这些条件,基辅大公迅速平定了小亚暴动,并于988年宣布基督教为国教,强令全体罗斯居民下河接受洗礼。拜占廷派出大教长列昂主持罗斯人的洗礼。罗斯国开始大规模修建教堂。罗斯教会从1037年起隶属于君士坦丁堡大教长,此后200年间几乎所有的大主教和主教都由希腊人充任。13世纪以后宗教权力才转入罗斯人之手。

基督教在罗斯的广泛传播促进了封建制的形成和发展,加强了大公政权的统治,密切了罗斯与欧洲各国特别是拜占廷的关系,使基辅罗斯在政治、经济、军事、文化各方面都受到拜占廷的影响。罗斯的建筑和绘画艺术在吸收拜占廷艺术的基础上加以消化和改造,形成独具罗斯特点的艺术风格。

封建土地制度的形成　　古罗斯国是在原始公社制瓦解的基础上建立起来的，因而保存了浓厚的公社制和奴隶制的残余。建国后将近一个世纪仍然按照古老的部落习惯生活。土地被认为是公共财产，归公社所有。耕地按分配使用，荒地、草地、林地、池塘等可以自由使用。九十世纪时，耕地的定期分配已经停止，成员对分得耕地的使用权可以继承，久而久之则出现土地私有。公社成员享有继承权的土地称为"祖传地"、"世袭地"，大体上相当于日耳曼人的"自由地"、"自主地"。封建王公贵族往往利用政治权力抢占公社土地和农民份地，促进了封建土地所有制的形成。

罗斯封建大土地所有制的形成经历了很长的历史过程。据《往年纪事》的记载，到10世纪中叶王公贵族已开始占有城堡和田庄。奥尔加拥有威什哥罗德城堡和奥尔日契田庄。斯维亚托斯拉夫王后玛卢莎拥有杜布季诺田庄，弗拉基米尔大公拥有别尔哥罗德城堡和别列斯托沃田庄等。波雅尔贵族也开始占有土地和田庄。《罗斯法典》中提到，波雅尔和穆日都住在"大宅"（设防的庄院）里，使用"好洛仆"（相当于奴隶）劳动。10世纪中叶后，罗斯的封建土地所有制开始形成。

十一十二世纪，罗斯的封建关系有了迅速的发展。雅罗斯拉夫出任诺夫哥罗德王公期间，就住在该城郊区自己的拉卡姆田庄里。《罗斯法典》中说，雅罗斯拉夫长子伊兹雅斯拉夫在斯摩棱斯克附近多罗哥布什拥有大片世袭领地。波洛茨克女公爵也拥有自己的田庄。到12世纪中叶，王公贵族几乎都拥有数量不等的世袭领地。编年史上提到"王公田庄"、"王公村落"、"王公城堡"的地方很多。

随王公征战的亲兵也得到土地封赐。最初王公与亲兵的联系是掠夺财富和征收贡物，后来则靠土地封赐。据《往年纪事》载，1106年穆斯提斯拉夫·弗拉基米罗维奇分赐给亲兵一些村落。12世纪时年长退役的亲兵都在家里经营土地。

封建主和依附农民阶级的形成　　随着封建土地所有制的确立，在罗斯社会上形成封建主和依附农民两个对立的阶级。上自王公贵戚，下至大中小波雅尔，都属于封建贵族阶级。大公的亲兵在波雅尔贵族中占有重要地位。封建主阶级在社会上享有各种特权。《雅罗斯拉夫教会条例》规定，冒犯了各种人的妻室罚款不等。冒犯大波雅尔的妻室罚款数额相当冒犯乡下人妻室的14倍。作为封建主阶级的波雅尔贵族已成为社会上的特权阶级。

除世俗贵族外，僧侣贵族也占有大量土地。弗拉基米尔把佩雷雅斯拉夫里封赐给第一任总主教。11至12世纪，教会和修院从各级封建主那里得到大量的土地封赐和捐赠。1061—1062年，伊兹雅斯拉夫大公将大片土地和别列斯托沃田庄赠送给彼彻拉修院。图罗夫公爵雅罗波克将三个乡和基辅附近的土地也赠送给这个修院。12世纪前半期,诺夫哥罗德公爵将城郊大片草地赠给尤里耶夫修院。教会封建主的土地在不断增长。

与封建主阶级形成的同时也出现了为封建主耕种世袭领地、承担封建义务的依附农民阶级。罗斯建国之初,自由农民(斯美尔德)占主导地位。11至12世纪时,这些斯美尔德占有一小块土地和少量农具,必须向国家缴纳贡赋,并服徭役,实际上变成国家的依附农民。随着封建主世袭领地的形成,耕种这些土地的斯美尔德也就变成王公贵族和波雅尔的依附农民。《罗斯法典》规定,"杀死王公的斯美尔德,同杀死王公的好洛仆和里亚多维奇一样,只赔偿5格里夫纳"。这些斯美尔德的地位与世袭领地里奴仆的地位等同。

古罗斯的依附农民还有两个人数较多的阶层:扎库比和里亚多维奇。扎库比多来自破产的斯美尔德,因借贷封建主的金钱、粮食、牲畜等无力偿还,由于债务而沦于依附地位的农民。如逃跑被捉回就要变成完全的好洛仆。里亚多维奇多是因契约而沦落的依附农民,例如同奴隶结婚契约、作王公贵族管家契约等。古罗斯还长期保存奴隶制残余:处于奴隶地位的劳动者是好洛仆。随着封建关系的发展,好洛仆的地位逐渐与农奴或依附农民接近。杀死好洛仆的罚款与依附农民等同。在古罗斯的文献里,把世袭领地所有劳动者统称为"切里亚季",意为佣人或奴仆。

阶级矛盾和阶级斗争　古罗斯对立的阶级形成之后,阶级矛盾和阶级斗争日益发展。1024年,苏兹达尔爆发了农民起义,揭开了罗斯农民起义的序幕。半个世纪后,即1071年,这里又爆发了第二次大规模农民起义。编年史上说,这次起义农民杀死许多贵族长者和贵族妇女。起义的导火线是歉收和饥荒。起义者杀死贵族和富人,夺取粮食,自行分配。苏兹达尔第一次起义被雅罗斯拉夫镇压下去,许多起义者被押或被杀,起义遭到失败,余波持续到1026年。

城市起义也时有发生。1068年爆发了基辅起义。起义市民烧毁官府。大公伊兹雅斯拉夫逃出首都,投向波兰。郊区农民也参加起义,夺取贵族的财物。但起义很快被镇压下去。12世纪30年代,诺夫哥罗德的阶级矛盾激化。1134年,诺夫哥罗德市民打死一个大贵族(穆日),把他从桥上扔下河去。全城群情激愤,1136年终于爆发起义。起义群众指责王公弗塞沃洛德"不爱斯美尔德"。起义延续到1137年,斗争取得胜利。诺夫哥罗德脱离基辅独立,建立一个封建共和国。

基辅罗斯的解体和封建割据的开始　1054年雅罗斯拉夫死后,其子三分天下:长子伊兹雅斯拉夫承袭大公权位,控制基辅和诺夫哥罗德地区;次子斯维亚托斯拉夫领有车尔尼戈夫地区;三子弗塞沃洛德据有罗斯托夫、苏兹达尔和佩雷雅斯拉夫地区。名义上三人共治,实际上各行其是。基辅罗斯已经解体。雅罗斯拉夫的子孙,经常内讧,互相残杀,国无宁日,民不聊生。1097年,雅罗斯拉夫之孙商定,在留别奇召开会议,缔造王族间的和平。会议决议和睦相处,如有人破坏和平,集体加以制止。决议只是一纸空文,内战很快又爆发。

十一十二世纪之交,罗斯面临外族入侵的威胁。波洛伏齐人从南方威胁罗斯的安全。弗塞沃洛德之子弗拉基米尔·摩诺马赫以团结对敌相号召,于1103年春在基辅附近的多洛布斯克会见大公斯维亚托波克二世(1093—1113年在位),决定团结所有诸侯的力量,共同对付波洛伏齐人。此举果然奏效,罗斯人不断取得胜利。

1113年基辅爆发起义,反对大公垄断食盐,发放高利贷。起义的市民和郊区农民捣毁大贵族邸宅,袭击高利贷者,威胁大公政权的统治。大贵族们商定邀请佩雷雅斯拉夫公爵弗拉基米尔·摩诺马赫出任大公。弗拉基米尔即位后首先镇压了人民起义,同时限制高利贷剥削,缓和阶级矛盾,以巩固大公政权的统治。弗拉基米尔在位13年(1113—1125年),虽企图恢复国家统一,但由于封建经济、政治的分散性,统一还是无法实现。其子穆斯提斯拉夫一世(1125—1132年在位)死后,罗斯完全进入封建割据时期。全国分裂为12个相对独立的诸侯国。

基辅罗斯文化 在东斯拉夫人文化的基础上,接受瓦里亚格人文化和拜占廷文化的影响,最终形成独具特色的基辅罗斯文化。随着基督教的传入,约在10世纪形成基辅罗斯的统一字母系统。在11世纪出现宗教宣传作品和政论作品。基辅总主教伊拉里昂的《教规和神恩讲话》属于这类作品。弗拉基米尔·摩诺马赫的《训子篇》是一篇政论性的文学作品。

基辅罗斯也和其他民族和国家一样,早期的文学和史学作品结合在一起。12世纪初年成书的《往年纪事》,既是一部内容广泛的历史著作,又是一部优美流畅的文学作品。它是由基辅彼彻拉修院修士涅斯托尔完成的历史名著,是罗斯早期社会生活和历史事件的百科全书。12世纪成书的《伊戈尔公远征记》也是一部文史兼备的作品。它描述诺夫哥罗德—塞维尔斯克王公伊戈尔·斯维亚托斯拉维奇远征波洛伏齐人而遭失败的故事。作者借用战败的悲惨遭遇,谴责封建内讧,主张团结对敌。这是一篇充满罗斯爱国主义思想的作品。

诺夫哥罗德出土了一批桦树皮文书,学者们认为是11至13世纪的遗物,其中包括私人信件、账目、遗嘱和商业契约等,反映了当时该城居民的日常生活。

《罗斯法典》的编成是基辅罗斯历史上的一件大事。它是在东斯拉夫人习惯法的基础上,结合罗斯历代大公颁布的法令,在11至12世纪编成的法令汇编。法典中反映了罗斯封建关系的形成过程,其目的是为了保护封建所有制,巩固封建制度。《罗斯法典》有简本和详本两种版本,是研究基辅罗斯历史的珍贵资料。

基辅罗斯的建筑艺术也是在拜占廷的影响下发展起来的。10世纪以前,基辅罗斯的建筑基本上都是木结构。10 至 11 世纪开始兴起砖石结构的建筑物。许多希腊建筑师为罗斯修建了一批教堂和宫殿。基辅最早的教堂是弗拉基米尔时代兴建的什一教堂；不幸在 13 世纪蒙古军进攻基辅时被摧毁。雅罗斯拉夫时期，1036 年在车尔尼戈夫修建救世主大教堂，1037 年在基辅兴建索非亚大教堂，1045—1050 年修建诺夫哥罗德索非亚教堂。这些建筑宏伟壮丽、结构严谨、技艺高超、装修精致，是基辅罗斯建筑艺术与拜占廷建筑艺术的结合。

第六章　西欧封建社会

第一节　法兰克王国的形成和发展

墨洛温王朝　法兰克人是日耳曼人的一支,原住莱茵河中下游右岸,其中活动于莱茵河下游滨海地区的称萨利克法兰克人。4 世纪起,法兰克人越过莱茵河,进入高卢,不断扩张。萨利克法兰克人首领克洛维(481—511 年)击败罗马人,占领卢瓦尔河、塞纳河沿岸地区,又征服阿勒曼尼人。496 年,他率领 3 000 名法兰克战士接受洗礼,皈依基督教,标志着他同罗马教会、同信基督教的高卢罗马人政治上的联合;而其他日耳曼部落因大都信奉基督教阿里乌斯派,受到高卢罗马人的敌视。克洛维在教会及法兰克人、罗马人等的支持下于 481 年建立法兰克王国。他出身于墨洛温家族,由他始建的王朝称墨洛温王朝(481—751 年)。

法兰克人的社会经济状况可以从《萨利克法典》得到一些了解。法典编纂于克洛维时,最初的稿本有 65 章,记载了不少古老的习惯法,《法典》表明,法兰克人这时已经组成农村公社,经营农业、兼营畜牧,使用耕牛犁地。公社土地已分到各户耕种,土地可以世袭,但最初女系不得继承,后来规定女系也可继承。公社内部有奴隶和半自由人,偿命金是 100 索里达。全权的公社成员是自由人,可以分得公社份地耕作,偿命金是 200 索里达,贵族偿命金可高达 600 索里达。法兰克王国整个社会状况不能仅从法兰克人的情况来看,他们只占人口的少数,占多数的是高卢罗马人;更不能全凭萨利克法典来看,法典编纂时与当时法兰克人的状况已有距离。

罗马高卢的奴隶制在罗马帝国晚期已经崩坏,封建生产关系已然产生,在转向封建经济的过程中,罗马大地主的财产并未受到损害,许多人仍安居于祖先留下的大地产上,剥削奴隶和隶农。克洛维率领的法兰克人人数不多(男子在 6 000 人以下),对土地的需求相对也小。克洛维不曾明令瓜分罗马地主的财产,可能只是把原来的罗马国有土地和无主土地赐给自己的亲兵和官吏。这些法兰克上层分子于是成为跟罗马大地主一样的剥削者。法兰克人新地主和罗马地主共同组成了法兰克王国的封建主阶级,并且在政治上紧密联合起来。而下层的高卢罗马人继续在残存的奴隶制和不断成长的封建制下遭到剥削和压迫。

墨洛温王朝诸王打击旧部落贵族的势力,逐步建立起君主制的统治,但王权仍很微弱,缺乏健全的行政机构。中央的官吏多出自宫廷小吏,其职责也无明确分工。地方官称伯爵。各伯爵辖区无明确界线,一般只能控制自己驻地附近。其余地方多为地方豪强占据,中央鞭长莫及。克洛维死后,他的儿子们按法兰克人旧习瓜分王国,于是分裂兼并战争不断。法兰克大致分为奥斯达拉西亚,纽斯特里亚、勃艮第三部分,三地有时各有国王,有时共拥一主。后期的墨洛温诸王孱弱无能,被称为"懒王"。宫相势力日盛,大有取代国王之势。宫相原是主管王室田产的官吏,进而成为总理国家事务的重臣。他们往往出身地方大贵族,是地方贵族的领袖。732年,宫相查理·马特率军在普瓦提埃击败进犯的阿拉伯人,力量更为强大。其子丕平于751年在苏瓦松的贵族集会上经公认为国王,从此开始了加洛林王朝的统治。

加洛林王朝 矮子丕平建立加洛林王朝时曾得到教皇支持,教皇又于754年为丕平加冕。为了报答教皇,丕平率兵进攻威胁教皇的伦巴第人,由此确立了教皇对罗马附近及拉文那总督区的统治,奠定了教皇国的基础。丕平之子查理(768—814年在位),四出征伐,扩大法兰克王国的疆域。774年,查理击败伦巴第人,控制了意大利北部,给自己戴上了伦巴第人的铁王冠。然后又进攻威悉河和易北河河谷的萨克森人,这场残酷的征服战争断断续续进行了33年,最后萨克森人被迫改信基督教,接受法兰克王国的统治。在东部边境,查理的远征侵及斯拉夫人居住地区,796年又击败了游牧的阿瓦尔人。778年,查理率军攻入阿拉伯人统治的西班牙、占领巴塞罗那城,但旋即失败,经比利牛斯山朗塞瓦尔山口撤退。后卫部队及其指挥官(其中之一是布列塔尼伯爵罗兰)在此受到土著巴斯克人袭击,全部阵亡,这一事件后来经过渲染,成为中古法国文学精品《罗兰之歌》的题材。800年前后,查理统治下的法兰克王国的版图大致与西罗马帝国的欧洲部分相合,史称"查理帝国"。在这一年的圣诞节,教皇利奥三世在罗马的圣彼得教堂为查理行加冕礼,周围的群众齐声欢呼,称查理为"罗马人的皇帝"。814年,拜占廷皇帝表示承认这一称号。所以查理被称为"查理大帝"和"查理曼"(意为"伟大的查理")。

查理统治时还整顿内政,发布过不少敕令,以贯彻封建统治阶级的意志。他任用教士参政,令他们起草机要文书、担任监察官和外交使臣。监察官派到地方上监督伯爵或执行其他任务,以扩大国王的管辖权。在中央,除了由国王亲信组成的国王枢密会议之外,尚有贵族大会,其成员包括伯爵、主教、修院长和国王重要的封臣,每年召开一次,讨论国王将要发布的敕令,这表明地方大贵族参与最高决策已成为制度。由于在全国范围内征收赋税十分困难,查理主要依赖王室庄园的收入,颁布了大量王田敕令,敦促王田管理人要善于组织生产,登记好王田上的财物,并派监察官监督之。这些敕令是研究这一时期封建经济的重要材料。

封建制的发展 中古西欧初期王权衰弱,社会秩序混乱,地方豪强互相斗争,战乱不已,盗匪横行。国王和贵族为维持自己的地位,往往蓄养一批武装家丁,进行自卫或攻击别人。这些武装扈从(叫做封臣)原由主人供给衣食装备,后来渐改为赐给他们一块土地,以其收入作为服军役的费用。这种以服军役为条件终身领有的土地称为"采邑"。

为了应付频繁的战争,宫相查理·马特(714—741年为宫相)尽量增多自己的封臣,并授给他们土地作为采邑,以后封臣取得采邑渐成惯例。由于土地不足,查理·马特曾没收教会土地以赐予封臣,由此他领有强大的骑兵队伍,732年普瓦提埃之役击败了从西班牙来进攻的阿拉伯人。查理曼进一步推行封臣制,越来越多的高级官吏、主教、修院长等也得到采邑,成为国王的封臣。封臣必须效忠于封君的观念日益流行。封臣制和采邑普遍结合,采邑事实上大都成为封臣的世袭地产,世袭的采邑常被称为"封土"。

加洛林王朝时期封建生产关系进一步发展。通过接受封赏,实行庇护,巧取豪夺等各种手段,教俗封建主都取得广大的地产,役使隶农、半自由人、被分与土地的奴隶等为其耕作,进行剥削。自由农民(包括法兰克农民和原来的高卢农民)的境遇日益恶化。战争频繁,军役负担日重一日。封建主加紧侵夺,使他们中的许多人难以维持生计。有的把土地交给封建主,乞求他们的保护,变成他们的佃户。有的丧失土地,无以为生,只好投靠封建主,求给衣食,为其服役。通过各种不同途径,许多自由农民都既丧失土地,又丧失人身自由,变成封建依附农民。他们和原来的依附性耕作者隶农等逐渐混同,法律身份上出现了统一的农奴阶层的趋势。

查理之子、虔诚者路易在位时(814—840年),他的几个儿子多次叛乱。路易死后,长子罗退尔继位,他的兄弟日耳曼路易和秃头查理联合起来反对他,战争不断。843年三兄弟在凡尔登缔结条约,约定路易得莱茵河右岸地区和巴伐利亚,其所得大致与今天德国西部相合,地理上称日耳曼(Germany,德语Deutschland,中文译为"德意志")。查理所得地区大致与今天的法国相合,地理上称法兰西(France)。罗退尔得到意大利中部、北部及路易、查理所占地区之间的狭长地带,后者后来得名为洛林(Lorraine)。罗退尔保留皇帝称号。路易和查理有国王称号,统治地区分别发展成日耳曼王国(德国)和法兰西王国(法国)。三人所统治地区实际上独立发展,不相统属。9世纪末查理曼所传下来的帝号亦不再保留。

第二节　诺曼人在欧洲的活动

九十世纪时,基督教的西欧从东、南、北三面受到外族的侵袭。从东面来的是马扎尔人,南面来的是阿拉伯人,北面来的是诺曼人。这些侵袭给西欧造成不小的损失,生产被破坏,财富遭劫掠,人民或被杀害或被掠走为奴。软弱分裂的西欧对这些侵略不能组织有效的抵抗,只有各地封建主筑堡自卫,导致分裂割据更为加深。10 世纪后这些侵略渐形停止,直到中世纪之末西欧再未遭受外族的侵略和破坏,有助于它的生产、文化连续进步。

阿拉伯人的侵袭　8 世纪时阿拉伯人占领伊比利亚半岛,越比利牛斯山向法兰克进攻。732 年普瓦提埃之役后这方面的攻击中止了。但从 9 世纪起,雄据北非的阿格拉布王朝、法蒂玛王朝等仍不断从海上攻击西欧。10 世纪初占领西西里,进而攻入意大利南部和中部。9 世纪中期阿拉伯人曾一度攻下罗马,其他大城市,如阿马尔非、那不勒斯、撒勒诺、比萨、热那亚等也受到攻击。与此同时,法国南部也受到阿拉伯人的进攻。阿拉伯人在普罗旺斯建立据点,由此向北进入罗纳河谷,劫掠香槟各地,直到莱茵河流域。阿拉伯人在意大利和法国南部的攻掠和以前的扩张有所不同,较少有长期占领打算,而只是抢劫富庶的城市和乡村,或掠人为奴,造成破坏。到 11 世纪,南意大利被诺曼人占领,阿拉伯人势衰,侵略活动逐渐停止。

匈牙利人的进攻　匈牙利人亦称马扎尔人,起源于西伯利亚或中亚,本是游牧部落。9 世纪时他们在黑海北岸草原活动,不时拦截通过第聂伯河商路运送的货物。后来因为受到其他游牧民族的压迫,向西迁徙,越过喀尔巴阡山,进入蒂萨河与多瑙河中游一带平原,并逐渐定居。匈牙利人初到蒂萨河时,仍保持游牧遗习,为了得到足够生活资料,乃不时向西欧劫掠。从 9 世纪末到 10 世纪中期,他们的骑兵到过德国、法国中部和东部以及意大利等地。受害最深的是德国的巴伐利亚、萨克森。匈牙利骑兵以快速机动闻名,他们避开设防坚固的城市,洗劫乡村,得到大批财物后,又退回原来的驻地。955 年,德王奥托一世(936—973 年在位)集合重兵,击败了入侵的匈牙利人,为加强防守,在东部建立边疆马克。这时匈牙利人内部也起变化,农耕得到发展,对外侵略乃告中止。

诺曼人的进攻　对西欧最大的侵袭来自北方的诺曼人。诺曼人包括丹麦人、瑞典人和挪威人。他们属居住在易北河口以北的日耳曼人。虽然四五世纪以来有大批日耳曼人入西欧各地定居,并在那里接受基督教。但这些诺曼人仍远居北欧,过部落生活,信仰自己的部落神。9 世纪时,可能一方面由于人口的压力,另一方面原始社会末期社会矛盾、斗争加深,诺曼人乃从北欧四出侵掠。他们是著名的海盗,结成团伙,乘船出海远航。诺曼人造尖底无甲板的木船,每船能载 40—60 人,用帆或桨行驶,速度很快,吃水很浅。因此便于从海口沿河上溯,深入内陆。而西欧各地又有许多条这种通向大海水流平缓的河流,成为诺曼人侵略的便利之途。丹麦人主要袭击英格兰和法国,挪威人则进攻苏格兰、爱尔兰等地,而瑞典人则向东欧发展,就是俄国历史上所说的瓦里亚格人。当时西欧各地兴起许多富庶的修院,成为不信教的诺曼人的主要进攻目标。这些诺曼人后来很快学会骑马,乘船登陆后骑马纵横各地,不但焚掠乡村,捕捉俘虏,而且有时在首领率领下集大军围攻城市,索取赎金,使西欧各地遭受很大骚扰和破坏。

诺曼人的殖民 诺曼人侵袭西欧的另一特点,就是在一些地方形成移民活动,定居下来,以至建立国家。

英格兰是第一个遭受诺曼海盗袭击的地方。自5世纪起盎格鲁·萨克森人侵入不列颠后,英格兰建立起一些互相争战的小国。8世纪末丹麦人开始入侵英格兰东海岸,诺森布里亚的许多修院遭劫掠破坏。9世纪中期,丹麦人已南下攻击伦敦。此后他们在英国建筑越冬基地,冬季也不返回丹麦。英格兰东北部渐形成丹麦人大片定居区。9世纪70年代,威塞克斯国王阿尔弗烈德(871—899年)奋起反抗入侵的丹麦人,取得胜利,与丹麦人划地为界。11世纪初,丹麦王克努特(1017—1035年)曾征服英格兰及整个斯堪的那维亚,建立了跨越北欧的克努特帝国。他死后其国瓦解。英格兰再归盎格鲁·萨克森人的国王统治。而定居在东北部的丹麦人渐和当地居民融合。

9世纪中叶诺曼人也加紧袭扰法兰克河口各地,法国的所有大城市几乎都被劫掠过,而巴黎曾两次遭受劫掠。在莱茵河口,斯凯尔特河口等地,诺曼人曾建立居民点。911年,法兰西国王查理三世和北欧海盗首领罗洛立约,封他为公爵,将塞纳河口一带地方划归他统治,以后这里有大批诺曼人前来定居,形成诺曼底公爵领。11世纪时,诺曼底已完全法国化,成为法国的一个大封建领地。诺曼底人在11世纪还进行过两次著名的征服,一次是诺曼底公爵威廉于1066年征服英国,另一次是征服西西里和南意大利,12世纪初在那里形成西西里王国。

9世纪中叶,挪威人与丹麦人还不断进攻爱尔兰,占领了大片土地。他们并向西远航到达冰岛,大量向那里移民,发展为独特的北欧文化。又从冰岛远航到格陵兰沿岸以及北美洲北部沿海,这比哥伦布到达美洲大约早500年,可惜他们在那里未能久留。

诺曼人的侵袭更加削弱了西欧的王权。在法兰西,987年大贵族休·加佩被封建贵族推举为王,加洛林王室于此告终,法国开始了加佩王朝(987—1328年)的统治。法国被诺曼底公爵、佛兰德尔伯爵、勃艮第公爵、阿奎丹公爵等分割。加佩王室只占有塞纳河与卢瓦尔河之间地区,十分弱小,只保留国王名义而已。

德国加洛林王系于911年告终,贵族选康拉德一世(911—918年在位)为王。919年,萨克森公爵亨利被选为王(919—936年在位),开始了德国的萨克森王朝(919—1024年)。亨利之子奥托一世(936—973年在位)曾依靠教会与独立的各公爵斗争,加强王权。962年,奥托一世进军罗马,帮助教皇平定内乱。教皇为奥托加冕,取得"神圣罗马皇帝"称号。从此德国在中世纪亦被称为神圣罗马帝国,意大利北部名义上为帝国的一部分。

第三节　西欧封建经济的发展

生产的进步　中世纪西欧的农业以推广三田制为主要进步标志。即将耕地的一部分秋播夏收(小麦和裸麦)、一部分春播秋收(大麦和燕麦),余下的部分休耕。以恢复地力。三田制的推广以重犁的普及为前提。这种犁装有犁板,能在耕地时开出畦沟,从而解决了春季潮湿土地的排水问题。重犁、三田制和荒地的开垦三者有着内在联系,从10世纪起它们构成中古西欧农业生产力水平提高的主要景象。10世纪后半期起西欧耕地面积开始有了较明显的增加,此后300年间较大规模的垦荒一直未停止(直到13世纪中叶)。13世纪时,谷物的单位面积产量是种子的3—4倍,较法兰克王国时期翻了一番,同世纪的一位英国农学家说,有高出播种量三倍的收成,农夫就可以有余粮卖给商人。这时农业技术又有一些改进:更多地种植有肥田功效的豆科植物;铁制工具越来越多,犁铧一律包上铁片加固,行走较快的骡马被普遍地用于拉犁,因而可能耕地数遍以耙松土壤。11至13世纪西欧人口也有较大的增长。

农业生产的发展为商业、手工业提供了比较充足的粮食、原料,刺激了消费,从而扩大了商品市场,促进了商业和手工业的发展。从9世纪末起,西欧城市就已开始逐渐增多,11世纪中叶以后新城市大量出现,许多旧城市也增加了人口、扩大了规模。必须注意,这一时期,西欧商品经济发展的另一重要阵地是乡村。乡村商业的发展突出地表现在乡村市场的密集分布。在当时的商品流通中起相当作用的是那些同周围十几、二十几个乡村联系密切的小城市。大城市对农产品的需求是乡村经济日益卷入市场的重要促进因素。但西欧封建社会商品经济的机制十分复杂,绝不能简单地把问题归结为城市的发展和城市对乡村的影响。十一十二世纪这两百年间,在西欧不仅有城市兴起,而且有数不清的乡村市场如雨后春笋涌现。这一时期,农村的畜牧业作为农民的重要副业仍在发展,牲畜数量较以前增多,畜产品更多地进入市场。绝大多数农民经营畜牧业是为了弥补衣食之不足,维持基本生活,这种畜牧业是自给自足小农经济的一部分。具有专业化倾向、主要面向市场的畜牧业在少数地区也开始发展起来,为毛纺织业提供羊毛。

需要特别说明一下定期集市和转运贸易的情况。集市是长途贩运货物的交易场所,定期开设,重要的集市一开就是几周,各地各国商人云集,各色货物齐全。最有名、最大的集市数香槟六集市:每次历时七周,两次在特鲁瓦城,两次在普罗文城,一次在拉尼城,一次在奥布河上的巴尔城。香槟伯爵领位于西欧中部,南方、北方的商人来此相会比较方便,甚至希腊和西亚、北非的商人也远道来此。伯爵为从商人贸易中取得丰厚的税收也保护商人,并为他们提供便利的条件。集市上主要做批发生意,西欧出产的呢绒、皮毛、谷物,来自东方的丝绸、香料、染料,都在这里出售。香槟集市在13世纪还成为西欧的货币兑换中心,操此行业的意大利人有的后来成为大银行家。中古西欧的国际贸易在相当程度上具有转运贸易的性质。意大利威尼斯等城市在这方面是比较典型的。威尼斯人把白种人奴隶运往拜占廷和阿拉伯国家,从君士坦丁堡运回东方的奢侈品,如胡椒、肉桂、丁香、丝绸、瓷器、宝石等,高价卖给西欧封建主。但像羊毛、呢绒、染料、食盐、铁和铁器这些大宗货物的销售也始终是中古西欧长距离贸易的重要组成部分,这些货物的买卖对于它们的生产者实现再生产有决定性的意义。

封建庄园和农奴制　9至13世纪是封建庄园兴盛时期。9世纪起,一种新的封建农业经济组织形式——农奴劳役制庄园开始在西欧流行。典型的庄园采用劳役地租的剥削方式,这就决定了庄园的结构以庄园的土地划分成领主自营地和农奴份地两部分的特征。领主自营地主要由服劳役的封建依附农民耕种,这些农民有不少是农奴。封建主派有管家监督农奴耕种,并在庄园上修建有仓库、马厩等生产设备,备有耕畜和一些农具。自营地上的收获全归封建主,农奴靠耕种自己的份地维持生活。农奴份地的所有权也归封建主,农奴子弟继承份地要向封建主交纳继承金。庄园有时就是一个村子,但二者也经常是不一致的。庄园的耕地呈条田状插花分布,领主自营地、各户农奴份地互相交错在一起,所以实行强迫轮种。耕地播种后、收割前用栅栏围起,收割以后成为公用牧场。这些情况是从农村公社继承下来的,并不是庄园的本质因素。中古西欧农业生产力发展缓慢,致使农村公社的耕作制度得以长期保留。9世纪的王室庄园和大修院庄园因面积很大,有的占地几千公顷。9世纪以后的庄园一般都比较小。典型的庄园主要集中在法国中部和英格兰,这些地区并非到处是庄园,西欧其他地区典型的庄园更是少见。庄园以外的农民也多是封建依附农民,但所受剥削不同于服沉重劳役的农奴,一般以交纳实物租、货币租为主。劳役地租在14世纪以前大体上是适合当时西欧比较落后的生产力水平的地租形式,庄园作为对农奴实行劳役地租剥削的组织曾在西欧这一时期存在。

经济上农奴和其他封建农民一样,是一个独立的小生产者。他领有份地,使用自己的生产工具耕作,他有独立经济,有财产,有家庭。农奴的特性在于他须在庄园上耕种领主自营地,受劳役地租剥削,农奴"为自己的劳动和他为地主的劳动在空间上和时间上是分开的",农奴为封建主的劳动"直接出现在为另一个人进行的强制劳动的野蛮形式上。"①而领主自营地的经营不仅以拥有独立经济的农奴作为劳动力,而且完全以封建主的需求来安排生产,农奴没有什么自主

---

① 《马克思恩格斯全集》第25卷,人民出版社1974年版,第892页。

权。因此,在劳役地租的条件下,封建主对农奴人身,换言之对其劳动力特别强有力的支配是对农奴进行剥削所必需的。这种封建主与农奴在生产中的统治与服从的关系以法律形式和其他非经济手段(如习惯、道德、舆论)固定下来就体现为封建地主对农奴的超经济强制。西欧封建社会对农奴与封建主关系的法律设定沿用了罗马法关于奴隶的一些概念。罗马法把人分为自由人和不自由的奴隶,认为奴隶无人格,是奴隶主的财物。中古西欧的居民仍然被分为“自由人”和“不自由人”,这种不自由人主要是农奴。“农奴”(serf)一字由“奴隶”(servus)一字转化而来。中世纪的“不自由”并不意味着成为奴隶,但法律强调农奴人身属于主人,农奴世代为农奴,只有被主人释放才能免除农奴身份,不能随意离开主人,可由主人买卖或转让。从法律地位讲,农奴没有婚姻自由,与所在庄园以外的人结婚要交婚税;没有财产权,要纳“死手捐”(即继承税),主人还可按自己的需要临时向农奴勒索钱物。农奴对于主人这种低下的法律地位明显是受到罗马法有关奴隶规定影响的结果,但从根本上说是为了保证在生产中封建主对农奴劳动力的支配。

封建依附农民有什么负担同封建剥削的具体形态有密切关系。在封建庄园盛行的地区,劳役是农民,尤其是农奴主要的负担。这时封建主的贪欲表现为追求增加农奴服劳役的天数。农奴则反对增加劳役,但农奴劳役的数量总是限制在一定的范围之内,一方面要保证领主自营地的经营,另方面不能太严重地妨害农奴耕种自己的份地。在实际的经济生活中,劳役的数量往往以惯例的形式有所固定,比如定为每周三天或每月三天,农忙时再临时增加。中古西欧农民所受剥削还有一部分是封建主实施禁用权之类公权的结果。11世纪以来西欧商品经济关系的发展,对农民的状况也有影响。农民向封建主交纳的货币有所增加,有时甚至取代了部分或全部劳役地租,使农民对封建主的人身依附关系有所松动,但并未减轻甚至加重了农民的负担。在少数地区,农民内部的分化也有所加剧。这些情况在十二十三世纪越来越多。农民因过去相对稳定状况的改变,滋生出强烈的不满情绪,难以忍受封建主用新方式加强剥削。他们普遍利用公社传统组织起来同封建主斗争,反对封建主打破惯例增加剥削量,要求明确规定劳役和租税的数额。在西欧大陆上的有些地区,农民组成公社进行斗争,从封建主那里取得写明农民负担数额的证书,这种形式的农民运动和当时西欧城市争取自由的斗争汇合成一股洪流,绵延不绝,声势浩大,史称“公社运动”。

城市和工商业 中古西欧城市是西欧封建社会工商业中心和政治文化中心。封建西欧政权分散,城市都坐落在封建领地上,国王和封建主可以根据领主权对城市居民进行剥削。如果居民的身份是农奴,还可要求他们履行农奴义务。城市居民这种低下的地位不利于城市工商业的发展,所以许多城市用金钱向封建主赎买自由,建立自由城市。居民摆脱农奴身份,不再向领主负担劳役而改交固定的货币地租,组成城市法庭审理较小的案件。封建主的禁用权受到严格限制,城市每年按固定数额向封建主纳税,后者不得再随意设关卡、不得收市场税、不能有专卖权、不得欠债不还。有些城市进而得以自己选举市政官员、以城市居民组成的市议会为市政机关,拥有不同程度的自治权,成为自治城市。城市取得自由或自治,一般以赎买为手段。但有的封建领主,特别是恪守教产不得转让原则的教会封建主,顽固维护自己对城市的种种权力,城市居民不得不以武力来争取自由。这样的事例并不很多,比较有名的是1112年的法国琅城起义。琅城人民杀死了骗取金钱而又拒不放弃领主权的琅城主教,此后又坚持斗争多年,终于取得了自治地位。城市的自由和自治一般以封建主或国王颁发的特许证书为凭据。即使是自治城市,在政治上也不能完全摆脱封建主和国王的统治。城市的司法权是不完整的,城市受到封建教会的严密控制。王权强大以后,政治趋向统一,城市的自治权都被收回。城市有时还被看成是充当封臣的一个集体,要为封君服军役并履行封臣的其他义务;城市的印章上镂刻着身着盔甲、骑马执矛的市长像,像一名骑士。中古西欧有"城市的空气使人自由"这一谚语,说的是农奴在自由城市里住满一年零一天就可按照惯例取得自由身份。但不能理解为城市是封建社会经济关系和政治制度的对立物。城市同封建领主斗争只是为了在封建社会内争取一个更好的地位。在英、法王权强化的过程中,城市曾起了一定的积极作用。国王给封建主领地上的城市颁发特许证书,既削弱了割据势力,又博得了城市的拥护,把持市政的城市贵族一般都支持国王。城市中文化教育发达,到12世纪末城市培养的法学家成为国王统治机构中的重要成员,教士已不再是国家文官的唯一来源了。

城市手工业作为独立的生产部门和农业相分离,是一个漫长的过程。中古西欧的许多城市长期有半乡村的面貌,居民并不完全放弃农耕,城市房舍间有农田散布,城内手工业者也到城外耕田放牧。中小城市相当一部分口粮是居民自己生产的。社会分工不发达还表现在手工业各行业内部没有分工,一件产品从头至尾都由一个人完成。从生产关系上看,城市手工业者从事的是小商品生产,自己拥有生产资料,自己和家属都参加劳动,出卖产品来换取自己生活所需的其他商品,生产目的不是发财致富。在封建社会的经济、政治条件下,扩展商业联系、扩大市场实际上也困难重重。因此,城市手工业采取限制竞争和充分利用本地市场的办法来解决他们产品的销售问题,以保证再生产的顺利进行。害怕竞争的手工业者组织起来限制竞争,于是出现了行会这一同行业手工业者的组织。行会经济政策的最大特征就是反竞争,一方面禁止外地手工业者或其产品进入本地市场参加竞争,另方面压制行会内部的竞争。行会通过市政当局阻挠外来商人和手工业者的活动,又严格规定本行业的制造工艺、产品规格、原料的质地和用量、各作坊人手的多寡,目的是防止有人上升或沦落。行会顽固地不许在行会内部进行分工,也不轻易同意由于分工而建立新行会,这对生产力的发展是不利的。行会正式成员是作坊主,称师傅。作坊内还有学徒,学徒期满成为帮工,这时为师傅干活可取得报酬。帮工通过行会组织的技术考核后取得师傅资格,然后才可以独立开设作坊。行会总是不愿过多的帮工升为师傅,加入竞争,所以师傅资格由父子世袭、行会成为封闭性的组织是常有的事。行会的种种规定虽然严格,但在实际的经济生活中很难彻底贯彻。经济生活中的竞争从来不曾消失,而且越来越激烈。行会保护了中古西欧小手工业者的简单商品生产,行会的师徒制度也有利于技艺的传授。行会还参与城市的市政管理,促进手工业者的互助团结,是他们的政治组织和社会组织。流落城市的农民和逃亡农奴若不能被行会接纳为学徒,只能当从事粗笨劳动的零工,有的行会甚至明确规定禁止农奴血统的人加入本行会。城市经济对零工的需求是客观存在的,城市社会最底层总有一批非行会成员的贫苦群众。

商人是中古西欧城市居民的又一重要组成部分。行会手工业者常常自己销售产品,但这并不排斥专业商人的存在。这些商人多为行商,进行长途贩运,他们也组织起行会,即商人公会。在专业化手工业发达、产品销售广大地区的城市,商人的作用十分关键。他们势力显赫,操纵市政,形成城市贵族。在 14 世纪以前,这种城市以经营毛纺织业的佛兰德尔诸自治城市为典型。佛兰德尔城市从英国、法国、西班牙、巴尔干、小亚和北非进口毛纺织业所需的羊毛、染料、钾碱(媒染剂)和其他原料,生产出来的呢绒在当地和香槟的定期集市上卖给各地的商人,远销整个欧洲和地中海东岸地区。毛纺织业生产分为梳毛、纺线、染色、织布、平整等多道工序,当时每道工序都由组成为行会的专门的手工业作坊来完成,有织工行会、染匠行会等许多行会。商人控制了生产中原料购入和产品销售这两个重要环节,自己投资开办作坊,也常把原料交给行会师傅加工,付给加工者一定的报酬,并且还雇佣一些没有行会组织的工人。商人对行会手工业者和零散工人都尽量剥削。商人还控制了市政,由富商的家族实行寡头统治。中古西欧城市的上层城市贵族由大商人、大房产主、住在城内的封建贵族和富裕的行会师傅组成,在佛兰德尔以及大规模经营转运贸易的威尼斯等意大利城市,商人是城市贵族的主体。城市贵族的剥削和统治遭到中小手工业者和零散工人的反抗,甚至引起人民的武装起义。

在等级森严、讲究身份的西欧封建社会,城市居民要取得法律上的规定身份。居住在城内、有合法家庭、纳应纳之税者为市民,享有市民的权利,如可以参加市政官员选举、受城市法庭和市政机关的保护。在行会传统强烈的城市,是否为行会成员对居民是否有完整的市民权有很大的影响。城市居民的分化,城市贵族的形成使市民之间经济、政治地位的差别越来越大。城市最底层的居民往往没有市民身份。

第四节　封建西欧政治

封君封臣关系　对中世纪西欧封建国家政治的认识,不能离开对其封君封臣关系的了解。

11世纪时,西欧封建主之间普遍结成封君封臣关系。为缔结这种关系有了较以前更为确定和规范的仪式,即行臣服礼和宣誓效忠。行臣服礼是受封仪式中最重要的组成部分,行礼时为封臣者要脱帽、下跪、解下所佩武器,把双手放到封君合拢的手掌中,说:"阁下,我是您的人了。"接下来封臣还须起立把手放在《圣经》或其他圣物上宣誓效忠,誓词不外是"从现在起,我将像一个封臣对封君那样真诚无欺地效忠于您"云云。封臣对封君承担许多义务。11世纪的封建法学家把这些义务归为三项:其一是"效忠"。从消极方面讲,封臣不能做危害封君的事,包括不得损伤封君的肢体,不得泄漏他的秘密、出卖他的城堡以致危及他的安全、不得败坏他的声誉、不得违抗他作为法官的权威、不得损害他的财产,等等。但封臣还须明确认识到他对封君"仅仅不作恶是不够的,还须行善",即积极地帮助他。其二是"帮助"。这是封臣最主要的也是最重要的义务,包括为封君服军役、向他提供协助金和物资。封臣应自带武器装备,并率领自己手下的封臣去为封君服军役。英国的情况比较特殊,原则上封君只能召集封臣和自己一起去为国王服军役,不得私自开战。11世纪后半期,在封臣的强烈要求下,服军役的期限一般定为每年40天,有时还规定服军役的地点。后来,设立封臣交钱以代替服军役的制度,即"盾牌钱"制度,英国在这方面最为典型。封臣还须向封君纳"协助金",特别是在下列情况下:封君被俘需交赎金、封君长子成年后晋封为骑士、封君长女出嫁以及封君出发参加十字军。其三,"劝告"。封臣有义务出席封君召集的会议,提出意见来帮助封君,这种会议兼具封君法庭和封建主议事会的性质,审理的案件主要是封臣之间或封臣与封君之间发生的纠纷。封君在长子晋封骑士、长女出嫁时,常举行比武会,封臣也须到会为场面增色。这种比武会是中古西欧上流社会的一种重要社交活动。

封君对封臣也有义务,主要是"保护"和"维持"封臣,不得伤害后者的荣誉、财产和生命。封臣若受到他人攻打,封君有义务不惜以武力保护;"维持"就是封君要提供条件保证封臣能承担军役,或是直接供给封臣及其家庭以衣食,或是给他一块封土。10世纪以后封土制十分盛行,它同封臣制的紧密结合是这一时期封臣制的重要特点,但也有无封土的封臣。颁授封土要举行册封仪式,一般紧接在行完臣服礼之后举行,封君或手执封土的象征物(权节、指环、宝剑之类的物件),或将作为象征的麦秆、泥土授予封臣。封土的领有是世袭的。封臣死后,其子为继续领有封土须重新向封君行臣服礼,所以封君封臣关系也是世袭的。西欧封建土地所有制在其法权形态上受到封臣制极大影响,称为封土制,具有等级性及条件性两大特点。土地层层封授,领有土地须以履行封臣各项义务为条件。从生产关系上看,直接领有封土的封建主享有大部分剥削成果,是土地实际的所有者。封君封臣关系与重大的政治、军事和经济利益相联系,一经缔结无论封臣还是封君都不能随意解除。封君封臣任何一方若不履行其义务,就可能导致封君封臣关系破裂,酿成武装冲突。封君为取得更多的封臣,封臣为取得更多的封土,以及封土的世袭,使封君封臣关系日益复杂化。某甲可以是某乙的封君,某乙的封臣又可以是某甲的封君……一个人可以同时是两人、多人的封臣。这种情形会造成许多混乱,妨碍封臣义务的履行。所以这种制度在西欧并未存在很久,许多规定也只是原则上的,很少能真正实行。

封臣制是西欧封建社会国家行政管理系统不完善、政治分裂和国家权力分散的产物,因此各级封臣拥有大小不等的政治统治权也是顺理成章的事。西欧封建主往往同时拥有土地所有权和政治统治权,二者浑然一体,难以区分,统称为领主权。封建主作为领主对其领地(即封地)以内和附近的居民有许多行政司法权力,封建主利用这些权力控制和剥削农民。

封君封臣所奉行的一整套道德规范和培养后代的制度,出自这些封建主所处的生活环境和他们的生活方式,构成所谓"骑士制度"的主要内容。骑士的品格应是忠诚和勇敢。骑士作为封臣必须严守自己的效忠誓言,不背叛封君,竭尽全力为他服务,甚至不惜为他付出生命。这样一种理想化的封臣品格虽然未见得在现实中的骑士身上得到完美的体现,但却是维系封君封臣制度所需要的,所以很受封建主重视,成为骑士精神的核心。

教权与皇权的斗争　教权与皇权的斗争是中古西欧的重大事件,其起因相当复杂。原来德国皇帝由于控制了日耳曼的教会、挟持驻在罗马的教皇、依靠自由农民组成的军队,一度有较大的势力。但上述有利于王权的因素后来或者消失,或者走向反面。德国的封建生产关系虽然发展较晚,村社自由农民的沦落仍不可避免,在 10 至 11 世纪以各种形式依附于封建地主。皇帝再难调遣农民组成自己的军事力量,因此从 11 世纪起德皇势力日衰。西欧封建教会是一个国际性的组织,教会经济实力的增长、世俗政权的软弱涣散,都促使教阶中人加强教会在组织上的独立性。11 世纪中叶,一批激进的克吕尼派修士强调教皇的至高无上地位,在全西欧范围内向世俗政权、向国王进攻,这就是所谓的"格里哥利改革",因教皇格里哥利七世是改革的领袖而得名。1059 年的拉特兰宗教会议决定,教皇由枢机主教选举,而此时的枢机主教多属激进的克吕尼派,因此德国皇帝再难扶植傀儡教皇。教皇又同意大利南部的诺曼人,北部的米兰、威尼斯等城市在政治上结盟。德国法兰克尼亚王朝(1024—1125 年)诸皇帝对意大利北部、中部的统治,甚至于他们在国内的地位,都因教皇的对抗而受到威胁。1075

年,格里哥利七世(1073—1085 年在位)召开宗教会议,规定世俗国王不得有主教授职权,指责德皇亨利四世(1056—1106 年在位)属下的几位贵族和主教犯有买卖圣职罪。次年 2 月,教皇又下诏将拒不退让并谋废黜教皇的亨利四世开除出教,废止其"统治德意志王国和意大利"的权力,宣布任何基督徒对亨利的效忠宣誓无效。10 月,德国反皇帝一派的主教和贵族集会,赞同教皇褫夺亨利教籍,要求亨利放弃帝位。亨利迫于形势不得不向教皇求免,于 1077 年 1 月到意大利教皇居住的卡诺莎城堡前赤足冒雪哀求三天才得以晋见,教皇表示同意恢复亨利四世的教籍和统治权力。亨利回国立即与反对派发生战争,获胜后进军意大利,教皇格里哥利七世随同前来救援的诺曼人离开罗马,客死他乡。后来的教皇继续同亨利四世斗争,煽动德国的教俗封建主反对皇帝。在亨利死去时,他已经被再次开除教籍,丧失了对意大利的统治,也无力驾驭国内不断叛乱的贵族。

1122 年,教皇与皇帝暂时达成妥协,订立有利于教皇的"沃尔姆斯协约",规定德国主教一律依照教会法选举,即由高级教士的会议选举。皇帝或者他的代表出席选举会议,新主教由皇帝授予象征世俗权力的权节,由教皇或其他高级神职人员授予象征宗教权力的牧杖和指环,皇帝的神职授予权大为削弱。德国霍亨斯陶芬王朝(1138—1254 年)诸皇帝继续执行南侵意大利的政策,同教皇以及意大利北部的城市、南部的诺曼人发生冲突。红胡子腓特烈一世(1152—1190 年在位)自称是神圣罗马帝国的皇帝。1176 年意大利北部米兰、威尼斯、维罗纳、克雷莫纳等城市的联军在莱尼亚戈一役以步兵大败腓特烈一世率领的德国重装骑士。到 12 世纪,德国皇帝既已不能控制日耳曼的教会,也难借重主教、修院院长为其所用,便以小块封土赐给大批平民出身的武士,收纳他们为直接封臣,这些人就是所谓"帝国骑士"。封臣制因此在德国得到进一步的发展。帝国骑士这些中小封建主只承认皇帝是他们唯一的封君,但也经常不服从皇帝,成为实际上独立的地方势力,德国的封建分裂局面日益严重。德皇腓特烈二世(1211—1250 年在位)为了集中力量同教皇争夺意大利,允许德国封建主有更多的独立性和特权以换取他们的支持,使他们的割据合法化,皇帝对他们的封主权力更加有名无实。腓特烈和教皇都主要依靠雇佣兵作战,并且都寻求当时已经变得强大的英、法国王的支持。腓特烈死后不久,德皇在意大利接连失败,霍亨斯陶芬王朝在教皇打击下终于倾覆。德国皇位虚悬近 20 年,直到 1273 年才有哈布斯堡家族的鲁道夫被选为皇帝。此后,德国的封建诸侯一直不愿将皇位交给强有力的统治者,不愿皇位被某一家族世袭享有,每一次皇帝选举都成为大封建主向新皇帝索取特权的大好时机。

教皇战胜德国皇帝证明了"神圣罗马帝国"空有其名、不堪一击。但教皇与英、法国王打交道却很少占上风,最终失掉对英法教会的控制,并且屈从于法国国王。这一结局宣告了国王终将压倒教皇、教会终将归属国家。

英国和法国　加佩王朝(987—1328 年)延续 340 多年。法兰西王国是法兰克王国分裂的产物,其疆域大致在马斯河和罗讷河之西、埃斯考河之南、巴塞罗那以北,濒临大西洋。按照罗马和法兰克国家传统,加佩国王本应享有的权力,很多都被地方上的大封建贵族篡夺,国王的经济实力和政治权力还不如其他一些大封建主。但国王还是有某种优越于其他封建主的地位:国王是全法国最高一级封君;通过在兰斯大教堂举行的加冕礼和涂圣油仪式,王权获得了神授的性质;在教会的支持下,从休·加佩开始,诸法王自己在世时就给王子行加冕礼,以避免因选王而中断王位世袭。后来法王地位巩固,王子继承王位不成问题,方取消预先加冕的制度。民间传说和文学作品常常美化、神化法王,甚至说他能显灵治病、妙手回春。法国国王在政治上、宗教上乃至在群众意识中的上述特殊地位是使法国王权强化的一个重要原因。

加佩王朝领地居法国中部,交通便利,国王一旦在王室领地内站稳脚跟,可以比较方便地向周围的大封建主发起进攻。在封臣制流行的法国,国王必须利用自己是最高封君这一地位来巩固和扩大王权。亨利一世(1031—1060 年在位)开始在王室领地内平定割据的中小封建主(堡主),到路易六世(1108—1137年在位)统治时法王的这一事业大见成效。法王有时也以上级封君的身份干预大封建贵族的事务,但到 13 世纪才得以沉重打击各地的大封建主。1152 年法王路易七世(1137—1180 年在位)和王后阿奎丹女公爵埃莉诺离婚,埃莉诺旋即又同安茹伯爵亨利结婚。亨利因是英王亨利一世的外孙,继承了巨大的遗产,从而又成为都兰、缅因两地的伯爵和诺曼底的公爵。1154 年,亨利成为英国国王,即亨利二世(1154—1189 年),建立了英国金雀花王朝(1154—1399 年),统治的地区跨英吉利海峡两岸、英法两国。他名义上是法王的封臣,实力却远在法王之上,法王的统一事业因此难以进行,英王和法王的矛盾尖锐起来。1189 年,英王狮心王理查(1189—1199 年在位)、法王腓力二世(1180—1223 年在位)和德皇腓特烈一世各率军队参加第三次十字军远征(1189—1192 年)。腓力几个月后就返回法国,趁理查远在东方之际攻占诺曼底。1202 年,腓力以封君身份召英王约翰前来受审,在约翰拒绝以后,即宣布没收他从法国国王领得的封土,派兵占领不列塔尼、安茹、缅因和诺曼底。约翰因坎特伯雷大主教的人选问题同教皇英诺森三世冲突,无暇反击腓力。约翰同教皇和解以后,于 1214 年联合德国皇帝和法国北部的大封建主向腓力进攻。腓力二世在布汶迎战联军,大获全胜,获得“奥古斯都”这一美称。约翰不得已同法王签订为期五年的和约,支付 6 万马克赔款,撤兵回英国,故得“失地王”的恶名。1259 年英王亨利三世(1216—1272年在位)同法王路易九世(1226—1270 年在位)签订巴黎条约,英王在大陆的封土只保留阿奎丹这一处,其余几处并入法王领地。1209 年,教皇煽动一批法国的封建主组成讨伐法国南部基督教异端阿尔比派的十字军,攻入土鲁斯伯爵领,烧杀抢掠。1218 年土鲁斯人起义,赶走十字军,于是法国国王出面干涉,占领土鲁斯大部。1229 年,法王同土鲁斯伯爵订立条约,确认土鲁斯绝大部分为王室领地,而剩余部分也因联姻在 1272 年落入法王之手。至此,法王的领地从南至北连成一片,大于法国任何大封建主的领地。

早期的加佩国王与教皇及法国教会的关系长期比较好,一心伸张王权的法王需要教会道义上和政治上的支持,教皇则需要法王帮助他反对德国皇帝。格里哥利改革运动兴起以后,法王在主教授职权等问题上有时与教皇和教会有矛盾,但总的来说愿意保护教会的特权,教会人士也继续供职王廷,辅弼王政。但法王权势扩大以后,对法国教会逐步实行政治上控制、经济上剥夺的政策。法王腓力四世(1285—1314 年在位)开始向教会征税,并派人到意大利囚禁为此同法王发生激烈冲突的教皇卜尼法斯八世(1294—1303 年在位)。1305 年选出的新教皇是法国人,他宣布取消卜尼法斯加于法王的一切罪名,并移居靠近法国边界的阿维农,连他在内连续七任教皇都是法王控制下的傀儡,都驻在阿维农,史称"阿维农之囚"。

英国王权的情况与法国略有不同。诺曼征服后,盎格鲁萨克逊贵族中有许多人战死,许多人逃亡,留在英国的也被诺曼征服者剥夺了财产。威廉(1066—1087 年在位)晚年的时候,英格兰的土地只剩 8% 在盎格鲁萨克逊旧贵族手里。跟随威廉来英国的诺曼人有的原来就是诺曼底公爵威廉的封臣,有的到英国后很快得到封土,也成为此时已是英王威廉的封臣。这些人组成了英国新的封建统治阶级。

威廉一世在征服的基础上,形成了比较集中强大的王权。他曾命令全体封建主向他宣誓效忠,以保证政令统一。1086 年,他下令对全国土地进行调查,对土地的归属,财产状况,耕作者身份等,作了详细调查和登记。这一调查结果保存到今天,称"末日审判书",是英国中古时期的珍贵经济史料。从调查结果看,英国当时绝大部分土地都为封建主占据,广大直接生产者已沦为依附农民,英国无疑已是封建社会。

英王亨利一世统治时期(1100—1135 年在位),征服者诺曼人与被征服者盎格鲁萨克逊人开始逐渐同化,双方的矛盾随之缓和,国王和大封建主的关系却紧张起来。英王亨利二世(1154—1189 年在位)大力推行司法改革和军事改革,限制封建主的司法权力,国王法庭开始在全国范围内比较有效地行使司法权。他还推广亨利一世实行过的"盾牌钱"制度,规定部分中小封建主不再服军役而代之以交纳"盾牌钱"。这一制度在以后几个世纪里造就了一批不再练武打仗、专心经营农牧业的"乡绅"。英王也常因神职任命问题和教会及教皇发生龃龉。约翰国王对坎特伯雷大主教的人选有不同于教皇英诺森三世的意见,因此失去教会上层人士的支持。接着,他又因为害怕教皇帮助法王夺取英国王位,不得不向教皇称臣纳贡,弄得威望扫地。大封建主不满约翰为进行对法战争而加重他们的军役负担,特别是不满他随意破坏封臣制的惯例和传统,粗暴地剥夺他们的封土继承权,滥用监护权。布汶战役的失败进一步恶化了约翰的地位,这时伦敦市民也因不满约翰的勒索而骚动起来。约翰不得不答应男爵和高级教士的各项要求,于1215年6月19日认可了他们所起草的"大宪章"。这一文件的主要精神是维护封君封臣制度的既定原则,维护教俗封建贵族的特权。因为大封建主在同国王进行斗争时必须依靠骑士和市民,所以"大宪章"对他们的利益也有所照顾。"大宪章"对亨利二世以来王权在司法和行政方面的发展进行了清算,规定大封建主所属封臣之间的财产纠纷应由封建主自己来审理,国王法庭不得干涉;不经教会和封建主的同意,国王不得征收额外的协助金和盾牌钱。到17世纪,英国资产阶级起来革命,利用"大宪章"这一古老的文件为武器同专制王权作斗争。但在此之前的漫长岁月里,因为封臣制的瓦解和王权的强化,因为专制王权的建立,"大宪章"在政治生活中的影响已变得微不足道。许多人根本不知道有这一文件,国王也不遵守其中的条款。

封建西欧的扩张 11至13世纪是西欧封建主开始向四周扩张的时期。德国封建主对居住在易北河和奥得河之间的西斯拉夫人发动殖民侵略战争,夺取他们的土地建立封建庄园,以优惠的条件吸引德国移民。直到14世纪西斯拉夫人的国家波兰和捷克强大以后,德国封建主向东扩展的势头才被遏制。在南方,西班牙人扮演了主角,向侵占西班牙大片地区的阿拉伯人发动了长期的"再征服"战争。

西欧封建主规模最大的对外扩张活动是针对地中海东岸地区的十字军东征(1096—1291年)。1071年,塞尔柱突厥人占领基督教的发源地耶路撒冷。他们建立的国家比较脆弱,政治分裂混乱,对叙利亚和巴勒斯坦的基督徒以及前去朝圣的西欧人骚扰较多,同时也无力抵御外敌。当时有一些从耶路撒冷回西欧的基督徒打扮成受迫害逃回的受难者,骑马四处游说,大肆张扬伊斯兰教徒对圣地和基督徒的蹂躏,鼓吹组织讨伐异教徒的十字军去收复圣地,一时煽动起了汹涌的宗教狂热。1095年夏,教皇乌尔班二世离开罗马前往他的故乡法国,沿途鼓吹十字军东征。9月,他在法国的克勒芒召开有六七百名主教和修院院长参加的宗教会议,号召西欧基督徒参加十字军。他发表演说,鼓动人们"不要因为爱家庭而拒绝前往,因为你们应爱上帝胜于爱家庭;不要因为恋故乡而拒绝前往,因为整个世界都是基督徒的祖国;不要因为有财产而拒绝前往,因为更大的财富在等待着你们。死者必将升入天堂,生者备受上帝恩宠。去参加这场斗争吧!去分享其荣耀奖赏吧!幸运在向你们招手!"1096年,西欧各国封建骑士武装数万人继农民十字军之后向东方出发,攻占耶路撒冷和地中海东部沿岸地区,在那里按照西欧的模式建立起一些小封建国家。意大利威尼斯,热那亚等城的商人给十字军运送给养,交换条件是在十字军占领的地区得到商业特权。

鼓吹和参加十字军的人抱有各种各样的动机。许多人听信教会的宣传,希望通过这一冒险活动获得上帝的恩典,赎免自己的罪孽,但他们往往同时还有一些别的打算。没有遗产可继承或遗产较少的封建主子弟企图在东方得到土地和财富;教皇和西欧教会期望能以武力在东方传播天主教(罗马正教);拜占廷皇帝想得到西欧封建主的军事援助,加强抵御塞尔柱突厥人的力量;意大利商人则怀着攫取更多商业特权的野心。十字军东征以一种非常的、野蛮的方式扩大了西欧同近东的交往,西欧封建主在东方不仅见识了比欧洲更发达的物质文明,也学到了一些那里的思想文化。另一方面,西欧的基督教意识以及封建武士的"骑士精神"也因十字军东征的刺激而愈发强烈。在1096年开始的第一次十字军东征结束以后,又有多次类似的侵略扩张活动。第四次东征时(1202—1204年)十字军在威尼斯商人的唆使下不去进攻伊斯兰教徒,而是改变进军路线去攻打拜占廷帝国,占领君士坦丁堡,破坏文物,抢劫珍宝,又征服拜占廷的大部领土,建立所谓"拉丁帝国"(1204—1261年)。威尼斯商业上的竞争对手拜占廷受到了自己基督徒兄弟的致命打击,从此一蹶不振。第四次十字军充分暴露了为讨伐异教徒而组织的东征具有侵略和掠夺的性质。由于埃及的阿拉伯国家日益强大,十字军在东方的处境越来越困难,1291年丧失了最后一个据点阿克城。

第五节　西欧封建教会和封建文化

封建教会　罗马正教(天主教)是基督教的一大宗派,中古西欧是罗马正教的天下,西欧封建教会也就是罗马正教会,它不仅在文化方面占据特殊地位,而且在政治上、经济上也有很大势力。中古西欧居民的绝大多数是基督教徒,教会的影响被于全民,人们无时不受基督教的熏陶。

西欧封建教会沿用古代罗马基督教会的教阶制为组织原则,以大主教和主教为教会高级主管教士,分别管辖大主教区和主教区。大主教区原先在地域上相当于罗马帝国的行省,主教区相当于罗马行省下面的行政单位"城市"。中古时期的主教区和大主教区历经变迁,但仍都包括较广大的地域。教会的基层组织是乡镇的教区,由教区神父负责管理。主教所在的主教大教堂内,有主教区教士团协助主教办事,并在主教一职空缺时选举新主教,新主教由大主教为他行就职圣礼。在各级教区之外,教会组织还有另一种组织形态,即集体隐居修行的修士所组成的修院。修士往往是一些坚定狂热的教徒,而并非遁入荒野的真隐士。他们为捍卫教会利益和正统教义积极干预教区事务和国家政治,出任主教、教皇和国王的官吏,修院因而成为中古西欧社会中的重要势力。529年,圣本尼狄克在那不勒斯附近的卡西诺山创立一所修院,后又制定了《修士守则》,即修院院规,主要内容是修士必须放弃个人财产、绝对服从修院院长和坚持集体隐修生活。但不提倡埃及、叙利亚基督教修士那种过分的禁欲苦修,所强调的是修院的组织性和纪律性。"修院中无人可自作主张,无人可斗胆顶撞他的院长"。修士一律穿黑色衣,每天劳动六小时,读经祈祷八小时,饮食简单,以粗糙的食物果腹。6世纪中叶到12世纪中叶整整600年间,西欧众多修院的院规都与圣本尼狄克所定的《修士守则》大同小异。9世纪初,有人修订圣本尼狄克院规,规定修士可以不参加体力劳动而专门从事宗教活动和世俗的政治经济活动。910年,阿奎丹公爵威廉划出他的一块猎场创立克吕尼修院,呼吁世俗封建主尊重教会和修院的自主权力。克吕尼修院的另一特点是要求修士严守经过修订的圣本尼狄克院规,注重提高修士的文化水平和神学修养,以便在宗教上和政治上给世俗统治者以更有力的支持。到11世纪前期,服膺克吕尼院规的修院已遍及英、法、德和西欧其他地区,组成修院的联合组织——修会。克吕尼派修士积极推行他们的主张,在教会内部发动了一场改革运动。

罗马主教区按照教会的说法是由基督的使徒彼得和保罗建立的,又位于罗马帝国的首都。由于这些历史的原因,罗马主教在中古西欧一开始就享有特殊的荣誉和"教皇"这一特别的称号。但教皇是西欧封建教会最高领袖的说法,曾经在很长时期内只是教皇极力鼓吹的理论,而不是教皇现实地位的真实反映。在8世纪以前,法兰克王国各地的主教只接受当地主教会议的领导,主教会议又只对国王负责,对在意大利的教皇不加理睬。教皇受到统治意大利北部伦巴第人的威胁。8世纪20年代,教皇开始寻求同掌握法兰克王国实权的宫相结成联盟,希望得到逐渐成长起来的西欧封建国家的有力支持,法兰克宫相和他们的后代加洛林王朝国王也想利用教皇为他们的统治加上合法而神圣的性质。于是教皇给丕平加冕、丕平向教皇"献土"以及后来查理曼称帝,都说明教皇与西欧封建国家统治者关系日益密切,互相利用,愚弄人民。教皇诡称君士坦丁大帝曾授与教皇整个西罗马帝国的统治权,但实际上教皇受制于法兰克国王,也无权干涉法兰克教会的事务。9世纪时,法兰克教会势力膨胀,意欲减少国王对教会的干涉。各地主教借口教皇是教会的最高领袖,反对他们的顶头上司、由国王任命的大主教。教皇尼古拉一世利用这种形势,建立起了对主教的领导权,地方教会上诉教皇这一制度也从此时开始形成。加洛林国家的衰落使教皇失去国王的有力保护,教皇先是成为意大利和罗马城贵族玩弄于股掌之间的傀儡,后又受到德国皇帝的控制。

中古西欧各国统治者宗奉基督教,基督教的传播得到了国家政权和武力的强有力支持。在较短时期内,民众普遍改信基督教。教会在边远的乡村也设立了教区,出远门的香客、商人可以教堂为驿站,一路上教堂钟声不绝于耳,广大农民和其他劳动群众都生活在宗教迷信的氛围之中。基督教诸圣礼是教会掌握群众的重要手段。13 世纪以前，圣礼究竟有几种还没有明确规定，但洗礼和弥撒一直是必行的重要圣礼。洗礼原是流行于中东的宗教洁净仪式，经基督教采用为入教仪式，新生婴儿或改信基督教者均须受洗。弥撒的主要内容是圣餐礼，即由教士给教徒分发少许面饼和葡萄酒，分别象征基督的身体和血，依次受餐如仪。按基督教原教义，这只是象征人们用心灵和诚实信仰上帝以期得救。但中古西欧的绝大多数人相信，在圣餐礼上，饼和酒已因基督的意志神秘地转化为基督的真正的肉和血，吃了以后可以得到上帝的恩典，进入天国。教士因主持圣餐而被看成与上帝有特殊的关系。一般教徒领圣餐时只能得到面饼，而得不到葡萄酒，以与教士相区别。教会还为下层人民准备了浅易的《弥撒书》等代替《圣经》，由神父口头加以讲解。地方上古老的节日被改成基督教的节日，以此影响拘守旧习的群众。教堂壁画和石刻也以"末日审判"等宗教故事训诫教徒，但常被对教义缺乏理解的群众曲解。下层人民所信仰的实际上是基督教的粗浅信条和地方上的巫术神怪等古老习惯的混合物。许多人并不常去教堂，有的人甚至不知何谓上帝，只知迷信圣物和奇迹。向群众解释基督教正统教义由教区神父承担，但许多神父是文盲，有时"与其说是在宣扬教义，不如说是在助长谬误"。他们出身农民，当牧师是为了糊口。他们还去市集上做买卖，与自己的教徒争利，有的还要耕地贴补生活。教区神父的文化素质直到 13 世纪由于神职教育的发展才有较大的提高。教会规定俗人应纳什一税，把收入的十分之一交给教会。教区神父也负责征收什一税，收来后分成四份，分别用来上交主教、救济穷人、维持神父及其助手的生活和修缮本地教堂。

主教拥有处理教会事务的重大权力。他任命和管理下级神职人员，规定和整饬教会纪律，根据教会法行使司法权，代表教会和国王商处有关事务。中古早期的修院一般也受当地主教的监督。由邻近地区的主教组成的主教会议，权威就更大。主教还控制教会的土地和收入，而且往往拥有领主权，与一般剥削、压迫农民和农奴的大地主无别。但主教毕竟不同于世俗封建主。教会始终要求主教、修院院长以及各类低级教士遵守严格的教会纪律。按规定，神职人员不得有家庭生活，已婚者在任职期间必须与妻子儿女分居，未婚者严禁结婚。教士不得与妇女谈笑，妇女进入主教住宅须有两名教士陪同，教士通奸者永远监禁修院。教士也不得放松职守，吃喝玩乐。主教对教会土地的权力也受到限制，不得随意转让教产。

但中古西欧教会从一开始就有世俗化的问题，世俗化带来的弊病是教会为教士规定的纪律很难维持。教会和修院既得到国王和贵族赐给的大量土地，又利用宗教迷信和政治特权夺取农民的土地，财产迅速增加。由于中古西欧政治权力比较分散，主教不仅在教会地产上拥有司法权等世俗权力，而且积极参与地方上的政治和军事。不少教士还担任国王的高级官吏,有的国王重臣卸任后又受任为有权势的主教。教会早就明确规定未受专门神学教育者不得担任高级神职,但国王从其世俗利益出发,常任命俗人为主教。国王的亲属佞幸宠信的武士等等,都有当主教和修院院长的。他们读不懂《圣经》,也根本不懂神学和宗教仪礼,布道时信口雌黄,甚至一任圣礼废弛,把教堂当作饲养牲口的畜栏。在这种情况下,买卖圣职、析分教产以及私自结婚等违犯教规行为所在皆是。神职人员的世俗化严重影响教会的正常宗教活动,也降低了教会的威信。

为了革除上述弊端,克吕尼派修士起而倡导改革。这些修士在 11 世纪中叶进入教皇宫廷任职,有的还膺选为教皇,如格里哥利七世、帕斯卡尔二世。他们所推行的教会改革,历史统称为"格里哥利改革"。1059 年,教皇在拉特兰宫召开会议,规定教皇只能由掌管罗马近郊几个大教堂和教廷各部的枢机主教选举产生,重申教士不得结婚这一教会纪律,禁止教士以任何方式从俗界接受教会职务。这以后,教皇仍不断要求教士独身不娶,以防止神职世袭,教产因继承而被转让。格里哥利七世更号召已婚的教士断然离婚。围绕主教授职权问题,教皇主要同德国皇帝,也同其他国家的世俗统治者,进行了激烈的争斗。各地教会开始比以前更多地强调教会的独立性。教皇帕斯卡尔二世否认教会从前以封土形式领有的土地是封土,宣布教会不再充当国王和其他世俗封建主的封臣、不再履行封臣义务。这一场改革提出了许多原则和具体办法来捍卫教皇的权威、加强教会的独立性和整肃神职人员的风纪,收到了一定的效果。教会组织由松弛而严密、影响力由低落而增高,教皇领导全教会的地位也得到巩固。俗人当主教的荒唐事不再有了,但主教的任命仍受世俗政权这样那样的干涉。后来王权加强,教会的世俗权力日益受限制,神职的重要性随之下降,主教授职权不再是十分敏感的问题了。

教皇的权势在改革以后仍时有消长,在英诺森三世任教皇时(1198—1216年)达到顶峰,这时形成了一系列具有中央集权性质、有利于教皇的教会管理制度。英诺森三世即位后,首先大力制服罗马城和教皇国的意大利贵族,除去这一长期妨害教皇统治的心腹之患。1215 年,他主持召开"第四次拉特兰宗教会议",确定基督教圣礼为洗礼、(成年)坚信礼、婚礼、弥撒、忏悔、神职授任礼和临终涂圣油礼七项,要求每个教徒每年至少向神父忏悔一次、做弥撒一次。西欧基督徒的宗教生活从此大为规范化。英诺森三世还整顿和扩大教皇宫廷的机构,并改进教皇使节制度,不再委任各地大主教兼任教皇使节,改派枢机主教监督各地教会。各地主教则应负责巡视下属教区和修院,随时撤换不称职的神父和修院院长。这一套制度为教皇干预地方教会事务和主教的任命开了方便之门。1199 年,英诺森三世曾向各地教会征税,教皇在全西欧范围内的征税权自此始,教皇的财政收入因此大有增加。英诺森三世还曾迫使英王约翰纳贡称臣,干预德国的皇位继承,组织发动了第四次十字军,并号召和支持封建主镇压南法的阿尔比异端。

除了格里哥利改革,西欧宗教情绪的高涨和禁欲主义的抬头还另有两个结果,一是在十二十三世纪出现了一些新的修会组织,另一是异端同时兴起。新的修会组织有息特西安修会(1115—   )、法兰西斯修会(1209—   )和多米尼克修会(1216—   )。后两个修会直属教皇领导,全力为教皇效命,是教会扑灭异端的急先锋。在十字军东征中建立的医院骑士团和圣殿骑士团是带军事性质的修会团体,也直属教皇。条顿骑士团成立于12世纪末,宗教性质淡薄,打着讨伐异教的旗号在易北河以东活动,压迫、屠杀斯拉夫人。在神职人员腐化问题严重的城市,不少人对教会和正统教义失望,认为教士和圣礼并没有拯救世人的特殊作用。他们组成了为教会所不容的异端宗派,如法国南部的纯洁派和华尔多派(统称阿尔比派,因在阿尔比城一带活动得名),给教会和教皇的神权统治投下了一道阴影。异端观点总的说来是中古西欧十分沉闷保守的思想领域里的一股清流,一旦时机成熟,就会变得波澜壮阔。异端运动和强大起来的英法王权是不利于西欧正宗教会的两个新因素。

西欧封建文化   教父和中古早期的教会学者熟悉希腊古典文化,他们大多数人认为研究古典文化对他们理解《圣经》有帮助,希望能建设一个有文化的教会,赞成编写教授古典文化的教科书。6世纪时的意大利罗马贵族卡息奥多拉极富文才,他依据自己对古典文化体系的理解,为修士规定了学习内容,后演变为所谓"七艺":文法、逻辑、修辞、算术、几何、天文和音乐。"七艺"是中古西欧学校开设的主要课程。从上古到中古,古典文化像泉水一样渗滤过来。像都尔的主教格里哥利的《法兰克人史》这类的文史作品,受古典拉丁文学的一定影响,但已开始形成中古拉丁文学的独特风格。中古早期的动乱在毁坏物质财富的同时,也严重破坏文化。加洛林王朝统治时,政治稍安定,文化又呈现发展的趋势,这时教育和文化知识为人数不多的教士所垄断。9至11世纪的西欧文化人并不热于在学理上和精神上理解古典文化,他们最强烈的自觉意识是进一步改造古典文化,把它变成封建教会进行宗教活动和封建国王治理国家的工具,正如查理曼所说的,教士不会书写就不能理解《圣经》,"而书写字句的错误固然危险,错误的理解更危险"。在神学的桎梏之下,当然不可能有动人的诗文和思想,学术活动集中在为读通《圣经》而进行的烦琐考证上。

11世纪以来西欧经济的繁荣给文化的昌盛创造了前提,十二十三世纪成为文化发展的时期,不过基督教仍然是深刻影响人们精神生活的因素。为统治阶级直接服务、同时又是商业活动所需要的法学在城市中迅速发展起来,出现了专业法学家。意大利波伦亚城的注释法学派深入研究罗马法、传播罗马法,在12世纪的西欧大陆呈现出罗马法复兴的景象。教会法和英国的普通法这时也成为中古西欧另外两种法学体系。东西罗马分裂以后,西欧人学习希腊文化变得很不方便。西欧的犹太人因为通商活动以及家族和宗教的联系,与阿拉伯世界接触较多,懂得阿拉伯文。从 12 世纪开始,犹太人不仅向西欧介绍阿拉伯文化,而且把不少阿拉伯文译本希腊古典著作转译成拉丁文,其中亚里士多德的作品给西欧思想界和学术界带来了巨大的影响。为学习迅速增加的知识,西欧的学校制度有了新的变化:首先是课程的内容深化了,逻辑课学生要研读亚里士多德的《工具论》,算术中引进了阿拉伯数字,几何学和天文学分别以欧几里德和托勒密的著作为教本,法学、医学和神学成为学完"七艺"后进一步的专业课程。再就是大学的兴起。意大利商业城市的学校有一些不是由教会管理的,是由俗界的有学之士担任教师的私立学校,注重教授商人所需要的语文知识和法学。12世纪初,波伦亚城出现了第一所分系科的高级学校——大学,其前身就是一所世俗的学校。法国的巴黎大学和英国的牛津大学也在 12 世纪先后成立。中古西欧大学有程度不同的自治权,"大学"一语原来就是指有权决定学校事务的学生同乡会或教师联合会。意大利以外地区的大学多从教会学校起源,特别重视神学,学校教师享受神职人员待遇,受教会控制较严。

中古西欧的哲学和神学是二位一体。教会哲学家(神学家)收集若干条正统教义中明显的谬误,利用亚里士多德的形式逻辑进行烦琐的论证和诡辩,最后证明这些谬误是"正确的"。这种与神学互为表里的哲学家完全脱离实际经验,故被称为"经院哲学",最著名的代表人物是法国的彼得·阿贝拉德(1079—1142 年)和意大利的托马斯·阿奎那(1227—1274 年)。有些经院哲学家也有可取的思想观点,如认为只有个别事物才是真实的、共相只是名称不是实体的"唯名论"。托马斯·阿奎那虽然竭力论证上帝高于一切、信仰高于理性,但他对神的启示和自然真理所做的区分标志着他在科学知识面前的退让。13 世纪的神秘主义思潮来自法兰西斯修会的神学家,他们把意志、爱、心灵的感应看得比心智更重要,反对经院哲学家把神学形式逻辑化。他们中间有些人还学习了初步的科学知识,针对经院哲学家过分强调演绎这一片面性,主张用观察和实验的方法认识自然界,从而向着近代的科学方法迈开了第一步。英国的罗哲尔·培根(1214—1294 年)就是这些法兰西斯修士中最杰出的一个。科学这时还未从技术和哲学中独立出来。许多哲学家沉迷在炼金术和星象学之中,懂得制造风车、船舵、玻璃和机械钟表等新产品的工匠又往往毫无理论知识。

哥特式教堂建筑物是十二十三世纪西欧艺术主要的表现形式。拱形结构使教堂的天花板可以离地面很高,也便于安装较大的玻璃窗。这时的大教堂一般用石头建造,还用雕刻和绘画加以装饰。高耸入云的教堂尖塔和透过彩色玻璃从高处射进教堂内部的阳光象征着教徒期望接近上帝并最终进入天堂的愿望。

与造型艺术相比较,当时的文学无论在形式上还是内容上都更为多样化。

拉丁语是中古西欧正规的书面语言,哲学、神学和法学著作,教会和国家的文件都用拉丁语书写。12世纪以后,世俗国家的文件逐渐开始使用本民族语言,但拉丁语直到18世纪仍是西欧通用的学术语言。中古西欧较早的文学作品主要是修士创作的拉丁语诗歌。到12世纪,文书、大学生和教师这些俗人也拿起笔来写作,使用方言的文学作品也大大增加了。方言文学可以分为四类:英雄史诗、骑士抒情诗、骑士传奇和寓言。英雄史诗有一些反映的是日耳曼人和诺曼人接受基督教以前的军事民主制生活。原来是口头传说,在10世纪或更晚时期才被写成文学作品,如盎格鲁萨克逊人的《贝奥武甫》;另一些则假借古老传说铺叙故事,宣传基督教观点和封建骑士道德,写成于12世纪晚期或13世纪初,如德国的《尼布龙根之歌》和法国的《罗兰之歌》。骑士传奇兼具后一类英雄史诗的特点和骑士抒情诗的格调,以阿瑟王、查理大帝或亚历山大大帝为中心人物编排出种种传奇情节。散文或诗歌形成的寓言是城市市民的文学,其中《列那狐》俏皮地讽刺了封建贵族和教士,《玫瑰传奇》则透露出一种讲究实际的生活态度。大学生抒发个人情怀的校园诗歌也流行,但多用拉丁语写成,被称为"世俗的拉丁诗",以别于教会的宗教诗歌。西欧封建教会虽然在文化领域中占据统治地位,但教会并不能完全扼杀人们的思想和对生活的渴望,中古西欧文学体裁的多样化正展示了当时人们的这一要求。

第七章　横跨亚欧的蒙古帝国

第一节　蒙古帝国的兴起及其对外征服

蒙古的兴起　在亚洲中部,北界阿尔泰山和杭爱山,南界阿尔金山脉、祁连山脉及阴山山脉,西自天山,东至兴安岭,绵亘着浩瀚无垠的大戈壁。"戈壁"一词,来自蒙古语,意为没有水的地方,即巨大的荒漠与半荒漠地区。蒙古高原位于戈壁的北部,包括今蒙古共和国和我国北部地区。高原四周,群山环绕,境内分布着广阔的沙漠和草原,也有许多河流和湖泊。全地区大部分属于大陆性温带草原气候。季节变化差异明显。冬季长,常有大风雪;夏季短,昼夜温差大。冬季最低气温可达零下45℃,夏季最高气温可达35℃。降水量很少,高原地区年平均降雨量约120～250毫米,南部戈壁地区降水最少,有的地方每年仅降雨一两次。草原地区,水草丰美,是良好的牧场。山地森林茂密,禽兽众多,是天然的狩猎场所。

大漠南北的草原地带,远自旧石器时代就有了居民,分为许多部落。他们相互之间以及他们和华夏各族之间,曾不断发生过战争。在长期的互相接触、战争和融合过程中,有的部落消失了,有的则发展壮大起来。到公元前3世纪末,原来住在大漠南北许多互不统属的氏族部落,逐渐形成一些较大的部落联盟。到13世纪初,蒙古兴起以前,匈奴、鲜卑、突厥、回纥等族先后建立过强大的政权。13世纪初,蒙古崛起于漠北,由此发展而建立了空前的世界大帝国。

蒙古原来居住在也里古纳河(今额尔古纳河)流域,大约9—10世纪,西迁到怯绿连河(今克鲁伦河)、斡难河(今鄂嫩河)和土拉河发源地的大肯特山一带,占据了三河之源、东至呼伦贝尔的广阔草原。蒙古国家兴起以前,蒙古分为许多部落,除少数居住在北部森林地区从事渔猎的原始生活外,大部分居住在草原地区从事游牧。其中重要的有成吉思汗出生的孛儿只斤部(在不儿罕山——今肯特山附近),札只剌部(在鄂嫩河畔),泰赤乌部(鄂嫩河中游北部),在呼伦湖东南部还有散只兀、哈答斤部、弘吉剌部等。游牧以氏族为单位,称"古列延"(即圈子之意),居住方式是由各户的毡帐围成一圈,氏族首领居于中央。男子较少,流行多妻制。

10至12世纪,蒙古先后依附于辽、金政权,接受了先进文化的影响,铁器的使用逐渐普遍,生产力获得较快的发展。畜牧业成为主要生产部门,牲畜有绵羊、山羊、牛和马等。牛、羊所产的肉和奶是主要食品,皮用以制作衣物,毛则用以制作毡毯或绳索等,牛还是辘车的重要畜力。蒙古马,体态瘦小,但耐饥寒,善奔走,是游牧、狩猎和作战时必备的乘骑。除牧民外,各部落中还出现了少数的手工业者,如铁匠、木匠、弓匠和皮匠等。交换也有一定发展。蒙古人在辽、金边境,以牲畜和毛皮交换绢帛、铁器和其他较高级的手工业品。汉族和回回的商人也深入到草原腹地进行贸易。

随着生产力的增长,私有制出现,氏族制度开始瓦解。以氏族为单位的集体游牧方式(古列延)逐渐转变为以户为单位的个体游牧方式(阿寅勒)。各家族贫富分化,出现了贵族(那颜)、平民(哈剌抽)和处于社会最底层的奴隶(孛斡勒)。部落首领(汗)和那颜贵族凭借他们的权势,逐渐掌握了公共牧地和水源的支配权,拥有大量的牲畜,驱使奴隶和贫苦牧民为其放牧,在他们周围还聚集一批被称为"那可儿"(伴当)的勇士为其效劳,他们凭借这支武装力量,巩固统治,进行掠夺战争,不断扩大权势地位。为了掠夺牧场、牲畜和奴隶,各部落之间不断进行争战。频繁的战争,既破坏了生产秩序,又加剧了氏族血缘制度的瓦解和社会的两极分化。战争使各氏族部落聚散兴衰不定。一些在掠夺战争中取得胜利的部落,兴盛起来,兼并或消灭其他弱小部落,自身不断膨胀,形成强大的部落联盟,联盟首领称为"汗"或"可汗"。另一些在战争中失败的部落则衰落下去,不断地分化改组。到成吉思汗时代,蒙古各部落最后分属于成吉思汗和札木合为首的两个敌对的阵营。

与蒙古兴起的同时,在蒙古高原上还居住着其他一些强大的游牧部落。塔塔儿部位于蒙古的东边,占据着呼伦贝尔一带最富饶的草原,是由许多部落组成的部落联盟。由于该部的强盛,其他一些部落也以塔塔儿人自称。所以,塔塔儿(鞑靼)一名,就成为蒙古高原各部的泛称。居住在蒙古西部的是克烈部,人口众多,是由克烈等六个部落组成的部落联盟,游牧于土拉河和鄂尔浑河流域。克烈部以西、直到阿尔泰山,是乃蛮部的牧地。乃蛮由于和文化发达的畏吾儿、西夏毗邻,社会发展比较先进,已形成相当固定的部落联盟,用畏吾儿文字记事,并初步出现了官吏。居住于蒙古之北,鄂尔浑和色楞河草原一带的蔑儿乞部,社会发展比较落后。12世纪末叶,上述四部:塔塔儿、克烈、乃蛮、蔑儿乞和新兴的蒙古,构成蒙古高原上的五大部落集团。这五大集团,有些早就互相结有仇怨,斗争不已。这时,他们又为争夺支配蒙古的最高权力而进行激烈的战争。最后,蒙古部在成吉思汗的领导下取得了胜利,统一各部,为蒙古统一民族的形成奠定了基础。

成吉思汗的统一斗争　成吉思汗,原名铁木真(1162—1227年),出生于乞颜·孛儿只斤部。其父也速该是该部的首领人物。铁木真出生时正值也速该打败塔塔儿人,俘其首领铁木真·兀格,为纪念胜利,便给他取名为铁木真。铁木真九岁时,也速该被塔塔儿人用毒酒害死,族众离散,奔附于其他强大部落。幼小的铁木真及其家族陷入困境,靠采集野果、野菜维持生计,历经艰辛。在严酷的生活中,铁木真锻炼得坚强勇敢,聪明机智,他精于骑射,善于分析形势,把握时机。及长,铁木真投附于其父生时的"安答"(意为"把兄弟"、"盟友")、克烈部首领脱里罕(后称王汗),和他结成义父义子关系。在脱里罕的帮助下,他收集了一些离散的部众,处境逐渐好转。不久他又联合自己旧日的安答、札只剌部首领札木合,击败蔑儿乞部的进攻,取得重大胜利,俘获许多牲畜及奴隶,许多原来离去的部众,纷纷回到他的身边,铁木真势力逐渐壮大起来。

1189年,乞颜·孛儿只斤部贵族推举铁木真为汗。之后铁木真改革了传统的氏族部落组织,设置了掌管军事、兵器、乘骑、警卫、放牧和庭帐事务等职司,任命亲信和有才干的那可儿担任这些职务。从而形成一个坚强有力而又听命于他的权力机构,为后来实现统一大业和建立蒙古国家奠定了基础。

铁木真聚集众部称汗,势力日益壮大,形成以铁木真和以札木合为首的蒙古两大集团的对峙。札木合不能容忍铁木真与其争夺蒙古部众。于是他集合札只剌、泰赤乌等13部3万多人马,大举进攻铁木真。铁木真急速起兵3万,组成13翼(古列延)迎战,失利后退兵拒守,保存了实力。1201年,札木合被其部落联盟推举为"古儿汗"(意为普众之汗),旋即联兵再次进攻铁木真。铁木真与克烈部脱里罕联合,在海剌儿河(今海拉尔河)畔展开激战。札木合联军大败,诸部溃散,弘吉剌部归降。接着,铁木真又先后消灭了东面的夙敌塔塔儿部和泰赤乌部以及北面的蔑儿乞部,控制了富饶的呼伦贝尔大草原,使东部和北部地区成为可靠的后方。从此以后,铁木真和脱里罕的联盟关系开始破裂,在蒙古高原上又形成了铁木真与脱里罕两大势力的对峙。1203年春,脱里罕发兵突然进攻铁木真,铁木真急促应战,结果失败。铁木真向脱里罕求和,得到许诺,从而保全了实力。但脱里罕的部下反对议和,因而发生内讧,脱里罕的势力大为削弱。同年秋,铁木真乘脱里罕举行宴会,毫无防备的时候,发兵突袭,经过三昼夜的激战,彻底击溃克烈部的主力。脱里罕只身逃走,后在乃蛮部边境被人执杀。

消灭克烈部这一强敌,为铁木真统一蒙古消除了一大障碍。剩下的一个对手,就是西部的乃蛮部了。乃蛮部首领太阳汗,对铁木真势力的急剧增长,早就深感不安。特别看到脱里罕的覆灭,更为震惊。为了和铁木真对抗,他网罗了铁木真的夙敌札木合,以及克烈部、蔑儿乞部的余众,策划进攻铁木真。铁木真也积极备战。他整顿军事编制,按千户制组编军队,设统领指挥;成立护卫军,设八十宿卫,七十散班(秃鲁华),把军队整顿成为有严格组织性和纪律性,斗志旺盛的武装力量。1204年,铁木真和太阳汗双方大军会战于纳忽山(今鄂尔浑河东岸)。结果,乃蛮部溃败,太阳汗受伤被擒,旋即死去。札木合也在逃亡中被随从捕送铁木真处死。至此,铁木真完成了统一蒙古各部的大业,为蒙古帝国的建立和发展奠定了基础。

蒙古国家的建立 1206 年(宋开禧 2 年),蒙古各部贵族在鄂嫩河畔举行大会,推选铁木真为全蒙古的大汗,号"成吉思汗"(意为强大的或海洋般的大汗)。蒙古国家由此成立。其版图东起兴安岭,西至阿尔泰山,南达阴山,北连贝加尔湖的广阔地区。领内居民众多,氏族、部落关系复杂,政治体制各异,为了巩固新国家,必须建立一套比较完备的统治体制。

成吉思汗打破氏族部落的传统组织结构,建立行政、军事和生产组织相结合的统一体制——千户制,即把全国人民编成 95 个千户,作为行政、军事和生产组织的基本单位。千户之上,有万户,其下复有百户、十户,分别由万户长、千户长、百户长和十户长统辖。这些长官(那颜)大都由原部落首领、贵族充当,但已不是原来的氏族首长,而是新兴国家的官吏。千户的规模大小不一,统辖的户数也多少不等,有的千户长统辖多达几千户,有的则不足一千户。万户、百户也有类似的情况。千户制是基于蒙古人的游牧生活方式而建立的一种军事封建制的政治体制。在这种体制下,所有青壮年男子皆为战士,编入军队,自备马匹和兵器,由千户长、百户长率领,随时听命出征。千户也是行政单位,平时管理居民户籍、生产、税收和司法等行政事务。千户所属的居民,一律登记户口清册,在指定的牧地居住,不得擅自迁离被编定的十户、百户、千户之外,否则迁移者和收容者都将受严惩,直至死刑。牧民除服军役外,还必须向政府或领主(那颜)交纳牲畜及牲畜产品,并负担各种杂役。把居民固定在指定的十户、百户和千户以内,就是要保证千户制的完整性,保证必要的兵源和税源,使所有成年男子成为"上马则备战斗,下马则屯聚牧养"的亦兵亦牧的基本民众。成吉思汗把编成千户的蒙古民众连同管辖千户的各级那颜当作家产,分配给自己诸子、诸弟等宗室成员。按着家产分配的惯例,成吉思汗的诸子、诸弟又把分给他们的人民和各级那颜,再分配给自己的亲族或部属。各级那颜对于大汗和大汗的宗亲处于绝对从属的地位,但对人民来说他们却又是统治者。他们接受大汗或其宗亲的封赏,成为领主,并且获得世袭权力。他们在辖区内有分配牧场、征收赋税、摊派徭役、统率军队等等权力。这样,就形成了以成吉思汗为首的皇室宗族("黄金家族")的最高统治集团和各级那颜贵族构成的封建统治阶级。大汗的权力高于一切,是统治阶级的最高代表者。处于千户制最底层的是广大牧民,不论他们原来是自由民,还是属民或奴仆,在千户制建立后,他们都被强制地固着在指定的牧地内,承受着各级那颜贵族的统治,身受层层的剥削和奴役。

成吉思汗为加强统治权力,还挑选一批强悍而有才干的贵族青年,组建一支直接听他指挥的常备武装力量——护卫军(怯薛)。护卫军是最精锐的部队,共 1 万名,其中宿卫 1 000 人,箭筒士(佩弓箭的侍卫者)1 000 人,散班 8 000 人。护卫军的任务是,平时承担保卫大汗的金帐,分管汗庭事务以及警察等职责,战时则成为大汗亲自统领的军队。护卫军的职守明确,制度严密,并享有种种特权。他们优先获得战利品,如果与那颜发生争斗,则罪那颜。护卫军是成吉思汗赖以实行军事封建专制统治的中坚力量。

成吉思汗还建立和健全司法、行政制度。设立断事官(札鲁忽赤),主管司法、审判事务。审判的依据是蒙古已有的习惯法和成吉思汗所颁布的"札撒"(意为法度、军令)。建国后,成吉思汗曾数次召集大会,颁布札撒,并命令将这些札撒和他的"训言"用畏吾儿字记录下来,编成《札撒大典》(现已失传),形成成文法。法律保护私有财产,维护贵族的权力,对盗窃私有财产、藏匿逃亡奴隶及俘虏者,临阵退缩者都处以死刑。后来断事官还兼管户籍、赋税等政务。设在汗庭的断事官总揽全国司法、行政。此外,在诸王、勋臣的封地内也有断事官,掌管辖区内的户口、税敛和司法行政事务。这样,从中央到各封地就建立起一套比较完整的司法行政体制。成吉思汗还让人教太子、诸王及贵族子弟学习畏吾儿文字,利用畏吾儿文字拼写蒙古语,记载各种事件,逐渐形成了蒙古文字。

蒙古国家的建立,结束了长期以来蒙古草原上的部落纷争,为统一的蒙古民族的形成奠定了基础。建国后所创建的一系列国家机构、军事行政制度、成文法、文字等等,使蒙古向文明社会前进了一大步。不久就冲出草原,走向世界,对世界历史产生了重大影响。

成吉思汗南下攻金及西征　蒙古国家是新兴的游牧民族国家。氏族部落时代热衷于掠夺战争的习性还没有改变。成吉思汗曾对他的将领们说:"人生最大的乐事莫过于战胜和杀尽敌人,夺取他们所有的一切,乘其骏马,纳其妻妾。"①又勉励他的儿子们说:"天下土地广大,江河众多,你们尽可以各自去扩大营盘,占领国土。"②由于蒙古国家的建立,大汗权力的巩固,国家机构和军事行政制度的建立和健全,军事力量的增强,这些条件更便于蒙古贵族统治阶级发动掠夺战争。但是,蒙古内部业已统一,各部都已变成成吉思汗的"黄金家族"和勋臣权贵的财产,不再是掠夺的对象。于是富庶的邻国便成为他们进行掠夺的理想目标。因此,从成吉思汗到忽必烈,蒙古统治者凭借强大的军事力量,不断地发动了大规模的侵略战争。蒙古军队的足迹遍及亚、欧两洲的广大地区,侵掠和征服了许多国家和地区,在我国和世界历史上留下了深远的影响。

成吉思汗完成了内部统一之后,立即着手准备对金(女真)的战争。当时蒙古还臣属于金,蒙古建国后,成吉思汗不愿继续忍受这种屈辱的臣属地位。在发动对金战争之前,成吉思汗为解除西面的牵制,曾先后三次向西夏进军。西夏是党项羌族于 11 世纪中叶建立的政权,都兴庆府(今宁夏银川市),国号大夏。因地处西北,北宋称之为西夏。辖有宁夏、甘肃以及陕西、青海、内蒙古和新疆的部

---

① 拉施特主编:《史集》第一卷第二分册,余大钧、周建奇译,商务印书馆 1983 年版,第 362 页。
② 《元朝秘史》,第 255 节。

分地区。曾与宋、辽、金进行连绵不断的战争。晚期势衰。13世纪初,蒙古三次击败西夏军,迫使西夏纳贡求和,蒙古人掠得大量人畜财物。与此同时,原来臣属于西辽的畏吾儿也归服蒙古。于是,南下征金的条件成熟了。1211—1216年,蒙古进行了长达7年之久的对金战争。金无力全面御敌,只以重兵据守西京(今大同)和中都(今北京),而对其他地区则不能保卫。因此,蒙古军队如入无人之境,所至烧杀劫掠。但是由于金兵拒守,蒙古一时不能消灭金国。1214年,蒙金议和,金被迫献公主及大量金帛、人口、马匹,蒙古暂时罢兵。蒙古退后,金朝迫于蒙古的威胁,首都由中都迁到河南的汴京(今开封)。于是,黄河以北大片地区尽落蒙古之手。蒙古军队劫掠无数的牲畜、人口和财物,加强了后来扩张战争的物质力量。蒙古人还向金人学会了制造和使用火器等先进武器及军事技术,更便利了进行扩张战争。

1218年,成吉思汗派军西征,首先攻灭西辽。西辽原是契丹(辽)贵族耶律大石西迁后,于12世纪20年代在中亚建立的政权。极盛时据有新疆西部直到咸海的广大地区。1208年,被蒙古击败的乃蛮部太阳汗之子屈出律逃到西辽。1211年,屈出律和花剌子模合谋,夺取了西辽政权。屈出律强迫当地穆斯林改信佛教或景教,引起了普遍不满,成吉思汗利用西辽内部矛盾,派大将哲别率军2万,一举破之。屈出律被执杀,西辽灭亡。

接着蒙古又进攻花剌子模。花剌子模是中亚的大国,13世纪初正值盛期,据有北起阿姆河上游,南到波斯湾,东界印度河,西达两河流域以东地区。幅员辽阔,物产丰富,地处东西方交通要道,商业繁荣。但所属各地大部分是新近征服的,局势尚不稳定。正值这时,发生了花剌子模抢劫并杀害蒙古商队和使臣的事件。成吉思汗探知花剌子模内部矛盾很多,局势不稳,便借口兴师问罪。1219年,率大军20万人,分四路大举进攻花剌子模。花剌子模有40万精锐部队,但因分驻各地,不能集中御敌,陷于被动挨打的不利局面。至1220年,蒙古军队接连攻下讹答剌、乌尔犍赤、尼沙普尔、布哈拉、撒马尔罕等许多重要城镇。蒙古军队为了报复花剌子模人民的抵抗,每次城陷后都进行残酷的洗劫,大杀大掠之后,或者把城市夷为平地,或者纵火焚之,或者引水灌城,居民除部分工匠和妇女被掠送往蒙古,分给各级贵族充当奴隶外,其余大都惨遭杀戮。撒马尔罕城陷后,据说蒙古士兵受命,每个人要屠杀两千无辜居民。然后又决阿姆河水灌城,全城尽为泽国,偶尔有幸未被杀戮的人亦难逃被洪水淹死。偌大的花剌子模王国,在短短的几年间被蒙古人消灭了。蒙古征服者摧毁了中亚许多文明城市,破坏了全部灌溉设施,兵锋所至,满目疮痍,昔日繁荣富饶的花剌子模,变成一片荒漠。

在征服花剌子模的同时,另一支蒙古侵略军从里海南岸北上,越过高加索山进入顿河流域的草原地区。1223年5月,在顿河支流卡尔卡河畔击败波洛伏齐人(突厥部落,又译钦察人)和俄罗斯联军,基辅王公投降。于是蒙古军长驱直入,攻掠俄罗斯各地,进入克里米亚,然后溯伏尔加河而上,途中为保加尔人所败。1223 年末回师,经里海北岸与成吉思汗主力会师后东归蒙古。

1225 年秋,成吉思汗又率大军西征,打算最后消灭西夏,然后攻金。这时的西夏已经衰弱不堪。在蒙古大军的攻击下,西夏军民虽奋力抵抗,但由于力量相差悬殊,连连失利。1226 年,蒙古军围攻西夏都城中都府(今宁夏银川市),城内军民协力防守达半年之久。后来城中粮尽,军民多病,无力继续抗战。1227 年 7月,夏主出城投降被杀,城内居民也遭杀戮,西夏由是灭亡。

窝阔台汗灭金和拔都西征 1227 年 2 月,成吉思汗西征回师后开始攻金,在攻入金的西部边境时,成吉思汗于 7 月病死于军中。成吉思汗死后,由四子拖雷监国。1229 年秋,王公贵族在克鲁伦河举行大会。遵照成吉思汗生前的意愿,推举成吉思汗第三子窝阔台为大汗,是为太宗(1229—1241 年在位)。这次大会还决定继续西征,分兵三路,一支远征波斯,一支远征俄罗斯,另一支进攻金国,以完成成吉思汗未竟的征服事业。

1230 年,窝阔台亲率蒙古主力军大举侵入金境。战争初期,两军互有胜负。后来蒙古分兵三路以包围汴京。左路军由斡陈那颜统领,从济南进军;右路军由拖雷率领,绕过金的军事重镇潼关,由宝鸡南下,绕道南宋边境,沿汉水而下,由唐(今河南西南唐河县)、邓(今河南西南邓县)北上直趋汴京;窝阔台亲率中路军攻河中府(今山西西南永济附近),然后东进洛阳。1232 年初,拖雷所部在钧州(今河南禹县)击败金军主力。金军主将战死,潼关守将投降,河南十余州除洛阳、归德(河南商丘)外,相继陷落,蒙古军队迅速完成对金都汴京的包围。但围城蒙军遇到金军的顽强抵抗。守城金军用震天雷、飞火枪等先进火器射杀敌人,蒙古军队久攻不下。然而金朝统治阶级腐朽无能,不敢抵抗到底,乃以王子为人质,向蒙古求和。及至蒙古主力军后退,又轻率地杀死蒙古使臣。于是和议破裂,蒙军加紧围城。1233 年正月,金哀宗逃往归德,复奔蔡州(今河南汝阳),汴京守将投降,蒙古军占领金都。这时蒙古约南宋联合攻金,1234 年正月,蔡州陷落,哀宗自杀,金亡。

1235 年,窝阔台在和林召开大会,决定派术赤长子拔都率军西征。窝阔台长子贵由、拖雷长子蒙哥等诸王也随军出征。1236 年,蒙古远征军进入钦察草原,击败游牧的钦察人(即波洛伏齐人,系突厥人的一支),然后侵入俄罗斯平原。当时,俄罗斯诸王公正热衷于内争,彼此互斗,不能协力御敌。同时对蒙古的入侵缺乏足够认识,以为只是一般的游牧部落的劫掠,不久自会退去。因此,对蒙古的入侵没有组织有效的抵抗。1237 年,蒙古军先后攻陷里亚赞、莫斯科等重要城市,杀掠后而去。1238 年进攻弗拉基米尔,歼灭弗拉基米大公的军队。然后南下,掠夺俄罗斯南部,攻入克里米亚,陷车尔尼戈夫。1240 年攻占历史名城基辅。至此,俄罗斯绝大部分地区悉被蒙古军队占领,许多城市被摧毁,大批民众或遭杀戮或被俘掳为奴。

1241 年,拔都分兵两路,南北挥戈。北路军进攻波兰,拔都率南路主力进攻匈牙利。当时波兰分裂为 5 个公国,互相攻伐,内战迭起。匈牙利内部也处于封建割据状态,力量分散。3 月,南路主力部队越过喀尔巴阡山,攻入匈牙利。匈牙利国王贝拉四世的军队在萨萨河畔的沼泽地迎战蒙古军队,结果一触即溃,纷纷逃散。蒙古军队蹂躏匈牙利全境,焚毁布达、佩斯等许多城市。然后直逼奥地利。北路大军横渡维斯拉河侵入波兰南部,攻占克拉科夫和桑多米尔等城市。4 月 9 日,在里格尼茨大败西里西亚王公亨利组织的波兰、德国和条顿骑士团联军,共 3 万余人。亨利本人也被杀。但在进攻捷克时受阻,然后南下匈牙利,与主力部队会合。

1241 年 11 月,蒙古大汗窝阔台死。拔都闻讯,停止西征。1243 年,拔都以伏尔加河下游的萨莱为中心,建立钦察汗国(1243—1480 年),因其帐顶为黄色,故又称"金帐汗国"。

蒙哥汗攻宋和旭烈兀西征　窝阔台死后,由皇后脱列哥那暂摄国政。由于争夺汗位的斗争,直到 1246 年忽里勒台大会才选出贵由(窝阔台之子)为大汗,是为定宗(1246—1248 年)。贵由在位不足 3 年早殇。诸王为争夺汗位又展开了尖锐的斗争。到 1251 年,蒙哥(拖雷之子)在拔都的支持下获得汗位,是为宪宗(1251—1259 年在位)。蒙哥即位后,即着手巩固汗的地位,加强汗的权力。他首先镇压反对自己继承汗位的窝阔台系诸王,把他们谪迁边远地区或禁锢于军营,并处死其同党贵族 70 余人。与此同时,进行政治改革,任命他的胞弟忽必烈总督漠南蒙古及汉地的军政事务,并任命一些亲信掌管各地军政;同时加强对诸王、官属的控制,限制他们随意招纳民户和征敛。蒙哥巩固了权力之后,随即派遣大军四出扩张。

1252 年,蒙哥汗派遣怯的不花为先锋,率军 1.2 万先行西征。翌年又命其弟旭烈兀率主力军出发。他沿着当年成吉思汗走过的路线再次侵入中亚和伊朗。1255 年抵撒马尔罕,1256 年渡过阿姆河,平定伊斯兰教伊思马因派的木剌夷国。1258 年 1 月 16 日围攻阿拉伯帝国首都巴格达,2 月 13 日城陷。哈里发穆斯台耳绥木出城投降,被装入袋内,纵马踏死。历时 500 余年的阿拔斯朝阿拉伯帝国,由是灭亡。蒙古军队在城中大肆烧杀劫掠 7 日之久,数十万居民死于非命;许多艺术珍品和华丽建筑遭到毁灭。历史名城巴格达蒙受了一场空前的浩劫。1260 年春,旭烈兀攻占大马士革。蒙古军队直抵巴勒斯坦海岸,企图进攻埃及。这时蒙哥大汗的死讯传至,旭烈兀留下怯的不花统领 5 000 军队驻守叙利亚,自己率主力东归,驻军于阿塞拜疆。不久,驻守在叙利亚的蒙古军队为埃及马木路克王朝军队所败,叙利亚全境也被埃及夺取。旭烈兀为争夺汗位,不得不中止西征。1264 年,大汗忽必烈(世祖,1260—1294 年在位)正式册封旭烈兀为伊儿汗,旭烈兀遂在其所征服的中亚和伊朗地区建立伊儿汗国。

蒙哥汗在派旭烈兀西征的同时,又派他的另一个兄弟忽必烈进攻南宋。1252 年,忽必烈率军经四川西部攻入云南,企图对南宋造成三面包围的形势。1253 年灭大理。1257 年,又进兵安南,迫使安南王投降。于是,西南广大地区落入蒙古的控制之下。这时,蒙哥汗认为全面攻宋的条件已经成熟,遂于 1258 年初,亲率大军出征。分兵三路:忽必烈攻鄂州(今武昌),兀良合台攻潭州(今长沙),蒙哥率主力自六盘山及陕南分路进兵四川,企图三面并进,一举灭掉南宋。蒙军入四川,长驱而下,不到一年间,连破南宋许多州县。1259 年初,蒙哥率军攻打合州(今重庆合川),宋合州守将王坚据城坚守,蒙军连攻数月不克,蒙哥为矢石所中,不久死去。蒙军败退。这时忽必烈正在湖北作战,得到蒙哥汗的死讯,为了争夺汗位,连忙与南宋议和,然后撤兵北归。1260 年,忽必烈于开平(后称上都,今内蒙古正蓝旗东)即大汗位。

忽必烈巩固了政权以后,继续攻宋。衰朽不堪的南宋朝廷,没有利用蒙古暂时罢兵的有利机会,积极加强战备,励精图治,而只图苟安。因此,蒙古攻宋大军,势如破竹,几年间,南宋大部河山尽为蒙军所占。1276 年 2 月,蒙军攻陷宋都临安(今杭州),俘恭帝、太后等北去。以后,文天祥、张世杰、陆秀夫等继续抗战,力图挽狂澜于既倒,但力不从心,不幸先后失败。1279 年,南宋朝廷终于灭亡。

此外,蒙古统治者还曾侵略过朝鲜、日本、缅甸、印度支那和爪哇等国家和地区。其中除朝鲜外,都没有取得明显的战果,或者失败,或者只取得暂时的臣服和贡纳。

自蒙古统一大漠南北,建立国家以来,半个多世纪不断地四出扩张,蒙古铁骑驰骋亚欧大陆,征服了许多国家和地区,建立了世界历史上规模空前的蒙古大帝国。

13 世纪,亚欧诸封建国家大都处于分裂状态,内部矛盾重重,不能协调一致。而蒙古则是新兴的游牧民族国家,国势正盛。蒙古士兵由牧民组成,不仅兵源充裕,而且习惯艰苦的生活环境,他们还保留着视劫掠战争为荣耀的氏族遗风,骁勇强悍,坚忍不拔。蒙古骑兵,机动灵活,来如闪电,去如流星,能发动猝不及防的进攻,迂回包围,切断敌人退路,加上良好的军事组织,因而具有很强的战斗力。他们还从与宋、金的交往和战争中学会使用和制造火器以及攻坚战等先进军事知识,进一步加强了蒙古军队的战斗力。蒙古军队平时没有薪给,唯有战时以战功大小分配战利品。为了获得更多的战利品,蒙古士兵不畏死亡,争先恐后,勇往直前。最后,蒙古军事统师如成吉思汗、拔都、旭烈兀和忽必烈等都是杰出的军事家,长于战略战术,善于用兵。这一切,都是蒙古进行征服战争所以取胜的重要原因。

第二节　蒙古帝国的分裂

蒙古帝国的构成　由成吉思汗及其后继者所建立的蒙古帝国,是世界历史上疆域最大的帝国。它东起朝鲜半岛,西达波兰,北到北冰洋,南至太平洋和波斯湾,包括几乎整个亚洲和大部分欧洲。在这个辽阔的帝国境内,包括原来许多国家以及众多的民族或部落。其中有的是经济文化发达的文明民族和国家,有的是半野蛮的游牧或半游牧的民族或部落,各地区、各民族的社会结构和发展水平不同,经济文化、历史情况、风俗习惯等各异。对于这样复杂而庞大的帝国,任何统治者都是无法实行统一治理的。

况且,蒙古征服者刚刚脱离原始公社制,跨入文明的门槛,形成游牧民族国家。当时文明程度较低,比被征服的先进民族和国家落后得多。由于草原牧区生产力低下,人口稀少,文化落后,所以游牧的蒙古征服者不可能在其所占领的广大地区发展繁荣的农业和手工业生产。因此,蒙古人虽然占领广阔的农耕地区,成为统治民族,但仍然保持落后的游牧传统,他们建立的蒙古帝国,实际上是以游牧传统为主导的游牧人的国家。只是由于文明先进的农耕民族的影响比较强烈,和游牧生活方式格格不入,经常发生冲突和斗争。尤其在农耕民族地区克服战争创伤,恢复生产以后,这种矛盾和斗争更为激烈。因此,蒙古统治阶级不得不因地制宜,分而治之。

蒙古国家建立之初,各贵族、首领所占有的主要是人户和牲畜,当时封建土地观念还不明显。但是,随着侵占地区日益扩大,其中许多是封建制农业经济地区,蒙古征服者受其影响,封建土地观念日益滋长,从而逐渐放弃初期那种以劫掠为主的传统政策,开始建立地域统治观念。原先成吉思汗把征服的土地和人户当作家产分封给诸王子,后来诸王子又以同样原则把自己的封地和人户分封给子弟,从而形成许多层次不同的封建领地。忽必烈不但正式承认这些封建领地,并且继续分封一些王公。但蒙古国家并未形成一套系统的、集权的封建政治体制。各封地对大汗没有明确的臣属关系,主要靠宗族关系维持大汗的君主地位,实际上各汗国的独立性很强。随着占领地的扩大和封建制观念的加强,这些封地逐渐发展成为独立的封建王国,如术赤的封地后由其子拔都继承,发展为钦察汗(金帐汗)国;察合台和窝阔台的封地,则发展成为察合台汗国和窝阔台汗国。忽必烈时期,又册封旭烈兀为伊儿汗,他以大不里士为中心建立伊儿汗国。于是形成蒙古四大汗国以及其他一些小的汗国。名义上,四大汗国是大汗统一政权管辖下的一部分,但是由于各汗国的民族构成、语言、生活方式和历史传统各不相同,所以地方和中央大汗政权缺乏经常的联系;加之诸汗引兵自重,有的甚至与中央大汗对立。所以各汗国由最初对大汗的松散隶属关系，不久就发展成为独立的汗国。

1259 年，蒙哥汗死后，蒙古帝国的短暂统一也随之告终。继任大汗的忽必烈，他的权力仅限于东方，即中国的元朝政权。此后，元朝和西方的四大汗国，各自按着不同的道路，独立地发展下去。

元朝 1260 年，忽必烈在开平（上都）即帝位，是为世祖。至元 8 年（1271 年）11 月，取《易经》"乾元"之义，定国号为大元。次年迁都于大都（今北京）。16 年（1279 年）灭南宋，统一全中国。疆域东起沿海，西至新疆，南达南海，北括西伯利亚大部，东北至鄂霍次克海，西南包括西藏、云南。继汉、唐之后，重开中国大一统局面。元朝是蒙古其他各汗国的中朝，各汗国名义上尊元朝皇帝为大汗。

蒙古是一个落后的游牧民族，而他所统治的中原地区，则是有数千年文明的高度发达的封建社会，业已形成自己一套独特的政治、经济制度和文化形态。面对这种情况，蒙古统治者不难发现，不适应中国既有的一套传统就很难实行统治。所以，元朝的官制、兵制、法制和赋役制度等，基本沿袭中国以往王朝，但也掺杂了蒙古的特点，并擢用一些汉人为重要官吏，以强化其统治。

蒙古统治者也广占土地，剥削农民，他们的土地主要由赏赐或强占而得，也有的是汉人地主投献求庇。除蒙古贵族地主外，还有汉人地主以及寺院或道观地主。元朝时期自耕农很少，土地耕作主要由佃户或奴隶承担，南方则大都是佃户。一个富有的大地主可有佃户数千家甚至万家。佃户须向主人交纳一半的收成，此外还有徭役以及其他负担。佃户的法律身份是良民，但地主往往把他们随土地转让、买卖，任意惩罚、打骂。甚至杀死佃户的事，也屡见不鲜。法律规定，主人打死佃客者杖 170，征烧埋银（埋葬费）50 两。其地位略高于奴隶。

元代中原的奴隶制一度有所加强。当时社会上奴隶很多，大部是战争俘虏，有汉人、女真人、契丹人以及中亚、欧洲各地的人。蒙古人也有由于抵债、犯罪或被掠卖而陷身为奴的，但人数不多。元代有专门买卖奴隶的市场。据估计，元代有奴婢 1 000 万，占全国人口的 1/6。但奴隶制并没有取代占主导地位的封建生产方式。使用奴隶最多的是手工业部门和家庭服役。在征服战争中，蒙古人俘虏了大量的工匠和妇女儿童，这些俘虏一部分被分配给蒙古贵族成为私奴婢，大部分为官府所有，按行业从事各种手工业生产及其他劳役，所得微薄，难以为生。法律视奴婢为财物，由主人随意处置，直至杀死。当时法律规定，私宰牛马者杖100，而主人杀死无罪的奴婢杖 87，可见奴婢不如牛马。奴隶不得控告主人，否则由官府处死。奴隶所生子女，仍为奴隶，不得脱离主人。元代这种强制输入的奴隶制，对中国来说是历史的倒退，严重阻碍了社会的发展，并对以后中国的历史产生不良影响。

元代中国是一个多民族的国家,落后的蒙古统治者肆行民族压迫,民族矛盾十分尖锐。元朝把全国各族人民分为四等:第一等为蒙古人;第二等为色目人,包括唐兀、畏吾儿、回回、钦察等西域人;第三等为汉人,主要指原来金朝统治下的北方汉人以及契丹、女真、高丽人等;第四等为南人,即原来南宋统治下的南方汉人。四等人在政治、经济、文化、军事、法律等方面的待遇各不相同。站在帝国顶端的是蒙古贵族,他们把持着一切军政大权和重要官职,色目人可以得到信任和宠遇,汉人特别是南方汉人,地位最低,备受歧视和虐待。如蒙古人与汉人相争,蒙古人打汉人,汉人不得还报,只准诉诸官司;蒙古人打死汉人,罚其出征,而汉人杀死蒙古人,就要夷灭其族。在科举方面,蒙古人、色目人和汉人分别考试,考试内容和应试的场数也各不相同,蒙古人和色目人从易从简,汉人则从难从严。而且录取的人数,蒙古人和色目、汉人各半,按人口比例及考试的难易,汉人被录取的机会是极其有限的。元朝实行四等人制,反映了落后的蒙古统治者对先进的汉人的恐惧的嫉妒。但是,以野蛮统治文明是不会长久的,元朝的短命历史就是明证。

元代中国的农业和手工业生产,由破坏、停滞而逐渐恢复,但由于剥削残酷和制度的落后而没有明显的发展。只有商业和城市有一定程度的繁荣,如大都、上都等都市,人口众多,商贾云集。然而这种繁荣并非由于商品生产发达所致,而是由于元朝统治者通过掠夺和剥削积累起的巨额财富,要求扩大消费所刺激,带有一定畸形。城市市场流通的商品较多的是供贵族享受的奢侈品,如珠宝、金银器皿、丝织品、珊瑚、翡翠、玳瑁、犀象之品以及僮奴、名马等。此外还有一些服务性的零售商业,如铺坊加工业和饮食业等。这种商品流通不是工农业生产者之间的交换,而是城市消费者即官僚、贵族和士兵等特权阶级用他们的收入购买农产品和手工业品,用以消费。这种商品流通带有物物交换的性质。虽然江南有一些城市和海外进行贸易,但这些贸易也是以贩运奢侈品为主,而且大都由官府或蒙古、色目人所控制,所以对外贸易不易发展,其社会意义相当有限。

元朝蒙古统治者为维护其统治民族的特权地位,肆行民族分隔和民族压迫政策,禁止蒙汉通婚,不准蒙古人模仿汉习。元代蒙古贵族几乎无人谙熟汉文,虽然皇帝中亦不乏人提倡儒术,但由于蒙古贵族坚持游牧民族的落后观念,所以他们没有快速吸收汉族的先进文明,只是受到文明的恶习沾染,大兴奢侈享乐之风,生活堕落,政治腐败。由于宫廷和诸王贵族的极度挥霍和贪污的盛行,造成国家财政枯竭,国库空虚,以致"朝廷未尝有一日之蓄","岁入之数,不支半岁"。① 为了弥补亏空,元政府大量发行纸币,开创纸币的历史。滥发钞币又加剧了财政的紊乱,造成高度的通货膨胀。

---

① 《元史》卷九十三《食货志一》,卷二十《成宗本纪三》。

164

在这种情况下,各族人民再也无法生存下去。1351 年,爆发了全国人民大起义,经 18 年的斗争,1368 年,以汉族为首的各族人民终于推翻了元朝的统治。历经 11 代,统治不足百年的偌大元帝国,由是灭亡。

蒙古统治时期的元朝,虽然制度落后,生产停滞,人民多蒙苦难,但它在中国历史上占有重要地位。元代中国各族人民,在空前统一和版图辽阔的国家范围内,在政治上、经济上和文化上的关系更加密切了,并在更大规模与程度上日益互相了解和接近起来,进一步巩固了统一的中国多民族国家的基础,加强了历史发展中的统一趋势。元代开创中国以省为一级政区,以及纸币(钞)为通用货币,在中国和世界历史上具有重要意义。元朝时期,中西交通和中西文化交流也有了空前的发展,对中国和世界的进步都有好处。

钦察汗国　初为成吉思汗长子术赤的封地,领有咸海、里海以北地区。因该地为钦察人的居住地,故名。亦称金帐汗国。1235 年,术赤长子拔都西征俄罗斯和东欧后,辖地扩大,东起叶尼塞河,西至多瑙河下游,南迄高加索,北括俄罗斯。1243 年,西征还师后,拔都留驻封地,在伏尔加河下游建都萨莱(今俄国阿斯特拉罕),成立钦察汗国。拔都将咸海东北之地分给其兄斡鲁朵,称白帐汗;将咸海以北、西至乌拉尔河之地分给其弟昔班,称蓝帐汗,皆总领于拔都金帐汗之下。

钦察汗国承认元朝皇帝(大汗)的最高权威,接受皇帝的册封和岁赐,礼仪上处于宗藩地位。到别儿哥汗统治时期(1257—1265 年),实际脱离大汗政权而独立,并在伏尔加河支流阿赫图巴河建新都萨莱。14 世纪,达于鼎盛。钦察汗国与俄罗斯各公国、热那亚以及埃及的马木路克王朝之间有广泛的贸易。从首都萨莱到元大都(今北京市)有驿路直达,成为沟通东西方文化经济联系的重要渠道。居民主要有钦察人、俄罗斯人、不里阿耳人和蒙古人,后者是统治民族,一般为贵族。随着时间的推移,蒙古人逐渐与钦察人融合,并改信伊斯兰教。乌兹别克汗(1313—1341 年在位)死后,由于内讧不断,阶级矛盾和民族矛盾激化,以及莫斯科大公底米特里·顿斯科伊和帖木儿的打击,钦察汗国日趋衰落。15 世纪分裂为喀山、克里米亚、阿斯特拉罕、西伯利亚等汗国。1480 年为莫斯科公国击败,1502 年又败于克里米亚汗国,遂亡。

察合台汗国　成吉思汗次子察合台的封地,初领有西辽旧地,包括天山南北路及阿姆河、锡尔河之间的土地,都阿力麻里(今新疆霍城县水定镇西北)。元初,窝阔台汗统治者海都联合察合台汗国统治者笃哇反对忽必烈大汗政权。1301 年海都死后,笃哇与海都子察八儿归顺元朝。1310 年,笃哇败察八儿,合并了窝阔台汗国的土地,察合台汗国达于全盛时期。14 世纪前期分裂为东、西两个汗国:前者领有窝阔台汗国旧地,定都于疏附(新疆西部);后者领有河中地,以萨马尔罕为都,并改信伊斯兰教。此后察合台汗权力衰落。14 世纪中叶,图克鲁帖木儿即位后,削夺藩镇权柄,汗权一度有所恢复。1362 年,合不勒沙即位,诸藩王日益跋扈,汗权空有其名。1370 年,西察合台汗国为帖木儿帝国所灭。东察合台汗国分裂为若干小国,16 世纪逐渐衰亡。

窝阔台汗国 成吉思汗三子窝阔台的封地,领有额尔齐斯河上游和巴尔喀什湖以东地区。建都叶密里(今新疆额敏县)。1229 年,窝阔台即汗位后,将封地赐给其子贵由。后来由于窝阔台汗国的统治者反对蒙哥继承大汗位,蒙哥即位(1251 年)后,为削弱其势力,遂将窝阔台汗国封地分授诸王:窝阔台子合丹领别失八里(今新疆吉木萨尔北破城子),灭里领额尔齐斯河之地,窝阔台孙脱脱领叶密里,海都领海押立(今伊犁西)。1260 年忽必烈称帝后,海都自以太宗嫡孙不得立,先后联合阿里不哥、乃颜、笃哇争夺帝位。1289 年,海都率军攻至和林,威胁元朝北疆。忽必烈亲自统军出征,为海都所败。1298 年,海都又败元军于哈剌合塔。但至 1301 年,兵败走死。其子察八儿归服元朝。1310 年,察八儿为察合台汗国所败,封地基本上并入察合台汗国。

伊儿汗国 1253 年,旭烈兀(拖雷子)奉命西征。1258 年,攻陷巴格达,推翻了阿拔斯朝阿拉伯帝国,占领伊朗全境,后以大不里士为中心,建国。1264 年,忽必烈正式册封旭烈兀为伊儿汗。其领国疆域东起阿姆河,西至地中海,北自高加索,南抵印度洋。其子阿八哈汗时期(1265—1282 年),先后击败钦察汗国和察合台汗国的入侵,后又与埃及马木路克王朝作战,并侵入叙利亚和巴勒斯坦。

伊儿汗国幅员辽阔,民族众多,主要有蒙古人、突厥人、库尔德人和波斯人等。从事畜牧业和农业。初期,蒙古和突厥军事贵族专政,他们坚持传统的游牧生活方式,对城市和定居的农业居民肆行压迫和掠夺,贡赋往往高达收获量的80% 以上。由于战争的破坏和统治者的无情掠夺,造成人烟稀少,土地荒芜,被压迫人民不断反抗斗争,社会秩序动乱。

合赞汗时期(1295—1304 年)实行改革。蒙古人原来信仰萨满教,而伊儿汗国的绝大多数居民信仰伊斯兰教。合赞汗为了接近伊斯兰教贵族并取得他们的支持,同时也为伊斯兰教所体现的高度文明所吸引,他决定放弃原来的信仰,改信伊斯兰教,拆毁其他一切教堂寺院。合赞汗改革行政机构,停止丞相把持朝政的局面,自主政务,严惩贪污,清除积弊,改革蒙古习惯法,设立专门的司法机构——法院,以加强法治。废除包税制度,鼓励农桑,规定较为缓和的税率和征收制度,并把这些规定刻在木板或石板上,立在村口,让农民了解国家的政策,杜绝他人额外勒索,并禁止高利贷。合赞汗还鼓励农民向人烟稀少的地区移民,准予移民免纳捐税。同时还注意保护工商业,统一货币和度量衡,铸造一种成色充足的金币,以代替从前币值不稳定的纸币;减轻工商业税,整治驿站,为发展工商业创造有利条件。

更难能可贵的是,合赞汗不像他的祖辈那样只注重武功,不关心甚至歧视文明与进步。他提倡文治,积极鼓励和发展文化教育事业。他在首都大不里士兴建了许多华丽的建筑,其中有清真寺和文化学术机构,有一所天文台和一所研究实用科学的学校,并对清真寺和学术机构拨给充裕的资金,鼓励学术研究。合赞汗本人也勤奋好学,学识广博。除蒙古语外,尚懂得阿拉伯、波斯、印度、汉、藏等语,对天文、化学、医药、技艺、矿物等亦有相当知识。他谙熟蒙古历史,并命丞相兼史官拉施特哀丁编纂一部蒙古史《史集》,留传至今。合赞汗尊重学者及文化人士,在他身边聚集了不少诗人、历史学家和科技专家。札拉丁·卢密和撒狄是当时的著名诗人,前者著《马塞维纳》,被誉为"波斯的古兰经";后者著有《果园》和《玫瑰园》,都是脍炙人口的文学名著。著名历史学家志费尼的《世界征服者史》,记述成吉思汗及其后继者征服世界的事迹。

合赞汗死后,权臣专政,内乱迭起,国势渐衰。1317 年,年仅 12 岁的不赛因即位后,大权落入两个丞相手中,互相争权,内讧不已。对外与埃及马木路克王朝作战失败,又遭到钦察汗国的侵掠,汗国由是日衰。不赛因死后,诸王争位,汗位屡屡更迭,五年中六易可汗,政局动乱,诸王割地自立,国家陷入分裂。1388年,为新兴的帖木儿帝国所灭。

第三节　蒙古帝国时期东西交通与文化交流

蒙古的征略,扰动了亚欧大陆整个文明世界。这是游牧民族对文明社会所进行的最后一次大规模的、也是最激烈的攻击。其后果十分严重,对世界历史产生了巨大影响。蒙古的征服运动给文明世界造成了严重的灾难,生产被破坏,文化被摧毁,人民被杀戮,社会衰退,长期不得恢复。但是,以往人们关于蒙古的破坏性的报道可能有些夸大,并有一定的片面性。事实上随着征服战争的结束和蒙古统治权力逐渐趋于巩固,生产也逐渐恢复和发展。而且蒙古统治者由于受到当地较高文化的影响,其自身也逐渐开化,有些最后与当地居民融于一体,成为该民族的一部分。

蒙古的征服和统治,改变了亚洲和大部分欧洲的政治组织和民族构成。一些国家灭亡了,其中有的永远消失了,有的后来形成了新的国家;有些地区的人民被灭绝或四处流散,永远改变了其种族特征。在中亚,蒙古征服的最重要的后果之一,是突厥人势力的明显加强。在这里,蒙古征服者为补充其人数的不足,大量征用突厥人参加军队。于是造成了一大批突厥军事贵族,他们和蒙古贵族共同构成统治阶级。后来蒙古人改奉伊斯兰教,并且逐渐突厥化,成为突厥人的一部分。这样,突厥人就在整个中亚和西亚地区占据了优势,从而为突厥人的最大的帝国——奥斯曼土耳其帝国的崛起奠定了基础。

蒙古征服的重要后果之一是促进了东西交通与文化交流。古代亚欧大陆交通由于汉帝国和罗马帝国的崩溃而中断了千年之久，蒙古人不仅把它重新恢复起来，并且大大地扩大了范围。蒙古人把从波罗的海到太平洋，从西伯利亚到波斯湾的亚欧大陆统一于一个大帝国的控制之下，把原来因地理、政治、经济等诸条件互相隔绝的文明地区联结起来，并且在这个辽阔地区内建立了秩序，实现了和平。为促进东西方之间、各地区之间的经济与文化交流，创造了良好的环境。14世纪中叶，一本意大利手册描述了蒙古统治下的"和平"景象："从塔那（顿河河口）旅行到中国的这条道路——据走过这条道路的商人们说——无论白天或黑夜都是很安全的。从塔那到萨莱这段路在整个旅程中是较不安全的，但即使这条路在最坏的情况下，如果你有60人结伴同行，那么你在通过时就像在自己的家里一样安全。"当时东西方交通，陆路有三条大道，完全由蒙古各汗国所控制。一条由察合台汗国首都阿力麻里经塔拉斯，取道咸海和里海以北，经钦察草原到伏尔加河下游的萨莱，由此向西直通欧洲，或经克里米亚、越黑海而达君士坦丁堡，或经高加索至小亚细亚。这条路最短，也比较安全，商旅络绎不绝。第二条路由阿力麻里入河中，经撒马尔罕、布哈拉、呼罗珊而抵小亚细亚。第三条路是由和田越帕米尔高原，经阿富汗和伊朗，再沿着两河流域到达地中海沿岸。后两条道路皆为伊儿汗所控制。当时东方商品特别是香料大都要通过两河流域运到地中海各港口，然后由等待在那里的热那亚商人转销欧洲各地。所以伊儿汗国在东西方贸易中占有重要地位，伊儿汗国政治形势的发展与变化都会对东西方贸易带来巨大影响。

海路则更为便捷。元代中国海船是最大的，装备是最好的。中国航船可通东南亚、印度、阿拉伯，一直到达东非各地。1291年，马可·波罗伴送一位蒙古公主经东南亚到伊朗，看到并记述了中国航海技术的优异成就。50年后，阿拉伯旅行家伊本·巴图塔乘中国航船从印度到中国，也作了同样的记述。当时中国东南沿海各地如广州、泉州、杭州都是重要港口，并有许多外国商人住在那里，同时在东南亚、印度、大不里士、诺夫哥罗德等地，也都有中国的商业据点。

值得注意的是中国进口和出口商品的种类，进口商品主要是原料和某些特产品，如东南亚的优质木材、宝石、香料、象牙以及中亚的皮革和马匹等。反之，中国出口商品主要是手工业制品和文化用品，如瓷器、丝绸、书籍、文具和绘画作品等。这种进出口商品种类的差别，反映了当时中国在世界经济文化中的先进地位。

除陆上和海上贸易外，东西方文化技术的交流也空前加强起来。随着蒙古军队西征，有大批汉人进入中亚、西亚以至欧洲各地。而随着蒙古军队的东归，又有大批的西亚人、中亚人、俄罗斯和钦察人等东来，他们中有的是被俘的工匠、奴隶，有的是投附的王公、贵族，被分置于蒙、汉各地。随着这些人口的东西流徙,东西方文化也随之传布于各地。例如,旭烈兀西征时,征调许多汉人工匠、学者随行。伊儿汗国建立后,这些人大都留驻该地,成为中国文化的传播者。在美索不达米亚的灌溉设计中,就有中国专家。

蒙古帝国建立后,东西交通畅通无阻,各地商人、使臣、僧侣、旅行家等来往更为频繁。元朝时期与蒙古各汗国、朝鲜、日本、东南亚以及欧洲都有广泛的政治、经济、文化联系,各地间的经济文化交流更为密切。

中国的三大发明,印刷术、火药、罗盘针以及纸币等,就是在这个时期传入西亚,进而传入欧洲的。中国的驿站制度为波斯、埃及和俄罗斯所采用。中国的天文、历算和医药传到西亚,伊儿汗国大臣拉施特哀丁曾编写过有关中国医药的百科全书。西方各地人士东来,也把拜占廷、阿拉伯文化带到东方来。著名的阿拉伯天文学家扎马鲁丁曾向元世祖忽必烈进献《万年历》,并制作许多天文仪器,用来观测天象。叙利亚人爱薛曾在中国创建广惠司,用阿拉伯医药之法治病。

著名的马可·波罗就是在这个时期来到中国的。马可·波罗是意大利人。他的父亲曾到东方经商,到过上都(开平),受到忽必烈的接见,西归后向罗马教皇转送了蒙古的国书。1271 年,马可·波罗随父和叔父前来中国,1275 年在大都(北京)会见忽必烈并得到赏识和信任。以后仕元 17 年,历游中国各地,或奉命出使外国,到过占城、印度和西亚等地。回意大利后,根据他的口述而记录下来的《马可·波罗游记》,叙述了他在中国的见闻及元朝的政治制度、行政机构、军队、驿站、经济文化生活、宗教习俗等,对中国的富庶与繁荣倍加赞扬,为之惊叹不止。所记均为目睹身经之事实,为研究东西交通和蒙古历史的珍贵史料,对欧洲了解东方世界,特别是中国的真实情况,起了巨大的作用。1253 年,方济各派教士卢卜鲁克东来传教,他带有法兰西国王路易九世的介绍信,先抵君士坦丁堡,然后渡海,从克里米亚登陆东行,在伏尔加河下游的萨莱见到了拔都汗。后来又到和林,见到了蒙哥大汗。他归欧后著有《行记》一书,向西方介绍了蒙古及东西交通的情况。另有意大利人鄂多里克和马利诺里的旅行记,也留下了东方和东西交通的真实记录。

在中国和中亚,也不乏类似这样的人物。中国旅行家汪大渊和周达观的旅行记,介绍了东南亚、中亚各地的政治、经济、文化、历史以及风土习俗等情况,所记皆为身经目睹,资料十分珍贵。生于大都(北京)的畏吾儿人景教僧侣拉班·巴·索马,于 1278 年旅行到了伊儿汗国,后来奉巴格达总主教之命出使西方。他于 1287 年启程,历经君士坦丁堡、那不勒斯、罗马、巴黎和伦敦,先后会见了法王腓力四世、英王爱德华一世和教皇尼古拉四世。伊本·巴图塔是摩洛哥人,他从家乡出发朝觐麦加,然后经撒马尔罕抵印度,他在那里当过法官,又当过派往中国的使节。后来回到摩洛哥,重新开始他的旅行,先到西班牙,然后向南进入非洲内陆,到达廷巴克图。当他最后返回摩洛哥定居时,他的旅程已达 7.5 万多英里。这些人是东西方文化交流的使者,他们增进了东西方各族人民的相互了解和友谊。

宗教也随着蒙古的征略而更广泛传播、交流。蒙古人原来信仰萨满教,是一种相信万物有灵和灵魂不灭的原始宗教。通神的巫师称萨满,他兼幻人、解梦者、卜人、星者、巫师于一身,他在人和鬼神之间起媒介作用,为人们占卜吉凶、医治疾病、消灾求福,社会地位十分重要。但萨满教没有形成严密系统的思想体系及完整的组织机构,和具有高度文明的基督教、伊斯兰教及佛教相比,原始得多。由于蒙古统治者感受到这种差距,为达到"因其俗而柔其人"的统治目的,他们对帝国境内的各种宗教一律实行宽容政策,准许各教自由传播,不搞一教独尊,也不搞宗教迫害,对待各教一律平等。不仅如此,而且蒙古王公贵族还亲自参加基督教、伊斯兰教和佛教的宗教仪式,祈求福佑,蒙古大汗也接受各教长老的祝福。至于各教教义的差别,他们则不甚了解,也不介意。这样,就给帝国境内各教,特别是基督教、伊斯兰教和佛教的发展提供了一个有利的环境,从而使这三大宗教得到明显的前进。

蒙古人最先是从克烈、乃蛮等部接触到基督教(景教)的。蒙古帝国形成后,随着西方教士的东来,与基督教的接触渐多。拉班·巴·索马出使西方时,在罗马见到教皇尼古拉四世,介绍了蒙古情况。1289 年,教皇派意大利教士孟德科维来东方传教,他于 1293 年泛海到大都,后来见到成宗铁木耳(1295—1307年在位)并得到许可在中国自行传教。他在大都兴建了第一所教堂,由此基督教开始在中国大规模传播。14 世纪初,泉州设立了主教区,后来罗马教皇还向中国派遣总主教,元朝与教皇也互有使臣来往。元朝覆亡后,基督教在中国的传播也随之停顿。

中亚、西亚各地,一直是伊斯兰教占统治的地区。蒙古征服时曾一度受挫,巴格达被攻占而且遭到破坏,哈里发被杀戮。但不久,伊斯兰教逐渐对征服者取得优势。合赞汗改宗伊斯兰教,使伊斯兰教在伊儿汗国取得独尊地位。钦察汗国的统治者,也在 14 世纪改宗了伊斯兰教。而且这些改奉伊斯兰教的蒙古人,后来逐渐伊斯兰化,从而丧失了蒙古族的特征。在中国,伊斯兰教也有很大发展。元朝与各汗国来往频繁,中亚、西亚各地的穆斯林商人、学者和旅行家等来华者,络绎不绝。元朝对各族穆斯林统称回回,称伊斯兰教为回教。来华的回回在中国一些城市设立清真寺,仅和林一地就有清真寺二所。从海路来华的回回更多,早在 1281 年就有以两位穆斯林为首的使团经南海来元朝。与此同时,伊斯兰教也传播于东南亚各地,苏门答腊就是伊斯兰教最早的立足地之一。

佛教原来盛行于中国和东南亚各地,元朝时期有了更大的发展。元世祖忽必烈出于政治考虑,特别优容佛教—喇嘛教。喇嘛教原来主要流传于西藏地区,忽必烈为了巩固西藏的统治,扶植上层喇嘛掌握地方政权,佛教地位日益提高。

到元朝中、后期,其势力凌驾于各教之上。1260 年,喇嘛教长老八思巴被尊为帝师,并率领一些吐蕃语文学者重新研制蒙古文字。1269 年,新字颁行,成为元朝统治的官方文字。以后相继被封为帝师者十余人,西藏政教大权完全掌握在他们手中。喇嘛教由是大为发展,传播于蒙古、土、裕固、纳西等族地区以及不丹、锡金、尼泊尔、中亚等地。

第八章　新兴伊斯兰教诸国

阿拉伯帝国解体以后,伊斯兰教继续扩展,许多独立的伊斯兰教国家兴起于中亚、南亚和北非的广大地区。新兴的伊斯兰教诸国尽管是由不同的民族在不同的地区建立的统治,但是都采取政教合一的政权形式,广泛实行军事封邑的土地制度,在形式上尊崇哈里发作为全体穆斯林的精神领袖,从而在一定程度上维护了伊斯兰教文明的统一。奥斯曼帝国的崛起标志着伊斯兰教文明进入了全新的发展阶段,伊斯兰教世界在历史上继阿拉伯帝国之后再度获得了举足轻重的地位。

第一节　德里苏丹国时期的印度

德里苏丹国的建立　最早进入印度的穆斯林是阿拉伯人。早在倭马亚王朝时期,伊拉克总督哈查只派遣部将穆罕默德·伊本·卡西姆率领阿拉伯战士进攻印度。卡西姆于 711 年从巴士拉出发,沿海路攻入印度河下游,占领信德地区。713 年,卡西姆率军占领尼伦(今海德拉巴),并挥师北上,直抵木尔坦,信德和旁遮普南部遂被纳入倭马亚王朝的版图。伊斯兰教从此开始传入印度,木尔坦成为穆斯林在印度的主要据点。9 世纪中叶以后,统一的阿拉伯帝国趋于解体,兴起于伊朗高原的萨法尔王朝逐渐向南扩展,控制了信德和旁遮普南部。900 年伊斯兰教的异端卡尔马特人被逐出阿拉伯半岛和伊拉克后,进入信德和旁遮普南部,建立了木尔坦和曼苏拉两个王国。据 10 世纪初阿拉伯地理学家麦斯欧德(亦译马苏迪)所著《黄金草原》的记载,属于古莱什部落的穆纳巴家族统治木尔坦王国,曼苏拉王国(今巴马纳巴德一带)的统治者阿布·曼达尔也出身于古莱什部落。然而,出现在信德和旁遮普南部的早期穆斯林政权始终局限于印度西北一隅,阿拉伯人尚无力控制印度内陆,其统治并没有对印度政治和经济的发展产生明显的影响。

到 10 世纪中叶,印度的政治分裂已经不可收拾,整个次大陆形同一盘散沙。印度教王公各自为政,相互征战。这时印度丧失了抵御外族入侵的能力,成为中亚突厥族穆斯林攻击的目标。

962 年,原属萨曼王朝的突厥将领阿尔普提金在加兹尼建立独立的国家,统治阿富汗东部,史称加兹尼王朝(962—1186 年)。加兹尼王朝苏丹马哈茂德在位时期(998—1030 年),曾经 17 次远征印度,屡败称雄于印度北部的拉其普特王公。1014 年,马哈茂德攻占印度教圣地萨奈沙,洗劫了著名的查克拉斯瓦明神庙。1019 年,马哈茂德攻占恒河平原的政治中心曲女城,历时 400 年之久的古都被洗劫一空、夷为平地。1025 年,马哈茂德攻占印度西海岸卡提阿瓦半岛。卡提阿瓦西岸的索姆那特神庙是印度著名的朝拜圣地,供奉印度教三个主神之一的湿婆,神庙中藏有巨额财宝。马哈茂德将索姆那特神庙的财宝抢劫一空,运回加兹尼;据说,运送这些财宝的骆驼多达 4 万头。马哈茂德的胜利暴露了印度教王公的虚弱,打开了自中亚通往印度的大门。整个旁遮普并入加兹尼王朝的版图,拉合尔成为穆斯林在印度西北部的统治中心。

12 世纪中叶,古尔王朝(1152—1206 年)兴起于阿富汗西部。古尔王朝灭加兹尼王朝以后,定都赫拉特,成为阿富汗和西北印度的统治者。1192 年,古尔王朝的苏丹穆伊兹·乌丁(即古尔的穆罕默德,1175—1206 年在位)率军越过旁遮普,进攻印度内陆,在塔拉罗里战役中击败拉其普特王公联军,进而占领德里,征服了恒河与朱木拿河之间的广大地区。穆伊兹·乌丁的部将巴克提亚·卡尔其于 1200 年前后攻入印度东北部,占领比哈尔和孟加拉地区。至此,德干高原以北地区皆属古尔王朝。加兹尼王朝和古尔王朝在印度的征服,为德里苏丹国的建立铺平了道路。

1206 年,穆伊兹·乌丁在达姆亚克遇害身亡,死后无嗣,古尔王朝于是发生分裂。穆伊兹·乌丁的部将、镇守德里总督库特卜·乌丁·艾巴克在德里自立为苏丹(1206—1210 年在位),统治印度北部地区。库特卜·乌丁和其后的两位苏丹均为来自阿富汗的突厥奴隶,因此他们建立的政权史称奴隶王朝。德里苏丹国的统治从此开始。德里苏丹国是印度历史上第一个较为稳固的伊斯兰教政权,共存在 320 年,先后经历了 5 个王朝:奴隶王朝(1206—1290 年)、卡尔基王朝(1290—1320 年)、图格拉王朝(1320—1414 年)、赛义德王朝(1414—1451年)和罗第王朝(1451—1526 年)。德里苏丹国时期,印度大部分地区逐渐被纳入伊斯兰教政权的统治范围。奴隶王朝的第二任苏丹伊杜米斯(1211—1236 年在位)先后平定了旁遮普和孟加拉的穆斯林贵族以及拉其普特王公的反叛,征服了文迪亚山北侧的瓜寥尔和马尔瓦地区,被誉为德里苏丹国的奠基人。卡尔基王朝的苏丹阿拉·乌丁(1296—1316 年在位)消灭了古吉拉特和拉其普特地区印度教王公的割据势力,并出兵越过文迪亚山,征服了印度教政权德瓦吉里王国、瓦朗加尔王国、霍伊萨拉王国和潘地亚王国,德干高原成为德里苏丹国的辖地。图格拉王朝苏丹穆罕默德·图格拉在位时期(1325—1351 年),德里苏丹国的疆域达到了顶峰:西起印度河流域,东至孟加拉,北抵克什米尔,南达科佛里河。

德里苏丹国的兴起,正值蒙古人扩张之际。1221 年,蒙古军队首次出现于印度西北边境。1224 年,蒙古军队攻入印度西北部,掳掠信德和旁遮普地区;但是似乎由于气候炎热和水土不适的原因,蒙古军队未能深入印度内陆,全师退走。1279 年和 1285 年,蒙古军队接连侵入印度西北部。卡尔基王朝苏丹卡尔吉·贾拉尔丁（1290—1296年在位）曾3次击退入侵印度的蒙古军队;一部分蒙古战士皈依伊斯兰教,在德里定居下来,成为印度最早的蒙古血统穆斯林。

德里苏丹国的政权形式和土地制度　德里苏丹国改变了印度传统的政权形式,采用政教合一的伊斯兰教神权政体。德里苏丹国统治的社会基础是由信奉伊斯兰教的突厥人、阿富汗人和波斯人组成的军事贵族集团。印度土著的王公贵族除皈依伊斯兰教者外,大都被排斥于国家要职以外,只能充任乡镇小吏。苏丹作为全国的最高统治者,集君权和教权于一身。他们往往在名义上与哈里发保持宗藩关系,接受哈里发的册封。阿拔斯王朝哈里发穆斯坦绥尔曾于1229年遣使德里,授予奴隶王朝苏丹伊杜米斯以"阿萨姆苏丹"的称号;阿拔斯王朝灭亡以后,德里苏丹国发行的钱币上仍刻有哈里发穆斯坦绥尔的名字。1343年,哈里发哈基姆二世自开罗遣使去德里,图格拉王朝苏丹穆罕默德·图格拉于是将哈基姆二世的名字铸刻在新发行的钱币上,表示承认哈里发的宗主权。如同当时的其他伊斯兰教国家一样,德里苏丹没有明确和固定的继承原则。一般来说,为了方便起见,只在已故苏丹尚存的家族成员中加以挑选。出生的先后、能力的大小、已故苏丹的推荐等问题有时也得到一定的重视,但贵族的意见似乎是带决定性的,而他们通常只图个人便利,而不顾国家的利益。

德里苏丹国的中央政府由若干个部（即迪万）组成,分别掌管税收、司法、军事、驿政和文书等。德里苏丹国废除了印度传统的官吏世袭制度,各部长官由苏丹任命。税收部位居各部之首,维齐尔作为税收部长官往往节制其他各部。图格拉王朝时期,维齐尔获得了广泛的权力,在国家政治生活中占有举足轻重的地位。赛义德王朝和罗第王朝时期,维齐尔的权力明显削弱。

德里苏丹国统治的印度划分为若干省份。图格拉王朝时期,全国共有23个省。各省划分为若干称为"舍克"的行政区,"舍克"之下是"巴尔加那",村社构成最小的行政单位。各省的长官称"瓦利",直接隶属于德里苏丹。中央与地方的关系随苏丹力量的强弱而经常变化。各省的税收首先用于地方的军政开支,余额上缴德里。除直接隶属于中央的省份外,边远地区分布着印度教王公统治的众多土邦。这些土邦在承认德里苏丹的宗主权和缴纳贡税的条件下,处于半独立的状态,印度教王公在土邦内拥有广泛的权力。

德里苏丹国拥有规模较大的常备军,兵源来自阿富汗突厥人以及印度血统的穆斯林。全部军队分为骑兵、步兵和象兵,装备简单的火器。印度教徒为德里苏丹国提供辅助兵源。

德里苏丹国实行国家土地所有制,对印度封建土地制度的发展产生了很大影响。德里苏丹国时期国有土地的主要来源,是在征服的过程中没收印度教王公贵族的土地。苏丹在名义上拥有全国的土地,是全国土地的最高所有者。土地占有形式大体分为 3 种:"哈斯"是由苏丹直接支配的土地,由中央财政部门管理,收入供中央政府开支和宫廷消费。"伊克塔"是苏丹以服军役为条件分封给穆斯林战士的土地。这是德里苏丹国时期国有土地的主要占有形式。奴隶王朝时期,2 000 名穆斯林战士在恒河与朱木拿河之间的平原领有"伊克塔"。"伊克塔"最初仅供受封者本人享用,不得继承和转让,苏丹拥有更换和收回的权力,征税标准由国家规定。因此,"伊克塔"最初实际上是税收的分封而不是土地的分封。图格拉王朝建立后,穆斯林军事贵族不断扩大对于所占土地的权力,"伊克塔"逐渐演变为世袭领地。第三种形式是神庙土地,包括苏丹国家赏赐给伊斯兰教神职人员的土地"伊纳姆"和赏赐给清真寺的土地"瓦克夫",占有者拥有世袭享用的权力。这种土地在国有土地中所占比重不大。国有土地的征税标准在不同时期变化很大。奴隶王朝时期,税率为农作物产量的 1/5。卡尔基王朝苏丹阿拉·乌丁时期,税率增至农作物产量的 1/2。图格拉王朝苏丹吉亚斯·乌丁(1320—1325 年在位)曾经将税率恢复到奴隶王朝时期的水平。穆罕默德·图格拉即位后,税率再次提高到农作物产量的 1/2。除国有土地外,尚有许多土地属于印度教王公贵族所有,这种土地的所有权在德里苏丹国时期没有发生明显变化,土地所有者"柴明达尔"对土地拥有广泛的权力。

德里苏丹国时期印度经济生活　德里苏丹国时期,政治统一,社会交往扩大,为印度经济的发展创造了条件。农业是印度传统的主要经济部门,受到了德里苏丹的重视。国家积极兴建水利工程,推广波斯式水车等新型灌溉工具。图格拉王朝苏丹菲罗兹(1351—1388 年在位)在恒河与朱木拿河流域开凿了四条运河,使长期荒芜的不毛之地得到开垦。农业的进步还表现在经济作物的广泛种植上,棉花、甘蔗、靛蓝、水果、香料等构成了重要的农作物。手工业分为官营和私营两种类型。官营手工业主要生产质地昂贵的奢侈品,供应宫廷和王公贵族。官营手工业规模较大。卡尔基王朝苏丹阿拉·乌丁时期德里的官营作坊拥有 17 000 名工匠,图格拉王朝苏丹穆罕默德·图格拉时期德里的官营作坊中仅丝工便有 4 000 人之多。私营手工业作坊或者自产自销,或者受商人控制,产品大都供应市场,满足民间的需求。主要的手工业部门是纺织业,孟加拉、古吉拉特、马拉巴尔沿海和恒河中上游地区分布着数量众多的纺织业作坊,产品不仅供应国内,而且畅销海外。制糖业、造纸业、金属加工业和砖石业也很发达。贸易范围的扩大体现了商业的进步。印度的产品沿陆路运往中亚和西亚的广大地区,通过海路远销欧洲、非洲、东南亚和中国。农产品和纺织品是印度主要的出口商品,西亚的战马、中国的瓷器和丝绸源源不断地流入印度市场。

伊斯兰教的传播与巴克提教派运动的兴起　伊斯兰教从 8 世纪开始传入印度,印度西北边陲和西部沿海是最早接受伊斯兰教的地区。10 世纪以后,随着加兹尼王朝和古尔王朝的征服,伊斯兰教逐渐扩展到印度内陆。德里苏丹国时期,伊斯兰教作为国教在整个印度的范围内得到广泛的传播。伊斯兰教国家没收了大批印度教徒的财产,向印度教徒征收人丁税,禁止非穆斯林担任高级官职,同时提倡印度教徒改宗伊斯兰教。因此,在德里苏丹国时期,伊斯兰教得到了迅速的发展,穆斯林人数剧增,印度的伊斯兰化程度明显加深。

德里苏丹国时期,印度的穆斯林大体分为三个来源:首先是8到10世纪进入印度西北边陲和西部沿海地区的阿拉伯人后裔;其次是11世纪起侵入印度的突厥穆斯林后裔;为数更多的穆斯林是来自改宗伊斯兰教的印度土著人。伊斯兰教不仅在印度北部广泛传播,而且深入德干高原。在伊斯兰教最为盛行的旁遮普、信德、克什米尔和孟加拉,穆斯林的人数远远超过了印度教徒。

印度是一个有悠久历史的文明古国,印度古老的传统文化具有强大的同化力。早期入侵印度的希腊人、塞种人和白匈奴人等尽管在军事上取得胜利,在文化上却不得不屈服于土著文明。但是,进入印度的穆斯林征服者并没有如此。印度教与伊斯兰教之间无疑存在着明显的差异,多神崇拜和一神信仰的尖锐对立尤为突出。然而,土著的文化未能将外来的伊斯兰文明同化,伊斯兰教国家也无力消灭印度教的传统信仰。这两种截然不同的文化都具有强大的生命力,它们在印度的土地上同时存在下来。

德里苏丹国时期伊斯兰教的广泛发展,对印度社会产生了深刻的影响。一方面,伊斯兰教的传播加深了印度教与伊斯兰教之间的对立,导致了尖锐的宗教矛盾;另一方面,占人口大多数的土著居民信奉的印度教与统治集团大力提倡的伊斯兰教频繁接触,相互之间形成了广泛的影响。巴克提教派运动就是印度教与伊斯兰教之间既彼此对立又相互影响的产物。

巴克提教派运动又称虔信运动,12世纪兴起于印度南部,初期的代表人物是罗摩奴阇(死于1137年)。罗摩奴阇强调"梵天"在印度教诸神中的至高地位,认为"梵天"是天地万物的创造者、保护者和毁灭者,一切存在皆由"梵天"而来。13世纪以后,巴克提教派运动由印度南部传入北方各地,主要流行于城市下层群众中,罗摩难陀和克比尔成为主要的代表人物。罗摩难陀(1360—1450年)不仅认为"梵天"是宇宙万物的主宰,而且强调众生平等的原则,所有虔信"梵天"的人不论身世高低贵贱,皆可获得解脱。克比尔(1440—1518年)的生母是属于婆罗门种姓的印度教徒,养父是穆斯林。克比尔吸取了印度教吠檀多派哲学和伊斯兰教苏非派教义,强调一神信仰,反对偶像崇拜和种姓制度,主张简化宗教仪式。克比尔认为,印度人和突厥人是用同一种黏土塑成的,罗摩(即梵天)与安拉只是名字不同而已。克比尔宣称:

"能升入天堂,
不是靠斋戒和反复诵读祷词与教义;
如若真理已被领悟,

麦加寺庙的内室就在人的心里。

把精神当作圣堂，

把身体当作它周围的庙宇，

把良心当作它启蒙的教师；

抛却愤怒、疑惑与恶毒之心，

让忍耐来表达'五祷'（指伊斯兰教的拜功）的真意，

印度教徒与穆斯林有共同的上帝。"[①]

克比尔的折中主义观点旨在消除印度教与伊斯兰教的对立。

德里苏丹国的衰落　图格拉王朝苏丹穆罕默德·图格拉在位时期，是德里苏丹国由盛而衰的转折点。穆罕默德·图格拉在恒河与朱木拿河流域提高农业税率，横征暴敛。尽管历史文献关于新的税率记载不一，但是税率的提高显然加重了农民的负担，大量人口流落异地，武装起义屡有发生。穆罕默德·图格拉于1327年将首都从德里南迁到德瓦吉里，并将新都改名为道拉塔巴德，旨在加强对德干高原的控制。迁都引起了印度北部穆斯林贵族的强烈不满。当穆罕默德·图格拉将首都重新迁回德里以后，德干高原的穆斯林贵族和印度教王公接连反叛，脱离德里苏丹的控制。苏丹菲罗兹即位后，实行极端的宗教政策，扩大人丁税的征收范围，印度教徒和什叶派穆斯林均遭到迫害，原有的社会矛盾进一步加剧。菲罗兹死后，统治集团发生争夺王位的内讧。地方势力趁机拥兵自立，形成割据状态。

1398年，帖木儿率领由蒙古人和突厥人组成的大军从中亚的撒马尔罕进入印度，在德里北部的巴尼帕特击败图格拉王朝的军队，进而将德里洗劫一空，图格拉王朝末代苏丹马哈茂德二世（1394—1413年在位）逃往古吉拉特。帖木儿的入侵摧毁了德里苏丹国的军事力量，加速了德里苏丹国的衰落。马哈茂德二世尽管在帖木儿军队撤走后返回德里，但其权力范围仅限于德里周围的狭长地带。

赛义德王朝时期，只有德里周围、恒河与朱木拿河流域以及旁遮普处于苏丹的控制下，其他地区皆属穆斯林贵族和印度教王公管辖，他们拥兵自立，仅在形式上隶属于德里苏丹。

德里苏丹国在罗第王朝时期继续衰落。印度北部分裂为德里、孟加拉、克什米尔、马尔瓦、江普尔和古吉拉特等众多独立的苏丹国；德里苏丹作为整个印度最高统治者的地位已不复存在。

1517年，帖木儿的后裔巴卑尔从阿富汗侵入印度。1526年，巴卑尔在巴尼帕特击败罗第王朝苏丹易卜拉欣率领的军队，随后攻占德里。德里苏丹国最终灭亡。

---

① 转引自 R.C.马宗达等：《高级印度史》，张澍霖等译，商务印书馆1986年版，第438页。

德里苏丹国是印度历史发展的重要阶段。德里苏丹国采取政教合一的政治制度,并将军事采邑制度传入印度,深刻地影响了印度封建社会的发展。德里苏丹国时期,印度的穆斯林人数剧增,伊斯兰教上升为与印度教并列的主要宗教。两大宗教之间的矛盾日趋尖锐,对印度社会影响极大。另外,随着伊斯兰教的传播,阿拉伯、波斯、突厥的语言、文化、生活方式和社会习俗大量传进印度并且渗入土著的古老文化之中,奠定了现代南亚文化的基础。

德里苏丹国后期的南印度　德里苏丹国后期,德干高原北部是伊斯兰教的巴曼苏丹国(1347—1526年)。这里最初是德里苏丹国的辖地。1347年,图格拉王朝将领哈桑(1347—1358年在位)在道拉塔巴德(即德瓦吉里)举兵反叛,自称波斯王族后裔,建立独立的巴曼苏丹国,定都库尔巴加(即阿桑纳巴德)。苏丹艾哈迈德(1422—1435年)即位后,迁都比达尔。巴曼苏丹国占据文迪亚山以南、克里希纳河以北的广大地区,划分为库尔巴加、道拉塔巴德、比达尔和比拉尔四个称为"塔拉夫"的行政区。巴曼苏丹国作为伊斯兰教政权,与信奉印度教的维查耶那加尔王国进行了旷日持久的战争,旨在争夺德干高原的霸权。16世纪初,巴曼苏丹国发生分裂,形成五个独立的苏丹国:伊马德王朝统治的比拉尔、阿迪勒王朝统治的俾查浦尔、库特卜王朝统治的高康达、巴德里王朝统治的比达尔和尼查姆王朝统治的亚马那加。这五个苏丹国相互征战,削弱了伊斯兰教在印度南部扩展的力量。

维查耶那加尔王国是位于德干高原南部的印度教政权,兴起于图格拉王朝苏丹穆罕默德·图格拉在位时期,以维查耶那加尔城为首都,领有克里希纳河以南直至科佛里河的广大地区,先后经历了桑加马王朝、沙鲁瓦王朝、突鲁瓦王朝和阿拉维杜王朝。维查耶那加尔是一个富庶的国家,农业和手工业都很发达,国际贸易尤为兴盛。据说维查耶那加尔拥有300个海港,其中以西海岸的卡利库特和柯钦最为著名。这里与印度洋诸岛、马来群岛、缅甸、中国、阿拉伯半岛、波斯、非洲和葡萄牙均有贸易往来,主要的出口商品是大米、棉布、铁器、硝石、香料和糖;进口货物有马匹、珍珠、铜器、珊瑚、丝绸和汞等。据意大利旅行家尼科罗·孔蒂记载,维查耶那加尔城周达60英里,城里可以武装起来的居民约有9万人。波斯旅行家阿卜杜拉·拉扎克写道:"国内所有的居民,不论地位高低,甚至市场上的工匠,都在耳朵、脖子、胳膊、手腕和手指上佩戴珠宝和镀金的装饰品。"维查耶那加尔王国经济生活的突出特征是土地私有制发达和土地买卖盛行。

德里苏丹国时期,外来的伊斯兰教文化冲击着印度的大多数地区,唯有维查耶那加尔王国始终保持着印度古老的宗教和文化传统,印度教继续处于原有的统治地位,梵语以及泰卢固语、泰米尔语经久不衰,种姓制度和农村公社与古代相比变化甚微。1565年,德干高原北部的伊斯兰教政权比达尔、高康达、亚马那加和俾查浦尔四个苏丹国组成的联军,在塔利科塔战役中击败维查耶那加尔王国的军队。维查耶那加尔王国遭到毁灭性的破坏,从此一蹶不振。维查耶那加尔王国的衰落,使印度教丧失了在南部复兴的机会,为后来的莫卧儿人征服德干高原敞开了大门。

第二节　北非的伊斯兰教诸国

法蒂玛王朝时期的埃及　9世纪中叶以后,埃及逐渐摆脱了阿拔斯王朝的控制。868年,突厥贵族艾哈迈德·伊本·土伦僭夺埃及的军政权力和税收权力,建立土伦王朝(868—905年)。905年,土伦王朝的统治结束,埃及重新归属阿拔斯王朝。935年,突厥将领穆罕默德·伊本·土厄吉出任埃及总督。939年,穆罕默德·伊本·土厄吉从阿拔斯王朝哈里发得到了"伊赫希德"的称号(伊赫希德是古代波斯王族的尊称)。穆罕默德·伊本·土厄吉及其后裔在埃及割据自立,史称伊赫希德王朝(935—969年)。从土伦王朝建立到伊赫希德王朝结束的一个世纪,是埃及从阿拉伯帝国的行省向独立的国家转变的过渡时期;埃及在承认巴格达哈里发的宗主权的前提下,逐渐摆脱了阿拔斯王朝的直接统治而走向独立。

埃及作为完全独立的国家是从法蒂玛王朝时期开始的。伊斯兰教内部的教派对立和伊斯玛仪派在北非的宣传是法蒂玛王朝兴起的重要条件。893年,伊斯兰教什叶派的分支伊斯玛仪派传教师阿布·阿卜杜拉·侯赛因从也门来到马格里布,在柏柏尔人中间宣传伊斯玛仪派的教义,主张摧毁现存的秩序,建立公正的社会。阿布·阿卜杜拉的宣传在马格里布产生了广泛的影响,柏柏尔人库塔麦部落成为伊斯玛仪派的中坚力量。907年,伊斯玛仪派首领赛义德·伊本·侯赛因离开位于叙利亚北部萨拉米亚的住地,乔装商人前往北非。908年,信奉伊斯兰教伊斯玛仪派教义的柏柏尔人在阿布·阿卜杜拉·侯赛因的领导下发动起义,占领伊斯兰教哈瓦立及派政权鲁斯塔姆王朝首都塔赫尔特,并且进军伊斯兰教逊尼派政权阿格拉布王朝首都开拉万。909年,阿格拉布王朝被推翻。伊斯玛仪派起义者在开拉万附近的拉盖达拥立赛义德·伊本·侯赛因出任哈里发(909—934年在位)。赛义德·伊本·侯赛因自称是先知穆罕默德之女法蒂玛和哈里发阿里的后裔,新的政权史称法蒂玛王朝(909—1171年)。920年,法蒂玛王朝的首都从拉盖达迁到新城马赫迪亚。不同于阿拉伯帝国解体过程中兴起的其他政权,法蒂玛王朝尊崇什叶派伊斯兰教,公开否认属于逊尼派伊斯兰教的巴格达哈里发的权力,反对阿拔斯王朝在整个穆斯林世界的宗教领袖地位,自称是全体穆斯林的唯一合法的宗教领袖。法蒂玛哈里发与东方的巴格达哈里发、西方的科尔多瓦哈里发分庭抗礼,三足鼎立。中国史籍称之为绿衣大食。

赛义德·伊本·侯赛因以突尼斯为中心扩张领土,屡次攻入尼罗河三角洲。法蒂玛王朝的舰队游弋于地中海,占领地中海许多岛屿。哈里发嘎义木(934—946年在位)即位后,派出舰队袭击地中海北岸的法国和西班牙沿海地区,一度攻占热那亚。法蒂玛王朝第四任哈里发穆仪兹(952—975年在位)即位后,首先在西部发动攻势,占领菲斯和西吉勒马萨,征服了直到大西洋沿岸的整个马格里布地区。969年,基督徒出身的西西里人昭海尔·绥基利率领法蒂玛王朝的军队东进,攻入埃及。昭海尔·绥基利在吉萨附近击败伊赫希德王朝的军队,占领弗斯塔特。伊赫希德王朝投降,所辖领土埃及、叙利亚、巴勒斯坦和阿拉伯半岛西部尽属法蒂玛王朝。昭海尔·绥基利在弗斯塔特郊外的古代运河与穆盖塔山之间建造新城,取名曼苏利亚,迁希腊人、突厥人、柏柏尔人、阿拉伯人、亚美尼亚人、库尔德人和黑人入城居住。昭海尔·绥基利在新城建造爱资哈尔清真寺,作为穆斯林聚礼的地方和宣传伊斯玛仪派教义的中心。但是,埃及的大多数穆斯林并没有接受伊斯玛仪派的宣传,仍然信奉逊尼派伊斯兰教。973年,哈里发穆仪兹将首都迁到这里,并将曼苏利亚改名为噶希赖(阿拉伯语"常胜"一词的音译,威尼斯人称之为开罗),埃及遂成为法蒂玛王朝的统治中心。

　　法蒂玛王朝的政治制度与阿拔斯王朝大体相同,哈里发既是穆斯林的宗教领袖,又拥有广泛的世俗权力。国家官吏除阿拉伯人和柏柏尔人外,雇佣了大量的犹太人和埃及土著居民科普特人担任中下级官职。法蒂玛王朝的军队最初从柏柏尔人中招募;969年征服埃及时,昭海尔·绥基利的军队主要是柏柏尔人骑兵。从哈里发扎希尔时期(1021—1035年)开始,突厥人和苏丹人成为法蒂玛王朝的主要兵源,分别充当骑兵和步兵,柏柏尔人由于迁都开罗后法蒂玛王朝重心东移而逐渐丧失了原有的重要地位。另外,法蒂玛王朝的军队中还包括来自希腊、意大利和斯拉夫地区的雇佣兵。哈里发阿齐兹在位时期(975—996年),法蒂玛王朝达到了极盛阶段,从大西洋沿岸到幼发拉底河上游以及阿拉伯半岛西部的广大地区,所有穆斯林在每星期五聚礼中都为法蒂玛哈里发祝福,巴格达和科尔多瓦哈里发的权威相比之下黯然失色。据波斯旅行家纳绥尔·胡斯罗记载,开罗的哈里发宫廷住有3万人,尼罗河上停泊着7艘专供哈里发使用的游船,哈里发在开罗拥有2万所房屋和2万个商店,开罗的主要街道均架有凉棚,设有路灯。哈里发阿齐兹曾经耗资200万第纳尔在开罗建造一处宫殿,准备在征服巴格达后安置阿拔斯王朝的皇族。

　　法蒂玛王朝时期,埃及的大部分土地由国家直接控制。国家雇佣农民耕种,或者将土地出租给贵族经营,租期为30年,地租以实物为主。农民大都是科普特人,固着于土地,不得随意迁移。法蒂玛王朝末期,伊克塔制度逐渐兴起。另外尚有一部分土地属于基督教会所有。

　　法蒂玛王朝重视灌溉事业,在尼罗河流域兴建水利设施,整修堤坝、渠道、运河,从而扩大了耕地面积。农作物除谷物和豆类外,还有甘蔗、棉花和亚麻。手工业分为纺织、制糖、玻璃、制革、造纸、冶金、建筑、金属加工、陶器和肥皂制造等部门,其中纺织业是最重要的部门,达比克、迪米亚特和提尼斯出产的麻纱、呢绒、棉布、丝绸和绣花制品畅销各地,亚历山大里亚是造船业和玻璃制造业的主要中心。手工业产品深受西亚的影响,带有明显的波斯风格。法蒂玛王朝时期经济生活的显著特征是广泛的贸易往来。埃及不仅与意大利的阿马菲、比萨、热那亚、威尼斯等保持着频繁的交往,而且明显扩大了与印度洋沿岸地区的联系,红海再度取代波斯湾而成为地中海与印度洋之间的主要贸易通道。尼罗河口的亚历山大里亚、迪米亚特和红海西岸的埃扎布成为东西方转运贸易的重要集散地。法蒂玛王朝从基督教欧洲进口并转运印度洋地区的商品包括布匹、毛皮、木材、金属、武器、甲胄和奴隶,从印度洋沿岸进口并销往欧洲的商品主要是各种香料、染料和其他奢侈品。

哈里发哈基木在位时期(996—1027年),改变原有的宗教宽容政策,实行宗教歧视和宗教迫害。基督徒和犹太人不得乘马而只准骑驴,必须身穿黑色服装以区别于穆斯林。在公共浴室中,基督徒要露出挂在脖子上的十字架,犹太人要露出带铃的颈箍。许多基督教堂被拆毁,其中包括耶路撒冷的圣陵教堂;这是十字军东侵的借口之一。哈基木自称是安拉的化身,得到伊斯玛仪派中一部分极端成员的承认;这些人称为德鲁兹派,在黎巴嫩和叙利亚山区存在至今。哈基木的统治加剧了法蒂玛王朝的社会矛盾。哈基木死后,大权旁落。军事贵族的势力急剧膨胀,干预朝政,左右政局。柏柏尔军团、突厥军团、苏丹军团之间相互倾轧,致使国家政权几近瘫痪。随着中央政权的削弱,地方势力逐渐割据自立,法蒂玛王朝对东部的叙利亚和巴勒斯坦的控制日趋松弛。西部的马格里布地区陆续停止缴纳贡税。1060年,叙利亚的贝都因人米尔达西部落从法蒂玛王朝夺取了阿勒颇。1071年,塞尔柱突厥人攻占耶路撒冷。同年诺曼人攻占西西里岛以后,法蒂玛王朝丧失了在地中海的优势地位。1073年,哈里发穆斯坦绥尔(1035—1094年)起用亚美尼亚血统的阿克总督白德尔·哲马利出任维齐尔兼军队总艾米尔,法蒂玛王朝的政局有所好转,危机得到一定程度的缓解。1094年穆斯坦绥尔和白德尔·哲马利死后,法蒂玛王朝急剧衰落。哈菲兹在位时期(1130—1149年),哈里发的权力仅限于宫廷之内。十字军东侵更使得法蒂玛王朝陷于绝境。

阿尤布王朝时期的埃及 东侵的十字军于1153年占领阿斯克伦之后,沿地中海向西进攻埃及。法蒂玛王朝无力抵御十字军的进攻,于是向据有叙利亚北部的塞尔柱突厥人政权赞吉王朝求援。1164年,赞吉王朝的统治者努尔丁派库尔德族将领希尔库率军8 000人救援埃及,击退十字军的进攻。1169年,法蒂玛王朝哈里发阿迪德任命希尔库为维齐尔,统领军政要务。希尔库不久后死去,其侄尤素福·伊本·阿尤布(即萨拉丁)继任维齐尔。1171年,萨拉丁下令在穆斯林的星期五聚礼中取消对法蒂玛王朝哈里发的祝福,代之以对阿拔斯王朝哈里发的祝福。这标志着法蒂玛王朝的结束和阿尤布王朝(1171—1250年)的建立。萨拉丁尊崇逊尼派伊斯兰教,承认阿拔斯王朝哈里发作为全体穆斯林的宗教领袖,恢复了逊尼派伊斯兰教在埃及的统治地位。随着法蒂玛王朝的灭亡,伊斯玛仪派在埃及趋于衰落。1175年,萨拉丁接受阿拔斯王朝哈里发穆斯塔迪尔的册封,获得了苏丹的称号;阿拔斯王朝承认萨拉丁在埃及、叙利亚、巴勒斯坦、阿拉伯半岛西部以及马格里布和努比亚的统治。1185年,萨拉丁攻占摩苏尔,进而控制了两河流域上游地区。

阿尤布王朝的统治基础是突厥军事贵族,阿拉伯人等提供辅助军事力量。阿尤布王朝的统治者将西亚的塞尔柱突厥人的制度引入埃及,分封土地取代支付薪金而成为供养军队的主要方式。伊克塔明显增多,成为土地占有的基本形式;构成国家主要财源的全税地"哈吉尼亚"逐渐减少。

阿尤布王朝与东侵的十字军进行了长期的战争,对基督徒的"圣战"贯穿着阿尤布王朝的始终。1187年,萨拉丁率军6万人从埃及进入巴勒斯坦,与十字军交战于加列利湖西侧的赫淀;耶路撒冷国王库伊率领的2万人全军覆没,地中海东岸的十字军精锐力量丧失殆尽。赫淀战役后,萨拉丁的军队连克贝鲁特、西顿、阿克、凯撒利亚、雅法、阿斯克伦诸城,收复耶路撒冷,只有沿岸地带的安条克、提尔和特里波利尚属于十字军。

萨拉丁收复耶路撒冷,震动了欧洲的基督教世界。德皇红胡子腓特烈、英王理查一世(即狮心王)和法王腓力·奥古斯都亲率十字军发动第三次东侵。1191年十字军攻陷阿克后,无力继续进兵,与萨拉丁缔约休战。和约规定,十字军保有从提尔到雅法的沿海地带,内地和耶路撒冷属于萨拉丁的辖区,基督徒享有朝拜耶路撒冷圣地的权利。

1193年,萨拉丁在大马士革病逝,安葬在著名的倭马亚清真寺附近。萨拉丁死后,阿尤布王朝发生分裂。萨拉丁之弟阿迪勒占据两河流域上游的卡拉克和邵伯克,萨拉丁之子阿齐兹占据开罗和埃及本土,马立克占据大马士革和叙利亚南部,扎希尔占据阿勒颇和叙利亚北部。阿迪勒经过征战,于1196—1199年先后兼并了埃及和叙利亚地区,大体恢复了阿尤布王朝的统一。1218年阿迪勒死后,其子卡米勒(1218—1238年在位)继任苏丹并领有埃及本土,其他地区分属阿迪勒的其他诸子统辖,阿尤布王朝再次分裂。十字军利用阿尤布王朝分裂的机会发动攻势,于1219年占领尼罗河入海口处的重镇达米亚特,并沿尼罗河进攻埃及内地。1221年,阿尤布王朝反攻,收复达米亚特,迫使十字军撤出埃及。苏丹撒列哈(1242—1249年在位)即位后,突厥将领伯拜尔斯率领阿尤布王朝军队进入巴勒斯坦,借助花剌子模突厥人的支持,于1244年再次收复耶路撒冷,1247年收复阿斯克伦。

1249年,法王路易九世率领第七次十字军进攻埃及。十字军攻占达米亚特,并进军开罗。正值此时,苏丹撒列哈病故;撒列哈之子突兰沙于1250年从两河流域上游返回开罗,继任苏丹。阿尤布王朝的军队击败十字军,俘法王路易九世,十字军被赶出埃及。

1250年,突兰沙在宫中被害身亡。他的继母舍哲尔·杜尔自称穆斯林的女王。舍哲尔·杜尔在开罗统治80天,她的名字铸在新的钱币上,穆斯林在星期五聚礼中为她祝福。接着,舍哲尔·杜尔与突厥将领艾伊贝克结婚,共掌政权,由艾伊贝克出任苏丹(1250—1257年在位)。阿尤布王朝结束,埃及进入了马木路克王朝时期。

马木路克王朝时期的埃及　马木路克原意是奴隶,马木路克王朝亦称奴隶王朝。马木路克王朝(1250—1517年)是外籍奴隶出身的将领在埃及建立的军事寡头统治,大体可分为两个阶段。阿尤布王朝苏丹撒列哈时期招募的禁卫军主要属于突厥和蒙古血统,驻守在尼罗河中的罗得岛,称伯海里(意为“河洲”)系马木路克;1250—1383年统治埃及的24个苏丹均来自伯海里系马木路克。马木路克王朝苏丹盖拉温时期(1279—1290年)招募的禁卫军大都是来自高加索山以北地区的塞加西亚人,驻守开罗的城堡,称布尔吉(意为“碉楼”)系马木路克;1382—1517年统治埃及的23个苏丹皆属布尔吉系马木路克。统治埃及的马木路克是封闭的军事贵族集团,职位世袭,享有特权。伯海里系马木路克约4 000人。他们不仅出任苏丹,而且垄断了国家的军政要职。

马木路克王朝继续承认阿拔斯王朝哈里发作为全体穆斯林的宗教领袖,通过哈里发的册封保证其统治的合法地位。1258年蒙古军队攻陷巴格达以后,阿拔斯家族后裔阿布·卡西姆逃往大马士革。马木路克王朝苏丹伯拜尔斯(1260—1277年在位)于1260年将阿布·卡西姆迎往开罗就任哈里发之职,尊称阿布·卡西姆为穆斯坦绥尔,并从新的哈里发获得了统治埃及、叙利亚、两河流域上游和阿拉伯半岛西部的权力册封。尽管这样的册封已是有名无实,然而伯拜尔斯在整个穆斯林世界中的地位却因此而大为提高。伯拜尔斯拥立哈里发的作法为后来的马木路克苏丹继续下来,1260—1517年开罗先后出现了16位哈里发。马木路克王朝时期,哈里发形同虚设,主要职责是为新的苏丹主持就职仪式。

马木路克王朝缺乏明确的苏丹继承制度,禁卫军将领相互倾轧,轮流操纵政局,苏丹的更迭十分频繁。布尔吉系马木路克时期,家族世袭制度废除,历代苏丹中父死子继者为数甚少,出任苏丹者必须获得较多将领的支持。苏丹的权力范围不断缩小,国家权力的分割日益加剧。马木路克王朝47位苏丹的平均在位时间不足6年。

马木路克王朝时期最著名的苏丹是伯拜尔斯。伯拜尔斯时期,正值蒙古西征的高潮。1258 年蒙古军占领巴格达后,越过幼发拉底河,进入叙利亚,接连攻陷阿勒颇、大马士革、纳布鲁斯、加沙,逼近埃及。1260 年,苏丹库图兹(1259—1260 年在位)与尚为禁卫军将领的伯拜尔斯率领马木路克军队从埃及前往叙利亚迎战,在约旦河左岸贝桑附近的艾因·札卢特击败蒙古军,蒙军统帅怯的不花阵亡。蒙古大汗忽必烈即位后,无暇西顾,放弃了对马木路克王朝的进攻,撤出叙利亚。叙利亚遂成为马木路克王朝的辖地。艾因·札卢特战役后不久,伯拜尔斯杀死库图兹,被马木路克拥立为苏丹。伯拜尔斯即位后,对占据地中海东岸的十字军发动攻势。1263 年占领卡拉克,1265 年占领凯撒利亚,1266 年占领萨法德,1268 年占领安条克,1271 年占领希斯尼·艾克拉德。伯拜尔斯还在非洲扩展领土,向西进入利比亚,向南征服努比亚。如同萨拉丁被誉为阿尤布王朝奠基人一样,伯拜尔斯的统治奠定了马木路克王朝的基础。

马木路克王朝时期的另一个著名的苏丹是盖拉温。盖拉温即位后继续攻击十字军据点,1285 年占领麦尔盖卜,1289 年占领特里波利,1290 年开始围攻阿克。苏丹艾什赖弗(1290—1293 年在位)即位后,连克阿克、提尔、西顿、贝鲁特、安塔尔突斯,最终收复了被十字军占领的全部土地。

马木路克王朝前期,埃及的经济生活继续保持繁荣。历代苏丹重视农业和水利事业,征用大量劳动力开凿河渠,兴建灌溉设施,耕地面积不断扩大。粮食作物除满足埃及需求外,还销往阿拉伯半岛和两河流域地区。手工业生产达到了很高的水平,铜器、镶嵌、雕刻、玻璃、搪瓷、地毯等传统产品享有盛名。贸易的扩展反映了埃及经济的进步。埃及与基督教欧洲、印度洋沿岸直至东南亚和中国之间的贸易急剧增长,过境转运构成了埃及贸易的主要内容。在非洲,埃及商人遍及埃塞俄比亚、努比亚和西苏丹地区。埃及商船活跃于地中海、红海和印度洋,开罗和亚历山大里亚是国际贸易的重要中心。

13 世纪末到 14 世纪末,马木路克王朝经历了一个世纪的和平。14 世纪末帖木儿帝国在西亚兴起,占领两河流域和小亚细亚,屡次攻入叙利亚,威逼埃及。帖木儿的扩张使叙利亚的经济遭到严重破坏,埃及经济也由于沉重的战争负担而逐渐衰退,水利失修,饥荒严重。1348 年,鼠疫从欧洲传入埃及并持续七年之久。鼠疫之后,埃及接连流行各种瘟疫。最严重的瘟疫发生于苏丹贝尔斯贝伊时期(1422—1438 年)。据说仅开罗便有 30 万人死于瘟疫。自然灾害加剧了经济的衰退。

马木路克王朝时期,伊克塔制度得到了广泛的发展。在伯海里系马木路克阶段,伊克塔一度成为受封者的世袭地产。但是到布尔吉系马木路克阶段,历代苏丹皆禁止受封者对于伊克塔的世袭占有,频繁改变伊克塔的分封,旨在加强国家对军事贵族的控制。伊克塔占有的不稳定性不仅阻碍了私人土地所有制的发展,而且对农业产生了明显的消极影响,成为促使埃及经济衰退的重要因素。

布尔吉系马木路克苏丹为了增加财源,维持庞大的军政开支,不断增加过境商品的关税。对于手工业和商业实行垄断专营的政策。埃及的过境贸易在 13 世纪时是全部商品总额的 15%,到 15 世纪时增至 35%。统治者的横征暴敛严重损害了埃及的转运贸易,加速了经济的衰退。1498 年,达·伽马的船队沿非洲西岸经好望角进入印度洋,开辟了东西方贸易的新航线。葡萄牙人进入印度洋后,封锁亚丁湾,屡败马木路克王朝的舰队,途经红海的传统商路急剧衰落。新航路的开辟敲响了马木路克王朝灭亡的丧钟。马木路克王朝失去了过境贸易这个主要的财源,国力日趋枯竭。

15 世纪奥斯曼土耳其人兴起以后,形成了对马木路克王朝的严重威胁。1516 年,装备火器的奥斯曼土耳其军队在叙利亚北部阿勒颇附近的达比克草原击败陈腐的马木路克王朝军队,进而占领叙利亚。1517 年,奥斯曼土耳其军队在开罗附近再败马木路克王朝的军队,攻占开罗。马木路克王朝的末代苏丹图曼贝伊(1516—1517 年在位)被俘身亡。傀儡哈里发穆塔瓦基勒被押往伊斯坦布尔。埃及结束了长达 5 个世纪之久的独立发展过程,沦为奥斯曼帝国的行省。

马格里布的新兴国家　马格里布是阿拉伯语“西方”一词的音译,指埃及以西和撒哈拉沙漠以北的地区,相当于现在的利比亚、突尼斯、阿尔及利亚和摩洛哥,土著人口大都是柏柏尔人(即摩尔人)。马格里布自布匿战争以后处于罗马人的统治之下。5 世纪日耳曼人大迁徙时,汪达尔人从西欧经伊比利亚半岛进入马格里布地区,以迦太基为中心建立汪达尔王国。534 年贝利撒留率军征服汪达尔王国,马格里布被纳入拜占廷帝国的版图。7 世纪阿拉伯人入侵前夕,马格里布的柏柏尔人大体分为两支:巴拉巴斯人生活在雨水充沛的阿特拉斯山区和沿海平原,主要从事定居农业,其中势力最强的是桑哈贾部落;布特尔人分布在南部的草原和沙漠边缘地带,依靠游牧维持生活,其中势力最强的是扎纳塔部落。巴拉巴斯人大都信奉基督教,布特尔人则盛行原始宗教。阿拉伯人征服以后,马格里布成为阿拉伯帝国的辖地,伊斯兰教传入柏柏尔人地区,什叶派和哈瓦立及派较为流行。阿拔斯王朝建立后,定都巴格达,政治重心东移,对于西部的控制逐渐松弛,从而为柏柏尔人国家的兴起创造了条件。758 年,伊斯兰教哈瓦立及派分支伊巴迪亚派首领阿布·哈塔卜组织柏柏尔人举行起义,在祖伊拉建立哈塔卜王朝。776 年,伊巴迪亚派另一首领阿卜杜勒·拉赫曼·伊本·鲁斯塔姆在提阿雷特建立鲁斯塔姆王朝。与此同时,哈瓦立及派分支苏福里亚派首领伊萨·伊本·叶齐德·艾斯瓦德在摩洛哥中部建立萨述拉马赛王朝。这几个王朝统治范围大都限于局部地区,影响不大。

伊斯兰教什叶派首领伊德利斯·伊本·阿卜杜拉在希贾兹发动起义失败后,逃到马格里布地区,依靠柏柏尔人的支持,于 788 年在摩洛哥的非斯建立伊德利斯王朝(788—974 年),统治从特累姆森到萨累河的广大地区。伊德利斯王朝国势强盛,在穆斯林世界影响较大。大批什叶派穆斯林移居摩洛哥,加深了摩洛哥的阿拉伯化。位于塞布河西岸的非斯成为当时什叶派伊斯兰教的传播中心,城内的卡拉维因清真寺是伊斯兰教的著名古迹之一。974 年,伊德利斯王朝被科尔多瓦的哈里发哈基姆二世灭亡。

800 年,阿拔斯王朝哈里发哈伦·拉希德任命易卜拉欣·伊本·阿格拉布为伊弗里基亚总督。易卜拉欣·伊本·阿格拉布及其子嗣拥有广泛的权力,在开拉万形成了独立的家族政权,统治今阿尔及利亚和突尼斯地区,史称阿格拉布王朝(800—909 年)。阿格拉布王朝仅仅在名义上承认阿拔斯哈里发的权力,每年向巴格达缴纳 4 万第纳尔的贡赋。阿格拉布王朝建立了装备精良的海军,不断侵扰意大利和法国的沿海地区,甚至深入罗马,占领了马耳他、撒丁尼亚和西西里诸岛屿。阿格拉布王朝时期,马格里布地区的伊斯兰教化和阿拉伯化的程度明显加深,首都开拉万被视为仅次于麦加、麦地那和耶路撒冷的第四个伊斯兰教圣地。

909 年,什叶派伊斯兰教分支伊斯玛仪派在柏柏尔人的支持下推翻阿格拉布王朝,建立法蒂玛王朝。法蒂玛王朝不仅统治原属阿格拉布王朝的今阿尔及利亚和突尼斯地区,而且兼并了伊德利斯王朝的辖地摩洛哥。973 年法蒂玛王朝将首都从马赫迪亚迁往开罗,政治重心转移到埃及,逐渐放松了对马格里布的控制。马格里布的东部继续属于法蒂玛王朝,但是西部逐渐被纳入科尔多瓦哈里发国家的版图。

11 世纪中叶,塞内加尔河上游地区的柏柏尔人中出现了新兴的武装政治集团穆拉比特人(阿拉伯语中意为"驻防军")。穆拉比特人大都属于桑哈扎部落中的莱木突奈族,逊尼派伊斯兰教传教师阿卜杜拉·伊本·雅辛·祝祖里被穆拉比特人尊为首领。穆拉比特人征服摩洛哥地区后,建立独立的柏柏尔人政权穆拉比特王朝(西方称之为阿尔穆拉维德王朝,1062—1147 年),定都马拉喀什。穆拉比特王朝于 1068 年占领非斯,1078 年占领丹吉尔,1082 年占领阿尔及尔,控制了包括今阿尔及利亚和摩洛哥在内的西北非广大地区。穆拉比特王朝的军队于 1086 年和 1088 年两次渡过直布罗陀海峡,先后在扎拉加战役和阿列多战役中击败阿方索六世统率的基督教军队,1090 年占领格拉纳达,1091 年占领塞维利亚。到 11 世纪末,西班牙南部被纳入穆拉比特王朝的版图,塞维利亚成为穆拉比特王朝的陪都。

12 世纪初,阿特拉斯山区的穆瓦希德人成为柏柏尔人中的新兴政治势力。穆瓦希德人本意为"独尊安拉的人",创始人是麦斯穆达部落的穆罕默德·伊本·突麦尔特。突麦尔特死后,扎纳塔部落的阿卜杜勒·穆敏·伊本·阿里继任穆瓦希德人首领。穆瓦希德人在 1144—1146 年间先后攻占特累姆森、非斯、休达、丹吉尔和艾格马特。1147年,穆瓦希德人攻占马拉喀什,灭了穆拉比特王朝。阿卜杜勒·穆敏·伊本·阿里自立为哈里发,建立穆瓦希德王朝(西方称之为阿尔摩哈德王朝,1147—1269年)。穆瓦希德王朝建立后,占领了阿尔及尔和马赫迪亚,统治整个马格里布地区以及西班牙南部。1170年,穆瓦希德王朝将首都从马拉喀什迁往塞维利亚。1195年,穆瓦希德王朝的军队在阿拉尔科斯战役中大败基督徒组成的骑士军。1212年,穆瓦希德王朝的军队在科尔多瓦以东的那瓦斯·德·托罗萨败于阿尔丰索八世的基督教军队。此后,穆瓦希德王朝逐渐丧失了在西班牙的属地,首都迁回马拉喀什,国势日衰。

穆瓦希德王朝的伊弗里基亚总督阿布·扎克里亚于1236年割据自立,在马格里布东部建立哈夫斯王朝(1236—1574年),定都突尼斯城。柏柏尔人马林部落首领尤素福于1248年控制了马格里布西部,建立马林王朝(1248—1554年),定都非斯。马林王朝于1269年攻占马拉喀什,灭了穆瓦希德王朝。柏柏尔人阿卜德瓦德部落首领阿尔穆拉桑于1235年占据马格里布中部,建立阿卜德瓦德王朝(1235—1554年),定都特累姆森。哈夫斯王朝、马林王朝和阿卜德瓦德王朝各存在300余年,分别奠定了现代突尼斯、摩洛哥和阿尔及利亚的疆域和国家的基础。

第三节　奥斯曼帝国的崛起

拜占廷帝国的衰落　拜占廷帝国自马其顿王朝结束后急剧衰落,外敌入侵构成了严重的威胁。塞尔柱突厥人在1055年占领巴格达以后,继续向西部扩张,攻击拜占廷帝国。1071年8月,塞尔柱突厥军队与拜占廷军队在幼发拉底河上游的曼西喀特展开决战。拜占廷皇帝罗曼努斯四世兵败被俘,塞尔柱突厥军队大获全胜,攻占小亚细亚大部分地区。与此同时,来自北欧的诺曼人进入地中海,攻击拜占廷帝国在意大利南部的领土。1071年,诺曼人占领亚得里亚海西岸的重镇巴里,结束了拜占廷帝国在意大利南部的统治。在北方,突厥人的一支佩彻涅格人自11世纪中叶不断侵扰巴尔干地区。1088年,佩彻涅格人在多瑙河附近的多罗斯托尔击败拜占廷军队,进而袭击色雷斯,威逼君士坦丁堡。到11世纪末,拜占廷帝国不仅结束了"东方帝国"的时代,而且丧失了地中海东部的控制权,充其量只是一个希腊人的王国了。

从1095年起,十字军以救援拜占廷帝国的名义陆续不断地从西欧来到地中海东岸。但是,十字军的到来不仅没有改变拜占廷帝国衰落的命运,而且构成了新的威胁。一个世纪以后,拜占廷帝国成为十字军攻击的直接目标。1204年,十字军攻陷君士坦丁堡,消灭了安基卢王朝统治的拜占廷帝国,建立拉丁帝国(1204—1261年)。拉丁帝国的领土包括以君士坦丁堡为中心的马尔马拉海沿岸地区、以帖撒罗尼加为中心的爱琴海北岸地区、以雅典为中心的爱琴海西岸地区、伯罗奔尼撒半岛以及爱琴海部分岛屿,下辖帖撒罗尼加、雅典、亚细亚和色雷斯四个公国。另外,威尼斯人占据了君士坦丁堡城内的加拉太区以及爱琴海和亚得里亚海部分岛屿。

十字军建立的拉丁帝国缺乏稳固的基础。希腊人不断反抗拉丁帝国的统治,逐渐形成了三个政治中心。一个是小亚细亚西北部的尼西亚帝国,一个是黑海南岸的特拉布松帝国,一个是希腊西北部的伊庇鲁斯王国,其中尼西亚帝国最为强大。尼西亚帝国皇帝米凯尔八世(1259—1282年在位)依靠热那亚人的援助,于1261年夺回君士坦丁堡,消灭拉丁帝国,建立巴列奥略王朝(1261—1453年),恢复了拜占廷帝国的统治。然而,伊庇鲁斯王国只是在名义上臣服于巴列奥略王朝,特拉布松帝国仍维持独立。复国后的拜占廷领土大为缩小,所辖疆域仅有小亚细亚西北部、色雷斯和马其顿部分地区、帖撒罗尼加和伯罗奔尼撒半岛以及爱琴海的一些岛屿,帝国往日的声威已经一去不复返了。

巴列奥略王朝时期,农业人口主要是称为"巴力克"的农奴。农奴固着于土地,向领主缴纳相当于收获物1/3的地租和等于其遗产1/3的继承税,每周还要为领主提供两天的劳役。正当西欧农奴制趋于解体的时候,拜占廷的农奴制日益加深。自由农民的数量不断减少。

拜占廷帝国的经济自11世纪开始衰落,巴列奥略王朝时期进一步加剧。长期的战乱使农业遭受了严重的破坏,耕地荒芜,农作物产量下降,加之小亚细亚谷物产地的丧失,粮食供应严重不足。贸易的衰落更为明显。一方面,在马木路克苏丹的统治下,埃及和红海成为东西方贸易通道的重心所在,途经拜占廷的过境贸易受到排挤。另一方面,拜占廷与黑海和地中海的贸易处于意大利商人的控制下,热那亚人则是拜占廷的商业霸主;拜占廷帝国丧失了旧日的海上霸权,贸易收入寥寥无几。贸易的衰落导致了财源的枯竭,拜占廷帝国的财政陷于严重的危机之中。

巴列奥略王朝时期,政治腐败,政局混乱,地方势力的割据倾向不断加强,争夺王位的内讧接连发生。1321年,拜占廷皇帝安德洛尼卡二世取消其孙子安德洛尼卡(即后来的安德洛尼卡三世)的王位继承权,进而导致长达六年的内战。1341年安德洛尼卡三世死后,其子约翰五世在君士坦丁堡加冕即位,贵族康塔库尊在色雷斯自立为帝,称约翰六世,两者之间爆发内战,延续七年之久。内战耗尽了拜占廷帝国最后的力量。1342年,帖撒罗尼加爆发了"吉洛特起义"。"吉洛特"在希腊语中意为"人民之友",是反封建的民主派。起义者占领帖撒罗尼加,建立独立的城市共和国,实行反封建的社会改革,没收封建地产,解放农奴,建立民主政权。约翰六世乞求土耳其人的援助,于1349年攻陷帖撒罗尼加城,镇压了这次起义。

奥斯曼国家的兴起 13世纪蒙古帝国兴起以后,大批的突厥穆斯林迫于蒙古军西侵的压力,迁移到小亚细亚。这些突厥穆斯林大都分布在靠近拜占廷边境的地带,"圣战"是他们的主要任务。他们在长期的"圣战"过程中形成了诸多的艾米尔国,作为塞尔柱突厥人罗姆苏丹国的藩属。奥斯曼国家最初便是这样的艾米尔国。

奥斯曼人是西突厥人的一支,属于奥古兹部落联盟中的凯伊部落,原来在伊朗高原东部的呼罗珊地区从事游牧,信奉伊斯兰教。13世纪初蒙古军西侵,迫使凯伊部落离开呼罗珊,向两河流域上游地区迁徙。当首领苏莱曼在阿勒颇附近被害以后,凯伊部落分裂为两支:一支返回呼罗珊的故乡,另一支约400户在苏莱曼之子厄尔图格鲁尔率领下进入塞尔柱突厥人控制的小亚细亚,依附于阿拉丁二世统治的罗姆苏丹国。厄尔图格鲁尔从阿拉丁二世那里得到了与拜占廷帝国接壤的小亚细亚西北部萨卡利亚河畔的索古德地区,成为罗姆苏丹国的藩属。1290年厄尔图格鲁尔死后,其子奥斯曼(1290—1326年在位)继承了首领的职位。他们以"圣战"的名义袭击拜占廷帝国边境,抢劫财物,扩展领土。奥斯曼首先夺取了从埃斯基沙希尔到布鲁萨平原的地区,并围攻拜占廷帝国旧都尼西亚(即伊兹尼克)。1301年,奥斯曼在巴法埃农击败救援尼西亚的拜占廷军队。奥斯曼由于在"圣战"中的胜利被苏丹阿拉丁二世授予"贝伊"的称号。大批穆斯林战士慕名而来,加入了奥斯曼的队伍。奥斯曼人的兴起威胁了拜占廷帝国在小亚细亚的统治。拜占廷皇帝曾经先后与伊儿汗国的合赞汗和奥杰尔图汗结盟,企图借助蒙古人的力量遏制奥斯曼人的扩张。

旭烈兀的西征使塞尔柱突厥人受到重创,罗姆苏丹国在蒙古军的打击下趋于衰落。阿拉丁二世死后,罗姆苏丹国分裂,奥斯曼采用"艾米尔"的称号,建立了独立国家。奥斯曼继续在小亚细亚西北部开拓疆土,占领美朗诺尔城,并将该城改名为卡加希萨尔,作为新兴国家的首都。

1326年奥斯曼死后,其子乌尔汗(1326—1359年在位)继承父位。乌尔汗于1326年攻占布鲁萨,并将首都迁到这里。奥斯曼的遗体葬于布鲁萨,布鲁萨因此成为奥斯曼人的圣城。布鲁萨的陷落,标志着拜占廷帝国在小亚细亚的统治开始崩溃。1330年,乌尔汗攻占菲洛克林,1331年攻占尼西亚,1337年攻占尼科米底亚(即伊兹密德),1345年兼并了突厥穆斯林的卡拉希艾米尔国,控制了从埃德列米德湾到卡皮达希的地区。为了适应频繁征战的需要,乌尔汗取消了原有的民军,组建常备军。乌尔汗时期,奥斯曼人的骑兵分为两部分:一部分是领有封邑的军事贵族提供的旧式骑兵;另一部分是领取薪金的新式雇佣骑兵。雇佣骑兵最初约有2 400人,分为4个营,后来逐渐增至数万人。乌尔汗开始增设步兵,主要从改宗伊斯兰教的原基督徒中招募,装备火器等精良武器,训练有素,用于进攻深沟高垒的设防阵地。大约从1328年开始,奥斯曼国家发行新式银币"阿克舍"。新币模仿拜占廷帝国钱币铸造而成,标准重量为 6 基拉特,相当于 1/4 迪尔汗。银币正面铸有表示伊斯兰教信仰的内容,背面则是乌尔汗的称号。在伊斯兰教世界,统治者的名字出现在钱币上和星期五聚礼的诵念中,都被视为君权的象征。新币的发行表明了奥斯曼国家的发展。到 14 世纪中叶,乌尔汗将拜占廷帝国的势力完全逐出小亚细亚,并且吞并了原属罗姆苏丹国的大部分领地,爱琴海到黑海之间的广大地区尽归奥斯曼国家所有。

东南欧地区的征服　小亚细亚是基督教世界与伊斯兰教世界的中间地带,长期以来基督徒与穆斯林在这个地区频繁攻战,宗教对立极其深刻。穆斯林素来将这里视为进攻基督教世界的前沿。十字军东侵时期,叙利亚一带成为基督徒与穆斯林交锋的中心,小亚细亚的矛盾冲突有所缓解。十字军东侵结束后,小亚细亚的战事再度进入高潮。初兴的奥斯曼国家以"圣战"的名义攻击拜占廷帝国,扩展疆土,吸引了来自各地的大批穆斯林战士汇聚在这里,加入奥斯曼人的队伍,从而构成了丰富的兵源。另一方面,拜占廷帝国的统治在东南欧地区导致了希腊人与斯拉夫人之间尖锐的民族对立,巴尔干诸国之间矛盾重重,分裂极深,无法形成抵御外部攻击的统一力量,拜占廷帝国也因内部的王位争夺和混乱而力量大减。这样就为奥斯曼国家征服东南欧地区创造了条件。

1341 年拜占廷皇帝安德洛尼卡三世死后,其子巴列奥略在君士坦丁堡加冕即位,称约翰五世;康塔库尊拒绝承认约翰五世,在色雷斯自立为皇帝,称约翰六世。1349 年,约翰六世与奥斯曼人结成同盟,并将女儿狄奥多拉许配给乌尔汗,乌尔汗于是出兵 6 000 人开赴色雷斯援助约翰六世攻击约翰五世。奥斯曼人首次踏上了欧洲的土地。1349 年,乌尔汗再次派出 2 万骑兵援助约翰六世,击败塞尔维亚军队。作为出兵的条件,乌尔汗的长子苏莱曼率军占据了达达尼尔海峡欧洲一侧的兹姆堡。1354 年,苏莱曼利用地震造成的破坏,占领兹姆堡附近的军事重镇格利博卢。兹姆堡和格利博卢于是成为奥斯曼人在东南欧扩张的最初据点。

穆拉德一世(1359—1389 年在位)时期,奥斯曼人开始大规模进军东南欧地区。1361 年,奥斯曼军队攻占亚得里亚堡,切断了君士坦丁堡与巴尔干诸国的联系,打开了入侵东南欧的大门。穆拉德一世将首都迁至亚得里亚堡,并改称爱德尔纳。1371 年,奥斯曼军队在马里扎河畔的塞尔诺文击败巴尔干半岛的主要军事力量塞尔维亚人,进而迫使巴尔干诸国向穆拉德一世称臣纳贡。拜占廷皇帝约翰六世寻求罗马教皇的帮助没有成功,于 1372 年承认穆拉德一世的宗主权。1380 年以后,奥斯曼军队继续进攻东南欧地区,1383 年占领塞里兹,1385年占领索非亚,1386 年占领尼什,1387 年占领撒罗尼加。1389 年,巴尔干诸国反叛,塞尔维亚人、保加利亚人、波斯尼亚人、匈牙利人和阿尔巴尼亚人组成联军,在塞尔维亚国王拉扎尔统率下进攻奥斯曼军队,双方交战于科索沃平原。穆拉德一世和拉扎尔皆死于战场，奥斯曼军队取得胜利。科索沃战役决定了巴尔干诸国丧失独立的命运，为奥斯曼人统治东南欧地区奠定了基础。

穆拉德一世的继承人巴叶齐德（1389—1403年在位）于1394年从开罗的哈里发穆塔瓦基勒获得了"罗马省苏丹"的称号，成为奥斯曼国家的第一个苏丹。巴叶齐德时期，奥斯曼军队攻入保加利亚和阿尔巴尼亚，并占领君士坦丁堡以西的整个色雷斯地区。1396年，奥斯曼军队在多瑙河畔的尼科堡大败欧洲基督教诸国组成的十字军，完成了对于巴尔干半岛的征服。奥斯曼军队还于1390年攻占拜占廷帝国在小亚细亚的最后据点菲拉德尔菲亚，并且先后吞并了哈米德、艾登、萨鲁罕、门特舍、特克、卡拉曼、伊斯芬迪耶尔等艾米尔国。巴叶齐德时期，拜占廷帝国仅仅据有几座孤城，从亚得里亚海和匈牙利平原到幼发拉底河的广大地区成为奥斯曼人的辖地。

14世纪末，帖木儿在中亚建立了庞大的帝国。帖木儿帝国的兴起威胁了奥斯曼人在亚洲的统治。1402年，帖木儿率领蒙古突厥军队进攻小亚细亚，与巴叶齐德率领的奥斯曼军队交战于安卡拉平原。两支穆斯林军队展开了激烈的战斗，奥斯曼军队战败，巴叶齐德被俘后忍辱而死，小亚细亚归降帖木儿帝国。帖木儿将奥斯曼人的土地分封给巴叶齐德的四个儿子：伊萨、苏莱曼、穆罕默德和穆萨。帖木儿返回中亚后，巴叶齐德的四子之间相互厮杀，争夺苏丹的继承权。内战持续十年之久，穆罕默德（1413—1421年在位）先后击败伊萨、穆萨和苏莱曼，于1413年结束了政治分裂，恢复了奥斯曼国家的统一。

1421年穆拉德二世（1421—1451年在位）即位后，借口拜占廷皇帝支持其弟穆斯塔法争夺苏丹权位，进攻君士坦丁堡，迫使拜占廷皇帝割让君士坦丁堡城外除供水区外的所有土地，每年缴纳3万杜卡特（金币名称）作为岁贡。1430年，奥斯曼军队再克撒罗尼加。1444年，奥斯曼军队在黑海西岸的瓦尔纳大败匈牙利国王弗拉迪斯拉夫率领的欧洲诸国十字军，弗拉迪斯拉夫战死。1448年，穆拉德二世在科索沃平原再次取胜，洪迪雅统率的匈牙利军队战败求和。穆拉德二世的胜利，巩固了奥斯曼人在东南欧的统治地位，巴尔干诸国丧失了反击奥斯曼人的最后力量。

夺取君士坦丁堡是历代穆斯林统治者的夙愿。穆罕默德二世（1451—1481年在位）即位时，拜占廷帝国领土丧失殆尽，财源枯竭，首都君士坦丁堡尽管地势险要，但人口锐减，防务空虚，全部兵力不足万人，已经丧失了抵御奥斯曼人攻击的力量。穆罕默德二世为了确保征服君士坦丁堡，做了充分的准备。奥斯曼人在君士坦丁堡对岸建立了鲁美利希萨城堡，作为进攻君士坦丁堡的基地，并在格利博卢集结了庞大的舰队。1453年，穆罕默德二世指挥17万人的大军和数百艘战船，大举进攻君士坦丁堡。奥斯曼军队从鲁美利希萨城堡用重炮轰击君士坦丁堡，拜占廷军队则利用险要地势负隅抵抗。最后，奥斯曼军队在热那亚人的帮助下,在加拉太地区铺设一条涂油的木板滑道,将近 70 艘轻型战船通过这条滑道运抵"黄金角",搭成浮桥,突然从侧翼发起攻击,夺取城门,进而攻陷君士坦丁堡。历时千年之久的拜占廷帝国最终灭亡。君士坦丁堡改称伊斯坦布尔,成为奥斯曼国家的首都。奥斯曼国家从此进入了新的发展阶段。

第四节　伊斯兰教的发展和演变

什叶派的兴起　穆罕默德于 610—632 年先后在麦加和麦地那以安拉的名义传播启示,完整地阐述了伊斯兰教的基本信仰和宗教义务以及相应的社会准则。穆罕默德生前,穆斯林内部尽管存在着不同的政治倾向和社会势力,但是并没有表现为公开的对立,教义的分歧亦未出现。穆罕默德去世后,穆斯林内部逐渐分裂为不同的政治集团,进而在教义方面形成诸多派别。伊斯兰教的正统信仰称逊尼派,什叶派则是与逊尼派长期对立的主要派别。

什叶在阿拉伯语中是"派别"的意思;什叶派专指阿里的追随者。通常认为,什叶派起源于伊朗高原,波斯人与阿拉伯人之间的矛盾构成什叶派与逊尼派长期对立的社会基础。这种看法并不正确。什叶派最初只是阿拉伯穆斯林内部的政治集团,起源于争夺哈里发继承权的斗争。穆罕默德作为新兴伊斯兰国家的政教领袖,生前并没有明确指定继承人选。穆罕默德去世后,一些穆斯林认为,哈里发应由穆罕默德家族的成员担任,而阿里作为穆罕默德的堂弟和女婿,是穆罕默德的唯一合法继承人;阿布·伯克尔、欧默尔和奥斯曼出任哈里发,均为窃取权位之举。656 年奥斯曼遇刺身亡,阿里在这些穆斯林的拥立下继承了哈里发的权位。661 年阿里死后,穆阿维叶在大马士革出任哈里发,建立倭马亚王朝,阿里的追随者遂遭到排挤和迫害。680 年秋,阿里的次子侯赛因在一部分伊拉克穆斯林的迎请下由麦加前往库法,中途在卡尔巴拉遭到倭马亚王朝军队的袭击,遇害身亡。卡尔巴拉事件明显激化了穆斯林内部的矛盾冲突,什叶派作为政治反对派渐趋形成。他们否认倭马亚王朝的合法地位,并且通过武装起义等各种形式反对倭马亚王朝,在推翻倭马亚王朝统治的过程中起了巨大的作用。阿拔斯王朝时期,伊斯兰教广泛发展,神学思想体系日趋完善。什叶派遂由最初的政治集团演变为宗教派别,主要传播于伊朗高原、北非马格里布和阿拉伯半岛南部广大地区。伊拉克的白益王朝、摩洛哥的伊德利斯王朝和埃及的法蒂玛王朝,集中反映了什叶派的广泛影响。

作为伊斯兰教派别之一,什叶派与逊尼派同样尊奉伊斯兰教的基本信条并履行相应的宗教义务。什叶派与逊尼派的不同之处,主要表现为伊玛目(阿拉伯语意为"站在前列者")的学说。众所周知,凡穆斯林皆需承认独尊安拉和穆罕默德为安拉的使者两项信条;什叶派在此基础之上增加了尊崇和顺从伊玛目作为第三项信条。什叶派认为,伊玛目是穆罕默德去世后伊斯兰世界的宗教领袖,应由阿里及其后裔担任;伊玛目绝非凡人,而是超人,具备了解宗教真谛的特殊才能,具有不谬性和免罪权。什叶派尊崇的伊玛目大都死于非命,其中阿里、侯赛因和阿里·里达的殉难处纳贾夫、卡尔巴拉和马什哈德被视作三大圣地,每年的一定时节都有众多虔诚的信徒前往这些圣地举行如痴如狂的哀悼仪式,阿舒拉日(回历一月初十)在卡尔巴拉举行的仪式尤为隆重。什叶派除信奉《古兰经》外,亦尊"圣训"为重要经典。然而,什叶派只承认阿里及其后诸伊玛目传述的"圣训",拒绝接受其他圣门弟子传述的"圣训"。什叶派的"圣训"(艾赫巴尔)与逊尼派的"圣训"(哈底斯)尽管内容并无明显差别,但是传述体系迥然不同。

什叶派并非浑然一体,而是派别纷立,其中主要派别是十二伊玛目派。根据十二伊玛目派的理论,阿里是第一任伊玛目,其长子哈桑是第二任伊玛目,次子侯赛因是第三任伊玛目,此后诸伊玛目皆为侯赛因的后裔;第十二任伊玛目穆罕默德·孟特宰尔于878年在萨马腊附近失踪,但并非夭折,而是处于隐遁状态,他将在末日来临之前1000年时以"马赫迪"的身份再现于世间,光复真正的伊斯兰教,建立公正完美的社会秩序。什叶派的另外两个重要分支是伊斯玛仪派和宰德派。伊斯玛仪派亦称七伊玛目派,是什叶派中的激进派。伊斯玛仪派认为,伊玛目自阿里传至第七任易司玛仪时已经转入隐遁状态,伊玛目即将再现世间而不是在遥远的未来。易司玛仪派不重视《古兰经》的字面经文,强调追寻《古兰经》的内在含义,故而又称"内学派"。宰德派是什叶派中的温和派,拒绝接受"伊玛目隐遁说",主张"逊色的伊玛目说",即阿里固然是最优秀的伊玛目,但阿布·伯克尔、欧默尔和奥斯曼作为"逊色的伊玛目"亦为合法。这样就使得宰德派在政治上较为接近逊尼派。什叶派中的极端派别主要有德鲁兹派、阿萨辛派、努赛尔派、阿里·伊拉希派和盖耳麦兑派等;这些派别或者拒绝履行朝觐义务,或者信奉灵魂转世轮回,或者将阿里视作安拉的化身,其信仰内容已与伊斯兰教的基本思想相去甚远。

苏非主义的演变 苏非在阿拉伯语中意为"羊毛"。在古代阿拉伯半岛,羊毛衣是社会贫困阶层和沙漠隐居者的服装。苏非主义倡导苦行之道,其追随者大都身着羊毛粗衣,故名。苏非主义是一种由来已久的宗教思潮。早在倭马亚王朝时期,波斯血统的神学家哈桑·巴士里倡导清贫宁静的生活方式,主张通过沉思和自我审慎的途径实现凡人与安拉意志之间的和谐,被后人视作苏非主义的奠基者。阿拔斯王朝时期,外来思潮不断渗入伊斯兰世界,深刻影响了穆斯林的宗教生活,苏非主义的思想体系逐渐形成。

苏非主义并非独树一帜的宗教派别,亦无统一的社会组织,只是表现为独特的信仰方式和生活方式。所谓的苏非派只是穆斯林中奉行禁欲和神秘生活者的泛称;他们中一部分人尊崇什叶派伊斯兰教,但是更多的人属于逊尼派穆斯林。苏非主义的特点在于繁琐的宗教仪式,潜心寻求内心的领悟和神人合一的境界,其思想倾向实质上是对伊斯兰教中的理性主义和由此产生的形式主义的反动。苏非主义采取隐遁的消极形式,在伊斯兰世界广泛扩展,颇具影响。

　　早期的苏非主义表现为浓厚的禁欲倾向,蔑视世俗的荣华富贵,倡导苦行、独身、冥思、长期守夜和徒步朝觐。8世纪中叶以后,苏非主义广泛发展了神秘论的思想内容,极力追求凡人与安拉之间的直接知觉;这种直接知觉并不是来自理性的思辨,而是通过神秘的内心领悟。9世纪前期,苏非主义进入了神智论的发展阶段。埃及的苏非主义思想家祖奴认为,人生的目的在于真正认识安拉并且达到与安拉合一的境界,其途径并非通过智力和理性,而是通过在激情的状态下进行出神的沉思,最终实现人的心灵与安拉之光的沟通,直至在安拉中丧失自我。9世纪中叶以后,泛神论思想大量渗入,标志着苏非主义进入了新的发展阶段。波斯血统的巴亚齐德·比斯塔米系统阐述了苏非主义的泛神论思想。他认为,安拉存在于万物之中,天地众生即是神灵本身,人生的目的是使自身完全消融于安拉之中。著名的苏非主义思想家哈拉智甚至声称:"我就是安拉",并且宣布:"我即我所爱,所爱就是我;精神分彼此,同寓一躯壳;见我便见他,见他便见我。"苏非主义的泛神论思想由此可略见一斑。

　　苏非主义最初只是一种分散的个人活动。10世纪末期以后,在伊斯兰世界各地逐渐形成了相应的教团组织。苏非教团的首领称"舍赫"(阿拉伯语中意为"长者"),成员通称"德尔维什"(阿拉伯语的"德尔维什"源于波斯语,意为穷人、乞丐)。苏非教团倡导忘却自我和净化灵魂的宗教生活原则,普遍奉行"迪克尔"仪式,即反复赞念和记忆安拉直至达到无尽无休的程度。苏非教团的成员履行各种附加的拜功和斋月以外的频繁斋戒,过着克己守贫的简朴生活。苏非教团实行严格的教阶制度,"舍赫"在教团内部拥有绝对的权威;教团的创始人往往被视作圣徒并且受到后人的崇拜。这些都是伊斯兰教中绝无仅有的现象。

　　中世纪的苏非教团遍及从摩洛哥到印度的广大地区,并且划分为不同的教团体系。始建于巴格达的卡迪里教团、苏哈拉瓦迪教团和始建于巴士拉的里法伊教团等构成苏非教团中的伊拉克体系,分布在突厥斯坦和叙利亚一带的阿萨维教团、库布拉维教团和契斯提教团等属于苏非教团中的呼罗珊体系,苏非教团中的埃及体系包括沙兹里叶教团、巴达维教团以及前述柏柏尔人的穆拉比特教团和穆瓦希德教团。诸多苏非教团的广泛发展,有力地促进了伊斯兰教在非洲和亚洲的进一步传播。

　　教法学派的形成　中世纪的穆斯林根据伊斯兰教的宗教原则,在广泛继承罗马法的基础之上,创立了完整的法学体系,即伊斯兰教法。早期穆斯林完全依照《古兰经》和"圣训"进行法律裁决。在《古兰经》的 6 000 余节经文中,有 200 余节涉及法律的内容;这些经文绝大多数属于麦地那时期的启示。"圣训"作为伊斯兰教的重要经典,对于《古兰经》规定的基本原则加以具体的补充说明,是伊斯兰教法的另一渊源。然而,《古兰经》和"圣训"大都只是针对穆罕默德时代阿拉伯半岛的特定环境规定的原则。随着阿拉伯人的征服和伊斯兰世界的扩展,许多法律问题在《古兰经》和"圣训"中无明文可循,只能诉诸宗教学者的裁决,区域性的教法学派由是产生。倭马亚王朝时期,教法学派主要分为麦地那学派和库法学派,其中前者强调遵循《古兰经》和"圣训"规定的法律原则,后者倡导适当应用相对自由的类比和公议原则。阿拔斯王朝时期,伊斯兰教法日臻完善,哈奈斐学派、马立克学派、沙斐仪学派和罕百里学派成为在整个伊斯兰世界具有广泛影响的四大教法学派,哈奈斐学派继承了库法学派的传统,主张实行类比推理的法律原则,是伊斯兰世界中最为宽容的教法学派,流行于塞尔柱苏丹诸国和奥斯曼帝国以及印度各地。哈奈斐学派的创始人阿布·哈尼法是波斯血统的库法人,767 年卒于巴格达。他极力强调个人意见和个人判断的价值和必要性,其法学思想被视为代表伊斯兰教法的最高成就。马立克学派继承了麦地那学派的传统,强调遵循《古兰经》和"圣训"规定的法律原则,盛行于西班牙和北非各地。马立克学派的创始人马立克·艾奈斯曾任麦地那教长,卒于 795 年。他在圣训学方面造诣极深,所著《圣训易读》一书整理了"圣训"中的法律条文,概括了当时麦地那实行的诸多公议准则,是流传至今的最古老的伊斯兰教法典。沙斐仪学派吸取了麦地那学派和库法学派的精华,兼重《古兰经》和"圣训"的规定与类比和公议的原则,其影响范围仅次于哈奈斐学派。沙斐仪学派的创始人沙斐仪出身麦加的古莱西族,曾在巴格达和开罗研习法律,卒于 820 年。沙斐仪的贡献在于赋予原有的教法概念以崭新的含义,使公议裁决由"可以允许的方法"上升为"必须遵行的原则",并且系统阐述了教法的渊源,从而形成了较为完整的法学思想。罕百里学派是伊斯兰教法学派中保守主义的主要代表。罕百里学派的创始人艾哈迈德·罕百里(卒于 855 年)既不承认个人判断的价值,也不接受类比推理的原则,极力恪守《古兰经》和"圣训"的字面意思,具有明显的复古倾向。

第九章 东欧封建国家的发展

东欧的封建大国,除拜占廷之外,主要有俄罗斯、波兰、立陶宛和捷克。俄罗斯是从莫斯科公国的基础上发展起来的。12世纪30年代,基辅罗斯彻底解体,分裂成十几个处于独立或半独立状态的诸侯公国。14世纪初,莫斯科公国巧妙地利用蒙古金帐汗的支持,突然崛起,兼并其他公国,最终形成俄罗斯中央集权国家。中古时期波兰和立陶宛以及捷克的势力也很强。为了对付东方的俄罗斯和西方的条顿骑士团,从14世纪后期起,波兰和立陶宛一直采取联合的形式。波兰立陶宛君合国在东欧处于举足轻重的地位。捷克与神圣罗马帝国联系密切,关系复杂,时合时分,斗争激烈,尤以胡司派战争最为突出。

第一节 莫斯科公国的兴起

封建分裂和外族入侵　自11世纪中叶雅罗斯拉夫大公死后,罗斯就处于分裂状态。雅罗斯拉夫之子,名义上三人共治,实际上将国家三分,各行其是。雅罗斯拉夫之孙,更是水火不容,互相残杀。在内忧外患日益严重的情况下,其孙弗拉基米尔·摩诺马赫为了团结对敌,竭力要恢复国家的统一,重建中央政府的权威。但是按照封建经济政治规律,分裂已不可免。罗斯再统一的愿望在12世纪时只能是无法实现的梦想。摩诺马赫死后,罗斯分裂已成定局,任何人也无法挽回了。

从11世纪中叶至14世纪后期,罗斯分裂割据达300多年。兄弟阋墙,外族入侵,兵连祸结,民不聊生。分裂的罗斯从11世纪起就遭受从东方来的游牧民族波洛伏齐人的威胁。波洛伏齐人是突厥人的一支,约在11世纪中叶渡过伏尔加河,进入南俄草原地带。其社会发展处于原始社会向阶级社会过渡阶段,视侵袭与劫掠为勇敢和荣耀的事情。波洛伏齐人从11世纪60年代起威胁罗斯国土。据编年史记载,波洛伏齐人一来就用箭射杀当地农民,夺走马匹,"继而进入村中劫走他的妻室儿女和全部财产"。1068年,波洛伏齐人从南方大举进攻。雅罗斯拉夫的长子大公伊兹雅斯拉夫一世(1054—1078年在位)和两个共治国家的弟弟亲自率军应战,但在阿尔塔河上遭到惨败。大公及其三弟弗塞沃洛德逃回基辅,激起居民不满,引发了基辅城市起义。1069年,起义被镇压,大批群众被杀。此后波洛伏齐人的威胁有增无减。领地在车尔尼戈夫的斯维亚托斯拉夫之子,为了对付本族同胞兄弟和罗斯人民,不惜勾结波洛伏齐人,自残手足。而佩雷雅斯拉夫里公爵弗拉基米尔·摩诺马赫则因反对波洛伏齐人侵略而赢得国人的称誉。1113 年应邀登上基辅大公的宝座。

13 世纪前期蒙古人的入侵和建国对罗斯的危害最大。13 世纪初蒙古国家建立后,1219 年成吉思汗开始亲率大军西征。首先征服了中亚的花剌子模国。1223 年经高加索进入黑海北岸草原,击败波洛伏齐人的抵抗,逼近罗斯南部边境。以基辅王公穆斯提斯拉夫·罗曼诺维奇为首的罗斯南部诸王公,联合起来迎击蒙古军队的进攻。5 月 31 日双方会战于亚速海北岸的卡尔卡河畔。罗斯人联军内部矛盾重重,不能采取联合行动,被蒙古人各个击破,遭到惨败。蒙古军西进至第聂伯河之后又折返东方,败于保加尔人,遂回师蒙古。蒙古人第一次西征(成吉思汗西征)至此结束。

1227 年,成吉思汗去世。此后,其子孙争夺权位斗争激烈,使蒙古人第二次西征拖延了 8 年。1235 年库里尔台大会决定再次西征。拔都统率下的蒙古军队(实际上由速不台指挥),在 1236 年越过乌拉尔山,进入保加尔人控制地区。拔都奋力攻占保加尔汗国,报了 1223 年的一箭之仇。1237 年,蒙古军进入东北罗斯,首当其冲的是里亚赞公国。罗斯王公矛盾重重,不能联合对敌,里亚赞孤军奋战,寡不敌众,国土沦丧。蒙军乘势在 1237—1238 年冬的闪电战中攻占了东北罗斯的许多大城市,如弗拉基米尔、苏兹达尔、雅罗斯拉夫、特维尔和莫斯科等。征服了东北罗斯之后,拔都把进攻的矛头指向诺夫哥罗德。1239 年初,拔都在进军途中突然改变了主意,决定转向南方,到伏尔加河草原过冬。

1240 年秋,蒙军开始进攻基辅。守将沃伦公德米特里,率领全城军民拼死抵抗。终因寡不敌众,于是年 12 月 6 日城陷,全城军民惨遭涂炭。1241 年,蒙军经西南罗斯加利奇—沃伦公国,继续进攻波兰、捷克、匈牙利等国。1242 年,蒙古军在捷克阿罗木茨战败,不得不回师伏尔加河。

1243 年,拔都以伏尔加河为中心建立钦察汗国,欧洲人称"金帐汗国",首都设在萨莱。钦察汗国属于蒙古四大汗国之一,受以喀剌和林为首都的蒙古大汗国的节制。

在拔都率军征服罗斯的同时,瑞典封建主和德意志骑士团从西北方侵入罗斯。1202 年,在波罗的海东岸建立圣剑骑士团,1230—1231 年,条顿骑士团占领普鲁士,1237 年,两个骑士团合并,统称立沃尼亚骑士团。1240 年,瑞典人侵入罗斯,在涅瓦河登陆。诺夫哥罗德公亚历山大·雅罗斯拉维奇率军应战。双方在涅瓦河畔发生激战,罗斯人终于取得了反侵略的辉煌胜利。亚历山大因此获得了"涅瓦河英雄"(涅夫斯基)的尊号。

日耳曼骑士团亦于 1240 年侵入罗斯北方,占领普斯科夫。亚历山大率军出击,1242 年春收复普斯科夫,并追击骑士团。4 月 5 日双方在楚德湖冰上展开激战,日耳曼骑士团败绩。楚德湖的胜利使日耳曼骑士团不敢再公然侵略罗斯领土。

莫斯科开始崛起 金帐汗国对罗斯的统治主要是利用罗斯王公以控制和压榨罗斯人民。金帐汗命令罗斯王公们必须到萨莱朝觐,接受大汗的册封。所谓"册封",实际上是对效忠的政治审查,也是在罗斯王公之间挑拨离间、制造不和的手段。有的受宠,有的被杀,有的领地扩大,有的疆土缩小,遭遇大不相同。

13世纪后期,金帐汗对罗斯的统治在逐步加强。1257年开始清查户口和土地,作为征税派役的依据。正式任命十户长、百户长、千户长、万户长,形成统治罗斯居民的严密组织。这就是所谓"八思哈"制度。"八思哈",突厥语,意为镇守官。八思哈制度是一种军事政治组织。所有的"长"都由蒙古军官充任,最后由八思哈统一指挥。其职责是监视赋税完纳和对蒙古人忠诚。金帐汗的一系列统治措施遭到各地人民的反抗;诺夫哥罗德的反抗最为激烈,受到亚历山大大公的镇压。13世纪末,金帐汗把征税任务委托罗斯王公代管,14世纪初废除八思哈制度。

莫斯科公国是在蒙古统治时期借助蒙古贵族的支持而发展起来的。莫斯科原为罗斯托夫-苏兹达尔公的领地。1147年,长手尤里在这里与车尔尼戈夫公会见。编年史上记载了此事,首次提到莫斯科,这一年被视为莫斯科建城的年代。此后近一个半世纪莫斯科依然默默无闻。14世纪初,莫斯科崭露头角。1304年,弗拉基米尔大公安德列去世,特维尔和莫斯科争夺大公权位,竭力讨好蒙古大汗。两者互相倾轧,各有胜负。1327年,特维尔人民掀起反抗蒙古统治的起义。莫斯科公伊凡一世(1325—1340年在位)自告奋勇率军镇压。伊凡用蒙古人的军队和刀剑屠杀了特维尔同胞,特维尔大公亚历山大·米海洛维奇逃到普斯科夫。伊凡·卡利达("卡利达",意为钱袋,系绰号)后来又派兵镇压了诺夫哥罗德的贫民起义。他用罗斯人的骸骨为自己铺平通往弗拉基米尔大公宝座的道路。1328年,金帐汗册封伊凡为"弗拉基米尔及全罗斯大公",替蒙古人征收赋税。

从伊凡·卡利达任大公时期开始,莫斯科公国的领地不断扩张。与大公头衔俱来的领地有弗拉基米尔、佩雷雅斯拉夫里、科斯特罗马、尼什哥罗德、戈罗杰茨等地。后来伊凡又以兼并和购买等方式取得乌格利奇、加里奇和别洛奥泽罗(白湖)等地区。伊凡之子统治时期,又吞并了尤里耶夫等小公国,发展到奥卡河和伏尔加河之间的部分地区。

莫斯科在14世纪初成为总主教的驻节地,是全国的宗教首都。在争夺大公权位的斗争中,总主教一直支持莫斯科。伊凡·卡利达之孙底米特里9岁即位,由总主教阿列克塞摄政。大公成年亲政后,总主教又精心辅佐,使莫斯科发展顺利。底米特里推行一系列较明智的政策,与辅臣不无关系。他撤销了各城市经常擅权作乱的统兵官千人长,由大公任命的总督兼管兵权。大公与城市结盟,实行一些优待工商业政策。减免手工业者的赋税,为商人提供安全的贸易条件,优待外来商人,铸造货币"真尼加"。底米特里的内外政策得到城市的支持;城市为大公提供财源和兵源。莫斯科日益成为全罗斯重大政治势力。

莫斯科的发展和加强使金帐汗极为担心。他们极力要扶持一个政治势力与莫斯科对抗。1341年,乌兹别克汗将尼什哥罗德和戈罗杰茨从弗拉基米尔大公国分出来,与苏兹达尔合并,建立一个苏兹达尔—尼什哥罗德公国。1359年,伊凡二世死后,金帐汗希迪里突然将大公头衔册封给苏兹达尔—尼什哥罗德公德米特里·康斯坦丁诺维奇。但是1362年在莫斯科总主教阿列克塞的策划下,动用教会资财,重金贿买新上台的缪里德汗,终于夺回了册封诏书。

开始摆脱蒙古统治的斗争 莫斯科的政治、经济和军事实力在不断增长,而金帐汗国的力量却在日趋衰落。封建关系的发展使金帐汗国愈益分裂。金帐汗宫廷内争权夺利的斗争愈演愈烈。14世纪中叶,比尔吉贝汗(1357—1359年在位)即位后,为了铲除觊觎王位的竞争者,把自己的12个兄弟全部杀死,出生仅8个月的幼弟也未能幸免。比尔吉贝汗死后无嗣,王公贵族争夺汗位,互相残杀,汗国进入"大混乱"时期。1360—1380年间,汗位易手25次,仅1361年汗位更替6次。中央政权削弱,地方割据自雄。金帐汗国内外交困,四面受敌。

底米特里取得大公封号后,决心制服威胁其王位的一切政敌。他率大军三次东征,主要目的是制服苏兹达尔—尼什哥罗德公国和里亚赞公国。他采取亦拉亦打的手段对付不同的政敌。对苏兹达尔—尼什哥罗德采取和亲政策。1367年,底米特里娶该国公主为后,化敌为友。对里亚赞则采取武力征服的方针,终于打败里亚赞,迫使它称臣纳贡。莫斯科的主要威胁来自特维尔与立陶宛的联盟,特-立联军已数次逼近莫斯科城下。1372、1375年,底米特里先后打败立陶宛和特维尔,分别订立条约;特维尔承担了与莫斯科共同对付蒙古人的义务。

东北罗斯以莫斯科为中心的政治联合,有利于摆脱蒙古统治争取民族独立的斗争。金帐汗国马麦汗暂时平息了内讧,掌握了政权。1378年调集大军,以别吉乞为统帅,进攻莫斯科公国,在奥卡河支流沃查河畔遭到惨败。这是罗斯人第一次在反抗蒙古人的战争中取得的胜利。

马麦汗不甘失败,积极备战,要与莫斯科再决雌雄。他集结五六万军队,并与立陶宛结盟,决定于1380年9月1日(西蒙节)会师奥卡河,联合进攻莫斯科。是年夏马麦汗率军溯顿河而上,至美敏恰河驻扎,等待立陶宛盟军的到来。沃查战役后,底米特里也在秣马厉兵等待马麦汗的反扑。莫斯科集结了六七万军队,准备击破马麦汗立陶宛联盟。8月20日莫斯科军队集结在科洛姆纳附近,30日渡奥卡河,向顿河进发,9月6日到达顿河上游。底米特里选定顿河以西库里科沃平原作为战场。这里河流纵横,丛林密布,不利于骑兵行动,易于发挥步兵优势。9月8日罗斯人利用浓雾掩护,渡过顿河进入战场。马麦汗被迫在盟军到来之前与莫斯科军队交战。两军厮杀一整天,马麦汗惨败,只身逃走。莫斯科军队也损失惨重。这是罗斯人摆脱蒙古统治一次有决定意义的重大胜利。领导和指挥这次战役的莫斯科大公底米特里,获得了"顿河英雄"("顿斯科伊")的光荣称号。

马麦汗的失败引起了金帐汗国又一次内讧。1382 年,脱脱迷失汗再次进攻罗斯,重新恢复蒙古对罗斯的统治。1384 年,金帐汗又向罗斯征收贡税。罗斯人的贡税枷锁又持续了十几年,1395 年废除。

第二节　莫斯科中央集权国家的形成

以莫斯科为中心统一罗斯　14、15 世纪随着商品经济的发展,各地区之间的联系不断加强,再加上反对外族侵略斗争的需要,罗斯各公国逐渐以莫斯科为中心形成中央集权的统一国家。

底米特里之子瓦西里一世时(1389—1425 年),用重金收买蒙古贵族和蒙古大汗,使他们同意把尼什哥罗德大公国并入莫斯科,又派兵征服了保加尔汗国及其附近地区。1397—1398 年,瓦西里进军诺夫哥罗德,夺取了它的一部分地区。莫斯科的势力已发展到伏尔加河和北德维纳河流域。瓦西里二世时期(1425—1462 年),因与其叔争夺大公位,爆发了 20 年的宫廷内讧。从 14 世纪中叶起,大公位的继承不再按照长幼齿序,而是父子相承。尤里援旧例要求兄终弟及,瓦西里则坚持父死子继。叔侄相争,莫斯科数易其主,瓦西里二世被敌手剜掉双眼,获得"失明大公"的称号。王朝纷争使国家中央集权化过程一度中断,但1446 年瓦西里二世的权力巩固后,立即开始进攻诺夫哥罗德,双方缔结雅热尔比齐条约,扩大了大公在诺夫哥罗德的审判权,夺回被占领土,促进了莫斯科中央集权化的过程。

莫斯科中央集权国家的形成是在 15 世纪后期和 16 世纪前期完成的,即伊凡三世(1462—1505 年在位)和瓦西里三世(1505—1533 年在位)统治时期。伊凡三世仍执行伊凡一世·卡利达的政策,不惜采取一切手段以加强莫斯科。此时莫斯科统一的主要敌手是诺夫哥罗德和特维尔。1456 年雅热尔比齐条约虽确定诺夫哥罗德属于莫斯科大公,但它仍保持很大独立性。诺夫哥罗德掌权的大贵族不愿受制于莫斯科,力图联合立陶宛抵制莫斯科。以鲍列茨基为首的反莫斯科派控制了议会之后,甘愿作卡西米尔四世的附庸,以求得波兰立陶宛的保护,从而驱逐莫斯科势力。伊凡三世一向将诺夫哥罗德视作"世袭领地",决不容他人染指。1471 年春,伊凡三世决定进攻诺夫哥罗德。他亲率大军向诺夫哥罗德进发,7 月 14 日两军会战于舍隆河畔。伊凡三世的军队主要是由服役贵族组成的新军;诺夫哥罗德的军队依然是由波雅尔贵族组成的旧军。在这次舍隆河战役中,伊凡三世取得了彻底胜利。双方缔结了克罗斯坦条约,不仅重申了雅热尔比齐条约的全部条款,而且迫使诺夫哥罗德失去外交独立;伊凡三世成为诺夫哥罗德的最高立法者和审判者。此后诺夫哥罗德的所谓"独立"只是徒有虚名而已。1477年9月,伊凡三世利用诺夫哥罗德内部两派斗争,再次出兵,迫使它彻底投降。1478年莫斯科最终吞并这个城市共和国,解散它的议会,废除市长,由大公直接统治。诺夫哥罗德问题解决后,特维尔公国成为莫斯科的主要敌手。1485年8月,伊凡三世以特维尔王公勾结波兰为借口,亲率大军包围特维尔,王公逃到立陶宛,贵族出面投降,特维尔并入莫斯科。其他小国毫无反抗地进入莫斯科版图。

彻底摆脱蒙古的统治　金帐汗在15世纪已经分裂,顿河和伏尔加河之间地区是汗国本部,为吉什特钦察汗(即大帐汗)所占据。在黑海北岸形成一个独立的克里米亚汗国(1427年)。伊凡三世联合克里米亚汗对付大帐汗,企图偷偷地摆脱蒙古的统治。1472年,金帐汗阿合马进攻莫斯科,伊凡三世陈兵奥卡河一带与之对抗。阿合马见势不妙,偷偷撤走。

莫斯科与大帐汗的决定性斗争发生在1480年。是年夏,阿合马汗再次远征莫斯科,计划与波兰立陶宛国王卡西米尔四世采取联合行动。伊凡三世又陈兵奥卡河,阿合马急于与盟军会师,不断向西方移动。莫斯科则调兵乌格拉河,企图阻止敌人会师。伊凡三世对这场战争能否取胜缺乏信心,曾一度逃离战场。后因克里米亚汗进攻波兰南部,使波兰立陶宛军队不敢与阿合马会合。阿合马汗在乌格拉河等待援军,自夏徂冬,始终未到。又听说克里米亚汗正在派兵进攻大帐汗的后方,阿合马不得不慌忙撤兵,班师回防。伊凡三世终于不战而胜。蒙古贵族统治罗斯200多年的历史至此结束。莫斯科成为独立统一的中央集权国家。

伊凡三世死后,未竟之业由其子瓦西里三世(1505—1533年在位)完成。普斯科夫于1510年、里亚赞于1521年先后并入莫斯科,最终完成统一大业。

伊凡三世的对外政策　莫斯科摆脱了金帐汗的统治之后,反过来它又征服那些分裂的鞑靼汗国。伊凡三世竭力挑拨喀山汗和克里米亚汗的矛盾,使喀山陷于孤立,然后于1487年把它征服。伊凡利用与克里米亚汗的同盟,作为反对波兰立陶宛的得力工具。

伊凡三世外交活动的主要目标是反对波兰立陶宛,目的是夺取它们占领的西南罗斯土地。为此他与波兰立陶宛进行过两次战争。第一次战争是在1487—1494年,最初是在边境地区进行。伊凡诱使一些边境城市和地区(如车尔尼戈夫—塞维尔斯克)脱离立陶宛,加入莫斯科。还有大批农民从立陶宛迁入莫斯科境内。1492年,卡西米尔四世死后,伊凡三世加强了战争行动,迫使立陶宛新大公亚历山大(1492—1506年在位)投降。1494年,双方缔结条约,莫斯科取得了维亚兹马公国和奥卡河上游地区。第二次战争发生在1500—1503年。

上次战争结束后,伊凡把公主埃列娜嫁给立陶宛大公亚历山大,在宫廷安插了代理人,并以立陶宛东正教居民保护人的身份,挑拨离间,制造不和。在第二次战争中彻底打败了立陶宛。根据1503年条约,莫斯科又夺取了德斯纳河流域广阔土地。立陶宛的领土大为缩小。

伊凡三世要夺取波罗的海沿岸的土地,是第一个企图在北方寻找出海口的人。目标是打败立沃尼亚骑士团。1500年,立沃尼亚骑士团进攻普斯科夫领地,莫斯科军队在尤利耶夫城(德尔普特)附近战败骑士团。1503年订立和约,迫使尤利耶夫领地和德尔普特主教区继续向莫斯科纳贡。

伊凡三世时期,莫斯科与西欧、北欧、东南欧以及东方诸国建立了外交关系,在政治、经济、文化方面都有往来。

15、16 世纪之交的社会变革　随着中央集权国家的形成,莫斯科大公国的阶级关系出现了一些新的变化。新兴的君主所依靠的不是过去的封邑王公,而是为君主服役的贵族。这种服役贵族有的来自莫斯科旧权贵(服役王公和波雅尔领主),有的来自中小贵族,他们忠心耿耿地为莫斯科大公服务,并从大公处领受土地封赐。他们的利益与大公联在一起。其次,支持大公政权的还有一部分市民,尤其是从事国内外贸易的商人。大公政权的官僚多系商人出身,掌握行政大权,成为新兴国家的主要支柱。

随着统一国家的形成,莫斯科政权成为全国性行政管理机构。过去的领主杜马(贵族会议)变成近臣会议,属于王公大臣的参政会议,变成大公属下的最高常设机构,是只有王公、大臣、总主教才有权参加的最高决策机关。一切重大决策都由大公与近臣会议商量决定,必要时吸收一些贵族和主教参加,开联席会议,最后发展成缙绅会议。

国家行政机关,在15世纪末出现了"政厅"(Приказ),分管各部门政务。每个政厅都由大贵族任主管。地方管理像过去一样实行供养制。各级地方官都由当地居民供养,总督和乡长,既是地方行政官、司法官,又是收税官和军事长官。伊凡三世时,开始形成官阶制度,王公贵族必须按官阶高低排列顺序,委任职务。

这个时期莫斯科国家的经济有了很大发展。封建土地所有制发生了重大变化。旧的世袭领地制日趋衰落,以服役为条件而分封的采邑制逐渐发展起来。从原则上说,采邑领受者对于土地只有占有权,不能世袭、转让或买卖。官职易人,采邑收回转手。世袭领地制改为采邑制,土地由旧贵族(波雅尔)所有转为大公所有和新贵族(宫廷仆役)占有,土地的所有权和占有权都发生变化。到17世纪以后,采邑也变为可以世袭的了。大公分封给服役贵族的土地,一般是没收旧王公贵族的土地,伊凡三世在征服诺夫哥罗德之后,没收了68个大贵族的土地,分封给服役贵族。这样就培植了一批与大公政权休戚相关的新贵族。

随着国内外商品货币经济的发展,从15世纪末叶起,寺院世袭领地经济开始采用农奴制劳动,以提高农产品的商品率。服役贵族采邑制的发展,也促进了农奴制的加强。新贵族迫使农民"卖身为奴"。强制的劳役制经济虽然增加了农产品商品的数量,但是挫伤了农民提高生产率的积极性,因而使俄国的封建经济发展缓慢。

第三节　波兰和捷克

古波兰的建国和封建关系的确立　波兰人属于古斯拉夫人的西支,在斯拉夫人中发展比较先进。自古以来就住在东欧平原的西部,处于波罗的海与喀尔巴阡山之间,西起奥得河、尼斯河,东至布格河和维普什河。境内森林茂密,土质肥沃。在6至10世纪期间,波兰人的原始公社制逐渐解体,开始形成国家。

9世纪中叶以前,古波兰人各部落开始出现地区性的联合。9世纪后半期以一个城市为中心把整个波兰地区联合起来,形成了"部落联盟"或"部落公国"。在波兰地区出现两个较大的公国:在小波兰是维斯拉公国;在大波兰是波兰公国。维斯拉公国在9世纪70年代为大摩拉维亚所灭;波兰公国成为后来古波兰国的核心。10世纪后半期,大波兰统一其他各部,形成古波兰国。古波兰国的第一代王公为普雅斯特王朝梅什科一世(960—992年在位)。据编年史记载,梅什科曾与西波莫瑞(又译"西波美拉尼亚")的沃林人发生过冲突。966年,从捷克接受了西方基督教,对波兰封建制度的形成产生重要影响。10世纪末勇者波列斯拉夫时期(992—1025年)基本上完成了国家的初步统一。

11世纪前半期,波兰的封建关系得到迅速发展。王公贵族侵占公社和自由农民的土地,成为封建的大土地所有者。在国家机关里和军队里服役的人员也得到土地的封赐。这是一种采邑性质的土地分封。教会也得到土地封赐,从而成为大封建主。封建王公、军事贵族、世俗贵族、僧侣贵族等,构成封建主阶级的整体。

封建主阶级的土地主要靠依附农民耕种。依附农民的大部分来自贫困化的自由农民,也有一部分是被固着在土地上的战俘。国家土地上的自由农民必须向国家缴纳贡赋。11世纪时波兰农民所受剥削相当沉重。租税负担占收获量的比例很大,还要履行各种徭役:长途运输、修筑工事、建筑桥梁、维修道路等。依附农民对日益加重的封建剥削和压迫愈益不满,于1037—1038年爆发了大规模的农民起义。1037年,国王波列斯拉夫("被遗忘的")之死成为农民起义的信号。据《阿诺尼姆·嘎鲁编年史》记载,农民群众"掀起暴动",反对主教和神甫。有些人被刀剑杀死,受到高贵的惩罚;另一些人被石头砸死,受到可耻的惩罚。编年史上说,这次起义的主力是农民,也有奴隶和被释放奴隶参加。主要打击对象是主教、神甫和领主。起义具有明显的反封建反教会性质。波兰封建主联合起来对付农民，又邀请德国皇帝派兵援助，终于镇压了这次起义。即位不久的王公卡西米尔一世（1038—1058 年在位）逃到德国。德皇派兵送他回国，恢复普雅斯特王朝。

封建割据和波兰统一国家的形成 卡西米尔一世竭力要统一分崩离析的国土。他的努力确实收到一些成效，到 11 世纪中叶波兰旧有的领土基本得到恢复。但是封建关系的确立和地方势力的加强，使波兰在 12 世纪以后进入封建割据时期。1138 年，歪嘴波列斯拉夫死时决定把国土分给四个儿子。长子弗拉迪斯拉夫二世分得西里西亚；次子梅什科分得大波兰大部和库雅维亚一部；三子卷发者波列斯拉夫分得马索维亚；四子正义人卡西米尔分得桑多米尔和卢布林地区。遗嘱规定，长子继承大公称号，另得大公封邑：包括克拉科夫、塞拉奇和伦奇查地区，库雅维亚另一部分（鲁雪瓦茨在内）以及大波兰的一部分（包括卡里斯和格涅兹诺）。首都设在克拉科夫。各诸侯国原则上受大公统辖，实际上是独霸一方的割据势力。1146 年，兄弟阋墙，爆发内讧。大公被逐，逃到国外。其职位由三个弟弟轮流担任。从此进入了名副其实的封建割据时期。12 世纪中叶以后，大封建主都取得了特恩权、免税权，在领地内拥有行政和司法特权，教俗大封建主都有很大的独立性。

国家的分裂，中央政权的软弱，使外族乘虚而入。从 12 世纪中叶到 14 世纪中叶，德国人大批移入波兰。其中既包括封建贵族、骑士，又包括手工业者和农民。移入的方式，既有武力进攻，强制侵入的，又有和平招募，分散迁徙的。德国封建主的"东进政策"，目的是征服斯拉夫人土地，实行日耳曼化。德国手工业者和农民进入波兰，是适应波兰经济发展的需要而自然发生的。他们在波兰开发土地，建立村镇，有利于波兰经济的发展。但是马索维亚王公为了对付普鲁士人，于 1226 年把条顿骑士团引进波兰，并把包括托伦在内的地区分封给他们。这种引狼入室的政策酿成严重的后患。

由于封建经济的发展和外族入侵的威胁，在 14 世纪初开始出现国家统一的趋势。布列斯特库雅维亚王公弗拉迪斯拉夫·罗凯提克以维斯拉河以北维斯利查城为根据地，在 14 世纪初年开始进行统一国家的活动。他首先占领波兰的心脏克拉科夫地区，得到当地市民、农民和小贵族的支持。1311—1312 年，罗凯提克镇压了以克拉科夫市长阿尔伯特为领导的德国贵族的叛乱。1314 年又平息了以波兹南为首的大波兰城市贵族的反抗，进而控制了整个大波兰地区。罗凯提克统一大小波兰之后，于 1320 年加冕称王。波兰统一国家开始形成。罗凯提克之子卡西米尔三世时（1333—1370 年）改善了与捷克和骑士团的关系，收复了骑士团占领的库雅维亚等地。与此同时，卡西米尔三世竭力向东南扩张，与立陶宛争夺西南罗斯加利支沃伦地区。1340 年，卡西米尔三世出兵西南罗斯，于 1349 年占领其一部分，波兰国土明显地扩大了。

统一后波兰经济的发展　波兰的统一促进了经济的发展。从 14 世纪中叶到 15 世纪中叶，波兰的农业、手工业和商业有了显著进步。首先是耕地面积扩大了，大片森林被垦为农田。有些农民为逃避封建压迫而逃到林区，自行垦荒；有些封建主也利用农民把林地垦为农田。封建主对农民的剥削加强了。到 14 世纪，几乎所有农民都处于不同程度的依附状态，自由农民已十分罕见。农民的封建义务主要是向封建主缴纳地租（钦什），向教会缴纳什一税，既可用实物，亦可用货币。在大波兰，地租主要是实物租，什一税用货币；在小波兰，情况正好相反。货币地租所占比重，各地区情况不一。以小波兰为例，农民收入达到 16、18 或 20 格罗什时，地租的标准额为 12 格罗什，有时可能还多一点。除地租之外，农民还要纳贡、送礼、服劳役等。

波兰城市在 14、15 世纪也发生很大变化。手工业生产的分工加强了。有纺织工、呢绒工、雕刻工、玻璃工、鞋匠等。手工业的地区分工已经出现。克拉科夫的呢绒业、西里西亚的纺织业驰名遐迩。行会内部已开始分化，匠师总揽大权，选举会长，确定管理人员，帮工和学徒处于无权地位。国内外贸易也有很大发展。克拉科夫、波兹南、格但斯克等大城市，商业都很活跃。城市有商业公会。波兰是东欧与西欧、南欧与北欧商路的必经之地，过境贸易相当发达。波兰的克拉科夫、弗罗茨拉夫、斯杰辛和科罗布热格等城，都加入过汉萨同盟。克拉科夫、波兹南、弗罗茨拉夫、卢布林、塔尔诺夫和华沙等城，都先后成为自治城市。

波兰立陶宛君合国的成立　立陶宛人属欧罗巴人种白海波罗的海类型，约在公元前 2000 年纪从南方第聂伯河流域迁到涅曼河流域定居下来。13 世纪时形成封建国家，第一任大公为明多夫格（1230—1264 年）。14 世纪中叶，立陶宛已成为东欧强国。奥里格尔德大公统治时期（1345—1377 年），立陶宛已囊括了包括基辅在内的整个第聂伯河流域。14 世纪末又兼并了斯摩棱斯克及其附近地区。14 世纪中叶，立陶宛和波兰瓜分了基辅公国和西南罗斯。14 世纪后半期，波兰立陶宛为了共同对付东方崛起的莫斯科大公国，共同对付两个德国骑士团的接近，逐步走上两国联合的道路。1370 年，卡西米尔三世死后，普雅斯特王统断绝。波兰王位由匈牙利国王路易（1370—1382 年在位）兼领。路易十分软弱，为保全王位，经常讨好贵族。1374 年，路易授予贵族种种特权，称为"科息茨特权"。国王承认贵族有采邑世袭权、选举国王权、免税权、任命地方官的权力等。路易使波兰贵族的权力空前膨胀。路易死后，其女雅德维佳继位。1385 年，波兰权贵与立陶宛国王亚盖洛缔结克列沃协定，雅德维佳将嫁给亚盖洛，由亚盖洛任波兰国王，改称弗拉迪斯拉夫二世（1386—1434 年）；亚盖洛改奉天主教，在立陶宛境内推广天主教。克列沃协定使波兰立陶宛成为君合国。立陶宛和白俄罗斯部分贵族担心被波兰吞并，因而反对联合。1398 年，亚盖洛的从兄弟维托夫特被立陶宛贵族拥立为大公。联合曾一度破裂，但不久又恢复。1401

年,波兰国王承认了维托夫特政权的独立性;维托夫特则承认波兰的宗主权。1410 年 7 月,波立联军在格伦瓦尔德战役(又称坦能堡战役)打败条顿骑士团。波立两国进入历史的光辉时期。16 世纪后半期,两国同时感到莫斯科侵略的严重威胁,于是决定实现进一步的联合。1569 年,波兰贵族在卢布林召开的国会上,正式宣布波立合并。卢布林合并条约规定,波兰立陶宛组成一个国家,成立一个国会,共戴一个由国会选出的国王。对内各自保持自治,各有自己的行政机关、军队和法庭。卢布林的合并使波兰立陶宛王国成为东欧的封建强国。

波兰议会君主制及其特点 波兰和其他东欧国家一样,因受西欧商品货币经济发展的影响,变成供应西欧各国粮食和原料的市场。为了提高农产品的商品率,竭力采用农奴劳动。15、16 世纪,波兰变成一个残酷的农奴制国家。教俗封建主为了向西欧市场出售农产品,不断侵占农民土地,扩大庄园规模。据估计,16 世纪波兰失去土地的农民约占农民总数 75% 以上。为了保证庄园的劳动人手,封建主强制把农民固着在庄园里,实行劳役地租。依附农民逐渐向农奴转化。农奴的劳役负担苛重,最初每周约合 4 天,到 16 世纪末竟达 6 天。农奴生活悲惨,处境苦困,逃亡者日多。国王宣布,追捕逃亡农奴不受时间限制。领主可任意增加地租,决定农奴的宗教信仰;领主对农奴不仅拥有审判权,而且还可任意杀害,只需交付少量偿金。16 世纪波兰已变成完全农奴制的国家。在这种封建农奴制经济的基础上建立了独特的政治制度。

封建贵族对农奴的剥削享有无限的权利,反映在国家政治制度上大小贵族有极大的政治权力和自由。由于国家统一和王权加强,国王与大贵族的矛盾愈益突出。国王与小贵族结成联盟对付大贵族。国王竭力扩大和保障小贵族的权力。小贵族通过地方"小议会"影响国家政策。国王不经"小议会"同意,不得颁布法律,不得征税,不得对外宣战媾和。波兰中世纪政治制度发展的特点是限制国王权力,削弱大贵族权力,加强小贵族权力,忽视市民权利,践踏农民权利。

波兰议会君主制形成于 15 世纪末。全国议会分上下两院,上院由教俗大贵族代表组成,下院由各地"小议会"选派的小贵族代表组成。任何法案必须一致通过。这种表决制度成为中古后期波兰政治混乱的根源。从 1496 年起,波兰国王由国会选举。大小贵族利用选举国王的机会迫使国王做出让步。国王必须两年召开一次国会,会期不得少于 6 个星期。国王无权做出重大决定,一切重大决策都由 16 个元老组成的御前会议做出。任命官吏,国王只能在贵族提出的三个候选人中择任其一。国王无权逮捕贵族或没收其财产。国王既无财权,又无军权,对外不能宣战媾和。1652 年,国会又实行"自由否决权"制,国会决议必须一致通过,任何一个代表都可行使自由否决权。这种制度使国会和政府实际上陷于瘫痪。

捷克的早期国家和封建关系的确立 捷克和摩拉维亚地区的居民主要是捷

克人,属于欧罗巴人种阿尔卑斯类型,为西斯拉夫人的一支。其聚居地处于易北(拉巴)河上游及其支流弗尔塔瓦河流域以及多瑙河支流摩拉瓦河流域。这是中欧农矿产丰饶的地区之一。据编年史记载,早在 7 世纪前期,这里的西斯拉夫人在与阿瓦尔人(即中国史籍上的柔然人)斗争中形成了最早的国家"萨莫公国"。它可能还不成其为国家,只是以萨莫为首的部落联盟,只存在 35 年(623—658 年)。萨莫卒,公国即行瓦解。

7 世纪中叶至 9 世纪初,捷克人处于原始公社制解体和国家产生的阶段。摩拉维亚南部和斯洛伐克西部地区的考古发掘证明,8 世纪时西斯拉夫人的阶级分化和阶级对立异常明显。显贵家族的坟墓相当奢华,平民坟墓非常简陋。这个时期处于国家形成的前夕。

9 世纪初,在多瑙河中游和易北河上游建立了最早的封建国家——大摩拉维亚国(830—906 年)。第一任王公是莫伊米尔(830—846 年在位)。首都在维列格勒。版图大体上包括摩拉维亚、波希米亚(捷克地区)、斯洛伐克以及鲁日查人和奥波德利人的土地。大摩拉维亚国处于东西欧之间,是东正教和天主教争夺的焦点。862 年,第二任王公罗斯提斯拉夫(846—870 年在位)请求拜占廷派出懂斯拉夫语的传教士到摩拉维亚传教。863 年,拜占廷派出西里尔(原名君士坦丁)和美多德兄弟率领一个布教团到达大摩拉维亚。他们是撒罗尼加的希腊人,懂斯拉夫语,并根据希腊文字母创制一套斯拉夫字母体系,称为"格拉果尔文字"。他们还把最重要的祈祷文译成撒罗尼加一带的斯拉夫语方言,即古保加利亚语,语言学家称为古斯拉夫语。这个布教团用斯拉夫语传教,做礼拜,斯拉夫人群众容易接受。870 年,罗斯提斯拉夫政权被篡夺,其侄斯维亚托波克上台。新政权与罗马教廷关系密切,迫害希腊传教士美多德(西里尔于 869 年去世),将其逮捕后,进行严刑拷打。当地群众奋力救出美多德。885 年美多德死后,拜占廷布教团全被赶出大摩拉维亚。罗马天主教势力在这里占据统治地位。906 年,大摩拉维亚国被匈牙利人攻灭。

895 年,以波希米亚为中心形成捷克国家。大摩拉维亚灭亡后,捷克长期处于德国的统治之下,直到 10 世纪末才得到独立。捷克独立后,封建关系有了长足的进展。波列斯拉夫一世时(935—967 年)曾把土地当作采邑赏赐给亲兵,培植了一批封建贵族。教会也从王公贵族得到土地封赐,也成为拥有大量土地的封建主。教俗封建主千方百计侵占公社和农民的土地。封建大土地所有制在捷克经济中占据主导地位。耕种教俗封建主土地的直接生产者主要是依附农民。11 世纪时,由于沉重的租税压迫和徭役负担,许多自由农民贫困破产沦为依附农民,甚至是农奴。少数残余的奴隶也接近于农奴。奴隶的后裔转化为役农,被固着在小块土地上进行耕种,徭役负担沉重。12 至 13 世纪,役农的负担与其他农民很少区别,成为依附农民和农奴阶级的组成部分。一些大封建主的领地,在法律上取得了特恩权,形成独霸一方的割据势力。这种大封建主称为"潘",在政治上和军事上居于显赫地位。

12、13 世纪之交,城市手工业和商业,尤其是采矿业都得到顺利发展。含量丰富的银矿的开采,促进了新城市的兴起,加速了国内外的商品流通。布拉格、布尔诺和奥洛摩茨等,都是国内外贸易中心。捷克向多瑙河上游,向威尼斯和匈牙利输出马、牛、皮革、亚麻布等。从 13 世纪起开始输出粮食和白银。一些大城市发展成为经济文化中心,加强了国内各地区间的联系。

德国移民和阶级矛盾的激化　12、13 世纪,欧洲普遍开展了垦荒运动,在新开垦的土地上建立新村。在垦荒高潮中,捷克不仅吸收了一批本国移民,而且也吸收了一些德国移民。德国人从 12 世纪开始进入捷克,13 世纪达到高峰。从德国移民的社会构成看,首先是农民。他们最初为了垦荒,后来则向捷克小封建主租种土地,以承担徭役为条件,世代租用。他们聚居在按照德国法律和习惯管理的新村里。除农民之外,还有一些手工业者和商人移入捷克。他们集居在城市里;新旧城市都有德国移民。在 13 世纪及其以后,一些富有者变成捷克的城市贵族。德国移民在捷克的长期混居杂处之后,城市在不同程度上属于德国人,而在农村中占优势的是斯拉夫人。

德国移民中也包括一部分教俗封建主。捷克教会和修院基本上为德国人所把持。德国人主教和修院院长在捷克占有大量土地,构成僧侣贵族阶级。捷克国王奥托卡一世(1198—1230 年在位)也曾招徕一些德国封建主,以经营农业,开垦荒地。国王把大量捷克土地封赐给德国教俗封建主,以换取德国贵族的支持,加强其在神圣罗马帝国中的地位。僧侣骑士团和托钵僧团的成员也大批涌入捷克,争夺势力范围。

德国移民上层逐渐成为捷克享有特权的贵族阶级。捷克城乡劳动人民多半处于受德国贵族剥削和压迫的地位。因此他们之间的矛盾既是阶级矛盾,又具有民族矛盾的性质。1306 年,瓦茨拉夫三世死后,普舍美斯王朝绝嗣。封建贵族为争夺王位而发生内讧。1310 年,西欧卢森堡王朝的约翰被推选为捷克国王。约翰非常软弱,为了讨好大贵族许给他们许多特权,其中最重要的是征税自由。这样,贵族领地变成独立王国。约翰之子查理一世(即神圣罗马帝国皇帝查理四世)时期(1346—1378 年)创办布拉格大学(1348 年),它是中欧的第一所大学,德籍教师占据统治地位。

14 世纪时,捷克农村很大一部分土地掌握在德国贵族手中。由于商品经济的发展和货币地租的流行,许多农民处境恶化,土地愈益减少。据历史记载,14世纪后半期,多数农民份地的数量不足,只占有半个份地乃至 1/4 份地的农民居多数。有的农民甚至沦为农奴。捷克中部和北部农民,每周必须为封建主服役3～4 天,最多的达到 6 天。农民阶级与封建主阶级的矛盾日趋尖锐。农民逃亡或反抗者愈来愈多。

捷克城市里的阶级矛盾也日趋激化。捷克城市和矿山基本上被德国城市贵族所控制。城市手工业者和小商人多为捷克人。而德国出身的城市贵族竭力阻止手工业者建立行会;捷克手工业者门类虽多,但维护手工业者利益的行会却很少。14世纪后半期,城市市民反对城市贵族的斗争与帮工学徒反对匠师的斗争交织在一起。1399年,布拉格爆发了工匠罢工,反映了城市内部的阶级矛盾是十分尖锐的。捷克一些重要矿山,多由德国人开采。14世纪后期,捷克的铜、铁产量都有增加。银的产量增长迅速,年产竟达10万马克。捷克银币,畅通欧洲。但是捷克矿工的生产和生活,条件十分恶劣,从而增加了矿工与德国矿主之间的矛盾。

捷克遍布城乡的教会亦为德国主教和神甫所控制。教会和修院本身就是大地主,拥有大量土地。仅布拉格大主教就拥有900个村镇、14座城市和5座堡寨。城乡人民都受到教会的剥削和压迫。教会是捷克整个社会矛盾的焦点。反对天主教的宣传在城乡流传甚广。布拉格主教区设立宗教法庭,迫害异端,镇压人民的反抗。14世纪后半期,捷克社会的阶级矛盾和民族矛盾已经达到一触即发的程度。

约翰·胡司的宗教改革　捷克人民对封建制度和德国贵族的不满,集中表现为对教会的仇恨。从14世纪后期起,捷克人传教士经常用捷克语布教,揭露教会的黑暗和罪恶,攻击德国人高级教士的奢侈腐化。这种宣传受到群众的欢迎。捷克教会改革的思想家和爱国者约翰·胡司(1369—1415年),成为这种反教会宣传的领袖。约翰·胡司出身于穷苦人家庭,熟悉下层社会,毕业于布拉格大学神学院,曾任布拉格大学教授兼伯利恒教堂传教士。1402年,任布拉格大学校长;1403年,任皇后解罪神甫。

胡司认为教会占有财产是一切罪恶的渊薮。他主张教产应该归国家所有,教士应该像早期基督徒那样过清贫生活;胡司主张教权应该服从俗权,神职人员服从国家;取消享有特权的教士,改革奢华的宗教仪式,建立民族的廉俭教会。胡司的传教最初得到宫廷的保护。1409年,国王瓦茨拉夫下令取消外国人在布拉格大学的特权,由捷克人管理学校。胡司与罗马教皇的矛盾由于教廷贩卖赎罪券而激化。1412年,教皇约翰二十三世为了搜集战费(与那不勒斯国王作战),派人到捷克兜售赎罪券。捷克人群起反对。胡司在布拉格大学的辩论会上说,教廷的这种行径是不能容忍的罪行。胡司抨击教皇是犹大。双方的矛盾愈演愈烈,胡司终被革除教职,被迫离开布拉格,到南方农村继续宣传他的宗教改革思想。他主张改革教会,用捷克语讲经祈祷,并把圣经译成捷克文。他指斥教皇为反基督分子。胡司支持农民反对贵族、反对农奴制。胡司在农村的宣传颇受群众的欢迎。

罗马教皇和捷克天主教会对胡司的言行极为仇恨,千方百计要加害于他。1414 年,康斯坦茨宗教会议决定"审判"胡司。胡司毫不畏惧地出席会议替自己辩护,"证明真理的伟大"。但是大会不给胡司申辩的权利,不容发言就横加逮捕。1415 年 7 月 6 日在康斯坦茨广场上以"异端"罪名将胡司处以火刑。胡司为反对罗马教皇、反对教会、拯救祖国献出了生命。教会烧死胡司使自己处于群众的包围之中。激愤的群众在布拉格举行多次集会,抗议杀害胡司的暴行。布拉格市民和平民到处捣毁教堂,驱逐德国教士。农民则奋起夺取教会土地。乡村贫苦传教士竟然发展了胡司的观点,反映贫苦农民的要求,号召消灭教俗封建主,拒交什一税,拒绝履行封建义务。农村小规模的起义愈来愈多。捷克人民反封建、反教会的斗争,终于 1419 年汇合成大规模的农民战争。

胡司战争及其意义　　经过长期的酝酿、组织和发动之后,胡司战争终于 1419 年 7 月 30 日爆发。最初是传教士约翰·哲里夫领导的布拉格市民起义,参加起义的群众自认是胡司信徒,是胡司事业的继承者,故名"胡司战争"。参加起义的群众以农民为主力,也有大量手工业者、帮工、学徒、矿工、短工等城市下层群众参加。此外还有市民阶级、小贵族和富裕农民等中上层人士被卷进起义浪潮。战争的参加者包括广泛的社会阶级和阶层。他们到处捣毁教堂、修院,进攻官吏和贵族邸宅,占领市政厅,掌握了布拉格政权。官僚和贵族纷纷逃离布拉格。经过一个时期的动荡和混乱之后,有共同利害的集团逐渐聚集到一起,提出了代表自己利益的要求。1420 年,起义队伍基本上形成两大派:圣杯派和塔波尔派。圣杯派的成员主要是中产阶级、小贵族、富裕农民;他们拟定了布拉格四条款,要求摆脱德国人的控制,没收教会财产,传教自由,用捷克语祈祷,俗人也可用酒杯领圣餐,强调宗教平等,要求用胡司派教会取代正宗教会。这些主张属于起义队伍中的温和派。塔波尔派的基本群众是农民、平民、矿工和手工业者等。他们以塔波尔城为中心组织公社,实行财产共有,废除私有财产,不要国王,消灭等级特权,取消租税和封建义务,没收封建主的土地,建立人民当家作主的共和国。塔波尔派是胡司战争中的激进派。塔波尔公社实际上是按照原始基督教公社的模式而建立起来的宗教平等和社会平等的革命团体。

在革命风暴的打击下手足无措的德国和捷克封建主,稍事镇定之后开始组织反扑。1420 年春,德皇西吉斯孟德纠集 10 万大军,亲自指挥第一次十字军"征讨"。起义军两派联合对敌,很快粉碎敌人的进攻。1421 年和 1422 年又两次打败教皇和德皇组织的十字军。粉碎三次十字军的胜利都是由卓越的军事统帅约翰·杰式卡指挥的。他采用链环战车的战术对付十字军骑士的进攻,非常奏效。杰式卡即使在双目失明之后,仍在指挥战争,直至 1424 年不幸阵亡为止。杰式卡死后,起义军由大小普罗可普兄弟指挥。他们成功地打败了第四次(1427 年)和第五次(1431 年)十字军的进攻。在击退第四次十字军之后,他们将战争推向德国境内,甚至攻到波罗的海沿岸。罗马教皇发动第五次十字军进攻时,公开叫嚣要"洗劫、烧毁和摧毁捷克"。但事与愿违,第五次十字军还是一败涂地。

1422年击退第三次十字军进攻后,圣杯派的要求得到一定的满足。他们没收了部分教会财产,领地得到扩大;驱逐德国城市贵族,取得一些城市管理权。中产阶级和小贵族不愿继续在疆场上拼杀了。圣杯派打算与敌人谈判妥协,结束战争。这正符合教皇与德皇分化瓦解起义队伍的需要。1433年巴塞尔宗教会议决定的策略是:争取与圣杯派妥协,集中力量打击塔波尔派,并利用圣杯派打击塔波尔派。在这次宗教会议上德国贵族与圣杯派签订布拉格协定,承认俗人也可用酒杯领圣餐,保证胡司派教会的独立,确认传教自由,已没收的教产不必退还。会议还决定,由教会出钱支持圣杯派发动反塔波尔派的战争。结果在1434年教会与圣杯派勾结反对塔波尔派的阴谋战争爆发了。5月,双方激战于里旁。战斗正酣,塔波尔派内部有人叛变。波塔尔派军事统帅大小普罗可普兄弟战死沙场,全军壮烈就义。1万多名伤员和战俘,以及老弱妇女儿童,全被圣杯派杀光,无一幸免。持续15年之久的轰轰烈烈的捷克农民战争,没有失败在敌人屠刀下,而是被从自己队伍中分裂出来的叛徒所消灭;没有被敌人的武力所打垮,而是被敌人的阴谋和金钱所摧毁。个中道理,值得深思。里旁战役后,塔波尔派残部仍坚守南方一些据点,顽强不屈,继续战斗,直至1452年。

捷克胡司战争是人类历史上的光辉一页。作为农民战争虽然失败了,但它具有重要的历史意义和深远的国际影响。这次农民战争,无论在持久性上、斗争规模上,还是在纲领的鲜明性、军队的组织性和斗争的坚韧性上,均为此前欧洲任何农民战争所不及。这次战争给以教皇德皇为首的教俗反动势力以沉重打击,保证了捷克国家在一定时期内的政治独立,同时促进了捷克民族语言和民族文化的发展。胡司战争的经验和教训是世界各国人民的共同财富。胡司和塔波尔派的思想对欧洲各国、特别是一个世纪后的德国宗教改革和农民战争有着深远的影响。

第十章　西欧封建社会的发展

14、15 世纪西欧社会经历了许多变化。经济方面农业生产一度下降,但工商业则有发展,商品货币关系较前发达。政治上则一些国家王权强化,国家机构也更完备。阶级状况、阶级力量配置和前一阶段也有所不同,人民群众的斗争进入高潮,起伏不断。一般认为这是西欧封建社会发展的一个新阶段。

第一节　西欧封建社会的变化

经济的不平衡发展　从社会经济组织和制度进化的角度看,这一时期的西欧经济无疑是在向前发展,然而在西欧许多地区所发生和延续的人口缩减、耕地废弃和粮价下跌等现象又使经济在某些方面呈现衰落的状态。

这一时期西欧经济变化的性质是史学界长期的争论的问题。一些西方史学家如波斯坦、拉杜里等人认为,十四十五世纪西欧工农业生产都呈衰落,称它为封建主义的危机,而引起这种危机的原因,则是因为农业无法供养过度膨胀的人口。他们的观点和马尔萨斯相似,被称为新马尔萨斯主义者。在西方学者中,对工农业衰落的程度、地区以至工业是否衰落,也都有不同估计。苏联学者如科斯敏斯基、巴尔格等人,则否认这时工农业生产的衰落,以为其中的一些变化乃由生产关系局部调整引起,而相对的人口过剩更是封建剥削的结果。

13 世纪农村经济的繁荣里边潜伏着两个危险的因素,一是广大下层农民群众的贫困化,一是人口过多增长所造成的耕地不足。城乡剥削阶级生活水平的提高主要是靠榨取农民的血汗,相当一部分农民的口粮少得可怜,刚刚能维持不饿死,他们吃不到肉食,还得经常以橡子这种猪食充饥。这些贫困农民营养不良,体质羸弱,是饥荒和传染病最易摧毁的对象。另一方面,人口增长率过高又是一个很严重的问题。有人曾举例说:"如果 13 世纪的人口增长率保持到 20世纪初,德国这时的人口将多达 2.5 亿。"为弥补人口过多所造成的耕地不足,许多不宜农耕的土地被开垦,这种耕地耗费了很多种子,产量却很低。经营这种土地如遇歉收时,农民本来就不够吃的粮食还要留出不少当种子,因此更容易发生饥荒。

1314—1316 年西欧连续三年歉收,造成了 1315—1317 年的大饥荒。买不到粮食的城市居民大批饿死。有的城市短短一年半内平均 10 人就死掉 1 人。丧葬费用暴涨,有的地方因死人太多,不得不实行集体埋葬。战乱加重了人民的灾难。14、15 世纪的很多战争是大封建主和国王发动的,规模较大,拖延时间较长,造成的破坏严重。雇佣兵制度越来越流行,雇佣兵不仅战时杀人放火,平时也纪律松散,四处抢劫奸淫,屠宰农民的牲畜,破坏磨坊、果园和水车等庄园设施。为筹措巨额的战争费用,政府增加税收,又发行劣质货币,造成通货膨胀。战乱和雇佣兵的骚扰既是饥荒发生的一个原因,又给饥荒后恢复生产增加了困难。14世纪和15世纪前半叶,瘟疫和虫灾危害酷烈。1348—1349年横扫西欧的"黑死病"(腺鼠疫)夺走了成千上万人的生命,而且在以后的几十年中,这种传染病在各地不时爆发,使更多的人丧生。西欧的总人口急剧下降,瘟疫严重的地区失掉了1/4以上的人口,甚至更多。人口的变化不可避免地给整个经济带来一定影响。对粮食需求总量的下降导致了播种面积的减少,一些土质贫瘠的田地被废弃了,因为长期无人居住和耕种,重新长满野草树木,恢复了开垦以前的景象。在饥荒时期,粮价可以一下暴涨几十倍,但若从几十年或上百年的平均数字来看,14、15世纪的粮价仍保持在较低的水平,农民和封建主卖粮的货币收入大受损失。人口减少造成劳动力的短缺,雇工的工资因此上升。

1300年以后,在西欧经济比较发达地区,一些地方的工商业遇到了难题。佛兰德尔的毛纺织业主要依靠从英国进口羊毛。14世纪后半期,从英国得到羊毛越来越困难,许多手工业者无工可做,呢绒生产大受打击。造成这种情况的原因首先是英国本国发展了毛纺织业。在14世纪90年代,英国呢绒的出口量是60至80年代30年出口量的3倍。英法百年战争前夕,英国政府下令禁止出口羊毛给佛兰德尔。15世纪前半期,意大利佛罗伦萨的毛纺业也一度衰落。佛罗伦萨的大银行家巴尔第家族和皮鲁兹家族在14世纪40年代因为英王欠债不还而破产,结果引起连锁反应,和他们有业务来往的其他意大利银行家也跟着破产。这一事变结束了意大利人独霸欧洲金融业的局面,英法等国的银行家趁机崛起。

在危机和衰落现象背后,西欧封建经济正经历着一系列自发的调整和发展。在农村,人口逐渐集中在土地肥沃的地区,比较粗放的农业向比较集约的农业过渡,农业劳动生产率的提高有了新的起点。铁制农具的使用更加普遍。耕地面积的缩减为畜牧业腾出了草场,西欧的农业开始同比较发达的畜牧业结合在一起,英国的养羊业、尼德兰的奶牛业都得到很大的发展,产品成为大宗出口货物。人们也开始较多地食用肉、奶、蜂蜜等食物,谷物的人均消费量随之下降。粮价的长期低落同人们饮食习惯的逐渐变化有关。当时肉类价格下降幅度较小,奶制品和酒类一直涨价。因豆类作物可制粪,作牲畜饲料,又利于恢复地力(固氮作用),于是人们更多地种植豆类。葡萄、亚麻、啤酒花等经济作物的种植面积也大为增加。十四十五世纪是西欧农业史上的一个重要转变时期,近代西欧农业的许多特点在这时逐渐萌芽和形成。

工商业的新发展十分引人注目。社会对手工业产品的需求不断增加,手工业产品的价格始终维持在较高水平上。城市居民的相当大一部分是手工业者，常常占一个城市总人口的 50%～60%。虽然行会的经济政策严格限制手工业者分化，仍有一些人积聚了较多的财富。需要较多资本的矿冶业日益发展，它远离城市，多不受行会规章的束缚。由商人提供原料、收购产品的家庭手工业作坊（多从事呢绒生产）在意大利城市、佛兰德尔等地迅速发展起来。这种"商人直接支配生产"的经济关系，是封建生产方式向资本主义过渡的途径之一，它使手工业者失去了同市场的直接联系，在商人的控制和剥削下贫困破产，完全丧失生产资料所有权，但它本身"并没有引起旧生产方式的变革，而不如说保存了这种生产方式，把它当作自己的前提予以维持"①。而且，手工业生产还以这种方式向农村转移和发展，这是当时城市人口很少增加的原因之一。饥荒、战乱和粮价的下跌是不利于农村中商品经济成长的因素，然而并没有长期遏制住贸易活动在农村的蓬勃发展。大量谷物向远地输出的情况仍然存在，如法国南部朗格多克的粮食被贩运到意大利热那亚等城市。农村地方市场的进一步繁荣标志着商品关系更深入更广泛地渗透到农民的生产和生活中，农民同市场的直接联系比以前更加频繁密切了。国家税收负担的加重迫使农民更多地出售农产品或当雇工，以换取货币纳税；商人利用农民的困难进行剥削，例如德国纽伦堡的大商人每年总是在意大利阿布鲁齐山区农民交税的前夕到那里去收购番红花（用于食品着色和调味），以便压低收购价格。

城市的发展出现了一些新特点。在原来比较落后的地区形成和发展起比较多的新城市。德国北部、东部的许多城市财富增加，经济和政治地位有所提高。汉堡、卢卑克、施特拉尔松等城市结成的汉萨同盟，控制了波罗的海沿岸的贸易。德国中部的奥格斯堡和纽伦堡等城市也十分繁荣。消费结构的变化，城市对酒和肉需求的大量增加，促进了农产品的商品化；有钱的城市居民购买郊区的果园、牧场经营谋利，或购买耕地出租给农民，还有同农民合伙经营养羊等事业的。城乡之间的经济联系更加密切了。通常起乡村市场作用的小城镇在 14、15 世纪继续增多。小城镇主要是地方性交易的场所，但一般总有少数大商人或中等商人居住，他们收购单个农民出售的产品，运到港口或远地去，从而把乡村小规模交易转变成规模较大、路途较远的贸易活动。

银行业受到大规模区域贸易和国际贸易的刺激而日益发达，并向开支日益庞大的国王提供现金借款，为教皇在全西欧范围内的税收和财政服务。意大利银行危机曾使一些银行倒闭，但佛罗伦萨美第奇家族仍保留下来。法、德等国也出现了全西欧闻名的大银行家，如法国布尔日的雅克·科厄尔家族，德国奥格斯堡的福格尔家族。英国的大商人也经营金融业务，常常借钱给封建贵族和国王。

---

① 《马克思恩格斯全集》第 25 卷，人民出版社 1974 年版，第 373～374 页。

十四十五世纪是西欧科学技术发明不断涌现的时代。风车、水车上使用了齿轮、凸轮和皮带传动装置。中国传来的指南针开始用于航海,海员已经有了观测星象确定经纬度的初步知识,并且装备了甲板密封、甲板上有塔楼的大帆船,进行远洋航行的条件开始成熟了。盔甲、刀剑的制造推动了矿冶技术的进步,通风、排水等采矿工程技术有一定提高,炼铁时用上了水力鼓风机。西欧人14世纪开始使用火药和火炮,在实战中日渐重要。13世纪从阿拉伯引进的中国造纸术被广泛采用。德国美因兹地方的工匠改进了活字印刷术,1456年古腾堡用活字排版印刷了《圣经》,这是西欧最早的活字印刷品。先进的造纸和印刷技术极大地促进了西欧文化的发展。

农奴的解放和城市居民的分化　西欧封建庄园的衰落和瓦解是一个受多种因素左右的缓慢过程,各地区的情况也很不同。13世纪后半期,西欧许多地方劳役负担已大为减少,典型的庄园经营日见消退。然而在英国和德国,仍有不少典型的封建庄园。另外,每个庄园都有它自己的生成、发展和兴衰的历史,所以即使在庄园传统牢固的地区,也有一些封建主为适应庄园所在地的具体经济条件,随时部分修改甚至完全放弃封建庄园这种经营方式,另一些封建主则继续维持甚至强化封建庄园。但总的说来,十四十五世纪经济和社会的一系列变动在西欧许多地区造成封建庄园的衰落和瓦解,并使庄园土地上农民的地位有一些变化。

农村中商品经济发展在13世纪已经比较明显地影响到封建庄园的经营。封建主更多地使用雇工耕种自营地,更多地出卖谷物,纷纷开辟果园和葡萄园或种植其他经济作物。为讲求经济效益,封建主不得不加强庄园的管理,这方面的开支随之增长。十四十五世纪,许多封建主离开庄园出外作战,到国王宫廷服务,并且在追求享受的欲望支配下定居城市。于是农奴利用封建主不在的时机拒服劳役,庄园管家则趁机中饱私囊。战乱频仍,人口减少,造成劳动力短缺,工钱上涨和粮价下跌等,进一步加重了庄园经营的困难,同时也减少了封建主得自庄园的收入。在这种形势下,封建主不得不缩减自营地的面积,甚至完全不经营自营地,在这一变化中,庄园组织以及与之相联的劳役农奴制走向瓦解。

14世纪中叶以后,出租自营地的浪潮席卷了西欧大部分地区,其主要形式是先把位置偏僻和土壤贫瘠的自营地划成小块租给农民,而后逐渐把整个自营地都分割出租,有时甚至把葡萄园也租出去,但有些封建主仍保留部分好地自己经营。领主自营地的缩减和消失必然导致庄园组织的松散和瓦解。庄园上农民的家奴地位本来根源于封建主控制农民人身以进行劳役地租剥削的需要,随着这种剥削形式的过时,农奴制不再具有重要意义,许多农奴获得解放。农奴解放的途径多种多样,有的是被封建主释放的,但更多的是农奴出钱赎得自由,或者逃亡而争得自由。这是一个长期演变过程。

庄园、农奴制瓦解后，许多封建主靠收取货币地租过活。由于手工业品价格上涨，封建主的收入难以满足其奢侈生活的需要。有的封建主利用已经衰落的农奴制对农民加强剥削，甚至恢复劳役租。有的封建主则侵犯农民对公共土地的权利，把大片草场、森林划归己有，禁止农民使用。也有的封建主凭借其领主权向管辖下的农民征收各种捐税，取得货币收入。农民的负担不断增加。

由于商品经济、领主剥削、天灾等的影响，农民内部的阶级分化也加剧了。不少农民被迫丢弃土地，流落他乡，或到城中谋生。少数富裕农民则趁机取得更多土地耕种，收入增加，生活改善，或经营商业以谋利。但富裕农民也受封建主和封建国家的压迫剥削，他们也不满现状，曾参加起义反对统治阶级。

城市里的阶级分化在这一时期也更加剧烈，其主要特点是在少数富裕师傅地位上升的同时，其他许多行会手工业者的情况恶化。多数行会日益成为封闭的集团，师傅资格世袭，帮工、学徒地位固定，无法上升为师傅。他们遭受行会师傅的压迫与剥削，境况不佳。有时组织成帮工兄弟会，和师傅展开斗争，捍卫自己的利益。城市贫民增加，包括不能上升的帮工、学徒，受雇佣的工人，踯躅街头的流浪汉，以及贫困破产的手工业师傅等。这些人被排斥于行会这一传统组织之外，成为城市人口的大多数。

城市内部的矛盾、斗争有所发展。有行会与少数城市贵族的矛盾，也有城市下层和上层的矛盾。有些城市中的行会因不满城市贵族垄断市政，曾利用下层人民的不满，展开斗争，争取参加市政权。也有的城市爆发下层贫民反对城市贵族的起义。城市的斗争还和乡村的斗争相呼应，构成错综复杂的阶级斗争画面。

第二节　阶级斗争的激化

人民运动的高涨　十四十五世纪西欧各地人民大众的阶级斗争此起彼伏，连绵不断，是中古西欧社会前所未有的现象。所以如此，有其深刻的背景。首先是广大农民情况恶化。部分地区恢复农奴制反动企图的压迫，政府苛捐杂税的加多，封建主雇佣兵的骚扰，以及疫疾流行，均使广大农民情况恶化。商品经济的日益深入农村，不仅加剧农民分化，而且也使农民更多地受到商人的中间盘剥，贫困愈甚。在城市中，城市贫民也为自己的环境恶化而不满，不断开展斗争。而富裕农民，行会师傅以及城市上层，也和封建主、封建政权有矛盾，这些矛盾在阶级斗争爆发时都会表现出来。

在中世纪西欧，人民运动往往受宗教影响。参加斗争的群众盼望"弥赛亚"（救世主）来拯救他们，相信至福的千年王国终会降临人间。害怕人民斗争的教父和西欧封建教会说这些观念仅仅是寓言，断然否认"千年王国"会真的到来，而广大下层人民群众却始终盼望着这一幸福和平等的王国，以此寄托他们对现实的不满,宣泄他们对教会统治的仇恨;群众领袖则经常以"救世主"的面貌出现。这种人民运动因为有上述宗教色彩,被教会和宗教统治者看成是异端猖獗的表现。其实,这种异端思想反映了人民群众社会平等的要求,在大规模的人民运动中起着鼓动人心的作用。某些低级神职人员、城镇手工业者和失意的中小封建主,具有一定的文化,善于利用"弥赛亚"和"千年王国"等非正统的宗教观点发动组织群众,成为运动的领袖。

13世纪法国的"牧人起义"就是受宗教影响而发生的。1250年,参加第七次十字军东征到叙利亚的法王路易九世(1226—1270年在位)写信给国内的封建主,要求他们派兵支援并运送物资,农村中的牧人和农民趁机骚动起来。一位被称作"匈牙利来的导师"的老人向群众宣传说,骑士们完成不了解救耶路撒冷的任务,只有穷人阶级才能完成。人们拿起刀剑棍棒,成群结队跟随老人向巴黎进发。他们进入巴黎后,杀死和淹毙一些教士和修士。后来在奥尔良和都尔也攻击教会。同时在宗教狂热的驱使下烧毁犹太教会堂、杀死犹太人。惊慌失措的封建主很快清醒过来,镇压了这次起义,许多人遭到屠杀。

1304—1307年,意大利发生了多里奇诺农民起义。多里奇诺本人是13世纪流行于意大利各地的宗教异端使徒兄弟会的成员。使徒兄弟会宣传千年王国不久会真的在人间实现,而多里奇诺号召为实现这一千年王国,要用强力推翻现存政权,消灭教皇、主教、僧侣等。他的宣传吸引了许多群众,在意大利西北部的皮埃蒙特的阿尔卑斯山中建立了自己的根据地。起义群众开始破坏寺院和庄园,修筑防御工事。教皇派遣十字军讨伐起义农民,但被击败。后来封建主把起义军堡垒附近的农民强迫迁走,使他们得不到补给,陷入饥饿之中。1307年,这次起义终被残酷镇压,多里奇诺及许多他的同伴英勇牺牲。

巴黎起义和扎克雷起义 14世纪中期法国发生了著名的巴黎起义和扎克雷起义。

"扎克雷"起义发生在巴黎周围地区。这里人口稠密,农业发达,是中古法国最富裕的地区之一,但葡萄种植业和酿酒业不发达,粮价下跌使这里的农民很难挣到现钱,因此农民特别惧怕国王税吏的勒索。继1348年和1349年黑死病横扫法国之后,英法百年战争(1337—1453年)又加重了法国人民的苦难。法国封建骑士在克莱西(1346年)和普瓦提埃(1356年)两次大败,声誉扫地,后一次战役中法王约翰和许多封建主被俘,人民不仅要为战争负担沉重的捐税徭役,还得为战败的国王向英军交纳巨额赎金,又受到英军和法军的蹂躏,痛苦不堪。

法国太子查理为了继续维持统治,于1356年召集三级会议,以解决政治、经济和战争问题。由于法国贵族大批被俘,第三等级在会议上占了优势,他们趁势提出国王的行动须受三级会议设立的特别会议监督的要求。查理拒绝这一要求,并解散了三级会议。巴黎人民在市商会会长、富商艾田·马赛领导下发难,迫使查理于 1357 年重又召开三级会议,并颁发"三月大敕令",确定三级会议有权自行召集,每年开会两次;国王征税须由三级会议批准,并由它监督税收的使用;三级会议有权委任国王顾问。其他还有整顿吏治,禁止封建混战等条款。此后艾田·马赛挟持查理,掌握了巴黎的权力,实行统治。

以艾田·马赛为代表的巴黎城市上层掌握政权后,把赋税的重担转嫁到平民身上,并且向其他城市多征税收,引起不满。太子查理利用这一时机,辞退了三级会议派给他的顾问。1358 年 2 月,武装的巴黎手工业工人在马赛领导下闯入王宫,杀死太子信任的两名大臣。查理被迫再次批准"三月大敕令",但不久伺机逃出巴黎,并召集军队,切断了给巴黎运粮的道路,使巴黎处于饥饿的威胁之中。

这时,巴黎北部博韦地方爆发了扎克雷起义。扎克雷意为乡下佬,是法国贵族对农民的贱称。起义发生在 1358 年 5 月,开始时人数不到 100 人。起义农民捣毁封建贵族堡垒,并杀死封建贵族。队伍迅速扩大,席卷法国北部地区。农民推举吉约姆·卡尔为起义领袖,并提出"消灭一切贵族,直到最后一人"的口号,反映了农民对贵族的深恶痛绝。

一些城市的贫民也起来响应农民的战斗,但大多数城市为城市贵族所控制,并不支持农民。吉约姆·卡尔曾竭力与巴黎取得联系,派出代表请求艾田·马赛支援农民。艾田·马赛想利用农民军打通运粮到巴黎的道路,曾派一支小队伍前去,但不久又复撤回,使农民军处于不利地位。这时封建主集结力量,对农民军实行镇压。在斗志昂扬的起义农民面前他们不敢贸然进攻,假意邀请卡尔前来谈判,却背信弃义将他扣留。然后封建主对失去领袖的农民军发动袭击,大肆屠杀,牺牲的农民达 2 万多人,卡尔也被残酷杀害,扎克雷起义宣告失败。在农民起义失败后,巴黎的艾田·马赛更难支持,不久他在夜间出巡时被人杀死,太子查理重新控制了首都。

扎克雷起义是中世纪法国农民反封建的一次大发动,但组织得不好,缺乏明确的斗争纲领。起义的农民旗帜上绘有瓦罗亚王朝的徽章——百合花,说明他们对国王缺乏认识。而城市也未与农民形成有效的联合,这些导致扎克雷起义迅速失败。但起义打击了封建势力,有利于促成法国的统一。

1381 年英国农民起义 1381 年,英国发生瓦特·泰勒领导的农民起义。起义前夕,以约翰·保尔为代表的一批英国低级教士通过传教抨击封建秩序,保尔曾说道:"英国的情况糟透了,将来也决好不了,除非一切东西都成为公有的,而且再没有农奴和贵族的区别,我们所有人都地位平等。"他还引用一句当时在西欧各地流行的谚语说:"在亚当种田、夏娃织布的时候,谁是贵人?"约翰·保尔的宣传在农民中引起反响,一些农民毅然参加起义。

英国社会这一时期有许多不安定因素。封建主在国会里抱怨说,各地都有拒绝服劳役和交租的农民闹事。由于黑死病和连年灾荒，城乡劳动力极感缺乏，工资呈上升趋势。1349年，国家颁布劳工法令，规定12~60岁的成年男女，如没有生活来源，应按黑死病以前的工资受雇。这一压低工资的法令使贫苦的劳动人民不满。另外，英法百年战争进行到后来，战局变得对英国不利，英王加紧搜刮金钱物资装备军队，以便抵挡法国的攻势。1377年，国会决定征收人头税，14岁以上的英国男女，每人4便士；1379年又征收一次人头税。1380年国会决定将人头税增加到每人1先令，由于人民的抵制，这次交纳人头税的人数仅及1377年的2/3。1381年3月，国王不得不派官吏到四乡去调查纳税情况。5月底6月初，埃赛克斯郡和肯特郡的农民先后起义，赶跑税吏，捣毁庄园，许多城镇居民也参加斗争。起义群众的首领是肯特郡的瓦特·泰勒，后来这次起义被称为瓦特·泰勒起义。6月，数万起义群众向伦敦进军，在伦敦居民的支持下轻易进入城区，主张征收人头税的兰开斯特公爵住宅被农民烧毁，大主教苏德伯雷、财政大臣海尔斯被处死。国王查理二世慌忙躲进伦敦塔。6月14日，国王被迫接受瓦特·泰勒提出的条件，同意废除农奴制，赦免起义者，每英亩土地只收4便士地租，自由贸易等。部分起义群众在国王做出这一让步后率先离去。另一部分群众继续在伦敦塔外围困国王，提出废除反劳动人民的法令，没收教会地产等进一步的要求。伦敦市长在这次谈判时当众杀死瓦特·泰勒，接着在理查二世的威胁诱骗下，起义队伍四散，返回乡下。各地农民起义仍在接连不断地爆发，但国王军队和地方封建主的武装挥舞屠刀，追踪而至，击破了分散的起义者。

1381年英国农民起义比扎克雷起义更有组织，斗争目标也较明确，给封建制度以很大打击。但起义农民仍认为国王是自己的代表，反对封建贵族而拥护国王，在胜利的情况下不能发展大好形势，反而与国王谈判，结果上当受骗，导致起义失败。不过这次广泛的农民起义在英国历史上仍具有伟大意义，有助于农民争得自由，农奴制加速瓦解。14世纪末，英国已成为独立的自耕农民占多数的国家，农村经济发展更为迅速。

第三节　英法王权的强化

王权的社会基础　十四十五世纪西欧一些国家王权日益加强，因为有新的等级支持它。

中古西欧社会的等级理论是由教会提出的。11世纪的神学家根据西欧的情况，发展出"三等级"理论：基督教社会的首要目标是为教徒进入天国做准备，故负责向上帝祈祷的教士是最高贵的等级；骑士负责防御和剿灭异教徒，是仅次于教士的高贵等级；劳苦大众的劳作是必要的，他们应侍奉和养活教士和骑士，但尘世的物质生活并不是人类历史进程的终极目标，因此创造物质财富的劳动者是最低贱的等级。12世纪中叶以后，由于工商业的发展，手工业者和商人也被列入劳动者等级。后来法国召开三级会议时，教士被称为第一等级，世俗封建主被称为第二等级，既不是神职人员又不是贵族的人被称为第三等级。这一理论是经济上、政治上占统治地位的教会和封建主为美化他们的统治而制造的舆论。然而，实际的社会等级状况是经常变化的，比这一理论要复杂得多。

14世纪的西欧国王已经摆脱封君封臣制的强烈影响，开始经常强调全国的臣民都归他统治，都应供养国王和他的政府。在观念上，国王仍然把臣民分成三个等级，但在事实上，构成王权社会基础的除了全国的教士和世俗封建贵族，还有城市的上层市民。市民的力量起初微不足道，他们只注意本城市的利益，只是在工商业和国内外政治的发展使市民的利益超出了本城的狭小范围之后，他们才改变了对国家事务的冷淡态度，开始帮助国王，促进统一，以利于自己的发展。十四十五世纪正是这样一个时代。

市民在政治上的兴起可以从两个方面去看。一是工商业的普遍发展使城市星罗棋布，市民人数众多，国王无论是为了财政的目的还是政治的目的都不能不日益重视城市市民。市民中的上层分子所掌握的财富十分可观，他们是国王和大封建主经济上依靠的对象。政治上他们操纵城市的政局，左右城市的政治倾向，并且以出席等级会议、担任国王官吏等形式加入国王的政府。他们并不是作为一种外在于西欧封建社会的力量同国王达成妥协，结成盟友，更不是国王的谈判对手，他们自身就是这一社会的有机构成部分，是国王为首的封建政府最重要的官吏来源之一。

当时各国都有一些有名的富商在活动。他们借给国王大量金钱，帮助国王筹划财政事务，管理国家的手工业作坊和矿山，他们从国王那里得到了不少好处。这些大商人刻意模仿贵族的生活方式，并且用经商赚来的钱置办田产，国王则往往赐给他们正式的贵族头衔。大商人兼银行家雅克·科厄尔从15世纪20年代到50年代一直是法国的风云人物，他自己不仅在国王宫廷当差，享受贵族的待遇，他的兄弟和儿子也沾光身居高位，他的女儿则嫁给贵族子弟。上层市民的"贵族化"并不是法国独有的现象，在英国也是当时的潮流。14世纪已经有一些英国商人成为国王的大臣，伦敦的大商人尤其热衷于为国王效劳。约翰·普尔特尼四次出任伦敦市长，他的后代成为巴思伯爵。威廉·德拉波尔担任过国王的财政官员，他的儿子是伯爵，他的曾孙是萨福克公爵，两人都是国王的宠臣。这些商人兼官僚同时又都是大地主。到15世纪，不少英国商人走上"贵族化"的道路，在乡村购买土地，改穿骑士服装，为国王当差，从国王那里讨得贵族的封号。

西欧封臣制和封土制在14世纪只剩下空洞的形式，实际内容多半丧失。封建主对自己的直接封土的权力原本受到封君封臣之间权利义务关系的种种限制。然而地产的继承、分割、转让、买卖是不以人的意志为转移的经济现象,不可能完全按照封君封臣制度的要求进行。封建主在逐渐发达的商品经济关系冲击下也越来越要求巩固和扩大他们处分直接封土的权力。封君对封土的各种权利都逐渐废弛,整个封土制趋向解体。封臣的军役义务先是普遍地以纳"盾牌钱"代替,后来这笔钱因货币贬值、物价上涨变得微不足道,交纳的义务在岁月流逝、地产易手中亦渐取消。从14世纪起,英法军队的成员无一不领取军饷。他们中间的一部分人具有骑士身份,名义上仍然有为封君服军役的义务,但为使他们服从指挥,长期安心作战,国王必须付钱给他们。步兵武器和战术的改进则使国王可以更多地依靠市民和农民组成的军队。

封建贵族依然是西欧封建社会统治阶级中最有权势的集团。他们以新的方式保持了他们特权阶层的地位。学校的发达不仅为市民也为封建贵族子弟提供了受教育的机会,封建贵族由赳赳武夫逐渐变成有文化的统治者。中小封建主在庄园衰败、收入下降以后纷纷投靠国王,担任各级官职,其中许多人由做官而飞黄腾达。大封建贵族是国王拉拢兼打击的对象,他们与国王的对抗仍是14、15世纪英法政治生活中的一个重要方面,最终结果是大封建主一方面失掉了政治上割据称雄的独立性,另一方面加入了国王的政府,继续保持显贵地位。这200年里,确有不少贵族世家破落乃至绝嗣,不过大封建贵族并没有被整个地消灭,只不过是经历了许多变化。大贵族与王室和上流社会有长期的多方面的联系,他们和他们的子弟升官有捷径可走,而且往往是官僚化贵族中最傲慢的成员。

等级代表会议的建立　　等级代表会议的召开标志着西欧封建社会的国家机构发展到一个新阶段,有的学者把它称之为建立了等级君主制或新君主制。中古西欧的等级会议全然不同于近代的代议机关,它在国王控制下为国王服务,是国王政府的一个组成部分。

英国的国会产生于13世纪,在国会产生之前,王廷中已有由教俗封建主组成的"大会议",负责向国王提出建议,讨论税收等重大事项。13世纪是亨利三世的漫长统治时期(1216—1272年)。当他年幼的时候,大封建主掌握着权力,以"大会议"的名义进行统治。亨利三世逐渐长大,要求掌握政权,和大贵族发生矛盾。他娶法国王后之妹为妻,任用不少法国贵族,以排斥他难以控制的英国大封建主。亨利三世还结好教皇,为向教皇纳贡而征课税金。1257年,亨利为其子谋求西西里王位,要求开征新税以出兵攻打盘踞该岛的德国霍亨斯陶芬王室。1258年,亨利于牛津召开讨论征税的大会议。封建贵族全副武装来见亨利,提出改革纲领。这个纲领后来被称为"牛津条例",规定组成由15位贵族组成的委员会,国王采取的任何措施均须取得他们同意,始能付诸施行。这实际上剥夺了国王的行政权力。亨利被迫同意牛津条例,但控制了政府的大贵族为自己的私利而行动,致使贵族阵营发生分裂。亨利之子爱德华趁机活动,吸引一些大贵族,组成支持王权的派别。1261年,亨利得教皇允诺,下令废除牛津条例,于是导致内战。反对派贵族以西门·德·孟福尔为首,率军与亨利的军队战于路易斯(1264年)。结果王党战败,亨利与爱德华等均作了俘虏。西门实际上掌握了英国的政权。1265年,西门召集国会讨论国是,出席的除教俗大贵族外,还有各郡郡守选派两名骑士,各城市选派两名市民参加。这次会议开了以后英国国会有骑士、市民参加的先例。西门以法国人入英国执政,难于持久。不久爱德华逃出俘虏营,领导一支军队与西门再战,于1265年8月伊夫夏姆之役击杀西门,亨利的政权得以恢复。

爱德华一世(1272—1307年在位)于1272年即位。他是英国中古的一个著名国王,在位时为治理内政,制定不少法令,被称为英国的查士丁尼。对外则发动对威尔士、苏格兰以及法国的战争,使军费开支大增。1295年,为解决各项重大问题他召集国会。这次国会和西门所召开的类似,不但有大贵族参加,而且有城市和骑士代表参加。这次国会后来被称为"模范国会",并被认为是英国国会的开始。

实际上英国国会的形成经历了很长一段时间。13世纪时它并没有定型,由封建大贵族组成的大会议时常单独召开,只是有时召集骑士、市民参加。它何时召开,召开的形式如何,均由国王决定。国会(parliament)这一名称13世纪时既用来指大会议,也用来指有骑士和市民参加的会议。即使会议有骑士和市民出席,他们的作用也很小。主要的决定都由国王和大贵族做出。国会中的市民代表为各城市中的富有商人,他们支持国王以获得经济上的好处。骑士则代表乡村中的中、小地主。英国骑士是一个开放的阶层。英王为了有足够的人服兵役和纳盾牌钱,规定拥有一定地产收入的自由农民皆须晋升为骑士,并履行相应义务。这批中、小地主实际上并不骑马作战,只向国王纳盾牌钱,而把主要精力用来经营地产。他们在地方上多担任治安法官,握有警务、司法和行政权力,成为地方利益的代表。为反对大贵族专横,他们也倾向于支持王权。

英国国会在发展中渐分为上、下两院,大贵族组成为上院,骑士和市民代表组成下院,上、下院单独召开会议。原来国王主要召开大会议决定重大国策,只偶尔召开有骑士和市民代表参加的会议,而所以召集他们,也主要是要他们同意一项新的税收法案,要他们向国王交税。到爱德华三世(1327—1377年在位)时,骑士和市民代表参加国会方才成为一项稳定的制度。这时也渐形成国会每年召开,春季和秋季各开一次的习惯。骑士和市民发现他们在许多问题上有比较一致的看法,因而在一起开会,商讨有关问题,特别是联合向国王提出请愿书,以求得到国会和国王的批准。请愿书的活动渐成为国会立法权的渊源。而英国国会也在14世纪下半期形成上、下院分别集会的习惯。

法国的等级代表会议被称为三级会议,由教会贵族、世俗贵族和市民代表三个等级组成。

第一次三级会议 1302 年在巴黎举行,是法王腓力四世(1285—1314 年在位)为加强同教皇卜尼法斯八世(1294—1303 年)斗争的力量而下令召集的。在此之前国王曾就财政问题同巴黎等大城市的富商商议,而三级会议上的市民代表则来自全国各城市。1308 年的第二次三级会议是国王为打击圣殿骑士团召开的,某些地区甚至派来了小镇和集市的代表,与会者达 500 多人。法国三级会议的权威远不及英国国会。通常三级会议最重要的议题是税收,即当国王要征税时,召集三级会议分摊,而付出最多的当然是第三等级。法国贵族对商人的排斥比较严重,商人的贵族化在 14 世纪还不明显,所以,许多法国大商人以第三等级的身份出席三级会议,他们对国王的许多政策不满,参加和领导了 1356—1358 年的巴黎起义。这次起义以后,市民的贵族化倾向明显加强。百年战争激发了法国人民的民族意识,三级会议决定全力支持国王,于 1439 年确认国王可以不经三级会议同意征收新税。此举不仅大大有利于国王的财政,而且是导致国王此后基本上停开三级会议的原因之一。

英法百年战争 1337—1453 年,英法两国发生了长达一百多年的战争,史称"百年战争"。这次战争有其复杂的起因,包括王位继承问题、领土争端以及对佛兰德尔的争夺。

1328 年法王查理四世死,加佩王朝绝嗣。法国三级会议推举瓦罗亚家族的腓力继位,是为腓力六世(1328—1350 年在位),开始了瓦罗亚王朝(1328—1589年)。英王爱德华三世之母是腓力四世之妹,他以法王外孙资格要求继承法国王位,但法国以萨利克法典中女子无继承权为由拒绝。爱德华三世不甘失败,仍坚持对法王位的要求权,终至引发了百年战争。

百年战争另一原因是英法领土纷争。英国的诺曼王朝(1066—1154 年)和安如王朝(1154—1399 年)都由法国封建主创立,因此英王室在法国有大片领地。后来一些领地相继被法王收回,但这时南部的阿基坦和加斯科尼仍在英国手中。于是英国想扩大领土,法国想完成统一,时起纠纷。另外,法国北部的佛兰德尔毛纺织业发达,物富民殷,是封建主垂涎的一块宝地。佛兰德尔一向为法王臣属,腓力六世又在当地建立起直接统治。当地纺织用羊毛一向来自英国,羊毛输出是英王重要财源,所以英王也想控制佛兰德尔。爱德华三世下令禁止羊毛出口,以对法国施加压力,腓力六世则下令没收英王在法国的领地。两国关系日益恶化。1337 年两国互相宣战而爆发战争。

战争开始后,英国先在海上击败法国海军,使英军可以顺利通过海峡,进攻诺曼底。1346 年,英军在克莱西大败法军。这次战役显示,英国由民兵组成的优秀弓箭手,远胜仍固守单骑决斗战术的骑士。英军以少胜多,法军有 1 500 名骑士阵亡,而英国只损失 3 名骑士和 40 名弓箭手。1356 年,从南部登陆的由英王长子黑太子率领的军队,又在普瓦提埃大败法军,法王约翰二世(1350—1364年在位)及大批贵族被俘。战争失败使法国内部矛盾激化,发生了巴黎起义和扎克雷起义。

查理五世(1364—1380年在位)即位后,励精图治、整顿税收,改善军队,组织了炮兵并改组海军。在陆地上他任命德·盖斯克林为统帅,实行据守要塞,避免和英军正面决战,以精锐不断袭扰英军,消灭其有生力量的战术,因而使战局改观。英国这时已到爱德华三世统治晚年,连年战争使国力大为损耗,无力采取更大规模行动。到1380年时,法军几乎收复全部失地,英国只保留一些沿海据点如加来等。

查理六世(1380—1422年在位)即法王位时年仅12岁,长大后又患疯病。大贵族趁机争权夺利,形成勃艮第派和阿曼涅克派的斗争。这时英国亨利五世在位(1413—1422年在位)。他是一个卓越的统帅,亲自率领军队于1415年攻打法国,在阿金库尔大败法军。英军很快占领了首都巴黎和法北部地区。1420年英法签订特鲁瓦条约,规定查理六世的女儿嫁给亨利五世,查理六世死后由亨利五世及其后裔继承法国王位。1422年查理六世和亨利五世先后死去,英王宣布由亨利五世和查理六世之女所生的不满周岁的婴儿为英、法国王,是为亨利六世(1422—1461年)。法王查理六世之子查理退守南方,形单势孤。勃艮第公爵这时据守法国东部。他想在法、德之间建立一个新的王国,所以和英国友好以换取英国支持。法国支离破碎,形势危殆。

1429年,英军攻打卢瓦尔河上重镇奥尔良。如奥尔良失守,则南方门户洞开,偏安南方一隅的查理也将不能存在。就在这危急关头,农家姑娘贞德(1412—1431年)出面挽救法国。贞德本是法东北部香槟与洛林交界处一个小村中的牧羊女,她声称上帝派她来拯救法兰西,设法由东北部赶往中部的小城什农,面见太子查理,请求率军解救奥尔良。贞德的行动激发起不少法国人的爱国热忱,当时流行的宗教信仰也使许多人相信贞德的神圣使命,大批群众志愿参加她的队伍,一些法军也支持她。1429年4月,贞德率军攻入奥尔良,后又经过激烈战斗,击退英军,解了奥尔良之围,扭转战局。

此后,贞德劝说太子查理前往兰斯,在兰斯大教堂加冕为王,是为查理七世(1422—1461年在位)。她继续和英军作战。1430年在康边战斗中,她被勃艮第派俘虏,后又转卖给英军。查理七世和法国贵族不愿赎救她,贞德于1431年被英国人组织的宗教法庭判为女巫,烧死在鲁昂。贞德虽然牺牲,但她的英勇精神说明法国人民的民族意识在不断加强。而英国却处在兰开斯特和约克两大贵族派别争斗时期,势力日衰。1435年,法勃艮第派结束了和英军的结盟关系。此后法军节节取胜,英军不断缩小阵地。1453年英法百年战争宣告结束。英国除在法保留加来一港外,撤出全部法国领土。以后法王又经过数十年的惨淡经营,收回一些独立的封建主领地包括勃艮第公爵领地,到 15 世纪末年完成统一。

英国于百年战争结束后,立即开始了内战,即兰开斯特党和约克党的战争,史称玫瑰战争(1455—1485 年)。兰开斯特家以红玫瑰为徽,约克家以白玫瑰为徽。他们都是爱德华三世的后代,战争既为了争夺王位,也反映当时封建贵族入不敷出,靠战争以抢劫、掠夺、结党营私的势头。战争规模一般不大,但互相残杀,一些老贵族世家由之消亡。最后都铎家的亨利战胜,夺得英国国王,开始了都铎王朝(1485—1603 年)的统治。

第四节　神圣罗马帝国和意大利

自从德王奥托一世加冕称帝之后,中古德国作为一个整体在政治上的存在是同神圣罗马帝国这一政治体制密切相关的。到 15 世纪,这一帝国被人恰当地称为德意志神圣罗马帝国。但这个帝国只是一个空名,和中古早期的法国、英国一样,德国并不是一个政治上统一的国家。而且在英法王权走向强大的时候,德国皇帝的地位反而变得虚弱,致使这一时期德国历史的发展道路明显呈现不同于英、法两国的某些特点。

皇帝和诸侯　罗马皇帝的名号,在中世纪西欧一直发生着影响,起初有查理曼的称帝,后来又有奥托的称帝。和英法国王一样,德王原拥有君主的权力,并以封君身份同各地封建主结成封君封臣关系。称帝虽使德王同时又成了皇帝,但并未授予他政治、经济和军事等方面的实力,德国王权的发展反而因此增加了一个不利因素。为了实现从罗马统治基督教世界的理想,德国皇帝经常入侵意大利,干涉罗马教廷事务,同教皇正面冲突,从而分散统治德国的力量,最终受制于德国各大诸侯。这是历史上政治理想影响现实政治的一个实例。

德国皇帝为虚构的帝国所承担的义务终于导致在腓特烈二世(1211—1250 年在位)统治时期确立了德国的割据分裂状态。从此,德国教会开始同诸侯携起手来对抗皇帝,教俗大封建主领地实际上成为合法的独立国家,德国的城市以后只好组织城市同盟来求生存、求发展。腓特烈二世和教皇展开长久斗争,用很大力量经营西西里和意大利,取得一些成绩,但在这里也逐渐被势力日益强大的法王所排挤。

哈布斯堡家族的鲁道夫被选为皇帝(1273—1291 年在位)以后,为他的儿子们夺取了奥地利、斯提里亚和法国东部作为领地,所以他死后,对他不满和猜忌的诸侯不再选他的儿子为皇帝。这时皇帝由选举产生的原则已经牢固确立,并且形成了七个大选侯选举皇帝的制度。七大选侯是德国最有势力的大封建主,他们是莱茵地区三个大主教区美因斯、特里尔和科伦的大主教以及莱茵的宫廷伯爵、萨克森公爵、勃兰登堡边地侯和捷克国王①。法王和教皇也不时干预德国皇帝的选举，使觊觎皇位的德国封建主和七大选侯的关系更加复杂，王权的巩固和强化更加困难重重。1273 年以后，哈布斯堡家族和卢森堡家族的封建主长期是皇位的候选人，然而皇帝始终未能制伏诸侯。通过削弱皇帝，诸侯变得日益强大，甚至全德封建主的大会帝国议会皇帝也不出席（1338、1344 年）。在 1338 年的大会上，七大选侯申明，他们所选举的皇帝即使不经教皇认可也是合法的。德皇查理四世为了稳定德国政局，防止教皇干涉皇位选举，于 1356 年发布"黄金诏书"，表示同意诸侯的意见，明确规定德国皇帝由七大选侯选举，皇位虚悬时由萨克森公爵和莱茵的宫廷伯爵摄政，教皇不得兼任代理皇帝，诸侯享有的其他一切特权也得到了确认，于是诸侯的独立地位得到完全的肯定。

鲁道夫一世和他以后的德国皇帝对"帝国"的理想日益失去信心，把主要的精力用于统治和扩大自己的领地。皇帝不仅实际地位与诸侯无甚差别，利害和观点也日趋一致。诸侯的政府实际上是政治统治的最高机构，教会和城市都不得不投靠诸侯。"黄金诏书"的发布只不过是更加清楚地表明德国的历史已经变成诸侯领地独立发展的历史。"黄金诏书"的许多内容承认诸侯领地的独立性，有利于诸侯在自己的领地内加强统一和集权，如禁止封建主结盟反对自己的封君，也不许城市结盟反对诸侯，冒犯选侯被视为叛逆罪。与英法王权强化类似的进程在德国是发生在诸侯领地上的。诸侯等德国大封建主在自己领地内所推行的政治统一，意味着取消中小封建主、教会和城市过去趁王权虚弱之机取得的许多特权，所以阻力重重，并没有很快成功，直到 15 世纪才见效果。查理四世同时又是捷克国王，他和奥地利公爵鲁道夫四世（1356—1365 年在位）都成功地在自己的领地内建立了统一的税收、司法制度，使政府权力比较集中。

15 世纪的德国诸侯在弹压中小封建主割据势力的时候，充分利用了当时先进的技术成果和思想文化，即使用装备火炮的雇佣兵敉平封建城堡，运用罗马法和国家主权观念建立统一和集权的政府。德国城市和城市同盟的自治也被诸侯想方设法取消。例如 1442 年，柏林市民在勃兰登堡边地侯腓特烈二世的压迫下交出了城市法庭，同意市议会的决定今后须经他的批准。北方的汉萨同盟从 40 年代开始也逐渐瓦解。其他城市和城市同盟的命运也大抵如此。1456 年，应选侯特里尔大主教的请求，皇帝和教皇宣布他领地上的城市同盟与他的最高统治权相抵触，是非法组织，应予取缔。这一请求代表了诸侯们的政治观点和诸侯领地政治发展的方向。和英法国王的情形相似，德国诸侯统治权力的加强突出地表现为征税权的扩大和对等级会议的控制。诸侯们认为他们的最高统治权决定

---

① 按照当时的法律，被称为"诸侯"的德国大封建主只承认德国皇帝为封君，他们在接受封土时还同时从国王那里接受一面特殊的旗帜。七大选侯是诸侯中特别显赫者。

了他们拥有不可转让的征税权和召集全体贵族和各个阶层的代表定期开会的特权,在他们召集的等级会议上决定征收的捐税,领地上的居民都应交纳,任何城市不得根据旧有的习惯抗交,中小封建主领地上的居民也不得免交。15 世纪后半期,各诸侯先后在自己的领地上设立等级会议,通过召开和操纵等级会议,诸侯不仅得到税款来完善政府机构,也扩大了诸侯统治的社会基础,和地方上各阶层(主要是城乡剥削阶级)有了一个便于互相协商互相合作的机构。

中小封建主和城市 德国中小封建主的情况有些特别。教会在 11 世纪擢用了不少出身低下的人为武士和管理人员,授给他们土地或发给薪俸。这些人实际上就是教会的封臣,但在礼仪上和在人们眼里则不及一般的骑士尊贵,故称"臣仆",而不称骑士。到 12 世纪,德皇和诸侯也用了不少"臣仆"为官吏,"臣仆"的社会政治地位大大提高,开始以封土形式得到地产,受封君封臣制度的约束,而且逐渐也被称为骑士。皇帝的"臣仆"转变为所谓帝国骑士。臣仆的兴起使德国中小封建主的数目大大增加,其中的帝国骑士独立性特别强。14 世纪后半期,奥地利、勃兰登堡、巴伐利亚、法兰克尼亚和维腾堡等地纷纷成立反诸侯、反城市、要求维护骑士特权的骑士同盟。1414 年,勃兰登堡边地侯霍亨索伦家族的腓特烈一世大败与他为敌的骑士同盟。德国其他地方的骑士同盟在此前后也陆续被诸侯击破,不过骑士这股势力在衰落以后仍继续存在了很长一个时期。

"黄金诏书"颁布时,德国大约有 80 个城市具有帝国城市的地位,直接臣属于皇帝,法律上不受城市附近的封建领主的统治。当时最重要的城市都在其中。帝国城市独立性较强,以效忠远在天边的皇帝为旗帜同近在眼前的封建主斗争,维护城市的利益。德国皇帝既无实力同诸侯较量,也无意团结城市来加强自己的力量。少数城市凭借自己的财富和政治上宗教上的特殊地位取得和巩固自治权,较小的城市则只有靠城市同盟的形式联合成一股较强大的势力,以便保证城市享有贸易特权,不受兵匪侵犯。汉萨同盟正式成立于 1358 年,最重要的成员是波罗的海沿岸的卢卑克、施特拉尔松、吕恩堡等城市,在鼎盛时期据说有 160 个以上的城市参加,包括德国内地的一些城市。积极参加同盟活动的约有 70 个城市。在汉萨同盟商业上占优势的北海,波罗的海沿岸和附近地区,入盟的各城市享有商业特权和经商的便利条件。同盟的大会不定期召开,出席者也时少时多。同盟没有共同的财政机构、军队和官吏。在军情紧急时,同盟的有关成员联合组织军队和船只出战,14 世纪 60 年代和 70 年代,汉萨同盟的军队同丹麦国王开战,迫使丹麦在 1370 年订立施特拉尔松和约,承认同盟商人的一切特权,同意同盟的船只可以在松德海峡自由航行。汉萨同盟衰落之后主要成员只有汉堡、不来梅和卢卑克等波罗的海港口城市。汉萨同盟是一个政治色彩较弱的松散联盟,它的原则是:"让我们努力经商吧;在桅杆上挂一面旗不费什么气力,再想降下来不免要付出巨大代价,连同我们的荣誉。"

德国政治史上比较典型的城市同盟是1381—1389年的士瓦本—莱茵同盟，参加者是莱茵河沿岸一系列重要城市，还联合了一些诸侯和中小封建主，出钱雇佣了一批长矛手。同盟的宗旨是以武力打击那些在封建主鼓励下骚扰四乡的匪徒。后来士瓦本—莱茵同盟在美因斯大主教、勃兰登堡边地侯和条顿骑士团的镇压下瓦解。这一同盟的兴衰表明，德国城市在同地方封建主发生冲突时，没有王权可以作为依靠，城市也不把支持王权当作改善城市地位和维持社会秩序安定的途径。诸侯强大以后，城市在政治上的动向是投靠和支持诸侯。

意大利的情况　中古时期的意大利政治上四分五裂，说不上是一个统一国家。北部意大利长期是神圣罗马帝国的一部分。1254年霍亨斯陶芬王朝完结后，北意大利实际上脱离了帝国，那里的一些城市趁机扩大统治区域，发展成巨大的城市共和国，最著名的是威尼斯和热那亚，此外还有米兰、维罗纳、皮亚琴察等。中部意大利主要是教皇领，教皇领的西面也有一些城市共和国如佛罗伦萨、比萨、锡耶纳等。南意大利在14、15世纪时则是法国和西班牙争夺的对象。

意大利历史发展的一个特点，是城市较早发达。因为它地处地中海中部，扼亚欧贸易枢纽，所以这里中古早期即有工商业发达的城市。意大利不少地区的农村很早即流行货币地租，无劳役，也无农奴制。农民在商品经济的影响下分化较早，一些贫苦农民丧失土地，流入城市当雇佣工人，这是这里资本主义萌芽兴起较早的条件之一。

意大利中古最有名的城市共和国当推威尼斯、热那亚和佛罗伦萨。热那亚扼意大利半岛西部的第勒尼安海，是著名的商业城市，长期和威尼斯争夺地中海的商业霸权。被十字军一度灭亡了的拜占廷在热那亚支持下于1261年复国后，授予热那亚人在那里的许多港口有贸易特权，免除一切捐税，由此排挤了威尼斯人。热那亚从此控制了东部地中海的商业，远至黑海，1298年击败威尼斯舰队，俘虏了它的许多水手，其中包括马可·波罗。14世纪时，热那亚内部党派斗争激烈，削弱了自己的力量。1380年它的舰队败于威尼斯舰队，成为它衰落的起点。

威尼斯扼意大利半岛东部的亚得里亚海。它拥有地中海上最大的商船队，最多时达3 000余只。它的造船业、武器制造业、丝织业等也很发达。威尼斯从十字军东征开始即力图控制东地中海的贸易，为此和热那亚长期斗争。此外它的舰队也越过直布罗陀海峡，向北欧进行贸易。1380年击败热那亚舰队后，威尼斯势力盛极一时。不过15世纪土耳其人兴起，逐渐向欧洲扩张，由此和威尼斯发生冲突。在斗争中威尼斯数次被土耳其击败，影响了它进一步的扩张。

佛罗伦萨和热那亚、威尼斯这样的商业城市不同，它的主要产业是手工业和银行业。13世纪末14世纪初，以大家族为核心的金融业在佛罗伦萨迅速兴起，其中著名的有巴尔第家、皮鲁兹家、斯卡利家、阿未埃利和阿齐亚利家等。这些银行业大家族大都和教皇的经济有联系。他们在欧洲各地代教皇征收各项税款，并贷款给无力交纳税款的主教、修院长等，以谋取利息。他们的分支机构分布于西欧许多大城市，经营汇兑、借贷、投资各项业务。他们还向王室、大封建主贷款，以供应其战争需要的金钱。佛罗伦萨的毛纺织业也十分发达，它是 14 世纪佛罗伦萨繁荣昌盛的根基。当时它有纺织工场 200 余家，雇佣着 3 万余名工人，年产呢绒达 10 万匹。这些纺织工业不是建立在中世纪行会手工业生产的基础上，而是建立在资本主义手工工场生产的基础上。它们还属资本主义生产的初始组织形式，亦称家内制。这种工场主要由富有的商人或上升的行会师傅组成。他们并没有集中工场及全部设备，而只是控制了织工、染工等独立手工业者，购买原料后依次让他们加工，付与他们工资，收取成品。织工、染工等人还没有被剥夺生产资料，仍拥有自己的工具及小作坊，但无力独立经营，变成接受原料、加工产品、赚取工资的劳动者。至于纺纱工序、则多由乡间农妇完成。只有对羊毛进行清洗、梳理等工序，是集中在企业家的工场中进行，设备简陋、生产条件恶劣。从事这种工作的工人被称为梳毛工，没有行会组织，所得工资低微，受剥削严重，境况最差。

意大利各城市的政权组织形式是所谓共和制，表面上为选举产生的市议会所掌握。市议会多为大商人、银行家、资本家等把持。他们组成城市贵族集团，垄断市政，压迫城市平民。城市上层充满了争权夺利的党派斗争，有所谓皇帝党与教皇党的争夺。下层民众对城市上层的统治十分不满，用各种形式抗议，有时会爆发起义。1378 年，佛罗伦萨曾发生梳毛工起义，即下层群众、雇佣工人、低级行会师傅反对城市贵族的斗争。起义一度取得胜利，但因缺乏坚强的领导，很快即被镇压。

激烈的社会冲突，使意大利城市中的统治阶级害怕，他们感到共和制不能保证长治久安，纷纷抛弃共和走向独裁政权。一批金融家、冒险者、雇佣兵队长，相继在各城市取得政权，形成其个人或家族的独裁统治。15 世纪时佛罗伦萨政权由美第奇家掌握，祖孙 3 代支配佛罗伦萨 60 余年。米兰则由农民出身的斯福查所占据。

一些独裁者为取悦城市居民，防止对手颠覆活动得逞，往往仿效古典时代城邦生活传统，花费大量金钱，举办盛大的游行、喜庆宴会及各种公共事业，建筑华丽的宅第、教堂、公共娱乐场所，提倡文化，奖励艺术。当时意大利各城市中货币、财富不断积累，社会生活日益复杂化，资本主义关系萌动，各种新事物层出不穷。活跃的城市生活吸引人们公开追求人间的各种乐趣，而摒弃中世纪的消极、保守和禁欲主义传统。凡此种种，有助于酝酿一种新的人生观，文艺复兴的序幕渐渐拉开了。

第五节 西班牙国家的形成

穆斯林西班牙 8世纪初阿拉伯人越直布罗陀海峡征服西班牙,直到15世纪末格拉那达陷落为止,阿拉伯人在西班牙的存在长达8个世纪。大马士革的倭马亚王朝灭亡后,其后裔逃亡到西班牙,756年建立起西班牙的倭马亚王朝(756—1031年),不久西班牙进入其发展的鼎盛时期。

阿拉伯人把灌溉技术引入西班牙,修筑水利工程,引水灌田,精耕细作,变荒野为沃土,发展农业,并引进东方农作物品种,如水稻、甘蔗、棕榈、桑树等。阿拉伯人更促进养羊业在西班牙的发展,使其优质羊毛一直享誉于西欧。手工业则有采矿(金、银、铁)、金属加工、武器制造、玻璃、造纸、丝织、毛织业等,都十分发达。由于经济发展,西班牙这时兴起数百个工商业中心的城市。首都科尔多瓦,10世纪时有人口11万户,约50万人,是欧洲最大的城市,与君士坦丁堡、巴格达、长安并称当时世界四大都会。不少西班牙城市从事远洋贸易,和意大利、拜占廷、北非都有往来,并且间接和中国、印度也有贸易。

在经济发达的条件下,穆斯林西班牙的文化也随之繁荣。科尔多瓦修筑有许多辉煌壮丽的清真寺,有藏书40万册的图书馆。许多清真寺中设立学校,教授学生、研究各种学问。一批天文学家、数学家、医学家、伊斯兰教义学家、文学家、史学家、诗人均荟萃于此。欧洲的不少知识分子来此学习,通过阿拉伯人学习他们半已遗忘的古典文化,也学习阿拉伯文化。科尔多瓦成为当时欧洲人学习文化的重要基地。

11世纪开始,倭马亚王朝走向衰落,分裂为20多个小王国,互相攻击。北非的伊斯兰教王朝——阿尔穆拉维德和阿尔摩哈德虽先后进入西班牙,但亦未能重新得到统一。分裂的伊斯兰小王国先后被反攻过来的基督教王国灭亡。

基督教国家的兴起及反攻 当阿拉伯人征服西班牙时,一小部分基督教居民被驱赶到北部边陲之地,未被征服。他们在荒凉的北部山地形成几个独立的封建领地,互相攻伐。10世纪时,形成了卡斯提尔国家。1037年它合并莱昂,成为卡斯提尔王国。11世纪在半岛西部兴起了葡萄牙,12世纪成为王国。12世纪在半岛东北部又形成阿拉冈王国。主要由这几个国家进行了对穆斯林的反攻,完成了西班牙的再征服运动。

再征服运动是指西班牙的基督教小王国对伊斯兰教徒的战争,直到最后把伊斯兰教徒赶出西班牙,过直布罗陀而终止。表面看来,它是两种不同宗教、不同种族之间进行的战争。它和东部的十字军东征差不多同时,也是绵延数世纪之久,是欧洲大陆西翼基督教封建主所发动的十字对新月的战争。参加者除西班牙封建主外,还有法国和意大利的骑士,并且也得到教皇支持。但实际上,这仍是西欧封建主夺取土地的扩张战争。

再征服运动为何能取得胜利,落后的西班牙封建主为何能战胜先进的阿拉伯人。这首先要归因于阿拉伯西班牙的内部矛盾。阿拉伯征服者对当地的基督徒本采取宗教宽容政策,仍然依惯例征取人头税与土地税,于是逐渐有不少人改宗伊斯兰教。这些改宗者多是下层群众,为逃避重税投归真主。改宗后,他们仍得不到阿拉伯穆斯林那样的待遇,遭受歧视。因此他们最先表示不满,在各城市中掀起骚乱。未改宗的当地基督徒和阿拉伯征服者既有宗教矛盾,又有阶级矛盾,这些广大农民、手工业者为逃避阿拉伯封建主的剥削压迫,不断逃往北方,壮大了再征服运动的力量。阿拉伯人本身,经过一段辉煌岁月之后,已陷入割据、混战、衰落之中。统治阶级腐败日甚一日,各地封建主独立性越来越大,不听中央号令,互相斗争,削弱自己的力量。这样终被北方的基督教封建主击败。

卡斯提尔位居伊比利亚半岛中部,这里是反穆斯林斗争前哨,很早就堡垒林立,故有卡斯提尔之名(卡斯提尔意即堡垒)。这些堡垒逐渐大都发展成城市。城市居民的义务首先是服兵役。他们和小骑士一道,构成再征服运动的主力,也是支持王权的重要力量。国王阿方索六世(1072—1109 年在位)时,1085 年从阿拉伯人手中夺得托莱多这个原西哥特王国的首府,把边界扩展到特茹河畔。阿拉伯人为抵抗卡斯提尔的进攻,从海峡对岸召来了主要由柏柏尔人组成的阿尔穆拉维德王朝的军队,1086 年击败阿方索六世,暂时遏制住了十字军的攻势。但这一情况并未保持多久,阿尔穆拉维德不久势衰,卡斯提尔继续前进。1212年,在教皇英诺森三世鼓动下,组成卡斯提尔国王阿方索八世(1158—1214 年在位)统率的十字军,有法国、葡萄牙、阿拉冈等国的骑士参加,和阿尔摩哈德王朝的军队会战于哥尔多瓦以东的托罗萨,结果哈里发的 60 万大军几乎全军覆没,被杀者达 10 万人,逃脱者仅千余人。这场战争宣告了阿拉伯人在西班牙统一抵抗力量的崩溃,基督徒的再征服运动以更快的速度推进。

卡斯提尔在国王费尔南德三世(1217—1252 年在位)统治下,加速向南推进。夺取科尔多瓦(1236 年)和塞维利亚(1248 年),进到瓜达尔基维尔河流域。阿拉冈也于同时占领巴伦西亚,并向海外扩张,占领巴利阿利群岛、西西里、撒丁及那不勒斯,成为海上强国。

王朝合并和西班牙统一的完成　卡斯提尔是再征服运动中成长起来的封建国家。在夺取阿拉伯封建主土地的过程中,教俗大封建主广占地产,加强了自己的地位。小骑士成为军队主力,也有很大势力。许多农民参加反穆斯林的战争,占领土地后即移居于那里,摆脱农奴地位,获得人身自由,组成自由的农村公社。在再征服过程中,城市取得广泛的自治权,有国王封赐的证书。城市互相之间还结成同盟,以捍卫自己的权利。12 世纪末年,卡斯提尔已形成等级代表会议,在国王召集下讨论一些重大问题。参加等级会议的除封建主外,还有城市和村社的代表。国王依靠城市支持,和大封建主展开斗争,不断提高自己的地位。

阿拉冈地区封建依附关系发达,不少农民是农奴,受地方习惯法支配,人身不自由。贵族势力强大,独立性强,把持国会,有权废立国王。为反对落后的农奴制度和封建陋习,阿拉冈东部的加泰罗尼亚地区农民1462年掀起大规模起义,组成队伍,围攻城市、堡垒和寺院,要求废除农奴制度,分配土地。斗争坚持了10年,逐渐衰落下去。但15世纪80年代,农民再度掀起斗争。经过反复奋斗,许多农民通过多种途径获得自由,农奴制度受到沉重打击。

1469年,卡斯提尔王位女继承人伊萨贝拉和阿拉冈王子费迪南结婚。1474年,伊萨贝拉继卡斯提尔王位。1479年,费迪南也即位为阿拉冈国王,于是通过王朝联姻,卡斯提尔和阿拉冈合并,形成统一的西班牙王国。伊萨贝拉和费迪南依靠城市、小贵族以及教会的支持,反对分裂割据的大贵族,摧毁他们的城堡,没收他们所侵吞的王室土地,剥夺他们的某些特权。西班牙开始建立君主专制制度,国王拥有强大常备军,国会很少召开,城市自治权亦被削弱。宗教裁判所活动猖獗。对反抗国王和教会的人加以异端罪名,没收财产或以火刑处死。

这时阿拉伯人在西班牙只剩下以南方城市格拉那达为中心的一个小王朝,无力抵抗。费迪南率军包围了该城,断绝供应,守军最后只好投降。1492年1月,卡斯提尔军队进入格拉那达,伊斯兰教的最后一个据点陷落。西班牙统治者迫害留下来的伊斯兰教徒,他们被迫大批逃亡到非洲,据说达50万人。大批手工业者及农民的出走,给西班牙经济发展造成严重的损失。

第十一章　中南非洲和美洲

第一节　撒哈拉沙漠以南的非洲

　　非洲大陆,历史悠久,但社会发展极不平衡。北部非洲,由于接近亚欧大陆,文明开化较早,公元前数千纪就跨入了文明社会,先后经历了奴隶制和封建制发展阶段。相对来说,中南非洲社会发展则比较后进,直到中古时期,多数地区尚未脱离原始状态,有的甚至还处于原始社会的早期阶段。

　　中南非洲的自然环境和居民　　中南非洲,指撒哈拉沙漠以南的热带非洲,因其主要居民是黑人,故亦称"黑非洲"。中南非洲位于赤道上,绝大部分土地受到太阳垂直照射,气候炎热。赤道以南,卡拉哈里沙漠和纳米布沙漠,千里绵亘;赤道以北,苏丹大草原,广阔无垠。最大的河流有刚果河(扎伊尔河)、尼日尔河,最大的湖泊有维多利亚湖、乍得湖等,主要分布于赤道附近及其以北地区。南部沙漠地区水系不发达,无大河流或只有一些时令河和干涸河床,只有卡拉哈里盆地部分地区河流的水源,靠地下水供给。中南非洲,矿物资源和物产丰富。金刚石、铝土和磷酸盐的储量居世界之首,其他如铜、铁、锌、铝、锰、铀、煤和石油等的储量,也相当可观。赤道非洲,热带森林繁茂,盛产红木、樟木、黑檀木、花梨木等经济林木。东部和西部沿海平原地区,农业发达,许多经济作物,如天然橡胶、甘蔗、烟草、油橄榄、棉花、花生、咖啡、可可等,都在世界上占有重要地位。

　　中古时期,中南非洲主要居民是黑人。按语系,分为苏丹语系和班图语系两种。属苏丹语系的居民,分布在撒哈拉以南,赤道以北,埃塞俄比亚以西至大西洋沿岸地带,肤色黝黑;属班图语系的居民,肤色浅黑,主要分布在赤道以南地区。此外,还有少数其他种族的人,如属于马来—波利尼西亚语系的马达加斯加人(黄种人),以及属于闪米特语系的埃塞俄比亚的阿姆哈拉人(皮肤暗红)等。

　　中南非洲的自然环境,为人类的生存提供了许多有利条件,但也带来许多艰难。黑人各族人民,正是在这种十分复杂的环境里生息、劳动,创造出许多独具风格的文化。但是,由于殖民主义者的侵略,打断了他们进一步独立发展的可能。

　　以下按地区分别叙述中南非洲各国的历史。

　　东非诸国　　东非的地理范围是:西自乍得湖,东至红海和印度洋沿岸,北连埃及,南达赤道附近。主要包括埃塞俄比亚、索马里、肯尼亚、坦桑尼亚、乌干达和苏丹诸国。此地区北部是"非洲屋脊"——埃塞俄比亚高原,南部是东非高原,印度洋沿岸有狭窄的平原。绝大部分地区属热带草原气候,埃塞俄比亚和索马里的红海、亚丁湾沿岸一带气温最高,年平均气温达摄氏 30 度以上。印度洋和红海是古代东西方贸易的必经之路。埃及不仅是文明古国,并且是中古时期阿拉伯—伊斯兰文化的中心之一。这样,先进的古代东方文明和阿拉伯—伊斯兰文明,南方通过印度洋、北方穿过撒哈拉沙漠,逐渐传入中南非洲。最先受到先进文明影响的是东非地区。这里较早地出现了比较发达的非洲文化。

1. 埃塞俄比亚王国　埃塞俄比亚①是非洲大陆上唯一的基督教文明古国。公元前一千纪左右,南阿拉伯人(塞白人)就在埃塞俄比亚北部沿红海地区进行殖民,并与这里的原住民逐渐融合,社会有了较快的发展。公元前后,形成了阿克苏姆国家(因首都为阿克苏姆城,故名)。阿克苏姆国家,通过红海的国际贸易迅速繁荣起来,4 世纪达于极盛时期。国王厄查纳四面出征。向西渡过尼罗河,一举征服了另一个著名的东非古国麦罗埃,向东渡红海征服了南阿拉伯的塞白和希姆雅尔等国。版图北自埃及南境,南达索马里,西起尼罗河上游,东迄红海东岸的也门地区,幅员辽阔,国王厄查纳自称"万王之王"。厄查纳推行基督教,改革文字,奠定了基督教文明基础。阿克苏姆国家拥有一支强大的军队,其中有象骑军和海军,控制红海水域,独占红海贸易。在外交方面,阿克苏姆与拜占廷结盟,共同反对波斯,以确保对红海和也门的控制。

阿克苏姆国家有比较发达的农业和畜牧业。主要农业作物有苔麸(一种籽粒小,产量较高的草本植物)、小麦、大麦、豆类以及葡萄等。阿克苏姆人修筑梯田、水坝、水池和灌渠,引水灌溉。畜牧业方面,饲养大群的牛、羊、驴、骡等。据说,国王一次赏赐藩属 25 000 头牛,可见畜牧业规模之大。手工业,以金属工艺为主,其他如制陶、泥瓦、石雕等工艺也有相当水平。规模宏伟的宫殿和举世闻名的巨石圆头碑,都显示了石雕工艺和建筑艺术的高超。对外贸易是阿克苏姆国家的重要经济支柱。在某种意义上说,它决定着阿克苏姆国家的兴衰。输出品主要有象牙、犀角、龟甲、香料、黄金以及奴隶等。输入品有来自埃及的谷物、酒类和粗布,印度的农产品、棉布、铁和铜,波斯的服装,意大利半岛和叙利亚的葡萄酒和橄榄油,等等。

7 世纪,阿拉伯人崛起。他们征服了埃及,使原来从地中海经红海至印度的商路被阻。从此以后,阿克苏姆国家赖以兴旺的红海贸易逐渐削弱,阿克苏姆国家也日趋衰落。12 世纪,为南部操库施特语的阿高人所取代,建立了新的札格维王朝(1137—1270 年)。

札格维王朝统治者也信奉基督教,大修教堂和修院,并赐予土地。租种教会

① 埃塞俄比亚又名"阿比西尼亚"。前者源于希腊文,意指埃及以南的国家;后者出自阿拉伯语,有"混血"、"杂种"之蔑意。

234

和基督教地主土地的农民,必须缴纳实物地租,负担徭役,封建生产关系逐渐发展起来。

　　1270年,阿姆哈拉人叶库诺·阿姆拉克推翻了札格维王朝,建立所罗门王朝①,定都于安姆格柏尔。所罗门王朝时期的埃塞俄比亚国家的领域,比阿克苏姆时期更加扩大了。国王仍称"万王之王",各地王公和封建主向他缴纳贡赋并提供军队。全国土地基本由皇室、教会和世俗封建主所占有。农民除负担贡赋和各种劳役外,还须服兵役。在国家政治经济生活中,基督教会(科普特派)拥有很大的势力。它不仅占有大量地产,而且还干预国家权力。总主教可以干预王位继承,可以借宗教问题发动内战,甚至国王的训谕也须经他签署。文化教育事业完全操在教会手中。教会上层构成统治集团的重要组成部分。

　　封建关系进一步发展,各地王公和教俗大封建主的势力不断加强。他们割地自雄,争战不已。在外部,又经常受到阿拉伯人从东部沿海方面的进攻。16世纪,埃塞俄比亚的国家形势更加紧迫。1517年奥斯曼帝国征服埃及,把势力扩展到红海一带,进而威胁埃塞俄比亚。与此同时,游牧的加拉人从南部北上,占地掠城,不断扩张。正当埃塞俄比亚处于来自南北两大势力的夹击之时,葡萄牙殖民主义者也来到了埃塞俄比亚。面对这种困境,埃塞俄比亚人展开了长期的艰苦的斗争。他们先联合葡萄牙人驱逐奥斯曼土耳其人,继而再赶走葡萄牙殖民主义者,最后把加拉人逐出国门,收复失地,捍卫了国家的独立。但是,这一连串的长期战争,导致生灵涂炭,财富一空,国势衰微。

　　2.苏丹　苏丹②(古努比亚)位于埃及和埃塞俄比亚之间,自古以来和这两个国家有着密切的联系。在公元前3千纪的古埃及铭文上,发现了关于努比亚国家最早的记载。公元前16世纪到14世纪期间,努比亚的很大一部分地区被埃及侵占。在反埃及侵略的长期斗争中,努比亚各族人民逐渐加强了联系。公元前12世纪末,形成了独立的国家——库施王国,首都纳巴塔,故又称纳巴塔王国。公元前800年左右,纳巴塔王国开始强大起来,占领了整个尼罗河流域,在埃及(第25王朝)确立了统治权。但是,纳巴塔王国的强盛没有多久,很快就从埃及被赶出来。公元前6世纪中叶,纳巴塔王国将首都从纳巴塔南迁至麦罗埃(今喀土穆北),从此,又被称为麦罗埃王国。公元1世纪左右,麦罗埃王国繁荣昌盛起来。麦罗埃地处东非的交通要冲和贸易枢纽,同埃及、埃塞俄比亚、印度、西亚等地都有贸易来往。在麦罗埃出土的中国铜鼎,说明当时麦罗埃王国同中

---

　　①　叶库诺·阿姆拉克是虔诚的基督教徒,自称恢复了所罗门王朝世系,故称其所建王朝为"所罗门王朝"。

　　②　苏丹,源于阿拉伯语,地理上泛指撒哈拉南侧和赤道以北的热带森林北缘,西起佛得角,东至埃塞俄比亚和红海之间,横跨非洲的开阔热带草原。

国也有文化交流。4世纪,麦罗埃的统治者们发生内讧,削弱了国家的防卫力量,曾一度被强大起来的阿克苏姆国家所征服。6世纪中叶,从埃及传入基督教,并成为麦罗埃国家的正式宗教。不久以后,麦罗埃分裂为两个基督教国家:穆库拉和阿罗亚。前者以东古拉为都,故又称东古拉王国;后者建都索巴。后来,穆库拉国并入埃及,阿罗亚暂时保持独立。

早在公元前后,就有一部分阿拉伯人从埃塞俄比亚进入努比亚,建立殖民点。阿拉伯人征服埃及以后,在8世纪中叶曾侵入努比亚,直到13世纪才最终征服努比亚全境。从此,阿拉伯文化和伊斯兰教在努比亚广为流行;伊斯兰教逐渐排斥了基督教。努比亚日益伊斯兰化和阿拉伯化。

3. 索马里和桑给巴尔　索马里半岛及其以南的东非沿印度洋海岸一带,自古以来就是国际贸易的重要地区。在繁华的国际贸易中,兴起了一些城市和城市国家。著名的如泽拉、柏培拉、哈丰角、摩加迪沙、布拉瓦、马林迪、蒙巴萨、桑给巴尔、基尔瓦等。这些城市和城市国家大都是早期阿拉伯人的移民点并为其所控制。公元4—5世纪,阿克苏姆国家征服北索马里。从此,索马里展开了长期的反埃塞俄比亚人统治的斗争。8—9世纪,伊斯兰教传入北索马里,在沿海和内地兴起一些穆斯林小国。9—13世纪,它们在同信仰基督教的埃塞俄比亚人的长期斗争中,北索马里的伊法特逐渐强盛起来。伊法特人以哈拉尔(位于今埃塞俄比亚东部)为中心,把势力扩展到亚丁湾沿岸,占领包括泽拉港和塔朱腊湾在内的重要商埠地区,每年从繁盛的国际贸易中获得巨额收入。15世纪初,伊法特人在同埃塞俄比亚的斗争中一度失利,曾沦为其属国。16世纪,伊法特人摆脱埃塞俄比亚的统治,以阿达尔为中心建立新国家。在争取独立斗争过程中,阿达尔的大教长伊玛目艾哈迈德·易卜拉欣·加齐发挥了巨大作用。他把伊法特人团结起来,先是停止向埃塞俄比亚纳贡,继则打败统治阿达尔的埃塞俄比亚总督,最后取得独立。17世纪末,阿达尔国家为游牧的阿尔法人所灭。

随着索马里人的兴起,索马里人日益遍布于东非广大地区。17世纪,今索马里全境、吉布提共和国南部、埃塞俄比亚东部的奥加登地区和肯尼亚的东北部都有索马里人居住。

桑给巴尔国家是在北索马里与埃塞俄比亚人斗争时期由南部班图人各城邦以基尔瓦为中心形成的黑人国家①。桑给巴尔并不是真正的统一国家,而是许多城邦的联合,但基尔瓦在争霸的各城邦中长期居于统治地位。15世纪,桑给巴尔帝国繁荣起来,它同印度洋各国有广泛的商业关系,贸易的商品种类和数量空前地增加了。输出黄金、象牙、龙涎香和奴隶,输入绸缎、布匹、金属制品和奢

---

① "桑给",波斯语为黑色或黑人之意,"巴尔"为海或海岸之意。"桑给巴尔",意即黑人的海岸或黑人之国。

侈品等。首都基尔瓦是巨大的商业中心,其他如摩加迪沙、蒙巴萨、马林迪等都是著名的商业城市。

正当桑给巴尔兴旺发达之际,却遭到了西方殖民主义者的侵略。1498年,达·伽马在阿拉伯人的协助下,开辟了通往印度的航路,并开始对亚非沿岸进行殖民侵略。1509年,葡萄牙在莫桑比克设总督府,作为掠夺东非的大本营。从15世纪末到17世纪的两百年中,葡萄牙殖民者对东非各国大肆掠夺,他们抢劫黄金、象牙、珠宝和其他珍贵物资,猎取黑奴,破坏生产,致使许多繁荣的商业城市凋敝,失去了昔日的勃勃生机。

西非诸国   西非,西起大西洋沿岸,东至乍得湖,北连撒哈拉沙漠,南临几内亚湾。西非的北部属于撒哈拉沙漠,为热带沙漠气候;中部属于苏丹草原,为热带草原气候;南部为上几内亚高原,沿海有狭窄的平原,几内亚湾沿岸地区多属热带雨林气候。西非主要居民是苏丹语系的黑人,所以西非也称西苏丹。

西非很早就和北非诸国有贸易关系。西非内地不产盐,几内亚湾沿海地区所产的盐,由于热带森林所阻,运输困难,所以大部分食盐需从外部输入。北非地区南缘有许多产盐区,用骆驼驮载南运,比较方便。另方面,西非盛产黄金,而北非诸国(无论是罗马帝国或阿拉伯帝国时代)社会发展先进,商品货币关系较为发达,都需要大量黄金。这样,由于黄金和食盐的相互需求,构成了西非与北非贸易的基础。与撒哈拉南缘相接的西非地区,通过繁荣的贸易来往,不仅在经济上富裕起来,而且受到北非先进文化的影响。在这样的经济和文化的背景下,8—16世纪,西非先后兴起了三个文明国家:加纳、马里和桑海。

1. **加纳**   古加纳国家在地理上与今日的加纳共和国不同,是在塞内加尔河和尼日尔河上游的北部,约当今日马里共和国的西部地区。主要居民是索宁克人(曼丁哥人的一支),另外还有一部分柏柏尔人。

加纳建国的时间,尚无定论。据民间传说,到7世纪,已传22位君主。中古时期阿拉伯作家的报道和近年来的考古资料,提供了8—13世纪加纳国家的一些政治经济情况。加纳盛产黄金,国王垄断金矿的开采。阿拉伯人征服北非以后,知道加纳盛产黄金,经常以食盐、布匹、贝壳等物与加纳贸易,换取黄金、象牙和奴隶。美洲发现以前,主要由西非向地中海沿岸各国供应黄金。商业繁荣,商队往来频繁,在商道附近兴起了一些城市,如瓦拉塔、廷巴克图、迭内和加奥等。

加纳初期的统治者是白人,可能是撒哈拉南迁的柏柏尔人。8世纪末,属于黑人曼丁哥族系的索宁克人夺得政权,建立了黑人的西塞·通卡尔王朝,首都昆比·萨利(今马里共和国凯斯北缘尼奥罗附近)。通卡尔王朝统治数百年之久,极盛时期版图跨尼日尔河上游和塞内加尔河上游盛产黄金的广阔地区,控制了撒哈拉西段的贸易,成为南北方食盐和黄金贸易的中心。首都昆比·萨利是一个拥有3万人口的商业城市,商贾云集;因为居民大都是穆斯林,所以清真寺有 12 座之多。加纳王室独占金矿,国王有"卡雅·玛甘"("黄金之王")之称,足见其富有。关税也是王室的重要收入。入境的每一头驴驮载的盐,征收 1 个第纳尔,出境的征收两个第纳尔;每包铜,征税 5 块粗布;每包杂货,征税 10 块粗布。黄金和税收,使国王获得巨额财富。另方面,由于加纳人掌握了冶铁技术,能制造当时比较先进的铁制武器,军事力量略高一等。国王凭借大量财富和技术优势,装备了多达 20 万人的强大军队,并以此为支柱,统治人民,征服四方,控制商路,成为西非历史上第一个繁荣富强的大国。

加纳国王具有很高的权威。临朝时,鸣鼓为号。属下拜见国王,须匍匐在地,头顶上撒把尘土,以示敬服。国王竭力加强集权统治,任命王室成员或亲信担任军政要职,并向各藩属派遣代表,率军队驻扎该地,监督地方。地方须向国王缴贡,也有纳贡村庄。这表明,加纳业已存在封建依附关系。但奴隶制广泛存在,国王死后用人殉葬,祭司杀人祭奠,金矿广泛使用奴隶劳动,存在奴隶买卖。此外,加纳还保持着氏族制度的习俗,王位按母系继承,舅父传位于外甥。

加纳富裕,具有政治经济战略意义。因此,加纳成为北方大国争夺的对象。9 世纪,柏柏尔人时常袭击加纳。11 世纪中叶,北非的阿尔穆拉维德王朝征服了塞内加尔河下游的柏柏尔部落,接着大举进攻加纳。1055 年,占领撒哈拉南缘重镇奥达果斯特,切断了加纳同北方的贸易大道。加纳和阿尔穆拉维德王朝展开了长期的战争,曾多次击败入侵者的进攻。但至 1076 年,终于战败,首都被占,国王被迫称臣纳贡。但是,索宁克人不甘屈服,继续进行斗争。不久,南迁的索宁克人在鲍尔河和尼日尔河之间重建政权,几年后(1087 年)终于赶走了侵略者,收复失地,重新获得独立。但复国后的加纳,不久分裂为很多小王国,彼此混战,国势日衰。外族乘势入侵。1203 年,索索人部落袭击加纳。1240 年,马里国王松迪亚塔征服加纳,加纳灭亡,成为马里的一部分。

2. 马里 马里原来是加纳南部尼日尔河上游康加巴(今巴马科南部)地区的一个小国,居民主要是马林凯人(黑人曼丁哥族的一支),信仰伊斯兰教。11世纪以前,曾隶属于加纳。加纳衰落后,索索人一度强盛,马里又被索索人征服。13 世纪,马里强盛起来。1235 年,马里王子松迪亚塔在人民的支持下,打败索索人,随后征服加纳,建都于尼亚尼(康加巴附近),是为马里王国。松迪亚塔注意发展生产,砍伐森林,扩大耕地,种植谷物和棉花,农业、手工业和商业都有所发展。马里的粮食自给,棉织品行销国外,黄金大量运往北非。生产发展,经济繁荣,马里国家日益强大起来。

曼萨·穆萨统治时期(1307—1332 年或 1312—1337 年),马里国势达于极盛。版图西起大西洋,东至加奥,向北深入撒哈拉,占领著名的陶德尼产盐区,向南直至赤道热带森林的边缘,占领了加纳未曾占有的产金区。马里同北非各国进行频繁的贸易,从北方输入高级纺织品、服装和马匹;输出食盐、黄金和奴隶。

马里把整个苏丹、摩洛哥和南部阿尔及利亚的黄金和盐的贸易,都掌握在自己手中。据14世纪中叶到达马里的旅行家伊本·巴图塔记载,马里每年都有定期商队去开罗,商队的骆驼数量多达12 000头。埃及、马格里布的阿拉伯商队也到马里来。随着大规模贸易的发展,马里帝国出现了一些繁荣的城市,重要的如廷巴克图、瓦拉塔、迭内、加奥等。在廷巴克图,有外国商人的专门住地,其规模之大,整整占据了一个街区。

马里帝国,经济繁荣,国家富强。1324—1326年,曼萨·穆萨率领庞大队伍去麦加朝觐。队前有500名手执金杖的奴隶开道,队后有80头骆驼,满载黄金,声势浩大。曼萨·穆萨沿途施舍,慷慨大方,挥金如土。途经开罗时,他赏赐埃及官吏的黄金,竟然引起开罗黄金价格暴跌,可见所赐黄金数量之巨。从此,马里富强之声誉,远扬欧洲。

曼萨·穆萨关心和鼓励文化教育事业。他从国外请来许多穆斯林学者,修建王宫和清真寺,创办学校,促进了马里经济、文化的进一步发展。廷巴克图的桑科尔清真寺是著名的学术中心,桑科尔大学有数千名学生,其中有不少是欧洲白人留学生。埃及、摩洛哥的学者都应邀前来讲学。图书馆藏有大量的图书、文献和资料。马里君主尊重学者,对法官、医生、诗人、教授和建筑师等,都给予很高的礼遇。格拉纳达的著名诗人兼建筑家萨希利,对马里产生了明显的影响。他的建筑设计使马里的建筑艺术为之一新,开创了马格里布风格的新时期。

马里国王不仅富有,并且享有极大权威。他拥有一支10万人的军队,包括1万名的骑兵,在尼日尔河上还有水军。马里君主致力于集权统治,他亲自向地方派遣行政长官,农村则由传统的部落首领负责。各地藩属都须对他效忠、纳贡。因此,马里君主有"曼萨"(意为"众王之王")的尊号。

马里国家存在着大量的奴隶。在征服战争中,许多战俘变为奴隶,奴隶买卖也很盛行。王室和大贵族都占有很多奴隶,金矿、苦役和家庭服役,广泛使用奴隶劳动,奴隶也被用来充军。被征服的部落,往往集体沦为"奴隶部落"。"奴隶部落"须向国王缴纳贡赋,接受国王派来的官吏的监督。其实际地位,类似依附农奴。这说明马里国家已出现了封建剥削关系。

马里帝国主要是武力征服的结果,内部存在许多彼此毫无联系或利益冲突的部落、集团、种族和阶层,社会关系复杂,矛盾很多。14世纪末以后,马里统治阶级开始了争夺王位的长期混战,内部受压迫的部落人民乘机自立,外族频频入侵,国势日趋衰落。1546年,曾一度臣服于马里的桑海人攻占了马里首都,马里被迫沦为偏安一隅的小国,勉强维持统治。17世纪中叶,终于被班巴拉人征服。盛极一时的马里帝国终于灭亡了。

3. 桑海 桑海(松加伊)人的故乡在尼日尔河中游的登迪地区,后来因受哈乌斯人的压迫,逐渐溯流而上,9世纪占领商业重镇加奥,并以此为都,形成了桑海国家(历史上又称加奥王国)。13世纪末,桑海曾一度被马里国王萨库拉征服,但不久又恢复了独立。到国王索尼·阿里统治时期(1462—1492年),桑海强大起来。索尼·阿里建立了一支强大的军队,经过30年的征战,先后打败了北方的图阿列格人,南面的摩希人和西部的富尔贝人,占领了马里帝国东部大部分地区,夺取了廷巴克图和迭内等商业重镇,控制了贸易中心地区。

索尼·阿里死后,其部将素宁克人穆罕默德·杜尔篡夺了王位,自称阿斯基亚·穆罕默德一世①(1493—1529年在位)。他在位时期,实行了一系列改革,桑海国家发展到极盛。其版图,北方深入到撒哈拉沙漠,占领了各主要绿洲以及塔卡查和登尼的最丰富的产盐区;南达尼日尔河中游摩希人住地,东到布萨瀑布,西抵尼奥罗,囊括了西非洲最富庶的平原地区。成为继马里之后西非又一大帝国。

阿斯基亚·穆罕默德竭力强化集权统治,从中央到地方设立了一整套统治机构。中央设各部大臣,分掌财政、航运、农牧、渔业、林业和宗教等事务。全国分为4个行省和几个商业特区。中央各部大臣和地方高级行政长官,都由国王从王族国戚中选派亲信担任。国王拥有一支以战俘和奴隶组成的常备军,还有水军。他还用宗教神权来支持和巩固政权,设置了专门管理全国穆斯林的最高祭司。1495—1497年,率领由500名骑兵和1 000名步兵组成的随从队伍去麦加朝觐,并从麦加大教长那里获得"苏丹地区哈里发"的尊号。

阿斯基亚·穆罕默德注意发展生产,鼓励商业和手工业。他在尼日尔河上游开凿运河,兴修水利,促进农业发展;开发矿藏,采金,采盐;统一度量衡,保障商旅安全,推动了商业和手工业的繁荣。加奥、廷巴克图和迭内是帝国的三大贸易中心。首都加奥有7 626幢房屋,居民多达75 000人。迭内,有11个城门,可见其规模之大。除商业外,手工业也很发达。纺织业尤为著名,廷巴克图仅裁缝作坊就有26家,每家有50—100个徒工。

阿斯基亚·穆罕默德还重视文化教育,奖励学术,创办学校,广招各地学者文人。1492年,格拉那达被西班牙人攻占后,从那里逃出来的许多学者、思想家、艺术家、医生和科学家,都被他收容下来,让他们在桑科尔大学任教,从事科学研究。当时的桑科尔大学除研究《古兰经》外,还研究法律、文学、历史、地理、数学、天文学和医学等方面的学问。图书馆藏有大量图书,其中许多是不惜重金购置来的珍本。当时的廷巴克图有各类学校150所,成为与巴格达、开罗齐名的穆斯林世界的文化中心之一。培养出不少有造诣的学者,他们写了很多著作,保存和发展了阿拉伯—伊斯兰文明。

在桑海社会生活中,奴隶制还起着比较重要的作用。奴隶主要来源于战争

---

① 阿斯基亚,意为"大王"。

的俘虏。奴隶可以转让和买卖,各城市中都有买卖奴隶的市场。王室和王亲国戚都占有许多奴隶。桑海的奴隶不仅用于家庭服役,还广泛地用于农业生产、捕鱼和修造船舶等劳动。此外,部分奴隶还参加国王的常备军。阿斯基亚·穆罕默德把所有奴隶编为 24 个部落,分置于全国各地,征收一定的贡赋和徭役。除了王室的奴隶可以免纳贡赋外,一般奴隶部落都须按规定缴纳实物地租。这种固定在土地上并缴纳实物地租的奴隶,其经济地位与中世纪的农奴相似,说明封建剥削关系已有相当的发展。不过当时的奴隶在法律上和社会地位上还有区别,他们不能与自由民通婚,人身没有法律保障,社会地位低贱。

桑海统治阶级对各族人民和奴隶的剥削与压迫相当残酷。16 世纪以来,被压迫的部落和奴隶起义不断发生。统治阶级的挥霍浪费,耗费了国家大量资财,以致发生财政危机。阿斯基亚·斯穆罕默德率庞大队伍去麦加朝觐,旷日持久,耗费巨大,欠下埃及商人 15 万杜卡特的债务。1517—1528 年,桑海发生内乱,统治阶级争夺王位混战不已。从此以后,国势衰微,每况愈下。1590 年,摩洛哥苏丹艾哈迈德·曼苏尔(1578—1603 年在位)率领带着火枪的 2 000 多名侵略军,大举进攻桑海。桑海首都加奥和商业名城廷巴克图、迭内等被占领,并遭洗劫和破坏,著名的桑科尔大学及其图书馆被付之一炬,许多珍贵图书和手稿化为乌有。侵略者从桑海劫掠 450 万磅黄金(一说为 10 万金币)和 1 000 多个奴隶(其中包括不少学者)。失败后的桑海退到故地登迪,苟且偏安,无力反击侵略者。但在敌占区却爆发了轰轰烈烈的人民大起义。1591 年 10 月,迪奥果拉尼的奴隶部落举行起义,向廷巴克图方面进军。后来又和图阿列格人联合起来,转战于从加奥至迭内的广大地区。此起彼伏的人民起义,使侵略者首尾不及,无法向纵深地区进攻,只局限于加奥、廷巴克图和迭内等少数城市及其附近地区,致使桑海有保持偏安一隅的可能。这次人民大起义,坚持斗争 60 年之久,直到 1652 年最后失败。这时的桑海继续内讧不已,为了争权,王子不惜生擒其父,挖掉双眼,流放于荒岛。1680 年,桑海终于灭亡。

桑海帝国灭亡以后,各部落长期混战,昔日曾一度繁荣富庶的地区,遭到严重破坏,变为一片荒凉。此后,西非的经济文化中心转向南方的几内亚湾一带,在那里出现了一些小国家,如贝宁等。

赤道非洲及其以南各国　这个地区以卡拉哈里沙漠为界,北部主要为苏丹草原、刚果河(扎伊尔河)盆地和几内亚高原,南部属于南非高原。北部除刚果河盆地中部和下几内亚高原北部属热带雨林气候外,其余地区大体属热带草原气候。热带森林资源和矿物资源丰富,盛产热带经济林木和黄金等。主要居民是班图语系尼格罗人(黑人)。南部地区,在南非高原中部为卡拉哈里盆地。该地区气候复杂,西部属热带沙漠气候,西南沿海属亚热带地中海气候,东南沿海和马达加斯加东部则属热带雨林气候,其余地区大都为热带草原气候。黄金储量丰富。在班图人到达之前,大陆上的主要居民是属于科伊桑语系的布须曼人(萨恩人)和霍屯督人(科伊人),此外,还有少数身材矮小的俾格米人。在马达加斯加岛上居住的马尔加什人(黄种人),属于马来—波利尼西亚语系。中古时期,布须曼人和霍屯督人尚处于原始社会阶段,前者社会发展更原始,以狩猎和采集为生;后者社会发展到父权公社时代,已掌握了铁器,经济生活以畜牧为主。

班图人原来住在赤道以北喀麦隆高原,公元初由于受到北方民族的压力,开始向赤道及其以南地区迁徙。由于班图人的迁徙,迫使原来住在这里的俾格米人退入森林,布须曼人和霍屯督人则被迫徙居非洲西南端。班图人的迁徙,大体分为三支。向东迁徙的班图人,一部分在坦噶尼喀境内定居下来,成为当地的主要民族。另一部分,于11世纪到达东非沿海地区,由于受阿拉伯文化的影响,后来形成斯瓦希里人。向西迁徙的一支,除一部分停留于西非并与当地居民融合外,大部在西赤道非洲定居下来,占据了北起刚果河以北和喀麦隆南部,南至纳米比亚(西南非洲)北部的辽阔地区。中间的一支分布在南部非洲的大部分地区。

班图人的大迁徙,一直持续到19世纪才最后结束。大迁徙导致民族大融合,加快了中、南非洲各民族的社会发展进程,尤其居住在沿海的班图人与外部接触较多,便利吸收先进文化,先后形成了一些文明国家,重要的有刚果和津巴布韦。

1. 刚果王国 刚果王国是西班图族刚果人大约于14世纪前后建立的国家,首都姆班扎(马塔迪南部)。1482年,葡萄牙人到达刚果时,刚果已是一个很繁荣的大国。它的版图,西起大西洋,东至宽果河,北自刚果河以北,南抵宽札河。大体包括今扎伊尔西南部和安哥拉西北的部分地区。刚果王国有比较完整的行政组织机构,中央设分管财政、军事、外交、河流和森林等事务的大臣。地方行政,全国划分为6个省,省以下设县和村。中央各部大臣和省长由中央任命,县和村的行政长官由当地酋长充任。另外,还专门设置传讯官,向全国及时传达国王的旨令。国王还拥有一支常备军,战时所有成年男子都服兵役。王位按母系承袭,即由舅父传位于外甥。

刚果自然资源丰富,大片土地上覆盖热带森林,盛产各种珍贵树木和经济植物;地下有大量黄金、铜、铁等矿藏。这种优越的自然条件,为发展经济奠定了良好基础。农业是刚果主要经济部门,种植黍、高粱、甘薯等,16世纪从南美洲引进了玉米和木薯。农业耕作主要由妇女担任,男子从事砍伐森林、开辟耕田、狩猎和捕鱼等重劳动。家畜主要饲养牛、山羊、肥尾羊和狗。

手工业方面,刚果很早就掌握了冶铁技术。以一种高2米左右的小高炉炼铁。铁匠在刚果受到特别重视,传说最早的国王就是从技艺精湛的铁匠中选出的。刚果生产的铁制武器、生产工具,以及金、铜等器皿,都有较高的技术水平。

刚果人用棕榈纤维编织成又薄又软的席子做衣服,用粗而厚实的席子做房屋中的隔墙、门扉、栅栏等,也用席子铺地;还用棕榈纤维编织渔网、鱼篓和各种精巧的筐篮。此外,象牙雕刻和木雕刻艺术也很精湛。从刚果许多部落的雕刻品——雕像、杯子、凳子等等,可以看出古代艺术传统和惊人的工艺。

刚果的贸易很发达,从沿海到内地,有盐、渔的商道;从内地则把毛皮、象牙、编织品、金属制品以及奴隶等输往沿海。以贝壳、金块作为货币。为了促进商业贸易,国王规定地方官吏必须保证道路畅通,修建渡船和驿站房舍等。首都姆班扎,是有几万人口的大城市,商旅往来不绝。金块、食盐和贝壳由国王垄断,他每年从贸易中获得大宗收入。

刚果基本居民是自由农民,他们生活在各自的公社里。土地归公社所有,但公社必须向国王缴纳实物贡赋。以村为基本纳税单位,村长负责收税和王室田地的耕作事宜。王室田地使用自由农民徭役和奴隶耕作。奴隶主要来源是战俘,也有部分债务奴隶和罪犯,奴隶买卖也很盛行。王室和大贵族都占有很多的奴隶,奴隶用于家庭服役、农业生产,特别是用于开采金矿和铜矿。

1482年,葡萄牙人到达刚果。从此以后,葡萄牙的传教士和商人陆续到达,他们传播基督教,插手黄金和奴隶贸易,逐渐控制了刚果的政治和经济。1506年,葡萄牙殖民者把改信基督教的王子阿方索一世(1506—1543年在位)扶植上台。此后,更加肆意侵略刚果。他们到处修建教堂,并把首都改名为“圣萨尔瓦多”;他们深入王国腹地,掠夺黄金和奴隶,大批刚果人被掠走,其中甚至包括王室成员。葡萄牙殖民主义者的侵略,给刚果带来了深重的灾难。大量的资财被劫掠,成千上万的男子被抓走,生产受到严重破坏,政治、经济和文化日趋衰落。

2. 津巴布韦 津巴布韦国家古称“莫诺莫塔帕”,首都布韦(意为“石头城”)。13—16世纪,曾是南部非洲的一个强大的国家。当时,它的版图,北起赞比西河,南抵林波波河,东达印度洋沿岸。大体包括今日津巴布韦、莫桑比克大部和南非共和国北部德兰士瓦省的部分地区,不仅控制南非广大产金区,而且控制了黄金出口。

莫诺莫塔帕创造了著名的津巴布韦文化。它得名于今津巴布韦国家东南部津巴布韦地方的巨石建筑群。考古研究证明,这些巨石建筑,早在公元6世纪前后,就已开始建设,但它的主要建筑物是13—14世纪建成的。在津巴布韦东部和莫桑比克西部的山坡梯田遗址,面积达5 200~7 800平方公里,梯田四周有水井,还有许多长达数英里、深1米的水渠。种植的谷物有玉米、高粱和豆类,还饲养家畜,说明莫诺莫塔帕国家曾有过相当发达的农业和畜牧业。手工业也很发达,尤以采矿和冶金业最为突出。在津巴布韦和南非许多地方发现采掘过的矿坑和熔炉多达六七万处,能生产铁制锄头、弓箭、斧头、刀、矛等工具和武器,还用金、银、铜制造各种精美的装饰品。林波波河西岸皇室墓葬中出土的"金笋",其厚度还不及千分之一英寸,显示了古代技术的精湛。建筑技术也十分高超,津巴布韦古城遗址,包括城墙、高塔、神庙、宫殿、库房、水井、地窖和住宅等建筑。还有高达9.15米,厚达6.1米的围墙。全部建筑是用花岗石砌成的,砌合不施灰浆,严密无隙,坚固异常,令人惊叹不已。

津巴布韦文化遗址,还出现了铸币的泥模和中国的瓷器以及印度的串珠等物品,说明莫诺莫塔帕国家不仅有了某种商品交换关系,而且和古代印度洋的贸易有经常的来往。10世纪,阿拉伯历史学家伊木·马苏迪在其《黄金草原》中,就曾记述苏法拉的黄金交易情况。12世纪中叶,伊德里亚在他的地理著作中说,铁是苏法拉的一宗巨大的买卖,其质量和数量都优于印度的铁,这些铁被运到印度和沿海各岛以高价出售。苏法拉是古代津巴布韦的重要港口城市,每年从这里输出大量的铁、黄金、象牙、铜和奴隶,输入棉织品和奢侈品等。在津巴布韦各地,发现的大量中国宋、明时代(11—17世纪)的瓷器,可能是阿拉伯或印度商人转销的,但它确是中国非洲悠久文化联系的象征。

16世纪,葡萄牙人到达之前,莫诺莫塔帕是一个专制主义的奴隶制国家。国王是国家的最高统治者,他掌握着全国臣民的生杀予夺大权。国王拥有一套比较完整的行政组织机构,以及国王特别卫队和警察。国家的一切皆属于国王,臣民的一切财物都被认为是国王贷予的,国王有权随时收回。国王的生活十分神秘,臣民不得看到他。在国王的后宫里,有9个王后和几千名嫔妃和女奴。王后们拥有决定王位继承人的大权,反映出母权氏族社会的残余。奴隶劳动广泛应用于采矿、建筑和农业生产领域;但农业生产还是以自由农民为主。自由农民在公社的组织下进行生产,并向国王交纳实物贡赋。

葡萄牙殖民主义者为了控制莫诺莫塔帕这个产金之国,千方百计对莫诺莫塔帕进行渗透和侵略。他们首先垄断了海上贸易,破坏了王国最重要的财源。1560年,葡萄牙的一个耶稣会教士诱使国王接受了洗礼,进而干涉王国内政。莫诺莫塔帕人民处决了这个耶稣会教士,接着又打败了葡萄牙派来的侵略军,迫使葡萄牙向国王交纳1/20的商业税。但是,16世纪以后,莫诺莫塔帕王国逐渐走向衰落,处于葡萄牙人的控制之下。

第二节　美洲印第安文明

美洲包括北美洲和拉丁美洲两大部分。北美洲主要包括美国、加拿大和格陵兰岛等国家和地区;美国以南,直至南美洲最南端的合恩角,为拉丁美洲,由于这个地区过去是拉丁语系的西班牙和葡萄牙的殖民地,故称。拉丁美洲,地理上习惯分为四个部分,即北美洲的墨西哥、中美洲、西印度群岛和南美洲。

美洲的原住民主要是印第安人以及爱斯基摩人(自称因伊努特)①,他们是从亚洲迁入新大陆的蒙古利亚人种。其中印第安人早在大约距今4—5万年前,就开始从亚洲东北部移入北美洲,然后逐渐向南迁徙。那时位于亚洲东北部和阿拉斯加之间的白令海峡有陆桥相连,成为人类和各种动物迁徙的通道。后来,在曾经覆盖整个加拿大的冰原融化之后,洛基山以东开辟了一条畅通的走廊,西伯利亚蒙古利亚人种的一些猎人就源源不断地通过这里来到美洲平原,大约在距今1万年前分布到南美洲各地。爱斯基摩人从亚洲移入美洲,在时间上要比第一批到达美洲的印第安人晚得多,主要居住在北美洲北部和北极地区,以狩猎和捕鱼为生。爱斯基摩人与印第安人同属蒙古人种,但有明显的区别,如爱斯基摩人手小、脚小、B型血(ABO制)的人很多,而印第安人则几乎没有B型血的人。他们的语言属于古亚洲语系的爱斯基摩语,分为西部(阿拉斯加)、中部和东部三个语言集团,各集团的语言和方言相互之间都很接近。印第安人的语言有很多分支,共有1 700多种语言和方言。

15世纪末以前,美洲大陆与世界文明发达地区隔绝,而且住在美洲各地区的诸民族之间缺乏联系,所以美洲社会历史的发展远远落后于亚欧大陆。当时,印第安人和爱斯基摩人的诸部落大都处于原始公社制的不同发展阶段:有的部落盛行母系氏族制度,有的正处于从母系氏族向父系氏族过渡时期,有的已经发展到了父系氏族阶段,一些比较发达的部落则组成了部落同盟。只有居住在墨西哥、中美洲和南美洲安第斯山区的印第安人形成了古代文明国家,他们创造了灿烂多彩的玛雅文化、阿兹特克文化以及印加文化。

玛雅人国家和玛雅文化 玛雅人是美洲印第安人中文化最发达的一支,创造了发达的文字体系。玛雅人分布在今墨西哥合众国瓦哈卡州以南、危地马拉全境、萨尔瓦多和洪都拉斯西部广阔地区。大约在公元前11世纪初,玛雅人已发展到定居的农业文明。在公元初的几个世纪里,在尤卡坦半岛南部、佩滕·伊查湖的东北,出现了一些城邦。到9世纪末,仅有文字记载的玛雅人城邦就多达110个,著名的如科潘(今洪都拉斯西部边境)、提卡尔(今危地马拉北部)、帕伦克(今墨西哥恰帕斯州境内)等。但是,到了9世纪末,不知什么原因,尤卡坦南部各城邦突然衰落了。

另方面,6世纪初,在尤卡坦北部形成的奇钦·伊查城邦逐渐强盛起来,并成为当时该地区的政治中心。10—11世纪,又出现了一系列其他的城邦,重要的有玛雅潘和乌斯马里等。12世纪末,玛雅潘强大起来,在其他城邦中确立了霸主地位,并且一直维持到15世纪中叶。"玛雅"这个名称,大概就是在玛雅潘成为尤卡坦半岛北部的政治中心时形成的。1441年,被玛雅潘统治的各城邦在

---

① "爱斯基摩"一词,意为"食生肉者";"因伊努特",即"人"的意思。

乌斯马里的领导下,开始了反对玛雅潘霸权的斗争。结果玛雅潘被倾覆了。从此以后,尤卡坦半岛分裂为许多独立的城邦,彼此混战,互争雄长,玛雅人陷入长期混乱不安的局面。1541—1546年间,西班牙殖民者侵占了尤卡坦,玛雅人的独立发展被打断了。

玛雅人社会,奴隶占有制已有相当的发展。奴隶的主要来源是战争俘虏,此外还有债务奴隶以及一些罪犯被贬为奴隶。奴隶买卖的风气也很盛行。王室、贵族和富人都占有奴隶,用奴隶从事一切繁重劳动,如砍伐森林、开辟田地、耕作、建筑宫殿和房屋、修路、捕鱼、搬运货物等等。自由民之间的分化很悬殊,贵族占有奴隶和更多的财富,享有特权。尤其僧侣贵族,地位更为特殊。由于僧侣是代表和执行神的意志的,并且是唯一通晓历法的人,所以他们在社会生活中享有很高的权威。城邦最高统治者称为哈拉奇·维尼克(意为"大人"),具有至高无上的权力,职位世袭。他以最高祭司为顾问,利用神权来维护政权。他任命贵族为地方行政长官——村长,管理各个村社。村长为终身职,他必须服从最高统治者"大人"。他们的任务是向村社农民征税,维持地方秩序,审理诉讼案件,战时指挥本村社的军队。村长也以本村社的祭司为顾问。

玛雅人社会组织以农村公社为基本单位,土地为公社所有,定期分给各家族使用,产品归用户所有。贵族则占有较多和较好的土地,尤其果园、可可园,已成为他们的固定财产。农民必须负担贡赋和徭役,为贵族耕作,向国家纳税并负担军队的开支。自由农民负债无力偿还时,将变为债务奴隶;有的军事贵族甚至把处于依附地位的公社成员,卖给外国商人当奴隶。反映玛雅社会阶级分化和阶级矛盾已经相当尖锐。

农业是玛雅人的主要经济,他们用刀耕火种的原始农业耕作方法,种植玉米、甘薯、西红柿、南瓜、豆类、棉花以及可可等。玛雅人没有家畜,只有少数家禽,如火鸡等,食肉依靠狩猎和捕鱼。手工业方面,玛雅人用陶土、木头和石头制造各种器皿、生产工具和武器,用棉花、龙舌兰纤维织布。玛雅人那里没有矿石,他们从墨西哥和尤卡坦以南地区取得金属器具和装饰物。玛雅人的交换也颇为发达,每个村落和城市都有广场,作为交易的中心。以可可豆作为交换的媒介。在市场上除买卖各种物品外,奴隶也是交换的对象。

玛雅人创造了举世闻名的玛雅文化。他们由于生产和生活的需要,在天文、历法、算术、建筑以及文字等方面,取得了杰出的成就。著名的"玛雅历"是玛雅人创造的一种太阳历,以365日为1年,1年分为18个月,每月20天,另加5个无名日。无名日是头一年的神已经退位,新年的神尚未来临的空当时期,因而被认为是不祥之日,为了避灾,玛雅人在这时须斋戒和祭祀。玛雅历的精确程度不超过1分钟的误差。玛雅人能推算出月球和行星的运行周期,按星的运行来确定昼夜的时间。奇钦·伊查天文观象台是玛雅人的天文学成就之一。它是在两层高大台阶上筑起的圆形建筑,内部有螺旋形的梯道和回廊。观象台的主要部分——上层的观象室现已毁坏,无法考察其构造与装置,但从残存的建筑大体上仍可了解其天文观察的精确结构性。在上层建筑北面的窗口,通过厚达3米的墙壁形成两道对角线。从此望去,在右边可以看到春分和秋分落日的半圆;南边的窗口的对角线则正好指示着地球的南极和北极。玛雅人还以手和脚的20个指头作为计算的基础,创造出了20进位法,特别是把"0"的符号,最先应用于计算科学上去,显示了他们杰出的创造天才。

玛雅文化的另一伟大成就,是发明了一种象形文字体系。这种文字是由大约850个图形和符号组成的,既能表意又能标音。它有3种形式:(1)表意的——表示整个词;(2)标音的——字母和音节符号;(3)音调的——解释意义的,而不是读音。玛雅人用毛发制笔,用彩色在棕皮纸上书写。当时能掌握书写的只有僧侣和少数贵族,他们书写和记录的不仅有祈祷语和预言,还有神话、诗歌、戏剧、历史以及天文和历法等科学著作,这些象形文字作品,绝大部分被西班牙教士当作异端"魔鬼的作品"予以焚毁,并用火刑烧死了许多掌握玛雅文字知识的僧侣,致使象形文字除一些表示数字和日期的符号外,其余文字至今无人释读。现在仅存3种玛雅文古抄本:德累斯顿抄本、马德里抄本和巴黎抄本。这些抄本都是玛雅祭司用的祭祀礼典,内容有关祭奠各种神灵的礼仪规定以及关于杀牲祭供的记载。

玛雅各城邦都很重视自己的历史,习惯把国家的重大事件用象形文字刻在石碑或石柱上,一般每隔20年就立石记事一次。现已发现石碑或石柱就有数百个,仅卡拉克穆尔(今墨西哥东南部)一地,就有石柱103个。其中最早的石柱建于公元292年。在危地马拉东南部基里瓜发现的石柱,包括台基在内高达35英尺,重65吨,是迄今已发现的石柱中最大的一个。这些历史碑铭的发现,为人们了解古代玛雅文化提供了十分珍贵而确凿的历史资料。

玛雅人还为我们留下了许多壮丽宏伟的建筑——庙宇和宫殿,上面都饰有浮雕和彩色壁画,其建筑技术和装饰艺术十分精湛。位于洪都拉斯西部的科潘城,是玛雅艺术和天文中心,以石碑和檐壁上的雕像著称。科潘遗址是16世纪发现的,占地长、阔都在数公里以上,中心部分是包括5个广场和神庙、宫殿、球场等组成的建筑群。著名的"象形文字梯道"宽8米,在90多级的石阶上刻有2 000多个象形文字符号。这是玛雅象形文字最长的铭刻,也是世界题铭学罕见的珍贵文物。乌斯马尔(今墨西哥尤卡坦州梅里达南部)遗址面积约为160英亩,主要建筑物有巫神庙,建于一大金字塔顶上;方形宫殿,有4排长方形建筑面向中间的庭院,各有许多小室,可能为祭司的住所;酋长宫矗立于3层阶地之上,是美洲此种样式的建筑物中最重要的一幢;龟厅,为小型建筑,因其缘雕有海龟,故名;鸽厅,为一方形建筑,其中一排房屋因屋脊有数百个开口,形状颇似鸽棚,故有此名。乌斯马尔建筑,构思精巧,形状奇异,优美壮观。

著名的奇钦·伊查(今墨西哥尤卡坦州中南部)城,遗留下了一些重要的建筑物,如大金字塔、球场、大祭司冢、石柱群及武士神庙等。其中库库尔坎神庙高达 29 米,建于周边各宽 55 米多的金字塔台基上,台基分为 9 层,每边有 90 级阶梯。神庙正面阶梯的底部有两个带羽毛的蛇头石雕,张嘴吐舌,造型生动。

在皮德拉斯·尼格拉斯附近发现的波南姆帕克彩色壁画,是唯一完整地保存到今天的古玛雅壁画。壁画约作于 6—8 世纪,画在一个山冈上的神庙里,画厅共有 3 个房间,内容包括战争与凯旋、庆祝游行、呈献贡赋、审判战俘以及贵族的仪仗等,构图严谨,色彩绚丽,造型精确,神情逼真,充分体现了古玛雅人的社会生活面貌。

阿兹特克人和阿兹特克文化　　阿兹特克人是操纳瓦特尔语的印第安人。"阿兹特克"一名源于其故乡"阿兹特兰"(意为"白地")。此地坐落在墨西哥西北部。12 世纪中叶,他们离开自己的故乡,自北向南迁徙,辗转两个世纪之久,后来才定居于墨西哥盆地,1325 年,在特斯科科湖上的特诺奇蒂特兰建立了政治中心。

在阿兹特克人到达墨西哥以前,控制墨西哥地区的是托尔托克人。托尔托克人也是操纳瓦特尔语的民族,原来住在太平洋沿岸。后来移入墨西哥盆地,并在墨西哥以北约 50 英里处群山环抱的托兰,建立了自己的都城。据传说,公元900 年,托尔托克人在其首领米斯科特尔的领导下自北向南迁徙,占领当时的名城特奥蒂瓦坎,把它洗劫一空。米斯科特尔之子托皮尔岑继位后,于 10 世纪末兼并周围许多城邦,缔造一个帝国。当时,托尔托克人还曾进攻过尤卡坦半岛上的玛雅人,并占领奇钦·伊查城邦,统治达两个世纪之久。12 世纪初,游动的奇奇梅克人入侵,摧毁了托尔托克人在墨西哥中部的霸权地位,12 世纪中叶,阿兹特克人毁掉托兰城。

托尔托克人从事农业,精于手工业,尤以建筑和手工艺品闻名。据说是他们首先在美洲制造金属工艺品,采用巨型门廊、蛇形柱、巨形人像柱、人形及兽形掌旗者,还有十分别致的两神卧像。托尔托克人建造的"太阳金字塔",高 64.5米,底部面积为 220×230 米,塔分 4 级,呈方形,方位极正。太阳神的巨型雕像面向正东,胸前镶饰金银板,与朝日辉映,十分壮观。太阳金字塔的建筑规模可与埃及最大的胡夫金字塔媲美。托尔托克文化对后来的阿兹特克人产生了重要影响。

阿兹特克人在从其故乡向南迁徙时,尚是一个氏族制度的原始部落,过着游动不定的生活。传说,太阳神兼战神辉齐罗波特利曾经启示他们,如果看到一只鹰站在仙人掌上啄食一条蛇,那就是他们应该定居的地方。祭司按着神的启示,领导阿兹特克人寻找定居住所,经过两个世纪,终于在特斯科科湖的小岛上发现了鹰啄蛇的地方。1325年,在那里建立了特诺奇蒂特兰城,即后来的墨西哥城①。所以,鹰吃蛇的图案就是今天墨西哥合众国的国徽。

阿兹特克人来到墨西哥平原以后,与当地居民混居,并接受了他们的较先进的文化,社会得到了很快的发展。15世纪,阿兹特克人和特斯科科人、特拉科班人结成部落联盟,不断扩张,先后征服周围许多部落,其势力向北扩展到墨西哥湾和太平洋沿岸,向南一直达到危地马拉。在长期征战中,阿兹特克人愈益强大,成为同盟的首领。15世纪末,在墨西哥中、南部形成一个幅员辽阔的帝国,特诺奇蒂特兰城成为这一大帝国的政治中心。孟泰祖马二世(1502—1520年在位)时期,加强政治组织,将帝国划分为若干行省,构成一个庞大的政治、军事、宗教官僚体系②。人民会议业已不复存在,统治者多采取专制统治手段。阿兹特克人的军队以勇敢善战著称。男子自15岁起就接受严格的军事训练。军事首领的权力和地位十分显要,重要的军事酋长通常兼有审判和祭司的职能。他们率兵驻在各地,统治人民,往往利用神的权威,迫使人民为其利益服务。处于依附地位的各部落,必须服从阿兹特克人的利益,并要进献贡纳。

阿兹特克人发展了一种独特的农业耕作法——"浮园耕作法",即在用芦苇编成的芦筏上堆积泥土,浮在水面,然后在这新造的土地上种植作物和果树,利用树根来巩固这些人造浮动园圃。同时也利用湖边的土地种植玉米、豆类、南瓜、西红柿、甘薯、龙舌兰、无花果、可可、棉花、烟草和仙人掌等。狗是他们唯一的家畜,家禽主要是火鸡。土地归公社所有,分给各个家族共同耕种。此外,还有专门供养祭司和军事首领的土地以及供军需用的军用地。这些土地用公社成员和奴隶来耕作。奴隶主要由战俘和债务奴隶构成,贵族和祭司一般都占有奴隶,用以从事耕作和建筑等劳动。奴隶也是买卖的对象。

阿兹特克人的手工业相当发达,虽不知道冶铁,但会锻造天然金属。阿兹特克人采用天然铜锻造铜器,在铸造和模压金器细工方面的技术都达到了很高的水平。阿兹特克人的制陶技术也很高明,他们制造的陶器是褐地黑纹,纹样多用复杂的几何图案和花鸟鱼虫等题材,质地精良,形状优美。在纺织和织品的图案艺术方面,尤其出色。阿兹特克人的羽绣,用羽毛镶嵌制成的羽毛饰物,精美异常。保存下来的几件作品,虽经数百年,但仍然光泽鲜艳,质地紧固,足见制作技术之精良。

交换在阿兹特克人中间也很发达。特诺奇蒂特兰有宽广的市场,据说可以

---

① "墨西哥"(Mexico)一名来源于"墨西特利"(Mexitle),这是太阳神兼战神辉齐罗波特利的别名,去掉词尾"特利",加上"哥"("地方"的意思),就是"墨西哥",意思是太阳神和战神指定的地方。

② 关于阿兹特克人的社会形态和政治体制问题,学术界存在不同意见。一说为氏族社会,政治组织是部落联盟。此处依《简明不列颠百科全书》第一卷,中国大百科全书出版社1985年版,"阿兹特克人"条,第168页。

容纳 5 000 人。在市场上交换的商品有金属制品、纺织品、木器、石器、生产工具、武器、装饰品以及奴隶等。交换单位为金砂,并用可可豆作为零用的"小货币"。阿兹特克人还同一些城邦和地区,甚至遥远的秘鲁有贸易联系。

阿兹特克人在建筑方面的成就,更是举世闻名。特诺奇蒂特兰的建筑美观别致,全城分为 4 区,每区分为 5 街,这可能与部落、氏族的住地有关。由于湖中的小岛不敷应用,有些建筑物建筑在湖中竖起的木桩上,街道和房屋之间靠水道交通往来。全城有 3 条 10 多米宽的石头堤坝通向湖岸,其中一条长达 7 英里。堤坝和湖岸之间用吊桥相连接,必要时拉起吊桥以防敌人进攻。由于湖水咸,为了解决城市饮水问题,修造两条石槽,把陆上的淡水引到岛上。城内有 40 座金字塔形的坛庙,最大的一座高达 35 米,有 144 级台阶。还有雄伟的宫殿和大厦。在巨大的建筑物上,涂以白色石膏,银光耀眼,瑰丽壮观。

阿兹特克人在长期的生产活动中,加深了对自然界的认识。他们能把 1 200 多种的植物予以分类,能对动物和矿物进行分类研究。与农业生产有密切关系的天文学,取得了显著成就。阿兹特克人在吸收玛雅人和托尔托克人文化的基础上,创造了自己的象形文字和历法。他们的历法,1 年为 365 日,闰年多加 1 天。他们把历法刻在直径近 4 米的圆形石柱上,称为"圆形历石"(又称"太阳石"),立在特诺奇蒂特兰城的中心广场,以便人们利用。1977 年,又发现了一块直径为 11 英尺的大形历石——"月亮石"。"月亮石"得名于一个神话传说:月亮女神想要杀害她的母亲地球女神,但她的阴谋被她的哥哥太阳神发觉了,为了拯救母亲,哥哥把妹妹杀死了,并肢解了她的躯体。所以"月亮石"上刻的月亮女神肢体分离,头手异处。"太阳石"和"月亮石"是阿兹特克人留给后人的文化艺术瑰宝。阿兹特克人还有许多用象形文字书写的图书和画册,遗憾的是这些图书几乎全部被西班牙殖民者给销毁了。保存下来的两本《贡税册》,是研究阿兹特克人历史的珍贵资料。

印加帝国和印加文化　南美洲安第斯高原是美洲古代文明的另一个发祥地。最早生活在这里的古代居民是奇楚亚、艾马拉以及其他语系的部落。公元前若干世纪,他们就创造了发展水平较高的农业文明。印加人①是奇楚亚语系的部落之一。12 世纪,以库斯科(今秘鲁南部)为都城建立印加国家。15 世纪初开始扩张,征服了许多邻近的部落,发展为幅员辽阔的大帝国。到 1532 年西班牙入侵时,它的版图西临太平洋,东至亚马逊河热带森林,北自厄瓜多尔北境,南达智利的马乌莱河,大致包括今日的秘鲁、厄瓜多尔、智利北部,以及玻利维亚和哥伦比亚的部分地区,南北长达 3 000 英里,辖地面积 80 多万平方公里,统治

---

① 印加人崇拜太阳,自认为是太阳的后裔。"印加"一词,印第安语的含义是"太阳的子孙"。

将近 1 200 万的居民①，其中包括奇楚亚人、艾马拉人、摩其卡人、普基纳人以及其他更小的各语系的部落。

印加帝国被称为"塔宛亭苏"，意为"四方之国"。印加人是这个国家的统治阶层。他们享有特权，不参加劳动，不负担捐税，依靠从被征服部落征收贡赋以及剥削普通公社农民和奴隶劳动，过着优越的生活。他们必须效忠于国王，构成军队的核心，随时应召，南征北战。国王享有很高的权威，被认为是太阳的化身，称为"印加·卡帕克"（意为"伟大的太阳子孙"）。他依靠军队和贵族官僚机构进行统治，用严厉镇压手段推行政令。印加·卡帕克出行，平民必须匍伏道旁迎送。

印加社会的基层组织是称为"阿伊鲁"的农村公社，它是由氏族和大小不一的公社组成的政治、经济和宗教合一的社会基本单位。村社土地分为三种：一为"太阳田"，供祭祀或宗教活动的费用，归祭司和寺庙所有；二为"印加田"，供王室和公共开支需用，为王室所有；三为"公社田"，是村社的共有地，分给各家庭耕种，原则上按人口变化每年重新分配，如果人口没有变化，原来分配的份地亦不变，事实上等于终身占有。除耕地外、庭院、房舍、菜园等是可以继承或转让的私有财产。土地的耕作次序是，先种"太阳田"，次种"印加田"，最后种"公社田"。"太阳田"和"印加田"除使用公社农民无偿劳动外，还使用奴隶劳动。奴隶除战俘外，主要是从被征服部落征集来的。

印加人精于农业，他们培植了大约 40 多种农作物，以玉米和马铃薯为主要粮食作物，此外还有南瓜、甘薯、西红柿、可可、菠萝、龙舌兰、木薯、花生和棉花等，这些作物大都是由印加传到其他大陆的。印加人为扩充耕地面积，在坡上筑起层层梯田，并建立了灌溉系统，把山涧溪流引进渠道，进行灌溉。畜牧业方面，主要驯养美洲驼和羊驼。驼和羊对古代印加人来说，具有特别重要意义。因为古代印加人不知用轮车运输，而驼则是良好的驮畜。驼和羊的毛、皮、肉和油脂，还是解决衣食之需的重要物资。

印加人很早就掌握了冶炼青铜技术，他们用铜、金、银、锡、铝等制造各种精美的器皿和装饰品。制陶工艺也十分精巧，陶盆和陶罐上雕有各种美观的图案。棉、毛织品精美别致，工艺精湛。手工业者逐渐专业化，成为专门的手工工匠。印加国家对民间交换和贸易严格限制，手工业工匠主要为王室和贵族服役，农民衣食自给自足，某些地方缺少的物资由政府调配。所以，尽管印加人在农业和手工业生产中，"曾有过非常发达的分工，但是并没有私人交换，产品并没有作为商品交换。"②交换不发达，自然也不需要货币。

---

① 一说为 600 万人，此处据《简明不列颠百科全书》第 9 卷，中国大百科全书出版社 1986 年版，"印加人"条，第 145 页。

② 《马克思恩格斯全集》第 13 卷，人民出版社 1962 年版，第 50 页。

印加的建筑和交通,成就卓著。首都库斯科建在海拔 3 000 米群山环抱的高原盆地上,有十分完善的供水系统,水渠纵横交错,重要建筑物用石制导水管或石制暗渠供水。城中心有一大广场,是举行宗教仪式或节庆聚会的地方。太阳神庙宏伟壮丽,它是用黄金和宝石装饰成的巨大建筑,石块和石块之间,不施灰浆,严密合缝,甚至连刀片都插不进。有的石块,重达 2 000 多吨。大礼堂从墙脚到屋顶覆以金板,两旁靠墙各有一排金制宝座,陈放着已故各代印加·卡帕克的木乃伊。"黄金园林"里的花鸟树木,都是用金银制成。金树银花,满园生辉。在用银制作的玉蜀黍上,结着金光耀眼的黄金玉米棒。整个库斯科城,富丽堂皇,不愧是"一座黄金的宝藏"。

印加帝国的交通建设,是一项巨大的工程。全国有两条南北走向的干道,一条沿太平洋岸自厄瓜多尔向南延伸,直到智利中部,全长 3 600 公里;另一条在内地,旁安第斯山修筑,北起哥伦比亚,经厄瓜多尔、秘鲁、玻利维亚、阿根廷和智利,然后与沿海干道相接,长度与前一条相当。此外还有许多联结干道的支线道路,通向全国。沿途建有无数隧道和用藤蔓筑起的吊桥,有的吊桥长达 60 米。沿路每隔相当距离,设置驿站和信使,在关隘和险要之处,建有要塞和烽火台。烽火信号 4 小时可传达 3 200 公里。由于当时的印加还没有轮车和马匹,道路是为徒步的信使和驮畜设计的,所以仅有部分路面经过铺砌,坡道往往是顺势凿就的石级。道路严格限于政府和军队使用。情报信息的传递有一套严密的接力制度,每天可传递 240 公里。

印加人已经掌握了相当丰富的科学知识。首都库斯科建有观象台,用以观测太阳的位置,来确定农业生产节气和祭祀时间。他们以 365 日为 1 年,每年 12 个月,每月 30 天,10 天为 1 长周,剩余的 5 天为短周。以冬至日为岁首。印加人崇拜天体,特别崇拜太阳,所以他们的天文知识多和宗教有关。在医药知识方面,印加人初步掌握了外科学、解剖学和麻醉学等知识。他们会做开颅手术,用从一种植物中提取的药物作麻醉剂。为了保存尸体,他们学会制作木乃伊。此外他们还认识了许多珍贵药物,如金鸡纳、吐根、藿香膏和番木鳖等。

印加人没有文字,用结绳记事。结绳方法十分巧妙。在一根粗绳上系上很多条细绳,在这些细绳上系着离粗绳远近不同的各种结子,用这些结子的位置和形状以及结绳的不同颜色,标志一定的数字或事物。由于没有文字,印加国家众多的部落方言很难沟通。印加人以奇楚亚语为官方语言,并创办学校,教授奇楚亚语和结绳记事方法,以推广奇楚亚语的应用范围。

印加人民是勤劳勇敢和富于创造精神的人民,他们创造的光辉璀璨的印加文化,为全世界各族人民做出了伟大的贡献。但是,正当印加国家兴旺发达时期,却遭到西班牙殖民者的侵略。西班牙征服者的殖民统治,打断了印加人民的独立发展。

第十二章　亚洲国家的新变化
海上贸易的发达

第一节　明代中国

封建专制统治的强化　幅员空前广阔的蒙古帝国是在很短时间内通过武力征服建立起来的,统治并不稳固,社会矛盾复杂激化。在中国,元末农民大起义的风暴给这个昙花一现的王朝以致命的打击,曾是农民起义领袖之一的朱元璋继之而起,建立了新的封建王朝——明朝(1368—1644年)。

明朝是中国历史上第一个由南方统一北方的全国性封建政权。新政权虽然鼓吹"驱逐胡虏,恢复中华",但事实上顺应元朝以来多民族统一国家发展的趋势,宣布蒙古、色目人"愿为臣民者,与中夏之人抚养无异",对今东北、新疆、西藏、云南、贵州等地少数民族,招谕安抚,设立都司卫所和宣慰使、宣抚使等土司机构,任命当地少数民族首领充任长官。朝鲜、安南、真腊、爪哇、琉球等周边国家和明朝政府保持传统的宗主藩属关系,和睦相处,往来密切。

明太祖朱元璋(1368—1398年在位)为了实现新王朝的长治久安,不再重蹈元季衰败之弊,全面革新了国家政治体制。他借鉴历代王朝的经验教训,汲取儒家学说驭御天下的君权思想,又结合自身经验,企图建立一种防病祛弊的"万全"制度,其核心即是大力加强皇权。中央政府撤销中书省,废宰相一职,以六部尚书直接对皇帝负责。原来统管全国军队的大都督府分为中左右前后五军都督府,分别管理京师及各地的卫所和都指挥使司,军队的调遣由兵部负责。司法权力由刑部、大理寺、都察院分掌,合称"三法司"。地方废除行中书省机构,设布政使掌民政、财政,按察使掌司法,都指挥使掌军事,三使都直属中央,不使个人擅权。又加强和完善了监察系统,负责监察的官吏以卑临尊,权力很大,直接对皇帝负责,既可公开弹劾百司,也可封章密奏。监察御史巡按各地,"大事奏裁,小事立断。"监察制度的强化有利于皇权的加强,皇帝借此可有效地制约行政系统,保持专制政体下某种政治的清明。

明朝重新尊儒学为国家意识形态,建立科举制度,以八股文取士,专取《四书》、《五经》命题,并在全国建立学校,在中央的称国子监,在地方则有府、州、县学。学校的学生称监生、生员,都优免赋役。学校与科举制度又与官吏选拔、任用相结合,科举中试在明代中后期是士子登上仕途的主要途径。

朱元璋主张"重典治国",先后兴起"胡惟庸案"、"蓝玉案"等多起大狱,大肆屠戮功臣,株蔓牵连达数万人,"元功宿将相继尽矣"。对江南豪强大户打击尤甚,强令迁徙外地,籍没家财,清除他们在地方上的势力,避免元末"威福下移"、吏治腐败局面的重演。除此之外,更法外立法,在《大明律》颁布之后又亲自编订了《大诰》三编,庶民百姓都要家置一册,反复诵习。《大诰》中的处罚程度和《大明律》同类条款相比要重得多,而且新增了不少罪名,如"寰中士大夫不为君用"条规定,对于不听朝廷辟任的士大夫,可以"诛其身而没其家"。同时大兴文字狱,诛杀无辜,一时许多读书人视仕宦为畏途。对于贪官污吏,朱元璋尤其痛恨,剥皮、凌迟以儆效尤,而且允许民自告官,官府不能阻拦。朱元璋为加强皇权而精心设计出的开国规模,使明初封建专制主义中央集权达到了历史上前所未有的程度。这在当时固然沉重地打击了豪强地主的势力,矫正了元末弊政,有利于社会稳定和生产恢复,但也招致了不少社会恶果。明朝专制主义的淫威在当时和以后对人民的束缚和毒害都十分严重。

明初社会庶民百姓大致可分为民籍、军籍、匠籍三类。全国人民都按职业划分户籍,永代世袭,不得变换,这是明代户籍管理的一大特色。这样做的用意,是让百姓"毕以其业著籍","各守本业",便于统治者集中管理和控制。军队完全由皇帝掌握,士兵都是金民为军户,世袭不改。军队按卫所编制,"自京师达于郡县,皆立卫所"。卫所制度又是和屯田制度合一的。屯田以军屯规模最大,组织也最完备,无军不屯,每年得粮几百万石。明政府设立军籍,目的就是要兵、农分离,不致内忧外患之时无兵可用。军屯制度寓兵于农,政府无养兵之费,而军队有保卫地方之用。对手工业者的管理则沿袭元代的方法,设匠籍制。匠籍的种类很多,有厨役、裁缝、盐灶、土木、织造、矿冶、马户、船户等几十类,籍皆世袭,服役方式有轮班、住坐和存留三种。洪武年间,政府控制的工匠有 20 多万,建立了庞大的官府手工业。宫廷、贵族、大官僚和军队所需用的手工业品都由官府手工业作坊生产,不仰给于市场。

隶民籍者主要是承担田赋和徭役的农民。为了加强对农民的管理,明朝推行黄册、鱼鳞册和里甲制度。黄册详细登记民户的丁口、产业,规定每隔十年要重新核实再造一次,鱼鳞册记载每乡每户土地占有情况。政府掌握了每户的财产、土地和丁口,就可比较切实地编排徭役和征收赋税,同时也能严格控制居民的迁徙出入。里甲是农村的基层行政组织,每 110 户为一里,一里之下又设 10甲,各设里长、甲长。里长基本上由地主、富农充任。邻里之间,出入作息,要互相知悉,举报不规,严禁无业游惰,也不允许任意流徙。在南直隶、湖广等税粮交纳多的地区,还挑选纳粮多的殷实大户充任粮长,负责税粮的征收、解运。

明成祖(1403—1424 年在位)除了更改个别法令制度外,一意沿袭洪武旧制不变。为加强和巩固北方边防,明成祖从应天即南京迁都北京,由此继元代之后,奠定明清几百年间北京作为全国政治中心的位置,随之形成政治中心和南方

254

产粮区经济重心分离的格局。明初疆域,东起朝鲜,西据吐番,南包安南,北抵戈壁,东西和南北距离都有 1 万余里,全国人口近 6 000 万。明初实行一系列恢复发展社会经济的积极措施,实行屯田,移民垦荒,轻徭薄赋,奖励农桑,兴修水利,社会生产力显著提高。"宇内富庶,赋入盈羡,米粟自输京师数百万石外,府县仓廪蓄积甚丰,至红腐不可食"。明朝国力之盛,封建集权统治之强化,当时世界诸国,鲜有与比。

尽管朱元璋煞费苦心,定下了一整套开国制度,又不惜余力,剪除危险因素于萌蘖之中,但随着社会经济的发展和演变,封建专制统治制度的弊端也日益显现,严重束缚了社会的进步。明代户籍管理的特点是将户口固定在职业上,"籍不准乱,役皆永充"。但商品经济的发展,要求冲破封建的人身限制。于是逃移隐匿、脱籍改业的日益增多,政府原定的征课、徭役往往事急难遂。军户是民户之外数量最大的一种职业户,明初占总人口的 1/6,对于明王朝的稳定关系极大。自明朝仁宣以来,屯田破坏,军士流亡,英宗正统三年(1438 年),逃亡军士有 120 多万人,占当时全国军队总数的一半。明正统十四年(1449 年)土木堡之战,明军 50 万被瓦剌打得大败,明英宗被俘,军队战斗力的衰弱于此可见。

中央机构也不断变化。皇帝兼理宰相之职,事必躬亲,这如果不是一种政治理想而成为实际,必非每个皇帝所能胜任。明成祖首先任用宦官,设立东厂,宦官可以"出使、专征、监军、分镇、刺官民隐事"。宣宗以后,"在内诸司,最贵重者曰司礼监"。司礼监的宦官代皇帝审阅奏章,传布政令,常常挟皇帝以制内阁、六部。宦官还利用厂卫作为自己的爪牙,横行无忌。明代中后期,宦官擅权干政的现象,历朝都不能消除,助长了政治的腐败。宦官、厂卫这些皇帝私人势力走上中央政治舞台,正是君权膨胀所酿成的必然恶果。明成祖正式设立了内阁,任用大学士参预机务,内阁后来发展成为凌驾于六部之上的政事机构,而首辅更成为事实上的宰相。明代内阁始终处于演变之中,其权力大小取决于皇帝的意愿。内阁和六部也不具备正式的上下级关系,双方常有矛盾龃龉。这无形中加剧了政局的震荡,秉权的首辅更易成为政治斗争的焦点。

自 15 世纪中叶开始,明代封建统治已暴露出重重矛盾和危机。阶级矛盾激化,农民起义频繁不断。皇室宗族、宦官、勋戚等大地主集团,凭借政治、经济上的特权,疯狂掠夺财富,腐化奢侈。明中叶以后,皇庄、诸王公主庄田迅猛扩展,大量兼并官民土地。神宗之子福王朱常洵就藩洛阳,一次赐庄田 2 万顷。河南皇室宗族较多,霸占土地也多,民间有"中州地半入藩府"之说。这些皇族、宦官、勋戚还经营店铺,垄断专卖,欺压商人和手工业者。由现任、致仕的官员和学校的监生、生员组成的缙绅地主是明代地主阶级里一个势力强大的集团。缙绅地主家居乡里,上通官府,在地方权势显赫。他们横行不法,包揽词讼,兼并土地,役使奴仆,鱼肉乡民,致使阶级矛盾日趋激化。政府官僚队伍庞大冗滥,宪宗成化年间文武官员已膨胀到 10 万多人,至 16 世纪世宗嘉靖时又增加数倍。吏治败坏,贿赂风行,贪污成习,明初政清人简状况已不复存在。中后期的皇帝鲜有能像明初诸帝那样谋虑周密,勤于政事,而是骄奢怠惰,任用佞倖,溺于迷信、方术,其庸惯之甚,殆无一足以担当专制集权政体下帝王的重任。土木堡之役后,边疆危机一直存在,牵制了大量的人力、财力。卫所、屯田又趋衰落,军费乃全由政府开支。上述种种促成政府支出猛增,财政危机随之严重。统治者唯有把危机转嫁到人民身上,加派赋税,搜刮民财。由此社会矛盾越来越尖锐,专制主义政体再也无法维系下去。

转变中的明代中国经济　明代中国近 300 年间,经济变迁很大。从明中叶开始,中国封建社会发展到了它的最后阶段,新的经济因素在萌生,传统的封建经济依然强固。新旧交迭,相互冲突而又相互依缘。明代中国的社会经济就是在这一历史条件下向前发展的。

经过明初以来长期的社会安定和经济恢复,明代中后期的中国农业又有很大进步。这时中国人口总额估计已超过 1 亿,原来遭战乱之祸的河南、河北、安徽等地,户口大幅度增长,小麦的种植规模居全国前列。湖广(今湖北、湖南)也是发展较快的地区,宋代以来长期流传的谚语"苏湖熟,天下足",到了 16 世纪,已被"湖广熟,天下足"所取代。湖广所产稻米能够接济长江三角洲地区的松江等府。中国国土广大,农业经济的地区性差别也大。太湖流域周围的苏州、松江、湖州和应天府等地,是经济最为富庶、人口高度密集的地区。明初全国税粮总额中,以米为内容的秋粮占 90% 以上,充分说明长江流域在全国经济中的重要地位。

中国农业生产技术和生产水平在宋代已经很发达。明代在这个基础上进一步向精耕细作、集约经营方向发展。农业生产工具和前代相比,没有显著改进,但在实际中广泛配套完备。从中央到地方都重视农田水利。朱元璋曾派国子监生分赴全国各地,督吏民修治水利。粮食种植的选种、育种、水肥供给等环节都有很大进步。作物品种也增加了,稻米的品种最多,每个地区多有几十种。早熟稻广泛种植,稻子的抗旱性能也有提高,推动了植稻在长江流域和淮河流域的普及。广东地区还出现了三季稻的栽培。明代中后期,从外国传进的甘薯和玉米也在各地栽种。沿海地区的甘薯种植相当普遍,"闽广人赖以救济,其利甚大"。这些作物为山地、瘠壤地区农业发展提供了条件,粮食总产量也因此提高。明清以来中国人口不断增长,说明这一时期粮食种植的广泛发展,粮食总产量能不断适应人口增殖的需求。

经济作物的栽培在规模上和品种上都有显著发展。植棉的推广是明代经济作物栽培中最大的一项成就。明初倡导植棉,奖励农桑。到了明代中后期,棉花在河北、山东、河南、两淮之间普遍种植,"地无南北皆宜之,人无贫富皆赖之"。太湖流域是传统的蚕桑经济区,"浙西之利,蚕丝为大",几乎无处不植桑,"尺寸之堤,必树之以桑",土地利用到了极限的程度。闽越的甘蔗,四川和福建的茶叶都在当地的农业生产中占有重要地位。闽南"其地为稻利薄,蔗利厚,往往有改稻田种蔗者","居民磨以煮糖,泛海售焉"。广东番禺、东莞、增城等地,"蔗田几与禾田等矣"。四川产茶之地有成都、重庆、嘉定、夔州、泸州各府,但全为封建政府垄断。染布多用蓝靛,系由蓝草加工而成的染料,福建种蓝草最多,在江南颇负盛名。烟草、花生是这一时期由国外传入的经济作物新品种。到了明末,烟草种植已从福建、广东发展到南北许多地区,"一亩之收,可以敌田十亩,乃至无人不用"。花生在江南、福建都有种植,为油料作物的发展开辟了广阔前景。经济作物的栽培大大加强了农业中商品因素的影响,给农民家庭经营增添了活力。随着生产技术的积累,人口的增加,经济作物的推广,在明代中国,不少地区家庭农业经营在适应商品经济的发展上表现出一些新的面貌。松江府及苏州府的嘉定、太仓、昆山等地,土地宜于植棉,农民种一亩棉的收入要高出种一亩稻收入的一两倍。当地农家经营以棉作为中心,并发展了纺纱、织布等家庭手工业。棉花、棉纱和棉布都在市场出卖,以此来换取粮食等其他日用生计、完纳赋税等。太湖流域农民发展出蚕桑重心的家庭经营模式,产出的桑叶、生丝、绫绸都作为商品出售,经济效益远高出种粮。其他如广东、福建等地,都有不少因地制宜发展商品经济的农民家庭经营模式。这种经营模式的发展,点点滴滴,聚在一起,形成农村经济商品化的明显动向。

经济发达地区的地主也受到商品经济的影响,根据市场情况,安排生产,种植经济作物。相当多的地主兼营工商业,因此乡居地主减少。地主多移居城内,把乡下土地交由佃户长期租种。这导致土地所有权的分割。江南出现田底权、田面权之分,田面权归佃农,地主只有田底权。

民营手工业中,家庭手工业占相当比重。棉纺织业集中在松江、嘉定、常熟等地。棉布主要是农民家庭分散生产,汇聚起来,产量很高,流传着"买不尽松江布,收不尽魏塘纱"的谚语,这反映了卷入商品市场关系的小农数量之众。手工业发展的主要标志是城镇民营手工业的兴旺。江南的一些城镇,江西的景德镇,广东的佛山,都有大量脱离农业的手工业者。手工业种类繁多,有棉纺织业、丝织业、浆染业、造纸业、制瓷业、铸铁业、榨油业等,生产技术和工艺水平都有明显提高。苏州"东北半城皆居机户",松江的棉布袜制造很有名,有几百家暑袜店,"合郡男妇皆以做袜为生,从店中给筹取值"。江西景德镇的制瓷业规模宏大,生产区域延伸十几里,仅佣工就"每日不下数万人"。所产瓷器精美,样式繁多,行销于海内外。民间采矿也很盛行,铜、铁的开采数量都很大。手工业除规模扩大之外,内部分工也趋向发达,要求协作生产。丝织有车工、纱工、锻工、织工。冶铁用人更多,除采矿、烧炭者以外,就有"煽者、看者、上矿者、取钩砂者、炼生者"等几十人。

随着工商业的发展,城市经济兴旺起来。长江沿岸和大运河两岸都有许多发达的新兴工商业城市,北京、南京都是当时世界上最大的城市,作坊、商铺比比皆是,集中了全中国各地的物产。城市的发展还表现为众多市镇的兴起,这在江南地区最典型。在太湖流域和长江三角洲一带,随着经济作物的种植、加工和贸易,手工业和农业分工,出现了一大批工商业市镇。这些市镇处在交通要道或大中城市周围,许多是从村庄、集市发展而来。新兴市镇的专业性很强,松江地区市镇的特色是棉纺织业,城镇居民"晨抱纱入市,易木棉以归,明旦复抱纱以出,无顷刻间"。朱泾镇、枫泾镇是松江有名的市镇,"前明数百家布号,皆在松江枫泾、朱泾乐业,而染坊、踹房、商贾悉从之"。杭嘉湖三府市镇的蚕桑丝业最兴盛,有名的市镇有双林、南浔、乌青、菱湖等镇。市镇密度很大,16世纪初正德《姑苏志》载苏州府市镇有73个。同世纪后期即明万历时,湖州府市镇也有20多个,市镇居民少则几百户,多达千户。这些市镇处在大中城市和农村墟集之间,促进了城乡的交流和繁荣,吸收了大量农村人口。集市庙会是当时地方市场的重要形式,每隔一定时期举行。北方称"集",南方叫"墟",遍及全中国的府州郡县,星星点点散布在农村市镇之间,是商品经济伸向农村的触角,大大小小的城市、市镇和集市构成了不同层次的市场,四通八达的商路又将这些市场联系起来,结成网络,遍及全国。明朝的交通,"自京师达于四方,设有驿传",官修的驿道成了最便利的商路。大运河是明朝的经济命脉,中央财政费用完全依仗每年的400万石漕粮。运河同时极大地便利了南北经济往来,四方商贾日夜往来不休。大运河外,由赣江过庾岭通两广也是一条重要的长途商路。明代国内长距离的商品运输以这两条路线最为重要,转运的主要商品有棉花和棉布、丝织品、茶和盐等。长江三角洲一带,要从湖广、江西、安徽运入粮食,福建粮食难以自给,"仰粟于外,上吴越而下广东"。这两个地区经济作物栽培广泛,推动了商品粮的发展。棉花和棉布的流通方向是相逆的,"吉贝(木棉)则泛舟而鬻诸南,布则泛舟而鬻诸北",在河南,"中州沃壤,半植木棉,乃棉花尽归商贩,民间衣服率从贸易"。流通的商品,多数是布匹、丝绸、陶瓷、纸墨、铁器、蔬果、粮食、药材等民生日用品。即使国际、国内的长途贩运,也不完全是奢侈品,而有许多民间日常生活用品。明代中叶以后,白银成为主要通货,极大地便利了商业贸易的发展。

明代中国出现不少地域性的商人集团,著名的有徽商、山西商、闽广商、陕西商和浙直商等。他们组织商帮,在各地设立会馆、公所,经营盐、茶、布匹、丝绸、木材等。商人内部还有贷本经商和合伙经商的,为资本流通和集中创造了便利条件。明太祖朱元璋虽然提倡"崇本抑末",但对商人并不过分压抑。明代中后期,商人势力更为活跃,产生了一批资本雄厚的大商人,资金能达百万两、几十万两白银的规模,财富可以和王侯巨宦相埒。大商人利用手中积累的商业财富,捐纳做官,交结官宦名士,置买田产,资助宗族,社会地位威奕显赫。明代中后期有"工商皆本"的说法,反对用禁奢抑末打击商人。思想家王夫之甚至认为,"大贾富民者,国之司命也",这说明社会上对商业和商人的作用已经有了不同于旧封建观念的新认识。不少商业资本进入了非商业或消费领域,用金钱去换取功名、土地和奢侈享受是商人中流行的愿望,但是全国不计其数的大小商人奔走四方,毕竟极大地活跃了商品经济,其中有一些人把商业资本转移到生产领域。在一些僻远山区,具有矿冶或经济作物之利的地方,封建势力控制薄弱,商人雇人开矿、经营油坊、染靛的事例时有记载。这种现象可以视为生产关系里的新因素。

农业中商品因素的增强,带动了市场的活跃。海外贸易的发展开辟了广阔的国外市场,输入了大量白银。城市集镇的兴旺也为手工业发展提供了便利环境。手工业的发展在这个基础上达到了前所未有的水平。在一些行业内部更出现了资本主义萌芽的新气象。浙江嘉兴的榨油业,广东韶州、惠州的铁冶业,佛山的铁器铸造业,江西景德镇的制瓷业,都有资本主义生产关系萌芽。最典型的要算是苏州丝织业中的手工作坊。明末苏州丝织业雇工近1万人。雇佣他们的机户也是从一般手工业者中分化出来的,机户、机工之间的关系就是资本下的雇佣关系。明代中国资本主义萌芽主要产生在江南和东南沿海某些地区,而全国更广大的地方仍为封建农本经济所统治。

第二节 朝 鲜

李朝前期朝鲜封建国家的发展 李成桂掌权后,采取各种措施整治和加强专制集权统治。1388年,实行田制改革,丈量全国公私土地,登记造册,收归国家所有。1391年,实行"科田法",对两班官僚及其他贵族按等授田,第一科(一等)授田150结①,以下递减,第十八科为末等,授田10结。对地方豪族和士兵另授军田,每人5—10结。其余大部分土地为公田,由国家分配给农民,征收租税,作为封建国家的基本财政收入来源。科田法是国家把土地的收租权转让给受田者,即受田者只有收租权,而没有土地所有权。而且领有科田和军田者还必须向国家缴纳相当于田租1/10的田税,以加强国家对土地的控制和管理。

科田法的实行,国家不仅掌握了土地,扩大了税源,而且对两班和佛教寺院的土地也加强了控制。科田和军田不但数量有限,而且科田主要限于京畿一带,这在一定程度上限制了土地兼并和两班贵族进行地方割据的可能性。另一方面,由于领受军田的人大多是中小封建主和上层农民,从而加强了封建国家的社会基础。

---

① 李朝以生产20石粮谷的土地为1结。

国家对土地支配权的确立,为健全和强化专制集权政治体制奠定了基础。1400 年,废除私兵制,把原属于大封建主和寺院的武装全部集中于中央政府。1413 年,普查户口,把所有男壮丁登记,并佩带号牌,以防止农民隐匿漏税。结果查出了大量隐匿人口,增加了税收。为了控制农民,李朝在农村实行邻保制,即以邻舍的连环保形式强制农民固着在土地上,保证完纳国家规定的租税和其他各种负担。1469 年,又编成《经国大典》,专制集权政治体制臻于完善。国王拥有至高无上的权力,将立法、行政、司法、军事等一切国家权力集中于自己手中,独裁专断,不受任何法律或个人的约束。中央设有议政府,作为辅佐国王的最高政府机关。议政府之下,设吏、户、礼、兵、刑、工六曹(部),分掌政府各项重要行政事务。地方行政区划,除京畿外,全国设忠清、全罗、黄海、江原、平安、庆尚和咸镜七道,道以下设州、府、郡、县,地方各级政府长官一律由中央任命。

　　对外政策,李朝一改高丽王朝时期与明朝的敌对状态,实行和平亲善政策,两国经常有使者互访,经济和文化交流也相当活跃。李朝还与明朝结成友好同盟共同抵御北方蒙古和女真的侵犯。因此,自 14 世纪末叶以来,李朝对女真的斗争不断取得胜利,开拓了北部疆土。到 15 世纪,确立了以鸭绿江和图们江为界的天然国境。李朝对南部的日本,一方面与日本政府建立平等的外交关系,一方面对倭寇侵掠沿海地带的活动进行积极斗争。为此,李朝建立海军,1419 年征服对马岛,从而根绝倭寇的侵犯。

　　经济方面,李朝采取各种措施发展生产。李朝把高丽末期许多沦为贱民的人解放为良人,同时整顿和没收两班贵族和寺院的私奴婢。通过清理公私奴婢的工作,一方面使许多人在身份上变为良人,另方面扩大了国家公奴婢的人数,15 世纪中叶公奴婢达 35 万多人。李朝公奴婢与农奴近似,他们同良人共同生产,但没有人身自由,社会地位低下。尽管如此,贱复良和私奴婢之转化为公奴婢,不同程度地提高了生产者的社会经济地位,促进了人民生产的积极性。同时也扩大了国家的兵源和税源。李朝初期,还经常派官丈量土地,清查匿田,并积极开垦新田,到 15 世纪前期,全国土地面积增加到 170 多万结,比建国初期增加 3 倍。人口也迅速增加,15 世纪初,全国壮丁共有 37 万余人,30 年后增加到 70余万人,其中有的是清查出来的漏丁漏户,也有的是自然增殖的人口。世宗(1415—1450 年在位)时,编成《农事直说》,推广农业技术,对促进农业生产起了积极的作用。

　　在生产技术方面,这时已经废弃休耕法,逐渐普及轮作法。同时秋耕、深耕、小株密植和一年两熟等先进耕作法也得到发展。水田是朝鲜农业生产的重要构成部分,水稻品种增加,先进的插秧法广为利用,水车灌溉逐步推广。麦类的耕作法也有改良。14 世纪末,棉花种植法传入朝鲜,到 15 世纪迅速普及半岛各地。此外,重要经济作物还有大麻、苎麻、桑、楮、莞草、竹及漆树等。

在农业发展的基础上,手工业和商业也活跃起来。但手工业尚未从农业分离出来,手工业主要是家庭副业,产品有棉布、麻布、夏布、绢绸等纺织品,以及木器、竹器和稻草编织品等。除民间手工业外,更多的是官营手工业,主要生产武器和供王室贵族享用的各种奢侈品。官府所属的手工业工匠除向国家提供产品外,在得到官府的准许下还可以独立营业,并向国家缴纳捐税。官营手工业生产有一定的分工,生产技术比较先进,如中央官营手工业工匠近 3 000 人,分别在129 种生产部门中从事生产;地方的官营手工业工匠 350 多人,分为 27 个生产部门。官营手工业的工匠不是固定的手工业工人,而是由征调的优秀工匠轮流服役的。主要为王室贵族生产生活消费品,其产品由政府直接分配给消费者,而不经过市场流通过程。所以官营手工业的生产,基本上不是商品生产,但对商品货币经济发展具有影响。

商业也有显著发展。先在全罗道,以后在全国各地出现了集市,当时称为场门。汉城和平壤是南北两大商业中心。商品除粮食和农副产品外,还有各种手工业品,诸如纺织品、纱帽、草履、纸张、陶器、木器,以及水产品和药材等。15 世纪初,政府发行货币,但流通量有限,交换主要手段仍是米、布和金块等实物货币。封建国家对商业严格控制,建立直接为王室贵族服务的御用商业组织,即市廛制度。市廛商人由国家授予专卖特权,垄断重要商业贸易。对外贸易对象,主要是中国和日本,输入品主要是王室贵族需要的高级丝绸织品和奢侈品,输出的商品有粮食、棉布、麻布、药材以及各种农副产品。

李朝后期的朝鲜 科田法和田柴科一样,实行一个时期以后,逐渐破坏。科田法最初仅限于京畿一带,后来由于给予功臣贵族的功臣田和赐田不断增加,京畿土地不够,逐渐扩大到忠清、全罗、庆尚各道。另方面,中央和地方贵族利用各种办法兼并公田,扩大私田。在南部肥沃地区,两班贵族都占有大量土地。大贵族韩明浍有功臣田 540 结,申叔舟有 490 结。到 15 世纪中叶,科田法已经无法维持。1466 年,实行"职田制",但仍然无法制止私田的增长。以后土地买卖事实上合法化,土地私有制迅速发展起来。从而动摇了中央集权制的物质基础,削弱了王权。政府为增加税源,开征新税,加重人民的负担,阶级矛盾日趋尖锐。15 世纪后期,农民起义不断发生,统治阶级虽然暂时镇压了人民起义,但却无法挽救李朝政权日趋衰落的命运。

与阶级矛盾日益尖锐化的同时,统治阶级内部的争权斗争也越演越烈。王室和两班贵族的土地分布于全国各地,派管家或同族代理人管理田庄,他们自己居住在京城,退官后回到田庄,形成强大的地方势力。这些贵族为了培植自己的势力,往往在田庄设置书院,创办私学,聚集同族和异姓贵族子弟施教。他们一旦入仕发迹后,则互相援引,拉帮结伙,扩大政治势力。于是书院逐渐发展为结党营私和党争的据点。

出身于书院的两班子弟,标榜儒学,形成"士林派",与在朝的功勋官僚贵族(勋旧派)争权夺势,形成朋党之争。1498年,燕山君依靠勋旧派大杀士林派儒生,是为党争的开端,此后数百年间,党争不绝,政治动乱,国家不安。16世纪后期,士林派得势,对勋旧派肆行报复,捕杀敌党,株连无数。以后士林派分裂为东人党和西人党两派,东人党和西人党又各自分裂为南人派和北人派,老论派和少论派四个派别。各派斗争,你攻我伐,无止无休,国无宁日,人民苦难。

在李朝统治阶级内讧之际,日本完成了政治统一,国势日强。日本统治者丰臣秀吉妄图征服朝鲜和明朝,实现其统治东亚的梦想。1592年4月,日本以近16万人的兵力大举入侵朝鲜。李朝由于长期党争,政治腐败,防备松弛,统治者对日本的突然进攻,惊惶失措,不能有力地组织军民进行抵抗。因此,敌人在釜山登陆后,长驱直入,不到20天就攻陷首都汉城。国王逃往义州。两个月后,朝鲜半壁河山尽为日军所占。日军所至,肆意烧杀劫掠,仅晋州一地,军民被杀者就达6万人之多。

日本侵略者的野蛮行径遭到了朝中人民的有力打击。朝鲜军民在爱国将领李舜臣的指挥下奋起抗战。李舜臣是全罗左道的水军节度使,长于战略。他把原来的战舰改装成为一种"龟舰",即把战舰外壳包上铁板,形状如龟,周围插满锥刀,仓内设置火炮。这种龟舰形制灵巧,行动快速敏捷,驶入敌舰阵内不易被敌方击伤,又使敌人无法靠近攀登,仓内火炮则可以随时射击,在抗击日本海军的战斗中发挥了巨大的作用。5—8月,击沉敌舰300余艘,有力地阻止了敌人企图实行水陆并进的侵略计划,为后方组织力量实行反攻争取了时间。

是年7月,明朝应李朝的请求,派兵援朝,但因雨水受阻。年底明朝又派李如松率军4万增援。明军渡过鸭绿江与朝鲜军民共同抗敌。力挫敌军主力,翌年正月一举收复平壤。日军受挫后侵略气焰低落,向南败逃,中朝军队乘胜追击,一路得胜,收复开城和首都汉城,解放了被占领的广大地区,日军败退到南部沿海一带。

被中朝人民打败了的日本侵略者,改变手法,提议谈判,企图通过谈判争取时间,调整力量,以便卷土重来。谈判期间,日本为拖延时间,坚持无理要求,被朝中方面拒绝。

1597年2月,日本侵略者又以14万军队再次侵入朝鲜。在此以前,朝鲜由于党争,李舜臣已被免职,不能组织力量反击侵略者。因此,日本侵略军很快占领朝鲜海军要塞闲山岛和南方广大地区。在危难之际,李朝统治者不得不重新起用李舜臣。9月,李舜臣依靠广大军民的积极支持,运用巧妙战术,在鸣梁海峡战斗中以12只战舰,一举击败敌人300多只战舰组成的舰队,击沉敌舰100余只,歼敌4 000多人,取得了世界海战史上有名的鸣梁海大捷。这次胜利不仅保全了全罗、忠清两道,并为重建海军赢得了时间。1598年7月,明朝又派邓子龙率海军增援。在中朝军队打击下,日军节节败退,被赶到南部沿海一带狭窄地区。这时日本侵略魁首丰臣秀吉的死耗传来,日本决定撤兵。中朝军队乘胜追击,在露梁海切断敌军归路,一举击沉大小敌舰450只,歼敌15 000多人,彻底粉碎了日本的侵略计划。在这次反击战中,朝鲜民族英雄李舜臣和中国将领邓子龙双双壮烈牺牲。他们用鲜血和生命保全了朝鲜国家的独立,捍卫了朝鲜民族的尊严,同时也谱写了中朝人民患难与共的战斗友谊。

日本的侵略给朝鲜人民造成了巨大的灾难,战后朝鲜耕地只相当于战前一道的耕地,在籍人口比战前减少了5/6。战后的朝鲜亟待恢复战争创伤,整肃政治,恢复生产。但是腐朽透顶的李朝统治者却置国家和人民的利益于不顾,继续进行无休止的党争。他们不但不积极设法减轻人民的负担,休养生息,反而变本加厉地盘剥人民。战时为军饷而征收的"三手米"①,战后变成经常的赋税,此外还有名目繁多的苛捐杂税和徭役。政治黑暗,阶级矛盾尖锐,国家衰弱不堪。

16世纪末,满洲崛起于中国东北。1616年,努尔哈赤建大金国(后金)。1636年,皇太极改国号为清。是年满洲贵族侵略朝鲜,李朝统治者投降,从此朝鲜成为清朝的属国,直到19世纪末。

朝鲜文化 新罗在朝鲜半岛东南,发展较迟。它统一辰韩、弁韩的各部落之后,开始与文化较发达的高句丽、百济有了频繁的往来,于是它的文化也得到了迅速发展。统一朝鲜半岛以后,在高句丽、百济摄取中国文化传统的基础上,进一步吸收中国先进文化,为创造和发展朝鲜统一民族文化奠定了基础。早在4世纪,高句丽就设立太学,教授贵族子弟学习汉文和儒家经典。新罗统一后更积极提倡儒学,682年在首都庆州设立国学(大学校),并且不断地向中国(唐朝)派遣留学生以及求法僧。840年,一年之内回国的留学生就有150人之多,这些留学生在沟通中朝文化交流和建设朝鲜民族文化方面发挥了巨大的作用。古代朝鲜没有自己民族的文字,书面记录使用汉字,不易普及民族文化。薛聪利用汉字作朝鲜音符,将儒家经典编制成"吏读式"朝鲜文字,为朝鲜人学习汉文典籍,提高民族文化创造了有利条件。汉文学早就流行于贵族之间,唐朝留学生又使汉文学进一步普及。金大问著有《高僧传》、《花郎世记》、《乐本》、《汉山记》等,可惜这些著述都未能留传至今。只有崔致远的《桂花笔耕》(20卷)是留传至今的最优秀的文集。崔致远在唐留学20多年,以文章家而著称,他是许多留学生中最优秀的代表之一。从前流传下来的口头传说,这时也由文人收集、整理起来,为后来《三国遗事》和《三国史记》的问世奠定了基础。

在封建中央集权化过程中,新罗统治者一方面提倡儒学,另一方面还积极提倡佛教,以为自己的政权服务。由于儒、佛思想的广泛传播,对朝鲜文化思想和

---

① "三手米"是战时为炮手、射手、杀手征收的军粮,水田、旱田每结征收米谷2斗2升。

宗教信仰产生了重要影响。儒家学说的根本思想是以"仁义道德"观念来固定君、臣、民的封建身份,教导臣、民无条件地为君主效忠。忠谈的《安民歌》就是这种思想的典型反映,充满了对君、臣、民封建关系的理想化和对儒家思想的赞扬。

佛教早在4世纪就传入高句丽,新罗时期由于统治阶级的积极提倡而有了很大的发展。新罗不仅兴建寺院,发展佛教,并且向中国派遣求法僧,从而造就了一些有学问的高僧。7世纪,元晓根据佛教"三界唯识,方法唯心"的基本思想,著述了《十门和诤论》,宣扬主观唯心论。义湘在唐研究华严宗,并把它传入新罗,他认为"佛法平等,无贵贱高下",反映了下层人民群众对贵族社会的不满情绪。但佛教不主张斗争而寄望于"来世报应",所以这种思想不仅对统治者无害,反而能引导民众逃避现实斗争,成为麻痹民众的思想武器。另一位高僧慧超曾留学于唐朝,8世纪初,他离开长安,经南海到印度,巡礼北印度五国佛迹,727年经中亚回到长安,后老死于五台山。著有《往天竺五国传》,记述旅行见闻。这部书于20世纪初在我国敦煌的一个石窟里发现,是研究中亚和印度历史的重要资料。

佛教的流行也促进了艺术的发展。8世纪建造的庆州石窟坐落在吐含山麓,是用花岗岩造成的。它由四面见方的前厅和走廊、八角形石柱的大门和拱形顶棚的圆形大厅构成。石窟里面有13面石壁,壁上饰有浮雕,大厅左右排列着40尊雕像,中间莲台上是高达3米的释迦坐像。整个石窟布局协调,造型生动,反映了新罗时代佛教艺术高度成就。此外,在建筑和雕刻上表现出色的作品还有许多宝塔和石雕,其中最优秀的首推佛国寺的多宝塔和释迦塔。

高丽王朝继承新罗政策,继续输入中国(宋朝)文化,从而进一步发展了独具特色的朝鲜民族文化。

高丽王朝统治者从儒学中得到了许多巩固封建统治所必要的政治、经济以及思想道德等方面的知识。因此,弘扬儒学,创办学校,培养封建官僚就成为高丽国家极为关心的事情。太祖王建及其以后的历代统治者大都注意提倡儒学。光宗9年(958年)高丽首次实行科举制。景宗(976—981年在位)开始向宋朝派遣留学生。成宗11年(992年)设立了太学国子监,选拔各地优秀子弟入学深造。这些措施进一步刺激了贵族子弟攻读儒学的积极性。国子监按身份差别分成四个层次:三品以上的两班子弟入国子学;五品以上的两班子弟入太学;七品以上的两班子弟入四门学;八品以上的两班子弟和平民良人子弟只能学习律令、书法、历算之类的庶务技术。其中国子监和太学是培养高级官吏的部门。

与以国子监为中心的官学发展的同时,私学也迅速发展起来。一些两班高级官吏退官后私设学院,聚集宗族及异姓贵族子弟施教。仅开京一地就有私学12个,其中以崔冲的九斋学堂的声望最大。私学的兴起意味着地方两班势力的抬头,也反映出中央集权开始衰落。

高丽时期,科学技术也有出色的发展。11世纪下半叶,用雕版印出了大藏经4 740卷。13世纪,又在雕版印刷的基础上,创造了金属活字印刷,比欧洲古登堡发明活字印刷早200年。高丽瓷器驰名世界,最突出的是高丽青瓷,它的特点是色彩清雅柔和,图样与花纹奇巧优美,引人入胜。高丽时期编成《三国史记》和《三国遗事》,是研究古代朝鲜历史和语言文学的重要资料。

李朝前期,朝鲜封建文化发展达于鼎盛。这个时期朝鲜文化的重大成就之一是创造了新的朝鲜文字——训民正音。15世纪,朝鲜学者郑麟趾、成三问、申叔舟等根据朝鲜语音,参照汉字音韵制定一种音标文字,由17个子音和11个母音组成。于1443年公之于世,一直使用到今天。训民正音对于普及和提高朝鲜民族文化具有重大历史意义。

朝鲜文字创制以后,朝鲜文书籍和翻译汉文的书籍大量出版,从而促进了知识的普及。这个时期,在天文、历算、农学、医药、历史、音乐、工艺以及手工业技术等方面都有了明显的发展。农业生产需要正确测定季节的变化,这就促进了天文和历算的发展。早在8世纪,朝鲜就创制了天文观测仪和漏刻器,15世纪又发明了用水力计时的自击漏,不仅计时准确,而且还有报时装置。1442年,朝鲜发明了世界上第一个测雨器,它比意大利贝·伽斯泰利在1639年发明的测雨器要早近两个世纪。医学方面,在整理国内医药学的基础上编成《医方类聚》和《新增乡药集成方》,这些都是开辟新领域的重要科学成果。

李朝时期还修成《高丽史》(郑麟趾撰)139卷,《国朝宝鉴》90卷和《东国通鉴》以及《八道地理志》等史地著作。文学著作有《壬辰录》、《洪吉童传》等,前者是描写1592—1598年反击日本侵略的卫国战争时期朝鲜人民爱国主义的故事,后者是著名文学家许筠(1569—1618年)撰写的朝鲜第一部小说体裁的文学作品,它反映了作者的反封建思想,表达了被压迫人民群众的感情。

李朝时期不断改进和提高印刷技术,仅世宗时期就四次改铸活字,因而使活字更加精巧,出版技术进一步提高。这个时期出版的书籍,其活字之精巧与印刷之鲜明,不仅比过去突出,而且也是当时世界上最先进的。

在艺术方面,由于李朝采取崇儒抑佛政策,佛教艺术发展不如过去那样显著,但世俗的绘画艺术和建筑艺术却有了新的发展。《梦游桃园图》(安坚绘)和平壤的大同门就是这个时期绘画和建筑艺术的杰作。大同门建立在霓虹色花岗岩砌成的高台上,为两层木结构的门楼,每层都有栏杆和楼台板。整个建筑与自然环境融为一体,华丽的大门与波光闪烁的大同江相对映,恰似一幅优美动人的画卷。

第三节　日　本

室町时代政治形势的变迁　1333 年,后醍醐天皇乘幕府势衰,联合不满北条氏的武士贵族,一举推翻了镰仓幕府,恢复了天皇权力,建年号建武,史称"建武兴中"。但是,不久建武政权又被另一个势力强大的武士贵族足利尊氏推翻。1336 年,足利尊氏攻入京都,自立为征夷大将军,在京都设将军幕府,开始了室町幕府①(1336—1573 年)统治时代。被废黜的后醍醐天皇逃到京都以南的吉野,另立朝廷,与北方京都政权对峙,直到 14 世纪末室町幕府统一,史称"南北时代"(1336—1392 年)。

足利尊氏任命同族和亲信武士为各国守护,赋予他们很大权限,除掌军政外,还兼管领内的公有土地和领主庄园,行使司法、财税和军政大权。同时守护还把领内的武士领主、土豪和上层农民收编为家臣,势力不断加强。南北朝内战时期,守护大名不断扩张势力,形成割据一方的封建诸侯。例如,山名氏一家兼领 11 国守护职,领地多达全国土地的 1/6,其实力不低于将军。实际上,室町幕府只不过是各地守护大名的松散的联合政权,将军只在名义上是武士的共主,其实际权力仅限于自己的直辖领地。由于将军权力软弱,无力控制守护大名,所以守护大名之间为争夺权势和土地不断进行封建混战。1467 年(应仁元年),因为第八代将军的继嗣问题,爆发了一场全国性的大混战,参与内战的武士达 20 多万人,几乎所有的守护都参与了战争,混战持续 10 年之久,京都化为一片焦土。这场内战,史称"应仁之乱"。

"应仁之乱"开创了日本历史的一个新时代,即"战国时代"(1467—1573 年)。

室町时代社会经济的发展　南北时代,战乱频仍,领主制的庄园经济遭到破坏,中小武士领主破产了,从庄园里解脱出来的农民,伴随着商品经济的发展逐渐成为缴纳实物地租的独立经营的小民,从而引起社会面貌的新发展。

南北朝以来,由于农村阶级关系的变化,社会生产有了新的发展。农业生产方面,普遍采用了新技术,如水稻在种植前浸种、插秧、密植、双季或三季耕作等,水车灌溉也得到普及。15 世纪,水稻的单位面积产量比 8 世纪增加 5—6 倍以上,耕地面积,从 10 世纪初 862 796 町增加到 946 016 町。经济作物,如漆、桑、茶、麻的种植以及养蚕等普遍发展起来,此外如棉花、烟草、甘蔗等新经济作物也开始种植。

庄园的解体、自耕农的成长和农业生产力的提高,为手工业和商业的发展创

---

① 1373 年,第三代将军在京都室町街建新幕府,故名。

266

造了条件。在人们聚集较多的寺社门前、城下町、驿站和渡口等地逐渐形成集市，并且出现了专门从事买卖的商人，后来这些地方大多发展为工商业城市。城市主要是城下町。城下町是大名的城堡，城下及其周围集住着大名的家臣团以及为其服务的工商业者，是大名领国的政治、军事、工商和交通的中心。

手工业者和商人都按行业组成"座"（行会），由座头或长老统管，垄断某一区域内的某种行业的生产和产品销售。座隶属于大名或寺社大封建主，以负担纳贡和劳役为条件，在领主的保护下，获得一定的专业权和免除关税的优惠权。座不仅在城市里有，在一些农村里也有，称为"村座"，这是日本行会发展史上的一个特点。战国时期，一些大名实行富国强兵政策，开始废止座的特权，鼓励工商业者自由营业，称为"乐市乐座"。此外，随着商业的发展，原来作为领主输送贡品的"问丸"，这时变成为一种纯粹的商业机构，除批发经销各种商品外，还经营汇兑业务。与此同时，商人还经营称为"土仓"的典当业，进行高利贷剥削；当时"酒屋"也兼营高利贷活动。

室町中期以来，特别是战国时代，城市工商业者为摆脱领主的控制，展开了一系列斗争。有些城市取得了一定的自治权利，最典型的是堺。堺是位于摄津、阿内、和泉三国边境的联系濑户内海沿岸和畿内的重要海港城市，工商业发达，市政由市民推选出的36人组成的"会合众"（议会）管理，拥有自己的法庭和雇佣军，有"东方威尼斯"的美称。其他城市，如平野、柏崎、松山等也都有不同程度的自治权。但是，由于当时的工商业大都控制在大名手中，市民的力量比较薄弱，市民争取自由的运动尚在萌芽状态，所以没有得到充分发展。

这个时期，日本的对外贸易也很发达，主要贸易对象是中国（明朝），此外还有朝鲜、琉球以及东南亚诸国。出口商品有刀、漆器、扇子、金银制品等，进口商品有生丝、瓷器、棉花、香料和草药等。16世纪中叶，日本与欧洲葡萄牙、西班牙开始建立贸易联系，从欧洲输入枪炮等武器，随着西方商人的到来，天主教也传入日本。枪炮和天主教的输入，对日本社会产生巨大影响。

人民反封建斗争　室町时期，战事频仍，商品经济发达，许多大名武士封建主急需金钱，往往把土地的征税权包给商人，商人乘机任意搜刮农民。加之战争频繁，灾荒和瘟疫流行，人民的生产和生活受到破坏，陷于破产和死亡的边缘。为了争取生存，人民进行了一系列斗争。14—15世纪，一些农村出现了称为"惣"或"惣村"的自治团体，有的"惣"发展为几个村乃至全郡的联合组织。村民在神前盟誓，保证立场坚定，团结一致。后来农民就在惣的组织和领导下，以集体上诉、逃亡和起义等形式展开反封建斗争。在农民的强烈反抗下，庄官和守护往往被迫让步。例如，若狭国在1351—1361年的10年间，被人民所迫，接连撤换了15个守护。

1428年，全国饥荒，京都附近的近江国爆发运输工人的起义，要求幕府颁发取消债务的"德政令",得到京都市民和附近农民的响应,起义者袭击寺社、土仓和酒屋,夺取典当物品,焚毁当票和借据,起义很快发展到京都周围广大地区。影响所及,第二年播摩国农民爆发起义,提出"国中不准再有武士"的战斗口号。起义者打败守护的军队,把武士逐出境外;大和国的起义者冲进奈良城,要求减免租税,并获得了胜利。从此以后,各地农民起义接连不断,参加者除农民外,还有手工业者、城市贫民以及贫苦武士。1441 年,京都附近农民冲进城内,占领交通要道,打败幕府军队,迫使幕府颁发了废止某些债务的德政令。

战国时期,幕府权力衰落,大名混战,社会动乱,人民起义越来越多,规模也越来越大。1485 年,山城国两个大名混战,给人民带来了灾难。山城人民奋起反抗,在人民起义的强大压力下,两个大名封建主不得不撤出山城并准许人民实行自治。此后,山城人民选出 36 人代表组成的议会,制定法律,实行自治。新政权减免租税,实行有利于人民的政权。但是,由于各阶层的利益和要求不同,自治机关内部矛盾日益突出,终于发生分裂。因此,山城人民的自治仅维持 8 年就失败了。

继山城人民起义之后,加贺国又爆发一向宗起义。一向宗是佛教净土宗的一个支派,即净土真宗,在近江到北陆一带的农民中间有很多信徒。僧侣为传法布教,建立了"讲"的组织。后来"讲"由原来单纯的宗教组织发展成为近似惣村的自治组织,教徒们往往依靠"讲"的组织反抗封建主的压迫。1488 年,加贺国一向宗在"讲"的组织下爆发了大规模的人民起义,人数多达 30 余万。起义者打败大名富樫政亲的军队,此后约 90 年间,加贺国一直为一向宗势力所控制。影响所及远至东海和近畿一带,越前、越中和能登的一向宗教徒也建立了有力的组织。一向宗起义直到 1580 年为织田信长镇压。15 世纪以来,遍及全国的农民起义,沉重地打击了封建势力,为日后实现全国的政治统一创造了有利条件。

日本文化　室町时代,武家文化完全压倒了贵族文化,成为独占统治地位的文化;但与此同时,庶民文化也开始问世了,这是室町文化的基本特征。从前,文化教育主要掌握在公家和僧侣手里,武士对此并不关心。室町时代,武家开始注重文化教育,幕府将军足利义满和义尚喜欢学问,关东管领上杉宪实在下野创办足利学校(又称"坂东大学"),是当时的最高学府,从诸国招收学生,教授儒家学问,毕业后或被大名招用,或开私塾从事教育和学问研究。这虽然是低层次的,但学生不限身份和地位,教育得到普及。室町前期文化,从将军足利义满于京都北山建立的金阁为代表,称为北山文化;应仁之乱以后,将军足利义政于京都东山建立银阁,故室町后期文化又称东山文化。金阁为三层建筑,底层为宫廷式的正殿,中层为武士居室,上层是受禅宗影响唐式建筑。建筑物表面贴金,故称金阁。银阁是二层建筑,底层为观音殿,上层为禅宗式建筑。观音殿以银箔装饰,故俗称银阁。东山文化建筑特点是武士邸宅与寺院的结合。武士邸宅称

"书院造",这是从禅宗寺院的书斋和武家造的基础上发展起来的建筑形式。书院造的正厅设宽敞的大门,室内铺以草垫子,正厅的一侧为床铺和搁板,床铺的横头为书斋。这种书院造至今仍是日本住宅建筑的基本形式。

室町时代,连歌得到广泛发展,并且由原来的短句发展为由数人咏唱的长达百句的长连歌。这时还出现了一种称为御伽草子的短篇小说集,多以庶民生活为题材,文章短小精练,情趣动人。新的戏剧,有能乐和狂言,前者是一种歌舞剧,后者是滑稽喜剧。能乐和狂言,用民间通俗语言和民众喜闻乐见的艺术形式,表现新兴市民的日常生活和思想智慧,讽刺武士封建主愚昧无知和狡诈,生动地表现了人民的思想感情,成为人民群众喜爱的艺术。此外,禅宗僧侣出现了不少有名的汉诗文作家,他们以京都五山为中心,称为五山文学。著名作者和作品有虎关师炼的《济北集》、义常周信的《空华集》、中巖圆月的《东海一沤集》等。

在艺术方面,镰仓时代流行的宗教题材的雕刻和绘画衰落了,代之兴起的是历代将军和守护大名的肖像雕刻和水墨画。宋元时代中国水墨画传入日本,深受日本人民的喜欢。如拙和他的弟子周文皆因擅长宋元风格的水墨画而驰名,周文的弟子雪舟等扬则把这种画风发展到登峰造极的程度,在日本绘画史上被誉为"画圣"。主要代表作品有《秋冬山水图》、《山水长卷》、《天桥立图》等,其特点是把宋元绘画风格同写实笔法相结合,使作品更富有真实感。雪舟是禅宗僧人,1467年赴中国求法,游历了江浙、北京等地,跟明代著名画家李在、长有声等学画,回国后入云谷寺,因而他的画风被称为"云谷画派"。狩野正信是比雪舟稍晚出的著名画家,他把中国画风同日本画风糅合在一起,把宋元水墨画的有力线条同大和绘的艳丽色彩结合起来,开创"狩野画派",代表作品有《山水花鸟图》、《释迦堂缘起》和大仙院的《花鸟图》等。

第四节　海上贸易的发达

明代中国的海上贸易　中国有辽阔的海域,漫长的海岸线。沿海居民很早即出海远航,而官方使节远涉海外者也历代不绝。中古后期,西太平洋成为中国海上贸易的主要阵地。

唐宋以来,中国海外交通日益发达,东南沿海地区手工业和商业也日趋繁荣。罗盘针的发明,造船技术的进步,航路的开辟及航海经验的积累都为航海事业进一步发展创造了有利条件。明成祖热心同海外诸国沟通关系,派郑和率领船队出使西洋。郑和的船队从1405年(永乐三年)到1433年(宣德八年)七次下西洋,前后到过亚非30多个国家,远至波斯湾、东非。15、16世纪以来,亚欧大陆的传统社会经历了从农本向重商的转变,进入了航海探险的时代。中国自元亡以后,中西陆路交通梗阻不畅,海上往来成为最主要的对外联系途径。郑和的远航,大大提高了中国在海外诸国的声望。"皇华使者奉天敕,宣布纶音往异域"。各国也争遣使团来华,中国人成为西太平洋和印度洋地区一支支配力量。郑和下西洋是中国封建社会历史上一次空前绝后的壮举。但明王朝遣使西航的目的,并没有和民间对外贸易利益有效地结合起来。郑和远航将朝贡、勘合方式的对外关系推进到顶峰,"厚往薄来",用大量物质财富换取海外诸国形式上的藩属关系。结果开支浩繁,"库藏为虚",被后来任事者视为耗民伤财之举。此后明朝政府无力也不愿再开展这样大规模的航海活动。

明代中国不但在政治上而且在经济上也仍然是亚欧大陆东端举足轻重的大国。部分地区农业生产商品化的增多,手工业的兴盛,造就了市场交换的长足进步。以民间往来为主体的海外贸易,出现了广阔的前景,这是封建政府顽固的海禁政策无论如何也扼杀不住的。当时中国在形式上保持着对西太平洋、南洋一带不少国家的宗主地位,郑和下西洋扩大了中国在东亚、南洋等地的政治影响,也为发展民间海外贸易创造了有利条件。沿海居民私自造船出海贸易,交结番商,"东则朝鲜,东南则琉球、吕宋,南则安南、占城,西南则满剌加、暹罗,彼此互市,若比邻然"。中国商船往来于太平洋西部沿岸海域,东南亚各地几乎都有华人的踪迹,许多人就地定居下来。《明史》记载赴吕宋的中国商人"至数万人,往往久居不返,至长子孙",吕宋是东南亚中国移民最多的地方。明代迁居海外的人口约有 50 万之众,多于以前任何一个时代。除吕宋之外,菲律宾群岛中部的民都洛、巴拉望,南部的苏禄、宿务、棉兰老等各岛,都有中国商人来往贸易。南洋爪哇、苏门答腊和加里曼丹的华侨都很多,经营商业,从事建筑,捕鱼伐木。马来半岛上的满剌加也是华人的一个重要贸易据点,当地国王专设一名中国人来担任港口管理官员。华人在南洋所至各处,受到重视优待,称为"唐人"。他们的聚居点形成了村落和市镇,他们和当地土著和睦相处,平等交易。中国生产的丝绸、布匹、瓷器、陶器、铁器、铜器、漆器、药材等,受到东南亚人民的普遍喜爱。东亚的日本也是重要的对外贸易对象,从 16 世纪明嘉靖年间往后,中日民间贸易发展很快。福建漳州、泉州一带的商人络绎不绝地前往日本,日本德川幕府还采取各种保护措施,鼓励中国海商到日本经商。1611 年(万历三十九年)开到长崎的外国船只,共有 80 余艘,其中不少是中国商船。次年,明朝商船和从吕宋返航的日本商船一次就达 26 艘,舳舻相接,同时开进长崎港。明末清初,自 1647 年到 1661 年开进长崎港的中国商船,仅有据可查的就有 686 艘,长崎成为中国商船往返最密的日本港口。输入日本的中国商品有生丝、绢、绸缎、糖、瓷器、药材等。中国的生丝及纺织品深受日本各阶层人民的欢迎。瓷器和糖是销往日本的大宗货物,1641 年销往日本的各种糖共有 570 多万斤。从日本运往中国的产品有大量的金、银、铜等金属以及硫黄、兵器和海味特产。中日海上贸易互通有无,利润丰厚。当时人说:"其利十倍,出不盈箧;归必捆载";"通番获利十倍,人舍死趋之若鹜"。每年对日本出入贸易总额估计超过 200 万两白银,可以说这是明代中国获利最高的海外贸易。随着中日海上贸易往来的频繁,在日本定居的中国商人越来越多,名所居地曰"唐市"。他们"与倭(指日本人)婚媾长子孙",数达二三万人。明代著名海盗首领王直,其据点就在日本。明末清初郑芝龙、郑成功父子也是先以从事中日贸易起家,借此而发展成一支实力雄厚的海上武装力量。

海上贸易的发展推动了沿海地区经济的繁荣。江南、福建、广东等地农业中呈现出蚕桑、棉作、甘蔗种植等多种经营的浓厚特色,陶瓷、纺织、造纸、冶铁、榨糖等手工业在各地蓬勃发展起来。国际经济交流和国内的区域经济交流互为促进。各地区孤立自足的封闭局面进一步突破,因地制宜,在国内国际交往中逐步形成能够体现各自特色和优势的经济重点部门和结构。随着海上贸易的发展,海商的私人资本积累和贸易规模都超过了前代。一些私人的船只比官方所造船舶还要大,工艺设计十分精良。亦商亦盗的海上豪强,往往组建拥有数百乃至上千船只的船队,聚众数万人,在海外设基地,发展成声势浩大的海上武装集团。其中著名的有以日本为基地的倭寇首领王直,闽广的林道乾、林凤,以及后来的郑芝龙、郑成功父子等。王直在日本肥前的平户建立基地,自称"徽王"。中国商船云集此地,来往不绝,连日本海盗也听从他指挥。林凤在广东有船几百艘,部众上万人,因遭明朝官军会剿,退往澎湖、台湾。1574 年(万历二年)11 月,林凤率船队在菲律宾吕宋登陆,打死西班牙驻菲律宾首领戈伊特,围攻马尼拉,未果而退,这是中国武装力量和西方殖民者之间第一次比较有规模的战役。至于在明清之际有重大影响的郑氏海上集团,更是依赖与日本及占据南洋的西班牙、荷兰等国的海上贸易所积累的巨额财富来发展军事,经营船队。沿海地区迅速兴起了一批商港,成为私人海上贸易的中心。著名的海港有浙江舟山的双屿港、福建漳州的月港、泉州的安平港、广东的南澳港等。漳州月港发展很快,"每岁孟夏之后,大舶数百艘,乘风挂帆,蔽大洋而下",与之商贸往来的国家和地区达47 个之多,号称"闽南一大都会"。明政府在月港新辟县治,设立税关,年收关税近 3 万两。

倭寇始终是干扰明朝对外开放政策的一个重要因素。1419 年(永乐十七年)明朝军队在辽东望海埚大破入侵倭寇以后,中国海域长期平靖。嘉靖年间,倭寇复炽。东南沿海富豪地主不满于海禁的限制,勾结倭寇,聚众走私,劫掠沿海居民,形成大大小小的海盗集团,霸据海上。倭寇问题由此更错综复杂,明朝内部禁海和开海之争迭起,直到 16 世纪中期嘉靖末年东南沿海倭寇基本荡平,海禁才呈现松弛趋势。在地方官员的要求下,1567 年(隆庆元年)明政府下令开放海禁,"准贩东西二洋"。通海体制从此维持到明末,这近百年时间是中国自明迄清前后约四个多世纪民间对外贸易发展的黄金时期。

16世纪初,西方殖民势力东来,东南亚一带形势自此大变。1511年,葡萄牙人占领满剌加,继之西班牙人占领菲律宾,荷兰于17世纪初成立东印度公司,在爪哇建立了据点。西方殖民者开辟了欧洲、美洲、亚洲之间的新航线,把东南亚变成他们的殖民地。东南亚华侨和当地土著一道遭到殖民压迫,中国明清两代的封建统治者把移居海外的华人视为"无父无君之辈"的"化外之民",听任他们遭受奴役迫害。另一方面,这一时期还只是西方殖民扩张的开始,东来的殖民势力还不能够对明朝这个具有悠久传统和尊严至上的大国施加多大的影响。他们在和明朝的贸易往来中也并不处于优势地位,质优价廉的中国商品势不可挡地进入了方在开拓的广阔世界市场。当时太平洋地区国际贸易的中心是西班牙统治下的菲律宾,中国商品的输入不仅满足西班牙人在菲律宾的日常生活所需,而且远渡重洋,销往西属美洲殖民地。西班牙人找不到有同等竞争力的货物和中国商人交换,就将美洲殖民地出产的大量白银运往菲律宾,支付给中国商人。这就是当时著名的中国、菲律宾、西属美洲殖民地之间以中国商品和美洲白银为交换的、跨越整个太平洋的国际大三角贸易。中国的生丝和丝绸大量经菲律宾由西班牙大帆船运到美洲出售。据当时记载,从马尼拉驶往墨西哥阿卡普尔科的大帆船,每艘都装满成百上千箱的丝绸。这些丝织品迅速而稳固地占领了美洲市场,排挤了西班牙丝绸在美洲的销售,西班牙不少丝织工厂都遭此打击而倒闭。西班牙运往菲律宾的白银大部分都因购买丝绸流入中国。每年由菲律宾输入中国的白银,在大三角贸易开始时有几十万西元,到16世纪末叶超过100万西元,到17世纪更增加到200万西元。明代中后期,白银成为中国主要通货,这与白银从日本、菲律宾的大量流入有直接关系,对明代中国经济产生了积极影响。除了西班牙大帆船在太平洋上的国际贸易外,荷兰、葡萄牙也开辟了经印度洋、绕非洲好望角到欧洲的商船航线,运销中国的丝绸、瓷器、糖、茶叶等商品。1636年,荷兰东印度公司运回中国瓷器36万件,次年运回荷兰本土的中国砂糖110万磅。中国手工制品质地精良,在欧洲社会引起很大反响,消费中国货成为上流社会的一种时尚。

中古时期阿拉伯人的海上贸易 从7世纪中叶到8世纪中叶,经过100多年的扩张,阿拉伯人建成了横跨亚、非、欧三洲的大帝国。地中海东部、南部和西部海岸,红海和波斯湾的整个海岸以及阿拉伯海的北部沿海地区,全都掌握在阿拉伯人手中。自古以来沟通东、西方贸易的陆上与海上路线,大部均在阿拉伯人占领的范围之内。这一事实造成了阿拉伯航海事业发达的有利条件。

阿拉伯人本是沙漠中的游牧民族,远离海洋,不知航海。但他们征服了广大沿海地区后,很快学会了乘风破浪的技术。另外,北非、中东、波斯人也加入到阿拉伯的航海队伍中来,阿拉伯很快发展成为拥有海上力量的大国。在阿拉伯人占领下的波斯湾口,晚上在高架上点燃火炬,为航行的船只指引航道,以免触礁。在埃及、叙利亚、西班牙等地,都有阿拉伯人的造船基地,另外在阿曼和波斯湾的港口西拉夫,也都有造船所。传说阿曼和西拉夫所造的船不用铁钉,用椰树皮制绳索紧捆船板而成。这种绳索十分结实,海水浸泡不坏。阿拉伯船桅装三角帆,适应风力性能好,利于航行。战船上有投掷手,可投掷内装石油的燃烧弹,烧毁敌船。

阿拉伯人在印度洋上起初是沿海岸航行。12世纪末13世纪初,中国人发明的罗盘传到阿拉伯,从此阿拉伯人可以远离海岸,在大洋中航行。他们在濒临印度洋各地港口建立据点,成为欧、亚海上贸易的重要中介人,在西欧人远航东来之前为沟通东西方经济交往发挥了巨大作用。

阿拉伯人沿北非越直布罗陀海峡进占西班牙之后,地中海上的贸易并未衰落。到9世纪,阿拉伯人在地中海上已占领巴利阿利群岛、科西嘉及西西里,攻打意大利南部,东向直至克里特岛。其后,阿拉伯海盗对法国、意大利南部的攻掠也有增无已。但与此同时,从事商业贸易的阿拉伯船只也穿梭往来于地中海上,联系着西班牙、埃及亚历山大里亚、君士坦丁堡以及地中海东岸诸港口。阿拉伯人占领西西里后,引进许多农作物新品种,如棉花、甘蔗、西瓜、菠菜等,并发展了繁荣的商业,使西西里岛成为向西欧传播阿拉伯文化的据点之一。在11—12世纪诺曼人统治西西里的时代,当地商业仍掌握在阿拉伯人手中。十字军东征结束后,意大利商人在地中海上的势力日益发展,不断排挤阿拉伯人。

阿拉伯人在印度洋上的扩张也很迅速。8世纪时,阿拉伯人在印度洋西部海域发现了科摩罗群岛,并加以占领。9世纪时他们航行到马达加斯加岛,与当地的马来居民建立起贸易关系,然后越过宽阔的莫桑比克海峡,在非洲东岸逐步建立起许多商业据点。不少阿拉伯人从阿拉伯半岛或波斯湾等地移居东非,与当地居民融合,到12世纪时在东非沿岸或近海岛屿上建立城邦,成为繁盛的贸易基地。这些城邦北起摩加迪沙,南至基尔瓦,最多时达37个,其商路可通阿拉伯半岛、波斯湾、印度各地,和中国的贸易往来更是频繁。

东非沿海城邦属穆斯林世界,伊斯兰教在当地政治、文化生活中起重要作用。城邦实行君主制,首领称苏丹或谢赫,宗教领袖及大商人是各城邦的统治阶层。东非沿海城邦输出物以得自非洲内陆的黄金、象牙等为大宗,输入则以丝绸、瓷器、布匹、玻璃等为主。中国瓷器输入东非数量巨大,普通人家也多以中国瓷器作餐具。在现在的坦噶尼喀沿海某些地区及基尔瓦,地下发掘可以整铲铲出中国瓷器的碎片。罗马、波斯、埃及和中国铸币,都在这一带大量流通,有的城邦也有自铸货币。

可以说,12世纪起直到15世纪,横跨印度洋的贸易主要由阿拉伯人掌握,有一些中国海船也直达东非。阿拉伯商人联系着东非海岸和印度西海岸,在两边都有商站。所以 1498 年葡萄牙人达·伽马越过好望角到达东非后,就看到了阿拉伯商人在印度洋上的繁忙贸易景象。而达·伽马正是在阿拉伯大航海家马吉德的引导下,从马林迪出发横穿印度洋,不到一个月即安全抵达印度的卡利卡特城,完成了他的远航使命的。不过对马吉德来说,他却做了一件使阿拉伯商人不欢迎的事。他把一个野心勃勃的、野蛮的对手引入阿拉伯人控制的海域,导致阿拉伯人在印度洋上航行事业的没落。

阿拉伯人到亚洲的航线,则多以红海的吉达港或波斯湾的西拉夫、巴士拉等为起点,由此向东航行。其中尤以西拉夫最著,由此出霍尔木兹海峡,可直达印度西海岸。在印度西海岸卡利卡特等地,阿拉伯人建立商站,从事贸易。当时印度缺乏马匹,阿拉伯人多贩运良马到印度出售,以谋巨利。从印度渡海到锡兰,然后航行到孟加拉湾,南下达安达曼群岛,穿越马六甲海峡,再北上或到越南南部,或至中国。中国的交、广、泉、扬诸州,都有阿拉伯商人居留踪迹。他们贩运各种香料、宝石、珍珠、象牙等到中国出售,然后把中国的丝绸、瓷器等物运销到欧洲或非洲。

在西欧人东来之前,阿拉伯商人是主要的欧亚贸易中介商,他们把中国的丝绸、瓷器,南洋的香料,印度的棉布、象牙、宝石、珍珠等,经波斯湾或红海,辗转运往欧洲。他们在欧亚商品贸易和文化交流上,立下了历史功绩。

中古欧洲的海上贸易　　中古时期欧洲的海上贸易主要在南北两个地区进行。北方是北海、波罗的海贸易区,南方是地中海贸易区。

北海、波罗的海贸易区连接英格兰、北欧诸国,法、德北部,条顿骑士团以及波兰和俄国。这个区域的商品主要以粗重的原料为主。从法国运出谷物到佛兰德尔人口稠密的城市,英国有时也把剩余小麦输往北欧,中古末期东欧也加入了输出粮食的行列。另外一项大宗商品是鱼。由于肉食缺乏,鱼是当时穷人的主要肉食。鲱鱼、鳕鱼、尤其是青鱼,是北海、波罗的海沿岸都有的产品。位于今丹麦、瑞典之间的松德海峡是青鱼的主要产地,每年夏季有大批青鱼在此出现。据 14 世纪时人记载,约有 4 万只平底船于此捕鱼,有 30 万人从事捕捞、腌制、包装等工作。制好的青鱼装入木桶,运往各地出售。盐也是一项重要商品。在阳光充足的法国西海岸晒好的盐,源源不断运往北欧,供腌鱼和食用。这里运销的商品还有瑞典、挪威沿岸出产的优质木材、瑞典的铁,以及诺夫哥罗德运来的珍贵毛皮、皮革、蜂蜡、蜜等。英国的大量羊毛越过海峡运往佛兰德尔,在那里织成精细的呢绒,运销欧洲各地。法国加斯科涅盛产的葡萄酒,则是供应英国的大宗饮料。

在北海、波罗的海贸易区起重大作用的是德意志商人。科隆商人早在 11 世纪就与英国建立起贸易联系。以后汉堡、卢卑克、不来梅等城市的商人相继活跃于海上。13 世纪德意志商人在这一贸易区建立了四大商站,它们是伦敦、布鲁日、诺夫哥罗德、卑尔根。商站是商品集散地,德国商人往来集居于此,在当地享有特权,有自己的司法组织,不受当地政府管辖。另外,德意志商人还在哥特兰岛上的维斯比建立商站,成为连接东、西欧贸易的中心。他们将佛兰德尔的呢绒、盐、啤酒等运往波罗的海周围的斯拉夫各民族,归来则运回毛皮、蜂蜡、琥珀。

为了组织起来对付妨碍贸易的强盗,互相提供保护,北德的一些城市彼此结成同盟。到 13 世纪中期,形成了汉萨同盟,主要参加的城市有卢卑克、施特拉尔松等,并且不断扩大。汉萨同盟为了垄断商业利益,不仅压制其他城市的竞争,而且力图把瑞典、丹麦、挪威的商业也控制起来。14 世纪它和强大起来的丹麦发生冲突,进行了长期的斗争,最后组织起舰队,把丹麦打败,1370 年迫使丹麦签订了施特拉尔松协定。协定使汉萨同盟取得在松德海峡自由航行、捕鱼的权利,并得在丹麦自由贸易。而且以后任何丹麦国王如得不到同盟的确认或他不承认汉萨的特权,就不可能在丹麦执政。

但汉萨同盟只是一个松散的城市同盟。它没有常设机关,没有常设军队,没有基金,也没有执行机构。只是有每 3 年开一次的各城市代表参加的大会,在此会上讨论广泛的同盟事务,如海上运输、取得贸易特权、新航路的开辟以及对外宣战、媾和等事。决议对全体成员有约束力,违反者还要受到处罚。但一些城市往往借口未参加会议而不遵守决议,以免损害自己的利益。

参加汉萨同盟的城市很多,分散在广大地区,东起条顿骑士国,西达佛兰德尔,一般认为有 70 多个。卢卑克是同盟的领袖,但科隆也时常与之争夺领导权。由于地区分散,各城市之间矛盾重重,每次集会时都有好多城市代表不能到会,一般只有 10～20 个城市,最多的一次为 39 个。

汉萨同盟是一个封建性的商业团体,以垄断、特权为基础进行贸易,对工业的发展并不关心。15 世纪以后,西欧经济形势发生变化,尼德兰、英国起而争雄于北海、波罗的海,汉萨同盟的势力由之衰落。

欧洲南部的地中海贸易区,是连接亚洲和欧洲的贸易通道,所以这里运送的商品很多是贵重的奢侈品。中国和印度的丝绸、锦缎、棉布、宝石、珍珠、象牙等,经长途运送到达君士坦丁堡、开罗、亚历山大等港口,由此再转售西欧各地。东方输往西方的另一项大宗商品是香料,香料包括调味品、药品等,最主要的是胡椒,这是西欧贵族肉食中必不可少的调料。其次还有生姜、肉桂、丁香、肉豆蔻以及香水等。此外从地中海东岸输出的还有染料(靛蓝)、明矾以及埃及细麻布等。贫乏的西欧没有多少物品可以运往东方,只有少量呢绒,还有就是把黑奴和白奴卖给伊斯兰教国家的统治阶级。威尼斯商人曾是活跃的奴隶贩子。这些并不足以抵偿从东方来的商品价值,为此西方只能支付金、银等贵金属,这是造成西欧中古时期金、银时感匮乏的一个原因。

地中海上对东方的贸易主要由意大利城市掌握。由于古典遗产并未全部丧失,地理条件有利,意大利的城市较西欧其他地方发达,其中进行国际贸易的城市当以威尼斯和热那亚最为著名。10世纪时威尼斯已是一个富庶的商业城邦,它利用支持十字军东侵的机会,扩展自己在东方贸易中的地位,并于第四次十字军时粉碎了自己的竞争对手君士坦丁堡。热那亚则在西部地中海有优势,占领了科西嘉和撒丁,并在北非沿岸建立了许多商站。热那亚商人的船队还远航进入黑海,从那里进行和东方的贸易。为争夺对爱琴海和黑海贸易的控制权,威尼斯和热那亚进行了激烈的斗争,战争时起时伏,断续长达一个世纪。热那亚由于内争不息,14世纪末在海战中被击败,1396年更被法国占领,失去了竞争力。威尼斯由之发展成为地中海贸易的霸主。它占领了达尔马提亚海岸、科孚岛、克里特和塞浦路斯,在巴尔干、小亚、叙利亚、巴勒斯坦、埃及各地都建立起商站。14世纪时威尼斯拥有的商船多达3 000只。它可以装备200只船的舰队,有海军2~3万人。

威尼斯从东方运来的商品,原来大都经内河船运或陆路运抵香槟集市,再转输各地。从14世纪始,威尼斯组织了远航西部地中海的所谓佛兰德尔大船队。船队出亚得里亚海,经奥特朗托、墨西拿、那不勒斯以及西班牙诸港,出直布罗陀海峡到达里斯本。然后一部分船只去英国,一部分则前往布鲁日、安特卫普等地。运往英国、尼德兰的商品是东方来的丝绸、香料、象牙、珍珠以及糖、蜜、果品等。从英国则运回木材、锡和锡制品,从安特卫普运回呢绒、金属器具。

由于意大利城市在地中海上贸易的垄断地位,所以它们并不支持横越大西洋向西寻找新航路的努力,而后来新航路的开辟,是造成意大利经济衰落的一个重要原因。

后 记

六卷本《世界史》原为国家教委七·五规划重点选编教材,现已定为八·五期间国家重点书。因各卷编写进度不一,"近代史编"(上、下卷)已于1992年出版发行,现将"古代史编"(上、下卷)正式付印,以飨读者。

本卷编写分工如下(以章节先后为序):

第一章 …………………………………………………	朱 寰
第二章 …………………………………………………	孙义学
第三章 …………………………………………………	朱 寰
第四章 …………………………………………………	孙义学
第五章 …………………………………………………	朱 寰
第六章 ………………………………………	马克垚、彭小瑜
第七章 …………………………………………………	孙义学
第八章 …………………………………………………	哈全安
第九章 …………………………………………………	朱 寰
第十章 ………………………………………	马克垚、彭小瑜
第十一章 ………………………………………………	孙义学
第十二章 …………………………………	马克垚、孙义学、刘光临

在本书出版之际,需要特别指出的是吴于廑教授生前曾审阅了本卷重点章节,并于1992年4月初在武汉会议上提出了具体的修改意见。在吴先生不幸逝世后,我们遵照他生前的意见又做了具体修改。齐世荣教授在百忙中审阅和修改全稿,从而保证了本书的顺利完成。

由于时间和水平所限,书中难免有不当、疏漏和舛错之处,敬希专家和读者批评指正。

本卷主编者
1993年7月